Law
notes
法学笔记系列

环境法入门笔记

Environmental Law in a Nutshell

| 2021年修订 |

竺 效·主 编
曹 炜 丁 霖 王盛航·副主编

法律出版社
LAW PRESS·CHINA

“法学笔记系列”教材编委会

总　序

法学、神学与医学是人类最古老的知识体系，其知识谱系的演变体现了人类文明与法治的进步。在我国，法学教育对于建设法治国家具有基础性、根本性与前瞻性的作用，是全面实施依法治国伟大工程中的重要一环。改革开放以来，我国的法学教育发展取得了显著成绩，为社会主义法治国家建设提供了有力的支持与人才保障。目前，随着我国法治事业的不断发展与法律服务市场的变化，社会需要越来越多适应时代要求的法治人才，这对大学的法学教育提出了新要求。如何提高法律人才培养质量，满足社会需求，已成为我国法学教育改革所面临的重要课题与挑战。

法学教育的本质并非传授单一的知识点，而是培养一种综合的法律思维能力。法律是一种职业，一种技术含量非常高的专业化的职业，这个职业有不同的研究方法，也有多元的思维方式。我们应该培养像法律人那样思考问题、解决问题的能力。随着全球化、信息化时代的到来，法律制度发生了新的变化，法律现象呈现日益综合化的趋势。如何有效地分析和解决特定的法律问题，已经不能再局限于某一单一法学学科，而应以整体系统的法学教育为背景，通过综合的法律思维去分析、解决问题。因此，为适应社会需求，法科学生需要在短时间内系统地学习法学的理论精髓，并融会贯通。这也为法律人才培养提出了更高的要求。

在法学教育中，教师是教学的核心，尤其是青年教师，站在教学第一线。青年教师入职后面对的挑战可能不是科研，而是教学。青年教师历经数十年的寒窗苦读、精耕科研，如何以最短的时间从研究者转换为授业者，是每一位初登讲堂者须完成的必修课。教学大纲的设计、知识点的选取、典型案例的收集、寓理论于案例的深入浅出等均是作为“初学者”的青年教师需要攻克的难关。初登讲堂者往往都是学富五车的博士，但经历了漫长的学习生涯与科学研究过程，他们恐怕一时难以用通俗易懂的语言将法学的乐趣深入浅出地描绘给学生。

作为法学职业教育的共同体，我们须认识到，法学教育的目的是培养造就一批信念执着、品德优良、知识丰富、本领过硬的高素质法律人才,包括法学研究型人才、法律应用型人才、复合型法律人才等适应不同层次社会需求的法律人才。为了形成知识、能力和实践之间的融合,我们需要系统地学习法律知识,但是知识并不是最重要的,关键是通过法学知识的传授培养一种能力,用能力来解决法律实践中的具体问题。对于研究型人才,我们应训练其法学思维,启迪其独立研究和思考;对于应用型人才,我们也须培养其法律思维,将理论应用于实践;对于复合型人才,我们要培养其综合性应用思维,扩展其法律知识面。

法学教育的载体和纽带在于教材的编写和选用。无论是学生的学习,还是教师的讲授,都依赖于课程的教材。传统的法学教材,植根于各学科基础理论,汇集各家观点,力求完整、全面地为读者介绍本学科的基本情况,归纳本学科的基本理论体系,诠释本学科的基本法律规范。但对于正在接受系统法学教育洗礼的本科生乃至硕士生等群体而言,存在一种"瓶颈"性的困境。因缺乏系统的法学知识,在各家学说与艰深理论面前,法学初学者往往会"望而却步",期待一种通俗易懂的教材。事实上,法学是美妙而充满魅力的科学,如果有一本教材能够让学生在轻松的阅读学习中,直观了解法学知识的初貌,培养学生对深入学习本学科法学理论的浓厚兴趣,逐步引导其对这门学科开展探索,这必将是法学初学者的一种幸事。

此外,在信息化时代,法学初学者又须防范迷失于信息量过大而难以取舍、信息良莠不齐而缺乏甄别能力、知识的碎片化而难以形成法律思维等困境之中。事实上,法学知识和法律知识载体的多样化、新型化也给法学教育工作者提出了新的课题。例如,如何为法学本科生的每门专业课选择正确、适量、重点突出、便于理解的教学素材,如何使得教学素材的载体既小又大,即教材的页码少但有用信息量大;如何使得教学素材的载体既简单又复合,即教材所载学科理论和法律知识的信息重点一目了然但功能多用,能够满足学科入门、理论体系的提炼、法律知识的串联、司法考试知识点等复合型功能需求。

可喜的是,法律出版社计划出版一套"法学笔记系列"教材,这套教材由我国青年法学学者编写,突出教材的"笔记"特色。丛书编委均是具有长期丰富一线教学经验的中青年法学才俊。当中国人民大学法学院竺效教授与我交流时提及这套新型法学教材后,我开始关注这套教材的出版进展,也浏览了由他主编的第一本教材《环境法入门笔记》。我认为,这套教材的新意在于,将目标集中于引领法学初学者进入各个法学学科领域,使法学入门者能对各学科理论有全面系统的了解,掌握其中重点,对各学科涉及的法律规定能在准确理解的基础上尝试应用,借助该套教材,激发读者深入研习法学的兴趣。同时,也有望这套教材能为初入讲堂的青年教师提供较为高效的"教学入门速成课"。甚至可能成为那些由于各种原因从其他专业转而从事法律实践的应用型、复合型人才,提供法学各学科法律实践的入门级"工具书"。

作为从事教学工作近三十年的法学教育者,看到这套新型教材的问世,感到欣慰与欣喜——欣慰于青年教师们能够想读者之所想,想后辈之所想,想学生之所想;欣喜于青年教师们青出于蓝而胜于蓝。希望日后有更多青年学者加入本套教材的编写,为本套教材的完善提出真知灼见,在从事学术研究的同时不忘初心,致力于我国法学教育事业的发展。

中国法学教育研究会常务副会长、

中国人民大学法学院教授、博士生导师

韩大元

2016 年 12 月 25 日

修 订 说 明

自2018年8月修订出版以来,本书修订版得到了广大读者和学界同仁的厚爱,编者在此深表谢意!出版社责任编辑于2021年1月催促编写团队修订以便加印。这一指令让法学笔记系列丛书编委会和本书撰稿团队着实有些兴奋。近年来,我国环境法治建设又有许多新的发展,需要与时俱进地向各战线的"环境法入门者们"诠释和解析这些新的重要环境法制度。有鉴于此,本次修订着力解决以下问题:

1. 反映我国环境法治的最新实践。主要包括:(1)将《民法典》关于"绿色原则"的内容增加到本书中。(2)将生物安全法的主要法律制度和流域保护法律制度新增于环境法内容体系之中,进行专门论述,对生物安全风险预防制度以及《长江保护法》进行了解读。(3)根据《排污许可管理条例》,对排污许可制度的基本理论进行更新。(4)根据《民法典》侵权责任编对第六章"环境侵权法律责任"进行更新。(5)根据《刑法修正案十一》对第八章"环境刑事法律责任"的相关知识点进行修订。此外,还将诸如本书2018年修订第二版交稿以来《行政处罚法》《环境影响评价法》等的最新立法修改,以及有助于环境法实践应用的相关新近的规范性文件也更新或增补到了相应知识点中,并酌情新增了部分知识点。

2. 对本书第二版中的个别错别字进行了纠正,也对部分表述进行了推敲完善。

参与本书第三版各章节修订的作者依次为:第一章竺效(新增"绿色原则"部分撰稿);第二章吴昂、王盛航、曹炜;第三章丁霖、梁晓敏、王盛航、曹炜、吴凯杰(新增"生物安全法的主要法律制度"和"流域保护法律"部分撰稿);第四章王盛航;第五章丁霖;第六章邱涛韬;第七章杨帆;第八章王盛航;第九章梁晓敏;第十章田时雨。

各部分新增内容均在各新增部分起草人提出初稿后,交由竺效修改审定。本次修订时,全书由竺效、王盛航统稿。

中国人民大学法学院教授、博士生导师
中国人民大学环境学院副院长
竺效
2021 年 6 月 28 日

编 写 说 明

本书将适用者定位于所有环境法入门者，包括首次接受环境法系统教学或系统学习的法学本科生、环境科学相关专业本科生、法律硕士生、律师、法官、检察官、公安环境案件侦办人员、各类备考人员（如司法考试备考人员、统一硕士生考试备考人员、环境法硕士与环境法博士备考人员），以及初登环境法讲台的各位急需尽快进入角色并通过提高教学效率以期为研究和写作最大程度节省时间精力的青年才俊们。

本书以知识点为核心，每一章节均围绕知识点细化教学目标，列举推荐参考资料、相关法条、案例或事例、延伸阅读推荐篇目，使不同读者根据自己的需求进行选择与阅读、学习，构成本书体例的各类具体“元素”设置的基本考虑如下：

教学目标，即对本章主要内容进行简介，并以“了解”、“识记”、“理解”、“应用”四级对知识点的重要程度及需要掌握的深浅、难易程度进行说明。

推荐参考资料，即各章节编写所主要参考的教材书籍，也是学习各章节时，推荐各位读者分章节对应精读的教材与素材。

知识点，即将已有教材的环境法理论和环境法知识内容进行了拆分重构，以知识要点的形式进行列举。知识点文字精简，部分配以图表辅助理解，力求准确明确、反映新法、简单易懂、易于掌握。本书以四类星级对知识点进行标记，对应教学目标中的四级难易程度：“☆”为“了解”，“★”为“识记”，“★★”为“理解”，“★★★”为“应用”。

相关法条，分为“必读法条”与“延伸法条”。本书中提及的法律法规均使用简称，未作特别说明即指中华人民共和国的现行有效的法律。如《中华人民共和国环境保护法》在本书中直接称《环境保护法》，指2014年修订的现行法律。其中，“必读法条”列举与各节知识点直接相关的重要法条，让读者无须再通过别的途径搜索或查找法条，这一类型的法条绝大多数已详细列于本书各章节，这也表明这些是必须了解和掌握的“入门级”法条。而“延伸法条”则列举了与各节知识点相关的其他国内外重要法条，供读者进一步自行检索学习时参考，出于便利初学者检索的考虑，个别境外法条也列举了具体条款的中译本。

案例或事例，每节中均有1～2个案例或事例，以加深读者对本节知识点的感性化了解，并为教学环节提供最起码的实证范例。每个案例后均结合所在章节的知识点，设有1～2个问题，并附有简要评论与知识要点概括，以与各章节前面所列的知识点相衔接，使读者可自行检验本章节知识点的掌握程度。

延伸阅读，即与本节知识点相关的有助深化理解或扩大知识面的阅读文献。对本节知识点有兴趣进行深入学习、研究的读者，可以根据延伸阅读篇目的提示，查找相关文献，进行学习研究，也希望帮助本科学生备考研究生。

另外，本书附录1为近年司法考试环境法真题汇总表。本书编写人员对近年来的司考真题进行了解析，列明每道真题涉及的本书中解析的知识点及所涉主要环境法律条款，也相应地在各章的相关知识点后标记司考的年份与题号，以使司考真题与本书知识点相互链接，方便本科生等司法考试备考人员查阅。附录2为推荐教学大纲，本人根据近7年的教学实践经验，分别以2学分、3学分为例，为不同课时、学分设计了环境法课程每周教学内容的选取与编排建议，以期能为新入职的广大同事提供教学大纲、教学计划设计的辅助。

本书由本人担任主编，由中国人民大学法学院助理教授曹炜博士任副主编，各章的编写者依次为：第1章曹炜；第2章竺效；第3章梁晓敏；第4章竺效；第5章丁霖；第6章蒙禹诺；第7章丁霖；第8章王盛航；第9章曹炜。附录由曹炜、梁晓敏整理。参与本书校对工作的还有张冯楠、赵翔、单洁、王玉楠。全书由竺效、曹炜统稿。

本书在现有教材、法条、案例、文献基础上进行了整合汇编，特别感谢从事环境法教学研究的所有学者，尤其是本书所援引的大作的各位著者、编者，以及本书中所列延伸阅读资料的全体作者。

本书力争成为一种满足教学需求的新型教辅用书，旨在满足不同主体对环境法学习的基本需求。当然，这种类型教材的编写不仅需要能精准把握环境法基础理论和知识，还需要理论功底与实践经验的高度结合。由于编写者学识和能力有限，编写任务和时间紧迫，本书还有很多不足，敬祈读者批评指正。

中国人民大学法学院教授、博士生导师

竺　效

2016年10月4日

目　　录

第1章　环境法概论

教学目标

了解和识记环境法基本概念；

识记和理解中国环境法的基本原则；

了解外国和中国环境法的产生、发展的主要过程；

了解和识记中国现行环境法律的法律渊源和内容体系。

推荐参考资料

1. 韩德培：《环境保护法教程》，法律出版社2007年版，第一章、第二章、第三章；
2. 汪劲主编：《环境法学》（第三版），北京大学出版社2014年版，第一章、第二章、第三章、第五章；
3. 张璐主编：《环境与资源保护法学》（第二版），北京大学出版社2015年版，第一章、第二章、第三章、第六章；
4. 陈德敏：《环境法原理专论》，法律出版社2008年版，第一专题、第二专题；
5. 吕忠梅主编：《环境法学概要》，法律出版社2016年版，第二章。

本章知识结构

- 环境法概论
  - 环境与环境法
    - 环境与环境问题
    - 环境法概述
  - 环境法的基本原则
    - 风险防范原则
    - 损害预防原则
    - 公众参与原则
    - 损害担责原则
  - 环境法的历史发展
    - 世界环境法的历史发展
    - 中国环境法的历史发展
  - 环境法的体系
    - 环境法律渊源体系
    - 环境法的内容体系

1.1　环境与环境法

知识要点

1.1.1　环境与环境问题

☆ **环境的概念**

一般来说,**“环境是相对于一定的中心事物而言的,与某一中心事物有关的周围事物的集合就称为这一中心事物的环境。”**[1]“环境”(Environment)因中心事物的不同而不同,随中心事物的变化而变化。环境科学下的环境是指人类环境(Human Environment),主体是人类,客体是人类周边的相关事物。

★ **立法上的环境概念**

环境与资源保护法学使用的是环境科学下的环境概念,并通过立法进行明确的规定。通常来说,各国立法通过三种方式对环境进行定义:(1)进行概括性的描述,即现实中所有的自然环境和人类环境;(2)进行列举式描述,即对具体的环境要素进行描述;(3)采用概括加列举的方式在立法上进行规定。我国2014年《环境保护法》采用概括加列举的方式对环境的概念进行了定义,即**环境是指影响人类生存和发展的各种天然的和经过人工改造的自然因素的总体,包括大气、水、海洋、土地、矿藏、森林、草原、湿地、野生生物、自然遗迹、人文遗迹、自然保护区、风景名胜区、城市和乡村等。**

★ **环境问题的概念**

环境问题是指由于自然界的变化或人类活动的影响导致环境结构和状态发生了不利于人类生存和发展的变化,由此给人类生产和生活带来的有害影响。在环境科学上,一般把环境问题分为两大类,即由自然力引起的原生环境问题(第一环境问题)和由人类活动引起的次生环境问题(第二环境问题)。

环境法所规制的主要是次生环境问题,即环境污染和生态破坏问题。环境污染通常是指因为人为的因素,使某些物质和能量进入环境之中,引起环境的物理、化学、生物性质发生改变,导致环境质量恶化,扰乱并破坏了生态系统和人类正常

---

〔1〕 左玉辉编著:《环境学》,高等教育出版社2002年版,第1页。

生产、生活条件的现象。生态破坏则是指人类在自然环境的开发利用中,过度向环境索取物质和能量,引起某种或某几种环境要素发生数量减少、形态改变、质量降低,导致这些环境要素固有的环境功能弱化或丧失,从而使环境发生不利于人类和其他生物生存、发展的影响的现象。[1]

☆ 环境问题的发展演变

环境问题随着人类活动广度和深入的变化而呈现出不同的阶段性特征,总体来看,环境问题呈现出范围不断扩大,问题不断增多,影响逐渐复杂的发展趋势:

(1)18世纪初至20世纪60年代为地域环境问题时期,环境问题呈点状分布,以国家、区域范围内工业和开发建设活动为中心,造成小范围地域周边环境的污染和自然破坏。

(2)20世纪60年代至80年代为国际环境问题时期。环境问题开始呈片状分布,以区域、流域大规模环境污染和生态破坏为中心,造成越境环境污染和生态破坏。

(3)20世纪80年代至今为全球环境问题时期。环境问题表现为以全球环境和生态为中心的地球整体性破坏,大量的全球性环境问题开始出现,包括气候变化、臭氧层耗竭、生物多样性减少等。

1.1.2　环境法概述

★ 环境法的概念

本书结合学者表述和法律实践,将环境法定义为:**为了保护和改善环境、预防和治理人为环境侵害,实现可持续发展,而由国家制定或认可的,并由国家强制力保障实施的,用以调整人类环境利用关系的法律规范的总称。**

在中国,通常从法律调整的社会关系的角度给环境法下定义,采取"法律是调整一定社会关系的法律规范的总称"的习惯模式。因此,一般来说,环境法是涉及环境保护方面的规范的总称。在具体的表述上,不同的学者有所差别。例如,金瑞林教授认为,环境法是"由国家制定或认可,并由国家强制保证执行的关于保护环境和自然资源、防治污染和其他公害的法律规范的总称"。[2] 韩德培教授认为,环境(保护)法是"调整因保护和改善生活环境和生态环境,防治污染和其他公害而产生的各种社会关系的法律规范的总称"。[3] 汪劲教授认为,"环境法是指以保护和

---

[1] 参见张璐主编:《环境与资源保护法学》,北京大学出版社2015年版,第7页。

[2] 金瑞林主编:《环境法学》,北京大学出版社1999年版,第31页。

[3] 韩德培主编:《环境保护法教程》(第四版),法律出版社2003年版,第25页。

改善环境、预防和治理人为环境损害为目的，调整人类环境利用关系的法律规范的总称”。[1] 周珂教授认为，“环境法是国家制定或认可的、为实现经济和社会可持续发展目的，调整有关保护和改善环境、合理利用自然资源、防治污染和其他公害的法律规范的总称”。[2]

★★ 环境法的特征

对于环境法的特征，不同学者的认识有所差异，但是一般都包括以下几方面的特征：

(1)技术性。环境法所调整的社会关系的特殊性意味着其必须反映自然科学规律。如在理念上吸收环境科学的研究成果，通过技术规范和标准发展出相应的法律规范等。

(2)综合性。环境法所调整的社会关系非常复杂，调整方式也具有多样性。

(3)社会性。环境法体现的是社会的整体利益和价值追求，属于社会法的典型类型。

(4)共同性。环境是一个整体，不因国家和地区人为划分而分割，因此，环境法旨在保护社会乃至全体人类的利益，体现出在法益保护上的共同性。

★ 环境法的立法目的

环境法的立法目的是指国家在制定环境法时希望达到的目标或希望实现的结果。不同类型的环境立法的目的有所区别，环境基本法或主要立法、污染防治类立法和自然资源类立法的立法目的有较大的差异，但是其中环境基本法或主要立法的目的最为重要。

环境基本法或主要立法的目的包括两种类型：(1)直接目的，即协调人与环境的关系、保护和改善环境；(2)最终目的，包括保护人体健康和保障经济社会可持续发展两个方面。其中，在最终目的上，存在“目的一元论”和“目的二元论”两种观点，多数国家规定最终目的包括保护人体健康和保障经济社会可持续发展，也有国家规定环境法的最终目的只包括保护人体健康。

我国2014年修订的《环境保护法》第1条立法目的规定，为保护和改善环境，防治污染和其他公害，保障公众健康，推进生态文明建设，促进经济社会可持续发展，制定本法。相对于1989年《环境保护法》第1条的规定而言，新的立法目的将推

---

[1] 汪劲主编：《环境法学》(第三版)，北京大学出版社2014年版，第23页。

[2] 周珂：《环境法》，中国人民大学出版社2005年版，第18页。

进生态文明建设纳入我国环境法的立法目的之中，并且将“促进社会主义现代化建设”修改为“促进经济社会可持续发展”，反映了我国执政理念更新和环境保护理论发展的最新成果。

★ 环境法的作用和功能

环境法的功能应该与法的功能保持一致，并具有一些特殊的功能：

(1)环境法具有保障公民环境权益的功能，享有清洁、良好的环境是公民的基本权益，环境法通过各种制度和规范的设计实现对公民环境权益的保障。

(2)环境法具有调整和规范政府和行政机关行政权力的功能，政府行政权力的有效和规范运行是实现环境法治的基本前提，环境法通过确定政府和行政机关职责、权限等方式来对行政权进行有效的规范。

(3)环境法具有保护公共利益的功能。除了调整私权利和公权力之外，环境法最为重要的功能在于以公共利益为本位，通过制度与规范的设计来为环境方面的公共利益提供保障。

★ 环境法的调整对象

环境法律调整的对象是因保护和改善环境、合理利用自然资源、防治污染和其他公害、节约能源而产生的社会关系。这些社会关系具体表现为以下几类：

(1)基于国家环境行政管理而产生的社会关系。这类社会关系指国家负有保护和改善环境、合理利用自然资源、防治污染和其他公害、节约能源为目的而进行的环境行政监督管理的义务。例如，环境行政部门之间基于相互之间的行政隶属关系而产生的行政监督管理关系等。

(2)平等主体之间基于环境和自然资源而产生的社会关系。这种社会关系通常基于对环境、资源的利用而产生，包括开发、利用环境和自然资源，以及向环境排放废弃物等方式对其加以利用；这种社会关系的主体在法律上处于平等的地位，平等享有环境权益和履行环境保护义务。

(3)社会公众参与环境保护行政管理而产生的社会关系。公众参与环境行政管理是由环境的公共性、环境知情权和环境保护行政管理的民主性所决定的。公众参与既有助于国家环境保护部门对环境违法者的执法，也有利于动员社会力量来监督环境违法行为。

法律与规范链接

▲ 必读法条

《环境保护法》第1～2条；

《宪法》第9条第1款、第26条第1款；

《立法法》第2条。

△ 延伸法条

美国1969年《国家环境政策法》第4341条；

日本1993年《环境基本法》第1条、第2条第3款；

英国1990年《环境保护法》一般条款(1)。

典型事例

日本:汞污染下水俣病梦魇60年〔1〕

1956年的一天,日本水俣湾一名5岁女童出现口齿不清、走路困难、突然狂叫等症状,医院上报了这种“中枢神经系统怪病”。女童稍后死亡。由于病因不明,人们称为“水俣病”。当地村民陆续出现这些症状,死亡病例增加。研究人员发现,病因是室素公司一家氮肥厂排放含汞工业废水,致使水俣湾附近海域鱼和贝类体内形成甲基汞等有机水银化合物,经食物链进入人体,严重侵害神经系统和身体其他部位。

熊本县水俣病、20世纪60年代中期发生在新潟县的水俣病、20世纪50年代富山县镉中毒引发的“痛痛病”以及三重县大气污染导致的“四日市哮喘病”并列为日本四大公害病。目前,水俣病尚无根治疗法。截至2001年3月,日本环境省认定了2265名水俣病患者,其中1784人已经死亡。令人气愤的是,室素公司不但没有停止排污,还企图掩盖真相。出于经济发展考虑,日本政府在事件爆发伊始,就偏袒污染企业。面对政府的“不作为”,受害者不得不发起“自救”,掀开了日本环保运动的序幕。1966年新潟“水俣病”事件发生后,当地医生、学者和律师组成了NGO组织

---

〔1〕 根据网络资料改编,参见《日本第一公害病:汞污染下水俣病梦魇56年》,载红网:http://news.rednet.cn/c/2012/05/03/2601879.htm。

“水俣病对策会议民主小组”委员会。在 NGO 的努力下，1967 年新潟市民向法院提出控诉。1971 年法院终于作出判决，受害者得到赔偿，成为日本第一起针对水俣病的公益诉讼。之后，遭受污染公害的受害者纷纷通过公益诉讼维护权益。

伴随着越来越多针对公害污染事件的公益诉讼案件获得胜利，日本开始出台全国性的环境立法。自 20 世纪 60 年代中期，日本政府相继出台了《公害对策基本法》《大气污染防止法》《噪音规制法》和《排烟规制法》。1967 年，针对“水俣病”的《环境污染控制基本法》通过，并通过法律规定政府必须建立相应的机制，帮助污染公害中的受害公民。

1968 年，日本政府最终作出官方声明，正式承认新潟“水俣病”是一起由工业污染引起的公害病。1971 年 5 月，日本环保省成立，并开始积极推动“水俣病”的官方认证。

在这种环境运动的影响下，构建具备较强规划性和可操作性的法律，并明确国家、地方政府、企业以及公众责任和义务，则成为日后日本政府制定政策的重点。20 世纪 80 年代，日本社会逐渐从治理污染到转向应对能源危机的可持续发展过程中，明确通过法律规范了官、产、学、民在建立节能、可持续发展方面的社会责任。

日本政府 2010 年制定了《水俣病受害者救济法》，同意向每名未经认定的水俣病患者支付 210 万日元（约合 2.6 万美元）一次性赔偿，另外每月发放至多 1.77 万日元（220 美元）医疗补贴。截至 2012 年 3 月底，熊本、鹿儿岛、新潟 3 县申请者超过 5.3 万人。对官方认定的水俣病患者，窒素公司向每人一次性赔偿 1600 万至 1800 万日元（20 万至 22 万美元）并免费提供医疗服务。

延伸阅读

1. 丹尼斯·米都斯：《增长的极限》，李宝恒译，吉林人民出版社 1997 年版，前言、序言、第二章；
2. 蕾切尔·卡尔逊：《寂静的春天》，吕瑞兰译，吉林人民出版社 1997 年版，前言、第十七章；
3. 世界环境与发展委员会：《我们共同的未来》，王之佳等译，吉林人民出版社 1997 年版，前言、总观点；
4. Garrett Hardin, *The Tragedy of the Commons*. Science, New Series, Vol. 162, No. 3859, 1968, pp. 1243 – 1248；
5. 竺效：《论生态文明建设与〈环境保护法〉之立法目的完善》，载《法学论坛》2013 年第 2 期。

1.2 环境法的基本原则

知识要点

1.2.1 环境法基本原则概述

★ 环境法基本原则的概念和特点

环境法基本原则是指环境法在创制和实施中必须遵循的具有拘束力的基础性和根本性准则。环境法基本原则既是环境法基本理念在环境法上的具体体现,又是环境法的本质、技术原理与国家环境政策在环境法上的具体反映。[1]

环境法基本原则在环境法规范体系之中起到承上启下的作用,上承环境法的理念,下接环境法的具体制度与规范。因此,其特点包括以下两点:首先,环境法基本原则是环境法的目的、理念和价值追求的体现,同时也体现了国家环境保护的基本方针和政策。其次,环境法基本原则具有对环境法具体法律制度和规范的指导作用,具有重要的指导法律解释、填补法律漏洞和平衡法律利益的功能,能够确保法律规则在法律的制定、解释、执行和司法各环节的统一性,并有助于解决上述环节中出现的冲突。

☆ 环境法基本原则的具体内容

比较各国的环境立法,一般在环境基本法或者环境法典的总则部分对环境法的基本原则进行规定。[2] 我国2014年修订的《环境保护法》第5条规定,环境保护坚持保护优先、预防为主、综合治理、公众参与、损害担责的原则。这一规定对我国环境法的基本原则进行了清晰明确的规定。以该条规定为基础,结合我国环境法学界的理论研究成果,可以将我国环境法基本原则概括为:风险防范原则、损害预防原则、公众参与原则和损害担责原则。

★★ 绿色原则

作为民法基本原则的**绿色原则,是为了确保作为利益关联之整体的民事主体(尤其是其中的自然人)所赖以生存、发展的生态安全、环境良好、资源永续利用之**

---

〔1〕 汪劲主编:《环境法学》(第三版),北京大学出版社2014年版,第99页。

〔2〕 同上注。

前提,对民事主体从事民事活动以节约自然资源(含能源)、保护生态和环境为引导和必要限制的基本准则。

2017 年 3 月,经第十二届全国人大第五次会议审议表决通过的《民法总则》在其“第一章基本规定”中专设第 9 条规定:“民事主体从事民事活动,应当有利于节约资源、保护生态环境。”2020 年 5 月审议通过的《民法典》第 9 条重申确认了该条款,未做任何文字改动。目前,多数学者认为该条规定作为民法基本原则的“绿色原则”。[1] 绿色原则作为民法基本原则,将适用于环境领域的物权行为、合同行为、侵权行为及相应的民事法律责任的承担,该原则并非环境法的基本原则,但与环境法的基本原则紧密相关。“绿色原则”是生态文明思想和环保理念在民法中的贯彻,其与环境法基本原则相辅相成。例如,为了贯彻“损害担责”这一环境法基本原则,须对环境侵权责任人依法追究民事侵权责任,这同时也是“绿色原则”在环境侵权领域的贯彻。

1.2.2 风险防范原则

★★ 风险防范原则的概念

通说认为,**风险防范原则是指“遇有严重或不可逆转损害的威胁时,不得以缺乏科学充分确实证据为理由,延迟采取符合成本——效益原则的措施防止环境恶化”。**[2] 风险防范原则的核心思想是遇到环境(生态)风险科学性不确定的情形,应以保护环境(生态)为优先原则。

我国《环境保护法》第 5 条规定,环境保护坚持保护优先……的原则。这一规定中的“保护优先”指的就是风险防范原则,理由如下:

(1)新《环境保护法》已经专条分别确立立法目的,确立“保护环境”为国家基本国策,并于之后规定了“经济社会发展与环境保护相协调”。“保护优先”应无须重复承担厘清经济社会发展与环境保护之间谁优先的问题,这样才能符合体系解释的一般惯例。

(2)只有这样解释,才能与该条中“预防为主”这一实质学理上的损害预防原则处于同一技术层面,且能形成功能互补。即以“预防为主”原则针对可在科学上确定的环境损害、以“保护优先”原则针对暂时无法在科学上确定的环境风险。

---

〔1〕 参见吕忠梅课题组:《“绿色原则”在民法典中的贯彻论纲》,载《中国法学》2018 年第 1 期。

〔2〕 《里约宣言》,原则 15。

1.2.3 损害预防原则

★ 损害预防原则的概念

我国《环境保护法》第5条规定,环境保护坚持保护优先、预防为主、综合治理、公众参与、损害担责的原则。其中所规定的"预防为主、综合治理"应理解为一项统一的环境法基本原则,其在学理上的表述就是**损害预防原则,即指对开发和利用环境行为所产生的环境质量下降或者环境破坏等应当事前采取预测、分析和防范措施,以避免、消除由此可能的带来的环境损害。**

☆ 损害预防原则的适用

损害预防原则的适用通常体现在以下两个方面:

(1)加强环境影响评价制度建设。环境影响评价制度根本指导思想就是以预防为主,将环境损害消灭于萌芽状态,是最为典型的贯彻损害预防原则的环境法制度。环境法要贯彻损害预防原则,首要的任务就是加强和完善环境影响评价制度。

(2)加强清洁生产制度建设。要贯彻损害预防原则,除了要在规划、建设环境落实环境影响评价制度以外,还应当在企业生产环节落实清洁生产制度,通过从源头削减污染,提高资源利用效率,减少或者避免生产、服务和产品使用过程中污染物的产生和排放,以减轻或者消除对人类健康和环境的危害。

除此之外,"三同时"制度、排污许可证制度、限期治理制度、排污收费制度也都体现了这一原则的要求。

1.2.4 公众参与原则

☆ 公众的概念

公众一般可以理解为个体、不特定的多数人或者个体组成的组织。联合国《跨国界背景下的环境影响评价公约》(Convention on Environmental Impact Assessment in A Trans boundary Context, Espoo)将公众概念界定为,"公众是指一个或一个以上的自然人或法人"。[1] 欧洲经济委员会《公众在环境事务中的知情权、参与决策权和获得司法救济的国际公约》则规定,"'公众'指一个或多个自然人或法人,以及按照国家立法或实践,兼指这种自然人或法人的协会、组织和

---

〔1〕 Convention on Environmental Impact Assessment in A Transboundary Context, Article 1(X).

团体”。[1]

★ 公众参与原则的概念

公众参与是当今世界各国较为普遍遵循的环境法基本原则。根据汪劲教授的界定，**环境法上的公众参与原则，“是指公众有权通过一定的程序或途径参与一切与公众环境权益相关的开发决策等活动，并有权得到相应的法律保护和救济，以防止决策的盲目性、使得该项决策符合广大公众的切身利益和需要”**。[2] 我国《环境保护法》第 5 条明文规定了该项原则。该条新增规定使得公众参与原则从理论上的归纳总结正式上升为我国的实然法律原则。这有利于我国未来长期坚定、充分、有效的动员公众依法参与到环境保护的事业中，也有助于逐步形成和完善“政府—企业—公众（社会）”互动的新型环保格局。

★★ 公众参与原则的适用

公众参与原则的适用体现在以下几方面：

（1）环境知情权。环境知情权保证社会公众能够获得与环境有关的各种真实情况和资料。环境知情权是公众参与原则的基础性权利形态，是社会公众进一步对环境事务进行全面参与和介入的前提条件。我国新《环境保护法》、《循环经济促进法》、《清洁生产促进法》以及《环境信息公开办法》都为公众参与原则的贯彻以及公众环境信息获取权的保护提供了有效保障。

（2）环境决策参与权。通过环境决策参与权，公众可以有效参与到政府有关决策的过程中，并通过建议、质询、监督等方式对决策产生足够的影响力，确保决策的科学性，协调决策所涉及的多种利益，避免决策对环境的负面影响。我国《环境保护法》第 56 条保障了公众对环境决策的参与。

（3）环境权益司法救济权。这既包括环境侵害受害者通过环境侵权诉讼获得司法救济的权利，也包括通过环境公益诉讼救济环境公共利益的权利。《环境保护法》第 64 条和《侵权责任法》第八章对前者进行了保障；而《民事诉讼法》第 55 条和《环境保护法》第 58 条以及《最高人民院关于审理环境民事公益诉讼案件适用法律若干问题的解释》则对后者进行了规定。

---

〔1〕 Convention on Access to Information, Public Participation in Decision - making and Access to Justice in Environmental Matters, Article 1.

〔2〕 汪劲：《环境法学》（第三版），北京大学出版社 2014 年版，第 116 页。

1.2.5 损害担责原则

★ 损害担责原则概述

《环境保护法》第5条中的“损害担责”这一表述是“污染者担责”的“缩略语”而已。从学理上解读,该原则是发展了的污染者付费原则。“损害”描述的是对环境造成任何不利影响的行为,包括利用环境造成环境超出自身自然恢复能力退化的行为。“担责”是指要承担责任,承担恢复环境、修复生态或支付上述费用的责任。**“损害担责原则”指对环境造成任何不利影响的行为人,包括因利用环境造成环境超出其自身自然恢复能力之退化的行为人,应承担恢复环境、修复生态或支付上述费用的法定义务或法律责任的原则。**

☆ 损害负担原则的历史发展

损害担责原则最早表述为污染者负担原则,该原则最初是为了解决企业污染成本由社会承担从而导致价格扭曲的问题。经济合作与发展组织(OECD)环境委员会于1972年首次提出了“污染者负担原则”(Polluter Pays Principle)。此后,1992年《里约宣言》原则16明确指出:“各国政府应努力促进环境成本的内部化和使用经济手段,同时考虑到污染者原则上应承担污染费用,并适当考虑到公众利益和不扭曲国际贸易和投资。”日本、德国、法国、瑞典和美国等环保发达国家都确立了这一原则。

我国1979年《环境保护法》第6条规定,已经对环境造成污染和其他公害的单位,应当按照“谁污染,谁治理”的原则,制定规划,积极治理,或者报请主管部门批准转产、搬迁。该条规定明确提出了“谁污染,谁治理”原则。1990年《国务院关于进一步加强环境保护工作的决定》在“在资源开发利用中重视生态环境的保护”部分指出,要按照“谁开发谁保护、谁破坏谁治理、谁利用谁补偿”和“开发利用和保护增值并重”的方针,认真保护和合理利用自然资源。1996年《国务院关于环境保护若干问题的决定》则明确规定,要实行“污染者付费,利用者补偿,开发者保护、破坏者恢复”。2014年《环境保护法》修改后,在第5条明确提出环境保护要实行“损害担责”的原则。

法律与规范链接

▲ 必读法条

《环境保护法》第4~5条、第53条;

《海岛保护法》第4条第1款;

《水土保持法》第3条；

《水污染防治法》第3条；

《民法典》第9条。

△ **延伸法条**

《法国环境法典》第L110－1条Ⅱ。

典型事例

厦门PX项目风波始末（节选）[1]

2005年6月，国家有关部门在组织专家论证、评估的基础上，分别出具厦门海沧对二甲苯（paraxylene，PX）项目用地预审意见、批复了PX项目环境影响报告书、核准了厦门海沧PX项目，并同意成立股比各为50%的台资企业腾龙芳烃（厦门）有限公司。2006年7月，国家发改委批准总投资额达108亿元人民币的PX项目落户厦门海沧。项目预计2008年建成投产，投产后每年的工业产值可达800亿元人民币。

然而，2007年3月全国“两会”期间，一份由全国政协委员、中科院院士赵玉芬领衔提出、105名政协委员联名签署的《关于厦门海沧PX项目迁址的建议》引起众多委员代表们的关注。赵玉芬认为，厦门海沧PX项目在选址方面存在严重环保安全问题，应暂缓该项目建设。2007年3月14日，原国家环保总局环评司司长祝兴祥听取了提案代表的当面陈述，但他表示，“项目投产是国家发改委批的，国家环保总局在项目迁址问题上根本没有权力”。

面对环保总局的无奈，厦门当地市民并没有选择沉默。在厦门市民看来，PX一旦建成投产，将使整个厦门岛，甚至是人口稠密的闽南地区都笼罩在阴影当中。在极端情境之下，如战争、恐怖袭击，它就是送给对手及恐怖分子的礼物。只要这个工厂一有闪失，就有可能成为一颗重磅炸弹，给厦门市甚至闽南地区人民和闽南地区经济造成致命的打击。2007年6月1日和2日，据说有超过5000名厦门市民以“散步”的形式，集体在厦门市政府门前表达反对诉求。

在市民的呼声和舆论的压力下，厦门市环保局开始就海沧PX项目通过媒体向社会进行解释。厦门市环保局负责人介绍，PX项目建设符合我国产业政策和化学

---

[1] 案例来源于邱美辉：《厦门海沧PX项目风波始末》，载《中国化工报》2007年6月4日。

工业“十五”规划要求，厂址设在经国务院批准的厦门海沧投资区的南部工业园区。该工业区规划为石化产业区，选址符合《厦门市城市发展总体规划1995－2010》，码头选址也符合厦门港口用地和发展规划。该负责人还介绍，PX石化项目由化工行业环评的权威单位组织编制环评影响报告书，并由国家有关部门依法组织专家严格审核。此外，海沧PX项目的环境安全设计代表目前世界一流水平，这个项目施工也将按照这个要求进行。该项目设计以选用目前具备世界最先进水平的专利技术为主体，能够满足环保要求。这位负责人的介绍还包括以下内容：PX项目从项目一开始建设就建立了一整套完整的应急预案。作为大型化工项目之一的PX项目，客观上存在一定的风险性问题，但发生事故的概率极低，最重要的是应对的措施是否有力。为了过舆论关并得到市民们的认可，腾龙芳烃（厦门）有限公司负责人又从项目设计和建设标准的角度作了进一步解释。为了让市民们放心，企业负责人不厌其烦地解释着十分专业的化工工艺流程。

当地环保部门和企业的解释并没有打动厦门市民。市民们对PX项目的抵制行动丝毫没有停止反而有升级的趋势。整个风波开始向全国蔓延，甚至引起了国内外的关注。

2007年12月，福建省政府和厦门市政府决定停止在厦门海沧区兴建台资翔鹭集团PX项目工厂，将该项目迁往漳州古雷半岛兴建。厦门市当局将赔偿翔鹭集团，并在中国发展和改革委员会批准后进行。

延伸阅读

1. 竺效：《论中国环境法基本原则的立法发展与再发展》，载《华东政法大学学报》2014年第3期；
2. [英]费雪：《风险规制与行政宪政主义》，沈岿译，法律出版社2012年版，第一章；
3. 柯坚：《论污染者负担原则的嬗变》，载《法学评论》2010年第2期；
4. 胡静：《污染场地修复的行为责任和状态责任》，载《北京理工大学学报》（社会科学版）2015年第6期；
5. 魏健馨：《宪法学语境中的公共参与》，载《政法论坛》2014年第5期。

1.3　环境法的历史发展

知识要点

1.3.1　世界环境法的历史发展

☆ 18 世纪中叶至 20 世纪初期

从 18 世纪中叶至 20 世纪初期是资本主义发展的早期，在这一阶段，西方社会信奉自由资本主义理念，并基本完成了工业化和城市化进程。伴随着这一过程，部分污染问题以及资源破坏问题开始显现。在这一阶段，环境法呈现以下特征：

(1)民法和零散的污染防治立法并用。城市化进程使得城市环境卫生问题成为突出问题，工厂的排放也对公众造成了一定的妨害。特别是空气污染和水污染问题。因此，西方国家在运用私法上的妨害和相邻关系等解决环境纠纷以外，开始制定一些单行的污染防治立法，如英国 1876 年《河流防污法》等。

(2)出现专门的资源保护和管理立法。工业化进程使得资源开发和利用中的法律关系越来越复杂，客观上要求在既有的民事立法之外制定专门的资源利用和管理的立法。因此，19 世纪中叶以后，很多国家开始制定保护森林、矿产资源、渔业等资源的法律，如美国 1866 年《矿业法》、瑞士 1902 年《森林法》等。

☆ 20 世纪初期至 20 世纪 60 年代

20 世纪初期至 20 世纪 60 年代，随着经济活动的日益频繁，加之之前的产业活动的污染累积效应，环境污染逐渐加重、污染损害也大面积扩散，世界上相继出现了震惊世界的“八大公害事件”，引起了全球范围内的对环境保护的关注。在这一时期，环境法表现出以下特征：

(1)大量的污染防治立法。为了应付频繁出现的环境污染问题，各国开始进行普遍的污染防治立法。例如，美国从 1948 年到 1972 年(特别是在 60 年代)在持续生产、空气污染和水污染控制、机动车管理、固体废弃物处理、空气和水质量管理、公民权利、野生生物、土地和水保持基金、野外优美景观、河流、国家标志、历史遗迹保护等许多方面都制定了详尽的法律。日本也同样如此。

(2)出现偏向于污染防治的基本立法。在大量的污染防治立法的基础之上，已经有一些国家制定基础性的、综合性的环境立法，宣示国家的环境政策、规定专门的管理体制以及确定基本制度,如美国1969年《环境政策法》、日本1969年《公害对策基本法》等,但这些法律主要偏向于污染防治。

(3)国际环境法开始得到迅速发展。在这一阶段,国际社会制定了相当数量的环境条约、公约,并出现了处理跨境资源纠纷的典型案例,为国际环境法的发展奠定了坚实的基础。

★ 20世纪70年代至今

随着1972年人类环境会议的召开以及可持续思想的普及,人类社会对于经济发展与环境保护之间的关系的认识越来越深入,环境、资源、能源以及生态保护等多个领域之间被进一步打通,人类社会开始从整体上考虑环境保护问题。在这一时期,环境法表现出以下特征:

(1)国内环境立法呈爆炸式增长。在这一阶段,各国开始大量立法,广泛针对各类环境问题制定相应的法律法规。我国也是在20世纪70年代以后开始探索环境立法。此外,各国也开始制定或者修改环境基本法。

(2)环境法的理念得到较大发展。在这一阶段,国际社会对于环境问题的认识逐渐深入,环境法出现了从污染的末端控制到预防以及全过程管理,在命令和控制型制度工具引入市场型制度工具、贯彻风险防范原则等新的变化。

(3)国际环境法进一步发展,国际环境法和国内环境法交互和融合趋势明显。在这一阶段,随着新型全球性环境问题的出现,国际社会制定了大量新的环境公约、条约。此外,国际环境法的很多理念、原则和制度进入国内环境法之中,国际环境法和国内环境法交互、融合趋势明显。

1.3.2 中国环境法的历史发展

☆ 1949~1973年:混沌时期

1949年中华人民共和国成立至1973年全国第一次环境保护会议的召开是我国环境法发展的混沌时期。

在宪法上,国家较为重视的是对作为农业命脉的自然环境要素的保护,并且以公有制为基础,确立了自然资源的全民所有制形式。1954年《宪法》第6条第2款规定,“矿藏、水流,由法律规定为国有的森林、荒地和其他资源,都属于全民所有。”

在防治环境污染方面,国务院相关各行政主管部门制定和颁布了一大批具有现代环境法律功能替代性质的规范性文件。如1956年制定的《工厂安全卫生规程》、1959年颁布的《生活饮用水卫生规程》和《放射性工作卫生防护暂行规定》。

在自然资源管理立法方面,国家较为重视对水土保持、森林保护、矿产资源保护等方面的行政管理,并制定了若干纲要和条例。例如,1950 年颁布了《矿业暂行条例》,1953 年颁布了《国家建设征用土地办法》,1956 年颁布了《矿产资源保护试行条例》,1957 年颁布了《水土保持暂行纲要》。

☆ 1973 ~ 1978 年:**初步产生时期**

自 1973 年 8 月中国召开第一次全国环境保护会议起,至 1978 年 12 月中国共产党第十一届中央委员会第三次全体会议(简称"十一届三中全会")止,是中国环境保护工作和环境法律初步产生时期。

1971 年,中国在原国家基本建设委员会下设置了工业"三废"利用管理办公室。1972 年 6 月 5 日,中国派团出席了联合国在瑞典首都斯德哥尔摩举行的人类环境会议(UNCHE),以此为契机,中国拉开了国家环境保护事业的序幕。

1973 年,国务院召开了第一次全国环境保护会议,将环境保护提到了国家管理的议事日程。1973 年至 1978 年,中国制定了一系列国家环境保护政策和规划纲要,并且在实践中形成了一些环境污染防治的制度或措施,如"三同时"制度、限期治理制度等。在防治沿海海域污染、放射性防护等方面制定了一些行政法规和规章。以《工业三废排放试行标准》为开端,还制定了有关污染物排放、生活饮用水和食品工业等标准,使国家环境管理有了定量的指标。

1978 年《宪法》第 11 条第 3 款专门对环境保护作了如下规定:"国家保护环境和自然资源,防治污染和其他公害"。这是环境保护首次被列入中国的国家根本大法之中,为国家制定专门的环境法律奠定了宪法基础。

☆ 1979 ~ 1989 年:**初步发展时期**

从 1979 年《环境保护法(试行)》的颁布实施,到 1989 年《环境保护法》取而代之前的 10 年间,是中国环境保护立法的初步发展时期,中国的环境保护法律体系初步形成。具体表现在如下几个方面:

(1)颁布环境保护基本法。1979 年 9 月 13 日,第五届全国人大常委会第十一次会议"原则通过"了该法律草案,并以"试行"的形式,由全国人民代表大会常务委员会令第 2 号于同日颁布实施。

(2)修改宪法有关环境保护的规定。从 20 世纪 80 年代开始,中国社会主义法制建设进入飞速发展时期。1982 年《宪法》第 26 条规定:"国家保护和改善生活环境和生态环境,防治污染和其他公害"。与 1978 年《宪法》相比,1982 年《宪法》扩大了环境保护的对象,同时还增加了一些合理开发利用自然资源的条款。

(3)全面展开环境保护单行法律、行政法规和规章的创制。在环境污染防治立法方面,1982 年制定了《海洋环境保护法》,1984 年制定了《水污染防治法》,1987 年制定了《大气污染防治法》。在自然资源管理和保护方面,1984 年制定了《森林法》,1985 年制定了《草原法》,1986 年制定了《渔业法》和《土地管理法》,1988 年制定了《水法》,1989 年制定了《野生动物保护法》。此外,国务院和相关职能部门还制定了大量的行政法规和规章,地方也制定和完善了地方性环境法规与规章。

(4)制定、完善了一批国家和地方环境标准。这一时期中国在完善环境保护立法的同时,还依法制定、实施了一批包括大气、水质、噪声在内的环境质量标准、污染物排放标准、环保基础和方法标准,在效力层次上既有国家环境标准,又有地方环境标准。

(5)积极参加国际环境保护合作。我国参加了一些重要的国际环境保护公约和协定,与周边国家签署了一些环境保护的双边协定,如《濒危野生动植物国际贸易公约》(1980 年)、《保护世界文化和自然遗产公约》(1985 年),以及中国和日本两国签署的《保护候鸟及其栖息环境协议》(1981 年)等。

★ 1989 ~ 2014 年:改革完善时期

从 1989 年开始至今是中国环境法的改革完善时期,这一时期,为了履行国际环境保护公约要求的义务,并适应新形势的要求,中国进一步完善环境保护立法,并修改已不适应新形势的原有环境法律。

我国于 1989 年 12 月 26 日通过了新的《环境保护法》。这为其他环境单行法律的制定、修改奠定了基础,拉开环境法律完善的序幕。

在此期间,中国制定了《环境噪声污染防治条例》(1989 年)、《水土保持法》(1991 年)、《大气污染防治法实施细则》(1991 年)、《国务院关于进一步加强环境保护工作的决定》(1990 年)、《环境保护行政处罚办法》(1992 年)、《固体废物污染环境防治法》(1995 年)、《淮河流域水污染防治暂行条例》(1995 年)等重要环境法律、法规和规章。此外,中国还在 1995 年修订了《大气污染防治法》、1996 年修订了《水污染防治法》、1999 年修订了《海洋环境保护法》。该阶段的上述立法活动,使得中国污染防治法律体系得以基本建立。

进入 21 世纪后,中国的环境立法活动依然十分频繁,不仅制定了《海域使用管理法》(2001 年)、《环境影响评价法》(2002 年)、《清洁生产促进法》(2002 年)、《放射性污染防治法》(2003 年)、《循环经济促进法》(2008 年)、《排污费征收使用管理条例》(2002 年)和《全国污染源普查条例》(2007 年)等法律法规。还修改、修正了《大气污染防治法》(2000 年)、《水法》(2002 年)、《草原法》(2002 年)、《固体废物污染环境防治法》(2004 年)、《土地管理法》(2004 年)、《野生动物保护法》(2004 年)、《节约能源法》(2007 年)、《水污染防治法》(2008 年)、《可再生能源法》(2009 年)。

★ 2014 年至今:体系优化时期

2014 年 4 月 24 日,第十二届全国人民代表大会常务委员会第八次会议对《环境保护法》作出修订,标志着中国环境法发展到一个新的阶段。立法、修法工作的重点开始转向为环境法律的体系优化。

经过几十年的立法繁荣时期,我国环境法律体系已经基本形成,但与此同时,数十部环境单行立法之间存在一定的冲突、重合等问题,需要进行体系优化,以便为进入未来环境法典化的发展阶段奠定基础。而新《环境保护法》将生态文明建设纳入立法目的,宣示环境保护为基本国策,确立的环境保护与经济社会发展间的正确的平衡关系,首次立法明示出环境法的基本原则,为完善环境法体系打下了基础。

近年来,后续又有多部环境立法进一步修改完善。例如,2015 年修订了《大气污染防治法》,2015 年、2016 年两次修正了《固体废物污染环境防治法》,2016 年修正了《水法》与《节约能源法》、修订了《野生动物保护法》,2016 年、2017 年两次修正了《海洋环境保护法》,2017 年修正了《水污染防治法》;同时也制定出一些新的法律,如《环境保护税法》(2016 年)与《核安全法》(2017 年)。

典型事例

《环境保护法》修改背景概述[1]

从 1979 年试行到 1989 年正式实施的环境保护法明确了立法目标“为保护和改善生活环境与生态环境,防治污染和其他公害,保障人体健康,促进社会主义现代化建设的发展”,同时定义“环境是指影响人类生存和发展的各种天然的和经过人工改造的自然因素的总体”,确立了环境标准、环境影响评价、排污收费、限期治理等一系列基本制度。从 20 世纪 80 年代开始,全国人大常委会根据污染防治和生态保护各领域特点,相继制定了海洋环境保护法、水法、草原法、大气污染防治法、固体

---

〔1〕《关于〈中华人民共和国环境保护法修正案(草案)〉的说明》(2012 年 8 月 31 日),载中国人大网:http://www.npc.gov.cn/huiyi/lfzt/hjbhfxzaca/2012-08/31/content_1735795.htm。

废物污染环境防治法、水污染防治法、环境噪声污染防治法、环境影响评价法、清洁生产促进法、循环经济促进法和节约能源法等二十余部法律，形成了以法律制度和科技促进产业结构调整、促进经济增长方式转变、保护和改善环境，为推动建设资源节约型、环境友好型社会，不断改进和完善了我国环境和资源保护法律。

从1995年八届全国人大三次会议到2011年十一届全国人大五次会议，全国人大代表共2474人次以及台湾代表团、海南代表团提出修改环境保护法的议案78件，反映现行环境保护法是经济体制改革初期制定的，已经不适应经济社会发展要求，社会各方面修改呼声很高。十一届全国人大常委会将修改环境保护法列入了五年立法规划的论证项目。

根据常委会立法规划，全国人大环境与资源保护委员会（以下简称环资委）结合办理代表议案和建议，梳理了历年来有关修改环境保护法的全国人大代表议案和建议内容，收集了国务院有关部门和有关专家的意见，从2008年到2010年开展了环境保护法及其相关法律的后评估工作，根据各项后评估成果，形成了一系列论证报告，认为环境保护的相关法律比较完善，编纂环境保护法典是长期任务，修改现行环境保护法，推动法律的实施和行政责任的落实是当务之急。当前修改现行环境保护法应当体现进入新世纪以来国家提出的指导思想，强化政府责任和监督，加强法律责任和追究，修改与后来制定单行法的一些不衔接规定，推动专项法律的实施。第十一届全国人大常委会第十八次会议审议同意了环资委的意见，将环境保护法修改列入全国人大常委会2011年立法工作计划。

2011年1月，全国人大环资委启动了环境保护法条文修改工作，成立了以蒲海清副主任委员为组长的修改小组，多次听取环境保护部等国务院有关部门和有关专家的意见，并于4月至9月分别赴湖南、湖北、重庆、福建、江苏、陕西等地进行调研，并在江苏省徐州市召集各省、自治区、直辖市人大环资委、提出议案的部分全国人大代表及全国人大常委会法工委对环境保护法修改进行研讨。环资委还专题就环境保护规划、环境监测、排污收费和限期治理等召开了专家和部门的座谈会。在草案起草过程中，书面征求全国人大常委会法工委、最高人民法院、中编办等18个中央机构与国务院部门和31个省、自治区、直辖市人大的意见后进一步研究和修改，今年3月又在上海听取全国人大五次会议四件代表议案领衔人和地方意见。经全国人大环境与资源保护委员会第二十七次全体会议审议，并再次修改形成了《环境保护法修正案（草案）》，并于2012年8月提请第十一届全国人大常委会第二十八次会议审议。

延伸阅读

1. 汪劲:《论现代环境法的演变与形成》,载《法学评论》1998 年第 5 期;
2. 蔡守秋、王欢欢:"改革开放 30 年:中国环境资源法、环境资源法学与环境资源法学教育的发展",载《甘肃政法学院学报》2009 年第 5 期。

1.4　环境法的体系

- 环境法的体系
  - 环境法律渊源体系
    - 《宪法》有关环境保护的规定
    - 环境保护基本法
    - 环境单行法律
    - 环境行政法规
    - 环境规章
    - 地方环境法规
    - 地方政府环境规章
    - 环境司法解释
    - 国际环境条约
  - 环境法的内容体系
    - 环境基本法
    - 污染防治法
    - 自然资源法
    - 生态保护法
    - 物质循环管理法和节能法
    - 环境综合行政管理法

图 1－1　环境法的体系

知识要点

1.4.1　环境法律渊源体系

☆ 环境法律体系

环境法律体系是指因防止污染和其他公害,开发、利用、保护和改善环境与自然资源而产生的社会关系的各种现行法律规范,按照一定的原则、功能、层次所组

成的相互联系、相互配合、相互协调的统一整体。

环境法律体系可以按照不同的标准进行不同的分类，一是按照法律渊源标准进行分类，二是按照法律规范的内容和功能进行分类。

★ 环境法律渊源体系

环境法律渊源体系指某个特定国家或者法域的全部环境法律渊源所构成的有机系统。该系统应具有特定的内在有机结构。

★ 中国现行环境法渊源体系的组成

中国现行环境法律渊源体系主要包括如下组成部分：

(1)《宪法》有关环境保护的规定；

(2)环境保护基本法；

(3)环境单行法律；

(4)环境行政法规；

(5)环境规章；

(6)地方环境法规；

(7)地方政府环境规章；

(8)环境司法解释；

(9)国际环境条约。

★ 宪法有关环境保护的规定

宪法是国家的根本大法，宪法中有关环境保护的规定居于环境法渊源体系的顶端。我国宪法中涉及环境保护的条款包括：

(1)《宪法》第9条第2款：国家保障自然资源的合理利用，保护珍贵的动物和植物。禁止任何组织或者个人用任何手段侵占或者破坏自然资源。

(2)《宪法》第10条第5款：一切使用土地的组织和个人必须合理利用土地。

(3)《宪法》第22条第2款：国家保护名胜古迹、珍贵文物和其他重要历史文化遗产。

(4)《宪法》第26条：国家保护和改善生活环境和生态环境，防治污染和其他公害。国家鼓励和组织植树造林，保护林木。

★ 环境保护基本法和单行法律

环境保护基本法和单行法律处于同一位阶，但是环境保护基本法起到统领单行法律的作用。具体来说，包括：

(1)环境基本法:《环境保护法》(2014年修订);

(2)环境污染防治类单行法律:《环境噪声污染防治法》(1996年)、《海洋环境保护法》(2017年修正)、《大气污染防治法》(2015年修订)、《放射性污染防治法》(2003年)、《固体废物污染环境防治法》(2016年修正)、《水污染防治法》(2017年修正);

(3)有关自然资源保护管理类单行法律:《煤炭法》(2016年修正)、《矿产资源法》(2009年修正)、《森林法》(2009年修正)、《海域使用管理法》(2001年)、《水法》(2016年修正)、《草原法》(2013年修正)、《土地管理法》(2004年修正)、《野生动物保护法》(2016年修订)、《海岛保护法》(2009年);

(4)生态保护类单行法律:《水土保持法》(2010年修订)、《防沙治沙法》(2001年);

(5)物质循环管理与节能类单行法律:《清洁生产促进法》(2012年修正)、《节约能源法》(2016年修正)、《循环经济促进法》(2008年)、《可再生能源法》(2009年修正);

(6)环境综合行政管理类单行法律:《环境影响评价法》(2016年修正)。

★ 环境司法解释

环境司法解释是指最高人民法院和最高人民检察院对下级法院或下级检察院就审理环境与资源保护案件的法律适用规则作出的规定。中国立法规定较为抽象,在具体司法实践中,需要由司法机关进行进一步解释。近些年来,最高人民法院、最高人民检察院制定了一些环境司法解释,对于法律适用起到了积极的作用(见表1-1)。

表1-1 现行主要环境司法解释目录(截至2018年3月)

名称	发布时间	实施时间
最高人民法院关于审理破坏土地资源刑事案件具体应用法律若干问题的解释	2000年6月19日	2000年6月22日
最高人民法院关于审理破坏森林资源刑事案件具体应用法律若干问题的解释	2000年11月22日	2000年12月11日
最高人民法院关于审理破坏野生动物资源刑事案件具体应用法律若干问题的解释	2000年11月27日	2000年12月11日
最高人民法院关于审理非法采矿、破坏性采矿刑事案件具体应用法律若干问题的解释	2003年5月29日	2003年6月3日

续表

名称	发布时间	实施时间
最高人民法院关于在林木采伐许可证规定的地点以外采伐本单位或者本人所有的森林或者其他林木的行为如何适用法律问题的批复	2004年3月26日	2004年4月1日
最高人民法院关于审理破坏林地资源刑事案件具体应用法律若干问题的解释	2005年12月26日	2005年12月30日
最高人民法院、最高人民检察院关于办理危害矿山生产安全刑事案件具体应用法律若干问题的解释	2007年2月28日	2007年3月1日
最高人民法院关于审理船舶油污损害赔偿纠纷案件若干问题的规定	2011年5月4日	2011年7月1日
最高人民法院关于审理破坏草原资源刑事案件应用法律若干问题的解释	2012年11月2日	2012年11月22日
最高人民法院关于审理环境民事公益诉讼案件适用法律若干问题的解释	2015年1月6日	2015年1月7日
最高人民法院关于审理环境侵权责任纠纷案件适用法律若干问题的解释	2015年6月1日	2015年6月3日
最高人民法院、最高人民检察院关于办理环境污染刑事案件适用法律若干问题的解释(修改)	2016年12月23日	2017年1月1日
最高人民法院关于审理海洋自然资源与生态环境损害赔偿纠纷案件若干问题的规定	2017年12月29日	2018年1月15日
最高人民法院、最高人民检察院关于检察公益诉讼案件适用法律若干问题的解释	2018年3月2日	2018年3月2日

☆ **国际环境条约**

中国所批准的国际环境条约也构成了我国环境法律渊源体系的一部分。我国很多新的环境法律中都将有关的国际义务写入国内法之中,并采取具体的措施。例如,《野生动物保护法》第35条规定,“中华人民共和国缔结或者参加的国际公约禁止或者限制贸易的野生动物或者其制品名录,由国家濒危物种进出口管理机构制定、调整并公布。”2014年《环境保护法》删除了1989年《环境保护法》第46条,即“中华人民共和国缔结或者参加的与环境保护有关的国际条约,同中华人民共和国法律有不同规定的,适用国际条约的规定,但中华人民共和国声明保留的条款除外。”而是交由更为具体的单行环境法律来确定具体的适用。

1.4.2　环境法的内容体系

★ 中国现行环境法的内容体系概述

环境法的内容体系是指由具有不同法律规范内容和功能的环境立法所构成的有机系统。依据法律规范内容和功能的不同,可以将中国现行环境立法分为环境基本法、污染防治法、自然保护法(包括自然资源法和生态保护法)、物质能量循环和管理法以及环境综合行政管理法。

★ 环境基本法

环境基本法是指由国家最高立法机关制定的,就一国环境法的宗旨、基本政策、基本法律原则、基本行政管理体制、重要法律制度、主要法律责任等作出整体性、综合性规定的法律。2014 年修订的《环境保护法》是我国现行环境基本法。(具体知识要点参见第 4 章)

☆ 污染防治法

我国目前已经制定了相当数量的污染防治法律,包括《大气污染防治法》、《水污染防治法》、《海洋环境保护法》、《固体废物污染环境防治法》、《环境噪声污染环境防治法》、《放射性污染防治法》等。

除了上述单行立法之外,我国还围绕这些污染防治领域制定了大量的行政法规、部门规章,如《水污染防治法实施细则》、《危险废物经营许可证管理办法》、《危险化学品安全管理条例》等。(具体内容参见第 3 章)

☆ 自然资源法

我国目前已制定的自然资源法律主要包括:《土地管理法》、《水法》、《森林法》、《草原法》、《野生动物保护法》、《渔业法》、《矿产资源法》、《煤炭法》等。

除了上述单行法律以外,我国还围绕上述领域制定了一些行政法规、部门规章,如《濒危野生动植物进出口管理条例》、《取水许可和水资源费征收管理条例》、《退耕还林条例》、《森林法实施条例》等。(具体参见第 3 章)

☆ 生态保护法

生态保护法主要包括《防沙治沙法》和《水土保持法》,此外,我国还制定了《自然保护区条例》(行政法规)。除此之外,我国还围绕生态保护制定了一些部门规章,如《国家级自然保护区监督检查办法》、《地质遗迹保护管理规定》、《水生动植物自然保护区管理办法》等。(具体参见第 3 章)

☆ **物质循环管理法和节能法**

我国目前制定的物质循环管理法和节能法主要包括《清洁生产促进法》、《循环经济促进法》、《节约能源法》、《可再生能源法》。围绕这些法律,我国还制定了一些相关的部门规章,如《可再生能源专项基金管理办法》。

☆ **环境综合行政管理法**

环境综合行政管理法是规范国家行政机关在履行环境保护行政管理职责行为而制定的同类法律的总称。在我国,综合行政管理法涉及的领域包括环境影响评价、环境标准、环境监测、环境行政许可、环境信息、排污收费、限期治理、环境监理、环境督察、环境科教、环境行政复议以及环境行政处罚等,典型的立法是《环境影响评价法》。此外,还有很多部门规章,如《环境信息公开办法(试行)》等。

法律与规范链接

▲ **必读法条**

《立法法》第 87 ~91 条、第 95 ~97 条。

△ **延伸法条**

1989 年《环境保护法》第 46 条(已于 2014 年修订时删除)。

典型事例

全国人民代表大会常务委员会法制工作委员会
建设项目环境管理如何适用法律的答复

(法工委复[2007]2 号)

国家环境保护总局:

你局 2007 年 1 月 10 日来函收悉,现答复如下:

一、根据《中华人民共和国环境影响评价法》第二十三条第一款第一项的规定,你局可以就"氰化物等环境影响非常重大的项目"是否属于"核设施、绝密工程等特殊性质的建设项目"中的"特殊性质的建设项目"作出解释。

二、《中华人民共和国环境影响评价法》第二十三条第一款第三项规定的"国务院审批的或者由国务院授权有关部门审批的建设项目”中“审批”的建设项目，可以包括《国务院关于投资体制改革的决定》中规定的由国务院或者国务院投资主管部门“核准”的建设项目。“备案”的建设项目中对环境可能造成重大影响，依照国务院及国务院有关部门的规定属于本条第一款第一项规定的“特殊性质”的建设项目的，其环境影响评价文件的审批按照本条的规定办理。

三、关于建设单位未依法报批建设项目环境影响评价文件却已建成建设项目，同时该建设项目需要配套建设的环境保护设施未建成、未经验收或者经验收不合格，主体工程正式投入生产或者使用的，应当分别依照《中华人民共和国环境影响评价法》第三十一条、《建设项目环境保护管理条例》第二十八条的规定作出相应处罚。

全国人民代表大会常务委员会法制工作委员会

2007 年 3 月 21 日

附:《国家环境保护总局建设项目环境管理如何适用法律的请示》

全国人民代表大会常务委员会法制工作委员会：

地方环境保护部门在执行《中华人民共和国环境影响评价法》过程中，对建设项目环境影响评价文件(以下简称环评文件)的审批权限，以及既未报批环评文件也未经验收的已建项目的法律适用问题，存在一些理解上的不同。

一、关于建设项目环评文件审批权限问题

根据《中华人民共和国环境影响评价法》第二十三条第一款的规定，国务院环境保护行政主管部门负责审批以下三类建设项目的环评文件：

(一)核设施、绝密工程等特殊性质的建设项目；

(二)跨省、自治区、直辖市行政区域的建设项目；

(三)国务院审批的或者国务院授权有关部门审批的建设项目。

根据上述规定，国务院环境保护行政主管部门建设项目环评文件审批权限的范围，按照建设项目投资审批机关的行政级别确定，即国务院审批的或者国务院授权有关部门审批的建设项目，其环评文件由国务院环境保护行政主管部门负责审批；跨省级行政区或者具有核、绝密等特殊性质的建设项目也由国务院环境保护行政主管部门负责审批。

目前，环境保护部门在实际执行上述建设项目环评文件审批权限规定的过程中出现了一些争议：

第一，“氰化物等环境影响非常重大的项目”是否属于“核设施、绝密工程等特殊性质的建设项目”中的“特殊性质的建设项目”。

我局的意见,“特殊性质的建设项目”不仅限于具有特殊的社会敏感的“核设施和绝密工程”,还可以包括具有特殊的环境敏感性的“氰化物等环境影响非常重大的项目”。

第二,“国务院审批的或者国务院授权有关部门审批的建设项目”中的“审批”是否可以扩大理解为:“审批、核准和备案”。

2004年,国务院发布了《关于投资体制改革的决定》,明确规定对于企业不使用政府投资建设的项目,一律不再实行审批制,而是区别不同情况实行核准制和备案制。据此,建设项目的投资审批方式已由过去单一的“审批制”,改革为目前的“审批制”、“核准制”和“备案制”三种形式。

我局的意见,根据目前建设项目审批管理方式的变化,“国务院审批或者国务院授权有关部门审批的建设项目”中的“审批”,实质上应当理解为目前的“审批”、“核准”和“备案”。

因此,我局认为,目前国务院环境保护行政主管部门负责审批环评文件的建设项目的范围是:

(一)核设施、绝密工程、氰化物等特殊性质的建设项目;

(二)跨省、自治区、直辖市行政区域的建设项目;

(三)国务院审批或者核准的建设项目,国务院有关部门审批、核准或者备案的建设项目。

二、关于既未报批环评文件也未验收的已建成项目的法律适用问题

在建设项目环境管理实践中,建设单位既未向环境保护部门报批环评文件,建设项目“需要配套建设的环境保护设施”也未建成、未经验收或者验收不合格,而主体工程投入生产或者使用的违法现象比较普遍。对如何处理这类违法行为的问题上,有关方面存在争议。

我局的意见:上述违法行为,既违反了《中华人民共和国环境影响评价法》关于环境影响评价制度的规定,同时也违反了《建设项目环境保护管理条例》中“三同时”制度的规定。对同一行为违反两项制度的法律适用问题,对违法行为人可以依照两项制度中处罚较重的规定,定性处罚。

根据《中华人民共和国环境影响评价法》第三十一条规定,对未报批环评文件,擅自开工建设的,由环境保护部门责令停止建设,限期补办手续;《建设项目环境保护管理条例》第二十八条规定,建设项目需要配套建设的环境保护设施未建成,未

经验收或者经验收不合格，主体工程正式投入生产或者使用的，由环境保护部门责令停止生产或者使用，可以处10万元以下的罚款。

因此，对未报批环评文件或未验收的已建项目，可以依照《建设项目环境保护管理条例》第二十八条的规定予以处罚。

为准确理解和正确执行《中华人民共和国环境影响评价法》，就上述问题的法律适用函报你委，请予答复。

国家环境保护总局

2007年1月10日

延伸阅读

1. 徐祥民、巩固：《关于环境法体系问题的几点思考》，载《法学论坛》2009年第2期；
2. 黄锡生、史玉成：《中国环境法律体系的架构与完善》，载《当代法学》2014年第1期；
3. 罗丽：《论生态文明理念指导下的环境法体系的完善》，载《环境与可持续发展》2014年第2期。

第2章　环境保护的基本法律制度

教学目标

理解环境保护基本法律制度的概念；
了解中国现行环境保护基本法律制度的概况；
了解现行环境规划制度、环境行政许可制度、突发环境事件应急管理制度；
理解和识记中国的环境标准制度、环境保护税制度、环境信息公开制度；
应用环境影响评价制度。

推荐参考资料

1. 汪劲:《环境法学》,北京大学出版社2018年版,第五章;
2. 竺效:《Environmental Law》(英文),中国环境科学出版社2014年版,第3部分;
3. 吕忠梅主编:《环境法学概要》,法律出版社2016年版,第五章。

本章知识结构

环境保护的基本法律制度
- 环境标准制度
- 环境规划制度
- 环境影响评价制度
- 环境保护税制度
- 环境信息公开制度
- 突发环境事件应急管理制度

2.1　环境保护基本法律制度概述

知识要点

☆ **环境保护基本法律制度的概念**

“环境保护的基本法律制度，是指按照环境法基本理念和基本原则确立的、通过环境立法具体表现的、普遍适用于环境与资源保护各个领域的法律规范的总称”；“而环境保护的特别法律制度，则是在各单项环境与资源保护立法中为实现法律的目标而确立的具有特殊性和针对性的法律措施和方法的总称”。[1]

☆ **环境保护基本制度的范围**

关于环境保护基本制度的范围，常见的教材持如下观点：

蔡守秋教授等学者主张环境资源基本法律制度包括环境资源规划制度、环境影响评价制度、“三同时”制度、环境资源许可制度、环境资源税费制度、清洁生产制度。[2]

汪劲教授等学者主张环境法的基本制度包括环境标准、环境与自然保护规划、环境影响评价、环境费、突发环境事件应急。[3]

2.2　环境标准制度

知识要点

★ **环境标准制度的概念**

传统意义上的**环境标准主要指国内环境标准，它是为了防治环境污染、保证环境质量、维护生态平衡、保护人群健康，国家在综合考虑国内自然环境条件、社会经济条件和现有环保科学技术水平的基础上，依照法定程序制定的，有关环境中污染物的允许含量，以及污染源排放物的数量、浓度、时间和速率及其他有关的技术规**

---

〔1〕 汪劲：《环境法学》，北京大学出版社 2006 年版，第 198 页。

〔2〕 参见蔡守秋主编：《环境资源法教程》，高等教育出版社 2004 年版，第 187 ~ 211 页。

〔3〕 参见汪劲：《环境法学》，北京大学出版社 2014 年版，第 122 ~ 159 页。

范。环境标准法律制度是调整环境标准的制定、实施、实施监督的法律规范的总称。

☆ **环境标准的主要法律依据**

1973 年颁布的《“工业三废”排放试行标准》是中国第一个环境标准。1979 年颁布的《环境保护法(试行)》明确了环境标准的制订、审批、实施权限,使环境标准成为中国的一项环境法律制度。

现行环境基本法对环境标准制度进行了规定,可见环境标准制度的重要性。2014 年修订后的《环境保护法》第 15 条和第 16 条对我国环境标准的制度体系予以了规定。

依据《环境保护法》和《标准化法》(1988 年)的有关规定,国家环境保护总局于 1999 年 1 月 5 日制定了《环境标准管理办法》,适用于环境标准的制定、实施,及对实施环境标准的监督。

为加强对地方环境质量标准和污染物排放标准的备案管理,环境保护部于 2009 年 12 月 30 日修订了《地方环境质量标准和污染物排放标准备案管理办法》,并已于 2010 年 3 月 1 日起施行,取代了国家环境保护总局于 2004 年 11 月 11 日发布的《地方环境质量标准和污染物排放标准备案管理办法》。2020 年 12 月 15 日,生态环境部发布了《生态环境标准管理办法》,对国家环境标准和地方环境标准作出了更完善的规定,《地方环境质量标准和污染物排放标准备案管理办法》被废除。

★★ **环境标准的分类**

各类不同的环境标准组成了一国环境标准的完整体系。环境标准的体系与环境标准的分类有着紧密的联系。根据不同标准,我们可以对环境标准进行不同的分类。

依据效力范围不同,我们可以将之分为国家环境标准、地方环境标准和国家环境保护行业标准。国家环境标准与国家环境保护行业标准在全国范围内执行。而地方环境标准只在颁布该标准的省、自治区、直辖市辖区范围内执行。

依据是否具有强制法律效力,环境标准分为强制性环境标准和推荐性环境标准。环境质量标准、污染物排放标准和法律、行政法规规定必须执行的其他环境标准属于强制性环境标准,强制性环境标准必须执行。强制性环境标准以外的环境标准属于推荐性环境标准。不过,一旦国家鼓励采用的推荐性环境标准被强制性环境标准引用时,也必须强制执行。

依据环境标准的内容不同,我们又可以将环境标准分为环境质量标准、污染物排放标准(或控制标准)、环境监测方法标准、环境标准样品标准和环境基础标准。

国家环境标准包括国家环境质量标准、国家污染物排放标准(或控制标准)、国家环境监测方法标准、国家环境标准样品标准和国家环境基础标准。地方环境标准则仅包括地方环境质量标准和地方污染物排放标准(或控制标准)。

★ **环境标准的体系**(2004 年卷一第 27 题)

环境标准体系是一个复杂的有机体,单个环境标准的技术内容往往是不完整的,需要引用其他标准的部分或全部内容,因此,标准之间互相协调、衔接、配合,才能使整个标准体系正常运行。例如,环境质量标准和污染物排放标准要引用监测技术规范和监测方法标准,而监测方法标准要引用采样和制样标准,制定监测方法标准和标准样品则要根据环境质量标准和污染物排放标准规定的污染物限值水平等。中国现行环境标准的简要体系如图 2 – 1 所示:

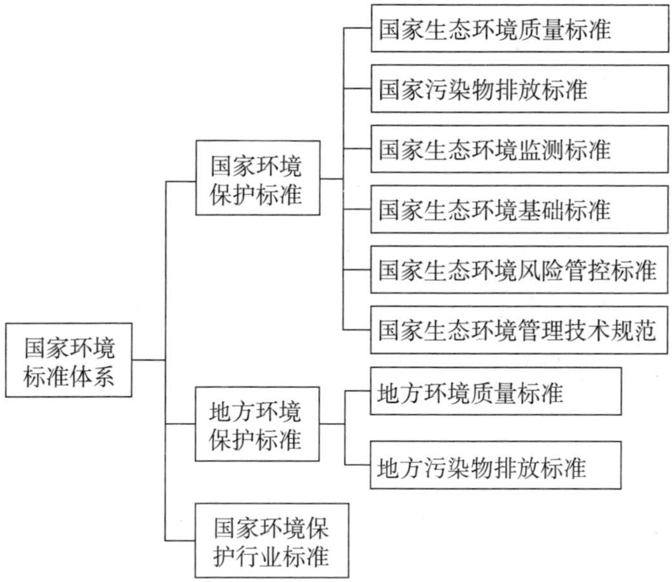

图 2 – 1　中国现行环境标准体系结构图

☆ **我国环境标准的数量规模**

根据原环境保护部 2017 年 4 月发布的《国家环境保护标准“十三五”规划》的统计,截至“十二五”末期,累计发布国家环保标准 1941 余项,其中现行有效的标准有 1697 项,并废止 244 项实施时间较长的标准。现行标准中,包括国家环境质量标准 16 项、国家污染物排放(控制)标准 161 项、环境监测规范 1001 项、环境基础标准与标准制修订规范 38 项,管理规范类环境保护标准 481 项。环境质量标准、污染物排放(控制)标准、环境监测规范等重要环境保护标准体系已经基本建立,国家环境保护标准体系框架已经基本建成。

★ 国家环境标准

国家环境标准包括国家生态环境质量标准、国家生态环境风险管控标准、国家污染物排放标准、国家生态环境监测标准、国家生态环境基础标准和国家生态环境管理技术规范等六类。其中,生态环境质量标准、污染物排标准、生态环境风险管控标准属于强制性环境标准;生态环境监测标准、生态环境基础标准属于推荐性环境标准。

★ 国家环境标准的制定主体(2014 年卷一第 73 题)

国务院生态环境主管部门是制定国家环境标准的法定主体。

★★ 国家环境标准的制定程序

制定环境标准应遵循下列基本程序:

编制项目计划的初步方案→确定项目承担单位和项目经费,形成项目计划→下达项目计划任务→项目承担单位成立编制组,编制开题论证报告→项目开题论证,确定技术路线和工作方案→编制标准征求意见稿及编制说明→对标准征求意见稿及编制说明进行技术审查→公布标准公开征求意见稿,向有关单位及社会公众征求意见→汇总处理意见,编制标准送审稿及编制说明→对标准送审稿及编制说明进行技术审查→编制标准报批稿及编制说明→对标准进行行政审查;质量标准、风险管控标准和排放标准的行政审查包括司务会、部长专题会和部常务会审议;其他标准行政审查主要为司务会审议,必要时应经部长专题会、部常务会审议→标准批准(编号)、发布→项目文件材料归档→国家生态环境标准制修订工作证书(以下简称标准工作证书)发放→标准宣传、培训。

★ 国家环境标准的实施主体

根据《生态环境标准管理办法》的有关规定,国家生态环境主管部门负责全国环境标准管理工作,指导地方环境标准管理工作。地方各级生态环境行政主管部门负责本行政区域内的环境标准管理工作,负责组织实施国家环境标准、国家环境保护行业标准和地方环境标准。

★ 国家环境标准的解释主体

国家环境标准和国家环境保护行业标准由生态环境部负责解释,生态环境部也可以委托有关技术单位予以解释。

★★ 国家环境质量标准(2014 年卷一第 73 题)

国家环境质量标准,是指为了保护自然环境、人体健康和社会物质财富,限制环境中的有害物质和因素,而由国家制定的环境质量标准。目前,已经制定的国家环境质量标准主要涉及水环境质量、大气环境质量、声环境质量、振动环境质量、土壤环境质量等领域。例如,《地表水环境质量标准》(GB 3838－2002)、《渔业水质标准》(GB 11607－89)、《环境空气质量标准》(GB 3095－1996)、《室内空气质量标准》(GB/T 18883－2002)、《声环境质量标准》(GB 3096－2008)、《城市区域环境振动标准》(GB 10070－88)、《土壤环境质量标准》(GB 15618－1995)。

☆ **国家环境质量标准的地位**

国家环境质量标准在整个环境标准中居于核心地位,是国家环境政策目标的综合反映和体现,是国家实行环境保护规划、控制污染以及分级、分类管理环境和科学评价环境质量的基础,是制定污染物排放标准的主要科学依据,也是判断某地域环境质量状况以及是否受到污染的直接依据。

☆ **环境质量标准的实施途径**

地方各级生态环境主管部门在各自职责范围内组织实施环境质量标准。

★ **国家污染物排放(控制)标准**

为实现环境质量标准,结合技术经济条件和环境特点,限制排入环境中的污染物或对环境造成危害的其他因素,国家制定了污染物排放标准。例如,《污水综合排放标准》(GB 8978－1996)、《油墨工业水污染物排放标准》(GB 25463－2010)、《大气污染物综合排放标准》(GB 16297－1996)、《储油库大气污染物排放标准》(GB 20950－2007)、《建筑施工场界噪声限值》(GB 12523－90)、《社会生活环境噪声排放标准》(GB 22337－2008)、《一般工业固体废物贮存、处置场污染控制标准》(GB 18599－2001)、《生活垃圾填埋场污染控制标准》(GB 16889－2008)等。

☆ **国家污染物排放标准的地位与作用**

由于污染物排放标准是为了实现环境质量标准所设定的目标,针对污染物排放而作出的限制,因此对排放污染物的行为具有直接的约束力。在许多国家的环境立法中,一般将污染物排放标准作为判断排污行为是否违反行政法和刑法规定的客观标准,也是发给排污许可证、征收排污税费等环境行政管理行为的技术依据。

☆ **污染物排放标准的实施途径**

地方各级生态环境主管部门在各自职责范围内组织实施污染物排放标准。

★ **国家生态环境监测标准**

为了监测环境质量和污染物排放,规范采样、分析测试、数据处理等技术,而由国家制定国家生态环境监测标准。例如,《工业废水总硝基化合物的测定气相色谱法》(GB/T 4919-85)、《环境空气 臭氧的测定 紫外光度法》(GB/T 15438-1995)、《机场周围飞机噪声测量方法》(GB/T 9661-88)、《城市区域环境振动测量方法》(GB 10071-88)、《土壤质量 铅、镉的测定石墨炉原子吸收分光光度法》(GB/T 17141-1997)、《固体废物 浸出毒性浸出方法翻转法》(GB 5086.1-1997)、《环境空气中氡的标准测量方法》(GB/T 14582-93)、《水中锶-137 放射化学分析方法》(GB 6767-86)、《生物尿中 1-羟基芘的测定 高效液相色谱法》(GB/T 16156-1996)等。

☆ **国家生态环境监测标准的组成**

我国的生态环境监测标准主要包括生态环境监测技术规范、生态环境监测分析方法标准、生态环境监测仪器及系统技术要求、生态环境标准样品等。

☆ **国家生态环境监测标准的实施**

国家生态环境监测标准的实施要求主要包括:

(1)制定生态环境质量标准、生态环境风险管控标准和污染物排放标准时,应当采用国务院生态环境主管部门制定的生态环境监测分析方法标准;国务院生态环境主管部门尚未制定适用的生态环境监测分析方法标准的,可以采用其他部门制定的监测分析方法标准。

(2)对生态环境质量标准、生态环境风险管控标准和污染物排放标准实施后发布的生态环境监测分析方法标准,未明确是否适用于相关标准的,国务院生态环境主管部门可以组织开展适用性、等效性比对;通过比对的,可以用于生态环境质量标准、生态环境风险管控标准和污染物排放标准中控制项目的测定。

(3)对地方生态环境质量标准、地方生态环境风险管控标准或者地方污染物排放标准中规定的控制项目,国务院生态环境主管部门尚未制定适用的国家生态环境监测分析方法标准的,可以在地方生态环境质量标准、地方生态环境风险管控标准或者地方污染物排放标准中规定相应的监测分析方法,或者采用地方生态环境监测分析方法标准。适用于该控制项目监测的国家生态环境监测分析方法标准实施后,地方生态环境监测分析方法不再执行。

★ **国家生态环境基础标准**

环境保护工作中,需要统一的技术术语、符号、代号(代码)、图形、指南、导则及信息编码等,因而需要由国家制定环境基础标准。例如,《空气质量词汇》(GB 6919 - 1986)(Air quality - Vocabulary)、《环境污染源类别代码》(GB/T 16706 - 1996)(Codes for environmental pollution source categories)、《城市区域环境噪声适用区划分技术规范》(GB/T 15190 - 1994)(Technical specifications to determinate the suitable area for environmental noise of urban area)、《环境空气质量功能区划分原则与技术方法》、《制订地方水污染物排放标准的技术原则与方法》(GB 3839 - 1983)(Technological principle and methods for enactment of local water pollutant emission standard)等。

★ 地方环境标准

地方环境标准包括地方环境质量标准、地方生态环境风险管控标准、地方污染物排放标准。环境监测标准、技术规范和相关数据需要在全国范围内统一,因此上述三类环境标准只有国家标准,而没有地方标准。

★★ 地方环境标准的制定主体(2014 年卷一第 73 题,2007 年卷一第 28 题)

省、自治区、直辖市人民政府可以制定地方环境标准。地方生态环境质量标准、地方生态环境风险管控标准和地方污染物排放标准应当报国务院生态环境主管部门备案。

★★ 地方环境质量标准的制定范围(2014 年卷一第 73 题,2010 年卷一第 28 题,2007 年卷一第 28 题,2004 年卷一第 27 题)

(1)对国家环境质量标准中未作规定的项目,可以制定地方环境质量标准;

(2)对国家环境质量标准中已作规定的项目,可以制定严于国家环境质量标准的地方环境质量标准。

上述第(2)项是 2014 年修订《环境保护法》时新增的。

★★ 地方污染排放标准的适用范围

(1)对本行政区域内没有国家污染物排放标准的特色产业、特有污染物,或者国家有明确要求的特定污染源或者污染物,应当补充制定地方污染物排放标准。

(2)符合以下情形的,应当制定比国家污染物排放标准更严格的地方污染物排放标准:

产业密集、环境问题突出的;

现有污染物排放标准不能满足行政区域内环境质量要求的;

行政区域环境形势复杂,无法适用统一的污染物排放标准的。

★★★ 地方环境标准的备案

国务院生态环境主管部门收到地方生态环境标准备案材料后,予以备案,并公开相关备案信息;发现问题的,可以告知相关省级生态环境主管部门,建议按照法定程序修改。

★★★ 地方环境标准的年度报告和公告

省、自治区、直辖市人民政府或者受其委托的环境保护行政主管部门应当于每年1月31日前,向生态环境部报送本地上一年度制定发布或者废止地方环境质量标准和污染物排放标准的情况,包括标准的名称和编号等。

生态环境标准由其制定机关委托的出版机构出版、发行,依法公开。省级以上人民政府生态环境主管部门应当在其网站上公布相关的生态环境标准,供公众免费查阅、下载。

生态环境部每年发布公告,公布省、自治区、直辖市地方环境质量标准和污染物排放标准的制定和备案情况。

☆ 国家环境保护行业标准的适用范围

如遇需要在全国环境保护工作范围内统一的技术要求,而又没有国家环境标准时,应制定国家环境保护行业标准。国家环境保护行业标准又被称为"环境保护行业标准"。据2010年12月15日访问国家原环境保护部数据中心的检索结果显示,国务院生态环境主管部门至今已先后发布了此类环境标准767项。

例如,为贯彻《环境保护法》《水污染防治法》《大气污染防治法》《固体废物污染环境防治法》,指导农村生活污染控制工作,改善农村环境质量,促进新农村建设,鉴于尚未制定该领域的国家环境标准,原环境保护部2010年7月9日首次发布了《农村生活污染控制技术规范》(HJ 574 – 2010)(Technical Specifications of Domestic Pollution Control for Town and Village),并于2011年1月1日起实施。该标准规定了农村生活污染控制的技术要求,适用于指导农村生活污染控制的监督与管理。

又如,为贯彻《环境保护法》,减少木制玩具产品在生产、使用和废弃过程中对环境和人体健康的影响,环境保护部参考了德国蓝天使环境标志授予基本标准《木制玩具》(RAL – UZ 130),于2010年3月11日发布了《环境标志产品技术要求 木制玩具》(HJ 566 – 2010)(Technical Requirement for Environmental Labeling Products Wooden Toys),已于2010年6月1日起实施。该标准规定了木制玩具类环境标志产品的术语和定义、基本要求、技术内容和检验方法。该标准适用于木材质量占玩具总质量 95% 以上的木制玩具，适用于中国环境标志产品认证。

★ **国家环境保护行业标准的制定和解释主体**

国家环境保护行业标准的制定、解释由生态环境部负责。

法律与规范链接

▲ **必读法条**

《环境保护法》第 15 ~ 16 条。

△ **延伸法条**

《生态环境标准管理办法》。

典型案例

A 精细材料有限公司诉 B 区人民政府环保行政处罚案[1]

案情概述

2011 年 12 月 2 日，B 区环境运输和城市管理局（以下简称区环运局）以 A 精细材料有限公司（以下简称 A 公司）在生产过程中排放废气的臭气浓度超标为由，对该公司作出《限期治理决定书》，要求 2012 年 1 月 31 日前完成排放臭气浓度治理达到《恶臭污染物排放标准》的要求，并经环运局验收合格；逾期未申请验收或未完成限期治理任务，将按规定责令停业、关闭；要求该公司分析臭气浓度超标排放原因，制定限期治理达标计划以及落实各项污染防治措施，确保污染物达标排放。

2012 年 2 月 9 日，A 公司向区环运局申请治理验收。B 区环境保护监测站受该区环运局委托，于同年 4 月 26 日、6 月 28 日对该公司进行臭气排放监测，两次监测报告均显示臭气浓度未达标。区环运局遂于 2012 年 8 月 29 日组织验收组现场检查并对法定代表人进行调查询问，告知该公司验收结果：存在未提交限期治理方案、废气处理技术不能确保无组织废气达标排放、排放废气的臭气浓度超标、使用的燃油不符合环保要求等四个方面的问题，未通过限期治理验收。

2013 年 1 月 11 日，B 区人民政府作出《行政处罚告知书》，同年 3 月 18 日经听

---

〔1〕 资料来源：中国法院网，http://www.chinacourt.org/article/detail/2014/12/id/1519502.shtml，最后访问日期：2016 年 9 月 4 日。

证后作出《行政处罚决定书》，决定A公司自收到行政处罚决定书之日起停业、关闭。该公司不服提起行政诉讼，请求法院撤销上述《行政处罚决定书》。

佛山市中级人民法院一审认为，A公司对B区人民政府作出处罚决定的职权依据及行政程序并无异议。原告认为上述两次臭气排放监测的采样点与频次不符合法定要求，未能排除其他干扰因素，故监测报告的结论不能作为定案依据。经查，B区环境保护监测站具有废气污染物检测的法定资质，该监测站两次臭气采样点即监测位置为A公司厂界敏感点，符合《恶臭污染物排放标准》及国家环境保护总局《关于恶臭物无组织排放检测问题的复函》规定。原告认为臭气监测采样点的设置不合法的主张于法无据，其亦未提供充分证据证明上述臭气监测采样点存在其他干扰因素。至于采样频次问题，该监测站两次臭气监测均采用了4次×3点的监测频次并取其中最大测定值，但频次间隔不足2小时，存在一定瑕疵。但该瑕疵不足以推翻监测报告结论的正确性。由于原告在限期治理期限届满后，经两次监测臭气排放浓度仍未达到《恶臭污染物排放标准》的要求，且存在其他相关环保问题，经B区环运局报请B区人民政府依照《广东省珠江三角洲大气污染防治办法》有关规定对原告作出停业、关闭的行政处罚决定，认定事实清楚，证据充分，适用法律正确，遂判决驳回原告诉讼请求。原告上诉后，广东省高级人民法院二审判决驳回上诉，维持原判。

核心问题

1.《恶臭污染物排放标准》属于何种类型的环境标准？

2.《恶臭污染物排放标准》在行政处罚案件中的适用是否需要其他类型的环境标准的配合使用？

3.《恶臭污染物排放标准》适用的疑难问题由谁解释？

简要评论

《恶臭污染物排放标准》(Emission standards for odor pollutants, GB 14554－93)属于国家污染物排放(控制)标准，具有强制性。国家污染物排放(控制)标准对排放污染物的行为具有直接的约束力，实践中，是发给排污许可证、征收排污税费等环境行政管理行为的技术依据，也是作出环保行政处罚中判明行为违法性的主要技术依据。

一般而言，污染物排放(控制)标准需要引用监测技术规范和监测方法标准，而监测方法标准要引用采样和制样标准。相应地，制定监测方法标准和标准样品则要根据环境质量标准和污染物排放标准规定的污染物限值水平等。

根据《关于执行〈恶臭污染物排放标准〉问题的复函》(环函[2007]281号)的解释，本案中，《大气污染物综合排放标准》(GB 16297－1996)中确定污染物最高允许排放速率的方法不适用于执行《恶臭污染物排放标准》的情况。在执行《恶臭污染物排放标准》时，如企业排气筒高度超过标准中所列排气筒最高高度，执行标准中排气筒最高高度对应的污染物排放量。这也体现了，环境保护部作为国家环境标准和国家环境保护行业标准的法定解释主体，有权作出行政性解释，当然，必要时，环境保护部也可以委托有关技术单位予以解释。

知识点

国家污染物排放（控制）标准属于强制标准，需要引用监测技术规范和监测方法标准等来执行，环境保护部是这类标准的法定解释主体。

延伸阅读

1. 吴邦灿：《我国环境标准的历史与现状》，载《环境监测管理与技术》1999年第3期；
2. 蔡守秋：《论环境标准与环境法的关系》，载《环境保护》1995年第4期；
3. 张晏、汪劲：《我国环境标准制度存在的问题及对策》，载《中国环境科学》2012年第1期。

2.3　环境规划制度

知识要点

☆ **环境规划的概念**

环境规划，“是指由国民经济和社会发展计划中的环境保护篇章、生态建设和环境保护重点专项规划、环境保护计划以及各专项环境保护规划共同组成的统一体。但通常在环境保护领域存在着环境保护计划（规划）的概念，它是政府及其环保部门依照法定程序编制的一定时空范围内对城市环境质量控制、污染物排放控制和污染治理、自然生态保护以及其他与环境保护有关事项的总体安排”。[1]

★ **环境规划的主要法律依据**

1989年《环境保护法》第4条曾规定，国家制定的环境保护规划必须纳入国民经济和社会发展计划，国家采取有利于环境保护的经济、技术政策和措施，使环境保护工作同经济建设和社会发展相协调。原国家计划委员会和原国家环境保护局

---

〔1〕 汪劲：《环境法学》，北京大学出版社2006年版，第210页。

1994 年还联合配套制定了《环境保护计划管理办法》(现已失效)。此外,还有曾就一些专门领域制定相关专门立法,如国土资源部 1999 年制定的《矿产资源规划管理暂行办法》(现已失效)。

2014 年修订后的《环境保护法》第 13 条第 1 ~ 3 款明确规定:

县级以上人民政府应当将环境保护工作纳入国民经济和社会发展规划。

国务院环境保护主管部门会同有关部门,根据国民经济和社会发展规划编制国家环境保护规划,报国务院批准并公布实施。

县级以上地方人民政府环境保护主管部门会同有关部门,根据国家环境保护规划的要求,编制本行政区域的环境保护规划,报同级人民政府批准并公布实施。

★ 环境规划制度的主要内容和主要载体

现行《环境保护法》第 13 条第 4 款规定,环境保护规划的内容应当包括生态保护和污染防治的目标、任务、保障措施等,并与主体功能区规划、土地利用总体规划和城乡规划等相衔接。

实践中,在国家层面,就文件载体的形式而言,环境规划一般由国务院编制的国民经济和社会发展五年规划中有关环境保护的篇章,国务院主管有关部门编制的生态建设和环境保护重点专项规划和国务院环境保护主管部门编制的国家环境保护规划等共同组成。

☆ 环境规划的法律效力

从中国各类环境规划的编制与执行来看,它们主要是作为国家或地方立法机关审批的国民经济和社会发展规划的组成部分,自上而下地由各级人民政府按照相应的程序予以分解制订个别计划,逐步实施。因此,规划的实施若未以相应的法律规范予以表现,就不具有一般行政法规范的性质。由于中国现行环境法律并未对环境规划的编制与执行规定相应的法律后果,所以环境规划一般不对行政机关以外的人具有法的强制力。

由于没有法的强制力作保障,环境规划的具体实施实际上属于各级政府贯彻执行环境保护政策的内部行政行为,同时也是考核地方各级领导干部执政业绩的依据之一。地方各级人民政府根据环境保护规划,层层建立环境保护目标责任制以及由企业建立环境保护责任制,将环境保护投资纳入政府或企业的预算,将环境保护项目列入基本建设、技术改造计划之中。同时,通过对重大污染源的管理和治理,结合“三同时”等制度的实施,保障环境保护规划的目标和任务得以实现。这种执行方式的弹性很大,其效果也与政府对计划的执行力度、资金投入状况成正比。

实践中,由于专门的环境保护规划的制定必须依据国家国民经济和社会发展五年规划中的环境保护篇章、生态建设和环境保护重点专项规划,因此,从政府规划编制角度而言,上述环境规划各类组成部分之间应是相互协调一致的。此外,为了使各类涉及环境与资源保护的政府规划与环境保护规划相协调,还需通过环境影响评价等法律制度来保障落实。如 2002 年制定的《环境影响评价法》要求,国务院有关部门、设区的市级以上地方人民政府及其有关部门,对其组织编制的土地利用的有关规划,区域、流域、海域的建设、开发利用规划,应当在规划编制过程中组织进行环境影响评价,编写该规划有关环境影响的篇章或者说明;国务院有关部门、设区的市级以上地方人民政府及其有关部门,对其组织编制的工业、农业、畜牧业、林业、能源、水利、交通、城市建设、旅游、自然资源开发的有关专项规划,应当在该专项规划草案上报审批前,组织进行环境影响评价,并向审批该专项规划的机关提出环境影响报告书。事实上,当对上述规划进行环境影响评价时,应以相应的环境保护规划作为指导。2014 年新修订的《环境保护法》第 14 条也就政策制定考虑环境影响的有关问题作出了原则规定。

法律与规范链接

▲ **必读法条**

《环境保护法》第 13 ~ 14 条。

△ **延伸法条**

《环境影响评价法》第二章;

《规划环境影响评价条例》。

典型案例(事例)

A 某、B 某与 C 镇人民政府等行政审批案[1]

案情概述

1997 年开始国家实行第二轮农村土地承包后,第三人 D 村 11 组和 14 组将本

[1] 参见四川省德阳市中级人民法院(2016)川 06 行终 32 号行政判决书。

组土地依法发包给本组村民,村民取得了土地的承包经营权。从2002年开始,为落实国家退耕还林政策,E区林业局为D村11组和14组符合条件的承包村民办理退耕还林手续,E区人民政府颁发了《林权证》,林地使用期50年,并由国家发放退耕还林补助费。

2013年3月8日,原告A某与第三人D村11组、14组分别签订了《农村土地承包经营权转包/出租合同》和《D村11组、14组(退耕还林)土地对外承包征求意见表》,合同约定D村11组和14组分别将25.02亩、16.05亩承包地的承包经营权转包/出租给A某种植/养殖,转包/出租期限为14年,自2013年3月10日起至2027年3月9日止。

2013年5月编制的《C镇土地利用总体规划(2006-2020)》,将D村11组、14组转包给原告的流转土地划入了基本农田保护区。2013年8月14日,原告A某、B某作为投资人拟设立F生态农业有限公司并经该市工商行政管理局申请预先核准。2013年8月15日,被告C镇政府在F生态农业有限公司提交的E区建设项目环境保护申报表中予以签字同意。当日,被告区发改局准予备案。同年9月3日,被告区环保局对F生态农业有限公司送报的《环境影响登记表》作出同意建设的批复。2015年5月6日,A某、B某以其承租的D村11组、14组的土地系基本农田为由向法院提出诉讼,请求确认被告的批复及备案违法且无效。

核心问题

被告C镇政府作出的审批及被告区环保局作出的批复和被告区发改局的备案是否合法?相应的行政决策是否要考虑环境保护规划的有关内容?

简要评论

该案中,2002年国家实行退耕还林后,D村11组、14组符合条件的土地实施退耕还林,区政府颁发了《林权证》,承包村民领取了退耕还林补助费,自此,该土地已经不再作为耕地使用和管理。虽然《C镇土地利用总体规划(2006-2020)》将D村11组、14组转包给原告的流转土地划入了基本农田保护区,但D村11组、14组村民拥有的《林权证》并没有被撤销,也没有过使用期限,其现状仍然按照林地在使用和管理。

原告在林地进行家禽养殖应当符合当地的产业规划和环境保护规划。被告C镇政府同意其环境保护申报,并无不当。被告区发改局对原告的投资项目符合相关规定予以备案同意,行为合法。被告区环保局认为原告落实各项环保措施后,污染物可以达标排放并符合总量控制要求,对此批复原告同意建设,亦符合相关法律法规的规定，其行政行为合法。

知识点

项目环保审批应符合环境保护规划。

延伸阅读

1. 孙荣庆：《环境保护规划的十年跨越》，载《环境经济》2012 年第 12 期；
2. 刘新颖：《关于我国环境保护规划的分析与发展》，载《中国高新技术企业》2015 年第 2 期。

2.4　环境影响评价制度

知识要点

☆ **环境影响评价制度的产生与发展**（2005 年卷一第 25 题）

美国 1969 年的《国家环境政策法》（National Environmental Policy Act, NEPA）以法律形式规定了环境影响评价（environmental impact assessment, EIA）制度，成为世界上首个确立环境影响评价法律制度的国家。环境影响评价制度，在环境法律关系的调整中处于最初始的阶段，充分体现了预防为主的目的。

中国是最早实施建设项目环境影响评价制度的发展中国家之一。1978 年国家发布了《关于加强基本建设项目前期工作内容》的文件，其中提出了环境影响评价，使之成为基本建设项目可行性研究报告中的重要篇章。1979 年颁布的《环境保护法（试行）》中首次确立了环境影响评价制度为一项法律制度。该法第 6 条第 1 款规定，一切企业、事业单位的选址、设计、建设和生产，都必须充分注意防止对环境的污染和破坏。在进行新建、改建和扩建工程时，必须提出对环境影响的报告书，经环境保护部门和其他有关部门审查批准后才能进行设计……第 7 条还规定，在老城市改造和新城市建设中，应当根据气象、地理、水文、生态等条件，对工业区、居民区、公用设施、绿化地带等作出环境影响评价……1989 年《环境保护法》第 13 条第 2 款曾规定，建设项目的环境影响报告书，必须对建设项目产生的污染和对环境的影响作出评价，规定防治措施，经项目主管部门预审并依照规定的程序报环境保护行政主管部门批准。环境影响报告书经批准后，计划部门方可批准建设项目设计任务书。第 36 条规定了法律责任，建设项目的防治污染设施没有建成或者没有达到国家规定的要求，投入生产或者使用的，由批准该建设项目的环境影响报告书的环境保护行政主管部门责令停止生产或者使用，可以并处罚款。

★ 中国环境影响评价制度的主要法律依据

(1)1982 年颁布的《海洋环境保护法》(第 6 条、第 9 条、第 10 条)、1984 年颁布的《水污染防治法》(第 13 条)、1987 年颁布的《大气污染防治法》(第 9 条)、1988 年颁布的《野生动物保护法》(第 11 条、第 12 条)均对环境影响评价予以了立法规定。

(2)1998 年中国国务院制定了《建设项目环境保护管理条例》，其第二章用 10 个条款对环境影响评价作出了专章规定。

(3)2002 年 10 月，第九届全国人大常委会第三十次会议通过了《环境影响评价法》，已于 2003 年 9 月 1 日起施行，这是中国首次以专门立法的形式，统一规定了环境影响评价制度。对环境影响评价制度的内容和程序予以专门立法，标志着这项环境法基本法律制度正在日臻成熟。

(4)为了加强对规划的环境影响评价工作，提高规划的科学性，从源头预防环境污染和生态破坏，促进经济、社会和环境的全面协调可持续发展，2009 年 8 月 12 日，国务院常务会议审议并原则通过《规划环境影响评价条例》，已自 2009 年 10 月 1 日起实施。

(5)2014 年修订后的《环境保护法》第 19 条规定，编制有关开发利用规划，建设对环境有影响的项目，应当依法进行环境影响评价。未依法进行环境影响评价的开发利用规划，不得组织实施；未依法进行环境影响评价的建设项目，不得开工建设。第 56 条又规定，对依法应当编制环境影响报告书的建设项目，建设单位应当在编制时向可能受影响的公众说明情况，充分征求意见。负责审批建设项目环境影响评价文件的部门在收到建设项目环境影响报告书后，除涉及国家秘密和商业秘密的事项外，应当全文公开；发现建设项目未充分征求公众意见的，应当责成建设单位征求公众意见。此外，第 61 条和第 63 条还规定了相应的违法责任。

★ 环境影响评价制度的概念

2002 年 10 月通过的《环境影响评价法》第 2 条给出了**环境影响评价**的立法定义，即**指对规划和建设项目实施后可能造成的环境影响进行分析、预测和评估，提出预防或者减轻不良环境影响的对策和措施，进行跟踪监测的方法与制度。**

★ 环境影响评价制度的种类

现行《环境影响评价法》将环境影响评价分为建设项目环境影响评价和规划环

境影响评价两大类：是介于传统项目环境影响评价制度和战略环境评价制度之间的一种结合形式。其中所称的“规划环评”属于战略环评的范畴，但并非战略环评的全貌。

学理上，一般认为，环境影响评价（Environmental Impact Assessment，EIA）是指对拟议中的可能对环境产生影响的人为活动（基本建设项目、技术改造项目和区域开发建设项目等）和前述项目在实施中出现的可能对环境产生不利影响的新情况进行环境影响的分析和预测，并进行各种替代方案的比较，提出各种减缓不良环境影响的措施，把对环境的不利影响减少到最低程度的活动。

与之相应的另一个概念是战略环境评价（Strategy Environmental Assessment，SEA）。国外学者，一般认为“战略环评”（SEA）这一术语最早出现在英国曼彻斯特大学环境影响评价中心于 1989 年提交给欧共体委员会名为《政策、计划和规划的环境评价》的临时报告中。[1] 战略环境评价是指对政策、计划或规划及其替代方案的环境影响进行正式的、系统的和综合的评价过程。

★★ 规划环境影响评价的适用范围

依照《环境影响评价法》的规定，法定应当进行环境影响评价的规划主要包括两种：

（1）综合性规划。综合性规划包括国务院有关部门、设区的市级以上地方人民政府及其有关部门组织编制的土地利用的有关规划，或者区域、流域、海域的建设、开发利用规划。实践中，形象地用“一地三域”来描述综合性规划所涵盖的具体类型。

（2）专项规划。专项规划包括国务院有关部门、设区的市级以上地方人民政府及其有关部门组织编制的工业、农业、畜牧业、林业、能源、水利、交通、城市建设、旅游或自然资源开发的有关专项规划。实践中，形象地用“十专项”来描述专项规划所涵盖的具体类型。

★★★ 规划环境影响评价的基本程序

其基本流程包括：评价、审查和审批。

（1）评价

在规划编制过程中，规划编制机关应当依据有关环境保护标准以及环境影响

---

[1] See Wood C. & M. Djeddour, *Environmental Assessment of Policies, Plans, Programmes, Interim Report to the Commission of the European Communities*, EIA Centre, University of Manchester, UK (final report submitted 1990, contract No. B6617 - 571 - 572 - 89).

评价技术导则和技术规范，对规划组织进行环境影响评价。一般由规划编制机关编制或者组织规划环境影响评价技术机构编制。规划编制机关应当对环境影响评价文件的质量负责。

对规划进行环境影响评价，应当分析、预测和评估：规划实施可能对相关区域、流域、海域生态系统产生的整体影响；规划实施可能对环境和人群健康产生的长远影响；以及规划实施的经济效益、社会效益与环境效益之间以及当前利益与长远利益之间的关系。环境影响评价时，根据不同的规划类型采取不同的形式。

就综合性规划而言，在土地利用的有关规划或者区域、流域、海域的建设、开发利用规划编制过程中，国务院有关部门、设区的市级以上地方人民政府及其有关部门应当根据规划实施后可能对环境造成的影响，编写环境影响篇章或者说明，但不必另外单独编写规划的环境影响报告书。

就专项规划而言，在组织编制的工业、农业、畜牧业、林业、能源、水利、交通、城市建设、旅游、自然资源开发的有关专项规划时，国务院有关部门、设区的市级以上地方人民政府及其有关部门，应当在专项规划草案上报审批前组织进行环境影响评价，并向审批该专项规划的机关提出环境影响报告书。但是，编制专项规划中的以发展战略为主要内容的指导性规划，仅需根据规划实施后可能对环境造成的影响，编写环境影响篇章或者说明。

(2)审查

设区的市级以上人民政府审批的专项规划，在审批前由其生态环境主管部门召集有关部门代表和专家组成审查小组，对环境影响报告书进行审查。审查小组应当提交书面审查意见。

审查小组的专家应当从依法设立的专家库内相关专业的专家名单中随机抽取。但是，参与环境影响报告书编制的专家，不得作为该环境影响报告书审查小组的成员。在审查小组组成中，专家人数不得少于审查小组总人数的1/2，少于1/2的，审查小组的审查意见无效。

(3)审批

规划编制机关在报送审批综合性规划草案和专项规划中的指导性规划草案时，应当将环境影响篇章或者说明作为规划草案的组成部分一并报送规划审批机关。未编写环境影响篇章或者说明的，规划审批机关应当要求其补充；未补充的，规划审批机关不予审批。

规划编制机关在报送审批专项规划草案时，应当将环境影响报告书一并附送规划审批机关审查；未附送环境影响报告书的，规划审批机关应当要求其补充；未补充的，规划审批机关不予审批。

设区的市级以上人民政府或者省级以上人民政府有关部门在审批专项规划草案时，应当将环境影响报告书结论以及审查小组的审查意见作为决策的重要依据。规划审批机关对环境影响报告书结论以及审查意见不予采纳的，应当逐项就不予采纳的理由作出书面说明，并存档备查。有关单位、专家和公众可以申请查阅；但是，依法需要保密的除外。

★★ 规划环境影响评价审查意见的主要内容

审查小组的成员应当客观、公正、独立地对环境影响报告书提出书面审查意见，规划审批机关、规划编制机关、审查小组的召集部门不得干预。审查意见应当包括下列内容：

（1）基础资料、数据的真实性；

（2）评价方法的适当性；

（3）环境影响分析、预测和评估的可靠性；

（4）预防或者减轻不良环境影响的对策和措施的合理性和有效性；

（5）公众意见采纳与不采纳情况及其理由的说明的合理性；

（6）环境影响评价结论的科学性。

★★ 应当作出重新审查决定的情形

审查意见应当经审查小组 3/4 以上成员签字同意。如遇审查小组成员有不同意见的，应当如实记录和反映。但是，如果存在下列情形之一的，审查小组应当提出对环境影响报告书进行修改并重新审查的意见：

（1）基础资料、数据失实的；

（2）评价方法选择不当的；

（3）对不良环境影响的分析、预测和评估不准确、不深入，需要进一步论证的；

（4）预防或者减轻不良环境影响的对策和措施存在严重缺陷的；

（5）环境影响评价结论不明确、不合理或者错误的；

（6）未附具对公众意见采纳与不采纳情况及其理由的说明，或者不采纳公众意见的理由明显不合理的；

（7）内容存在其他重大缺陷或者遗漏的。

★ 应当作出不予通过环评报告决定的情形

根据《规划环境影响评价条例》第 21 条的规定，如果依据现有知识水平和技术条件,对规划实施可能产生的不良环境影响的程度或者范围不能作出科学判断时,或者,规划实施可能造成重大不良环境影响,并且无法提出切实可行的预防或者减轻对策和措施的有下列情形之一的,审查小组应当提出不予通过环境影响报告书的意见。

★★★ 规划环境影响评价的公众参与

规划编制机关对可能造成不良环境影响并直接涉及公众环境权益的专项规划,应当在规划草案报送审批前,采取调查问卷、座谈会、论证会、听证会等形式,公开征求有关单位、专家和公众对环境影响报告书的意见。但是,依法需要保密的除外。有关单位、专家和公众的意见与环境影响评价结论有重大分歧的,规划编制机关应当采取论证会、听证会等形式进一步论证。规划编制机关应当在报送审查的环境影响报告书中附具对公众意见采纳与不采纳情况及其理由的说明。

★ 跟踪评价

对环境有重大影响的规划实施后,规划编制机关应当及时组织规划环境影响的跟踪评价,将评价结果报告规划审批机关,并通报环境保护等有关部门。

规划环境影响的跟踪评价应当包括下列内容:

(1)规划实施后实际产生的环境影响与环境影响评价文件预测可能产生的环境影响之间的比较分析和评估;

(2)规划实施中所采取的预防或者减轻不良环境影响的对策和措施有效性的分析和评估;

(3)公众对规划实施所产生的环境影响的意见;

(4)跟踪评价的结论。

规划实施过程中产生重大不良环境影响的,规划编制机关应当及时提出改进措施,向规划审批机关报告,并通报生态环境等有关部门。生态环境主管部门发现规划实施过程中产生重大不良环境影响的,应当及时进行核查。经核查属实的,向规划审批机关提出采取改进措施或者修订规划的建议。规划审批机关在接到规划编制机关的报告或者环境保护主管部门的建议后,应当及时组织论证,并根据论证结果采取改进措施或者对规划进行修订。

★ 建设项目环境影响评价的适用范围(2012 年卷一第 31 题,2010 年卷一第 77 题,2006 年卷一第 76 题)

建设项目的环境影响评价实行分类管理,建设单位应当按照下列规定组织编制环境影响报告书、环境影响报告表或者填报环境影响登记表(统称环境影响评价文件):

（1）可能造成重大环境影响的，应当编制环境影响报告书，对产生的环境影响进行全面评价；

（2）可能造成轻度环境影响的，应当编制环境影响报告表，对产生的环境影响进行分析或者专项评价；

（3）对环境影响很小、不需要进行环境影响评价的，应当填报环境影响登记表。

国家环境保护部2017年公布的《建设项目环境影响评价分类管理名录》（2021年修改）具体细化了《环境影响评价法》第16条的规定，建设单位应当按照该名录的规定，分别组织编制环境影响报告书、环境影响报告表或者填报环境影响登记表。

★ 建设项目环境影响评价的基本程序

根据我国现行法的规定，建设项目环境影响评价的基本流程包括：筛选评价对象和决定评价范围、编制或填报环境影响评价文件、公众参与、环境影响评价文件的审查与批准，以及后评价、重新报批、重新审核等。

★★ 建设项目环境影响评价中的筛选评价对象和决定评价范围（2006年卷一第76题）

该程序的主要目的是初步判断建设项目对环境的潜在影响，以确定需要进一步进行环境影响评价的对象及其评价范围。即判断，须依据国务院生态环境主管部门发布《建设项目环境影响评价分类管理名录》（2021年修改）哪一类进行环境影响评价。

★ 建设项目环境影响评价的编制主体（2012年卷一第31题，2010年卷一第77题）

环境影响评价文件中的环境影响报告书或者环境影响报告表，应当由具有相应环境影响评价资质的机构编制。任何单位和个人不得为建设单位指定对其建设项目进行环境影响评价的机构。

接受委托为建设项目环境影响评价提供技术服务的机构，应当经国务院生态环境主管部门考核审查合格后，颁发资质证书，按照资质证书规定的等级和评价范围，从事环境影响评价服务，并对评价结论负责。为建设项目环境影响评价提供技术服务的机构的资质条件和管理办法，由国务院生态环境主管部门制定。国务院生态环境主管部门对已取得资质证书的为建设项目环境影响评价提供技术服务的机构的名单，应当予以公布。

为建设项目环境影响评价提供技术服务的机构，不得与负责审批建设项目环境影响评价文件的生态环境主管部门或者其他有关审批部门存在任何利益关系。

★★ 建设项目环境影响评价中的编制或填报环境影响评价文件

在建设项目环境影响评价中,根据评价对象和范围的不同,分类编制或填报环境影响评价文件。

根据《环境影响评价法》第 17 条的规定,采用编制环境影响报告书形式的,其内容应包括:

(1)建设项目概况;

(2)建设项目周围环境现状;

(3)建设项目对环境可能造成影响的分析、预测和评估;

(4)建设项目环境保护措施及其技术、经济论证;

(5)建设项目对环境影响的经济损益分析;

(6)对建设项目实施环境监测的建议;

(7)环境影响评价的结论。

编制环境影响报告表的,其内容和格式相对于报告书而言,都要简单一些。填报环境影响登记表的,则更为简单。原环境保护部对环境影响报告表和环境影响登记表的内容进行了具体规定,对格式进行了统一设计。

★★★ 建设项目环境影响评价的公众参与

根据《环境影响评价法》第 21 条的规定,除国家规定需要保密的情形外,对于建设项目可能造成环境重大影响、应当编制环境影响报告书的,建设单位应当在报批建设项目环境影响报告书前,举行论证会、听证会或采取其他形式,征求有关单位、专家和公众的意见。

为了更好地贯彻落实公众参与环境影响评价法律制度,2006 年 2 月 14 日,国家环境保护总局颁布了《环境影响评价公众参与暂行办法》(已废止)。2018 年,生态环境部颁布了《环境影响评价公众参与办法》,其主要内容有:

(1)建设单位或者其委托的环境影响评价机构、生态环境主管部门应当采用便于公众知悉的方式,向公众公开有关环境影响评价的信息。建设单位应当通过其网站、建设项目所在地公共媒体网站或者建设项目所在地相关政府网站(以下统称网络平台),公开环评信息。

(2)建设单位应当在确定了承担环境影响评价工作的环境影响评价机构后 7 日内,向公众公告下列信息:建设项目名称、选址选线、建设内容等基本情况,改建、扩建、迁建项目应当说明现有工程及其环境保护情况;建设单位名称和联系方式;环境影响报告书编制单位的名称;公众意见表的网络链接;提交公众意见表的方式和途径。

(3)生态环境主管部门应当在受理建设项目环境影响报告书后，在其政府网站或者采用其他便利公众知悉的方式，公告环境影响报告书受理的有关信息。公告的期限不得少于10个工作日，并确保其公开的有关信息在整个审批期限之内均处于公开状态。生态环境主管部门公开征求意见后，对公众意见较大的建设项目，可以采取调查公众意见、咨询专家意见、座谈会、论证会、听证会等形式再次公开征求公众意见。生态环境主管部门在作出审批或者重新审核决定后，应当在政府网站公告审批或者审核结果。

(4)公众可以在有关信息公开后，以信函、传真、电子邮件或者按照有关公告要求的其他方式，向建设单位或者负责审批或者重新审核环境影响报告书的生态环境主管部门，提交书面意见。

(5)为了保证公众参与具有代表性，在选择和确定被征求意见的公众的确定方面，《环境影响评价公众参与办法》要求，应当综合考虑地域、职业、受教育水平、受建设项目环境影响程度等因素，合理选择被征求意见的公民、法人或者其他组织。被征求意见的公众必须包括受建设项目影响的公民、法人或者其他组织的代表。

(6)《环境影响评价公众参与办法》还规定了调查公众意见、咨询专家意见、座谈会、论证会、听证会等五种征求公众意见的具体程序规则。

★★ 建设项目环境影响评价中的文件的审查与批准(2014年卷一第31题)

根据2017年修订的《建设项目环境保护管理条例》第9条的规定，依法应当编制环境影响报告书、环境影响报告表的建设项目，建设单位应当在开工建设前将环境影响报告书、环境影响报告表报有审批权的生态环境主管部门审批；建设项目的环境影响评价文件未依法经审批部门审查或者审查后未予批准的，建设单位不得开工建设。

生态环境主管部门审批环境影响报告书、环境影响报告表，应当重点审查建设项目的环境可行性、环境影响分析预测评估的可靠性、环境保护措施的有效性、环境影响评价结论的科学性等，并分别自收到环境影响报告书之日起60日内、收到环境影响报告表之日起30日内，作出审批决定并书面通知建设单位。

生态环境主管部门可以组织技术机构对建设项目环境影响报告书、环境影响报告表进行技术评估，并承担相应费用；技术机构应当对其提出的技术评估意见负责，不得向建设单位、从事环境影响评价工作的单位收取任何费用。

依法应当填报环境影响登记表的建设项目，建设单位应当按照国务院生态环境主管部门的规定将环境影响登记表报建设项目所在地县级环境保护行政主管部门备案。

生态环境主管部门应当开展环境影响评价文件网上审批、备案和信息公开。

★ 建设项目环境影响评价文件的分级审批

《环境影响评价法》第 23 条原则规定了审批权限，原国家环境保护部负责审批下列建设项目的环境影响评价文件：

(1) 核设施、绝密工程等特殊性质的建设项目；

(2) 跨省、自治区、直辖市行政区域的建设项目；

(3) 国务院审批的或者国务院授权有关部门审批的建设项目。

上述列举以外的建设项目的环境影响评价文件的审批权限，由省、自治区、直辖市人民政府规定。

建设项目可能造成跨行政区域的不良环境影响，有关环境保护行政主管部门对该项目的环境影响评价结论有争议的，其环境影响评价文件由共同的上一级环境保护行政主管部门审批。

★★ 建设项目环境影响后评价、重新报批、重新审核(2016 年卷一第 31 题)

《环境影响评价法》第 27 条规定，在项目建设、运行过程中产生不符合经审批的环境影响评价文件的情形的，建设单位应当组织环境影响的后评价，采取改进措施，并报原环境影响评价文件审批部门和建设项目审批部门备案。或者，由原环境影响评价文件审批部门责成建设单位进行环境影响的后评价，采取改进措施。

根据《环境影响评价法》第 24 条第 1 款的规定，建设项目的环境影响评价文件经批准后，建设项目的性质、规模、地点、采用的生产工艺或者防治污染、防止生态破坏的措施发生重大变动的，建设单位应当重新报批建设项目的环境影响评价文件。

此外，《环境影响评价法》第 24 条第 2 款还规定，建设项目的环境影响评价文件自批准之日起超过 5 年，方决定该项目开工建设的，其环境影响评价文件应当报原审批部门重新审核。

★ 建设单位的环境影响评价的违法责任(2017 年卷一第 95 题)

《环境影响评价法》第 31 条规定了建设单位违反环评法的法律责任，包括：

(1) 建设单位未依法报批建设项目环境影响报告书、报告表，或者未依照《环境影响评价法》第 24 条的规定重新报批或者报请重新审核环境影响报告书、报告表，擅自开工建设的，由县级以上生态环境主管部门责令停止建设，根据违法情节和危害后果，处建设项目总投资额 1% 以上 5% 以下的罚款，并可以责令恢复原状；对建设单位直接负责的主管人员和其他直接责任人员，依法给予行政处分。

（2）建设项目环境影响报告书、报告表未经批准或者未经原审批部门重新审核同意，建设单位擅自开工建设的，依照前款的规定处罚、处分。

（3）建设单位未依法备案建设项目环境影响登记表的，由县级以上生态环境主管部门责令备案，处 5 万元以下的罚款。

（4）此外，海洋工程建设项目的建设单位有本条所列违法行为的，依照《中华人民共和国海洋环境保护法》的规定处罚。

★ 违反建设项目环境保护设施验收规定的法律责任

根据 2017 年修订的《建设项目环境保护管理条例》第 23 条第 1 款的规定，违反本条例规定，需要配套建设的环境保护设施未建成、未经验收或者验收不合格，建设项目即投入生产或者使用，或者在环境保护设施验收中弄虚作假的，由县级以上生态环境主管部门责令限期改正，处 20 万元以上 100 万元以下的罚款；逾期不改正的，处 100 万元以上 200 万元以下的罚款；对直接负责的主管人员和其他责任人员，处 5 万元以上 20 万元以下的罚款；造成重大环境污染或者生态破坏的，责令停止生产或者使用，或者报经有批准权的人民政府批准，责令关闭。其中“对直接负责的主管人员和其他责任人员，处 5 万元以上 20 万元以下的罚款”规定的适用，不以环保部门责令建设单位限期改正而其逾期不改正为前提。环保部门在发现建设单位存在第 23 条第 1 款规定的违法行为时，即可以根据违法情节、危害后果等因素，在责令建设单位限期改正的同时一并适用。此外，对“造成重大环境污染或者生态破坏的，责令停止生产或者使用，或者报经有批准权的人民政府批准，责令关闭”规定的适用，也不以环保部门责令建设单位限期改正而其逾期不改正为前提。

建设单位未依法向社会公开环境保护设施验收报告的，由县级以上生态环境主管部门责令公开，处 5 万元以上 20 万元以下的罚款，并予以公告。

★ 行政主管机关及其工作人员的环境影响评价的违法责任

《环境影响评价法》第 29 条规定，规划编制机关违反本法规定，未组织环境影响评价，或者组织环境影响评价时弄虚作假或者有失职行为，造成环境影响评价严重失实的，对直接负责的主管人员和其他直接责任人员，由上级机关或者监察机关依法给予行政处分。

《环境影响评价法》第 30 条规定，规划审批机关对依法应当编写有关环境影响的篇章或者说明而未编写的规划草案，依法应当附送环境影响报告书而未附送的专项规划草案，违法予以批准的，对直接负责的主管人员和其他直接责任人员，由上级机关或者监察机关依法给予行政处分。

《环境影响评价法》第33条规定，负责审核、审批、备案建设项目环境影响评价文件的部门在审批、备案中收取费用的，由其上级机关或者监察机关责令退还；情节严重的，对直接负责的主管人员和其他直接责任人员依法给予行政处分。

《环境影响评价法》第34条规定，生态环境主管部门或者其他部门的工作人员徇私舞弊，滥用职权，玩忽职守，违法批准建设项目环境影响评价文件的，依法给予行政处分；构成犯罪的，依法追究刑事责任。

★ ★技术机构向建设单位、从事环境影响评价工作的单位收取费用的法律责任

根据2017年修订的《建设项目环境保护管理条例》第24条的规定，技术机构向建设单位、从事环境影响评价工作的单位收取费用的，由县级以上生态环境主管部门责令退还所收费用，处所收费用1倍以上3倍以下的罚款。

★ 第三方中介机构的环境影响评价的违法责任（2015年卷一第74题）

《环境影响评价法》第32条规定，接受委托编制建设项目环境影响报告书、环境影响报告表的技术单位违反国家有关环境影响评价标准和技术规范等规定，致使其编制的建设项目环境影响报告书、环境影响报告表存在基础资料明显不实，内容存在重大缺陷、遗漏或者虚假，环境影响评价结论不正确或者不合理等严重质量问题的，由设区的市级以上人民政府生态环境主管部门对技术单位处所收费用三倍以上五倍以下的罚款；情节严重的，禁止从事环境影响报告书、环境影响报告表编制工作；有违法所得的，没收违法所得。构成犯罪的，依法追究刑事责任，并终身禁止从事环境影响报告书、环境影响报告表编制工作。

此外，根据《环境保护法》第65条的规定，环境影响评价机构在有关环境服务活动中弄虚作假，对造成的环境污染和生态破坏负有责任的，除依照有关法律法规规定予以处罚外，还应当与造成环境污染和生态破坏的其他责任者承担连带责任。

《最高人民法院、最高人民检察院关于办理环境污染刑事案件适用法律若干问题的解释》第9条规定：环境影响评价机构或其人员，故意提供虚假环境影响评价文件，情节严重的，或者严重不负责任，出具的环境影响评价文件存在重大失实，造成严重后果的，应当依照《刑法》第229条、第231条的规定，以提供虚假证明文件罪或者出具证明文件重大失实罪定罪处罚。

★ 建设单位"未批先建"违法行为的行政处罚追溯期限

《行政处罚法》第29条规定，违法行为在二年内未被发现的，不再给予行政处罚。法律另有规定的除外。前款规定的期限，从违法行为发生之日起计算；违法行为有连续或者继续状态的，从行为终了之日起计算。根据上述法律规定，“建设单位‘未批先建’违法行为的行政处罚追溯期限应当自建设行为终了之日起计算。因此，建设单位‘未批先建’违法行为自建设行为终了之日起二年内未被发现的，环保部门应当遵守《行政处罚法》第 29 条的规定，不予行政处罚。”[1]

★ 环境影响报告书、报告表的主动补交报送

建设单位可以主动补交环境影响报告书、报告表报送审批。2014 年修订的《环境保护法》和 2018 年修正的《环境影响评价法》并未禁止建设单位主动补交环境影响报告书、报告表报送审批。“对‘未批先建’违法行为，2014 年修订的《环境保护法》第 61 条未规定‘责令限期补办手续’的内容；2016 年修正的《环境影响评价法》第 31 条，亦删除了原环境影响评价法‘限期补办手续’的规定，不再将‘限期补办手续’作为行政处罚的前置条件，但并未禁止建设单位主动补交环境影响报告书、报告表报送审批。”[2]

★ 建设单位主动补交环境影响报告书、报告表的受理

根据环境保护部《关于建设项目“未批先建”违法行为法律适用问题的意见》的规定，因“未批先建”违法行为受到环保部门依据《环境保护法》和《环境影响评价法》作出的处罚，或者“未批先建”违法行为自建设行为终了之日起二年内未被发现而未予行政处罚的，建设单位主动补交环境影响报告书、报告表并报送环保部门审查的，有权审批的环保部门应当受理，并根据不同情形分别作出相应处理：

1. 对符合环境影响评价审批要求的，依法作出批准决定。

2. 对不符合环境影响评价审批要求的，依法不予批准，并可以依法责令恢复原状。

建设单位同时存在违反“三同时”验收制度、超过污染物排放标准排污等违法行为的，应当依法予以处罚。

★★★ “未批先建”与违反“三同时”验收竞合行为的行政处罚

对建设项目“未批先建”并已建成投入生产或者使用，同时违反环保设施“三同时”验收制度的违法行为应当如何处罚，全国人大常委会法制工作委员会 2007 年 3 月 21 日作出的《关于建设项目环境管理有关法律适用问题的答复意见》（法工委复[2007]2 号）规定，“关于建设单位未依法报批建设项目环境影响评价文件却已建

---

〔1〕 参见环境保护部《关于建设项目“未批先建”违法行为法律适用问题的意见》（环政法函[2018]31 号）。

〔2〕 同上注。

成建设项目,同时该建设项目需要配套建设的环境保护设施未建成、未经验收或者经验收不合格,主体工程正式投入生产或者使用的,应当分别依照《环境影响评价法》第31条、《建设项目环境保护管理条例》第28条的规定作出相应处罚。”据此原环境保护部《关于建设项目“未批先建”违法行为法律适用问题的意见》规定,建设单位同时构成“未批先建”和违反环保设施“三同时”验收制度两个违法行为的,应当分别依法作出相应处罚。

★★★ 同时违反环保设施“三同时”验收制度的“未批先建”行为的行政处罚追溯期〔1〕

根据原环境保护部《关于建设项目“未批先建”违法行为法律适用问题的意见》的规定,建设项目违反环保设施“三同时”验收制度投入生产或者使用期间,由于违反环保设施“三同时”验收制度的违法行为一直处于连续或者继续状态,因此,即使“未批先建”违法行为已超过二年行政处罚追溯期限,环保部门仍可以对违反环保设施“三同时”验收制度的违法行为依法作出处罚,不受“未批先建”违法行为行政处罚追溯期限的影响。

☆ “三同时”制度与环境影响评价的关系(2011年卷一第31题,2008年卷一第76题)

《环境保护法》第41条规定,建设项目中防治污染的设施,应当与主体工程同时设计、同时施工、同时投产使用。防治污染的设施应当符合经批准的环境影响评价文件的要求,不得擅自拆除或者闲置。在实践中和环境法学上,这一规定所确立的法律制度被称为“三同时”制度。“三同时”制度为中国所独创的,是控制新污染源的产生,落实预防为主原则的重要环境保护行政管理工具,多年来在中国的环境保护行政管理中发挥了巨大的作用。但因该制度主要适用污染防治领域,所以从严格意义而言,并不能称为环境法基本法律制度。本书鉴于“三同时”的环保竣工验收所须依据主要法律文件乃环境影响评价文件,且均由原审批环境影响报告书的环保部门执法,属于行政主体同一的两个关联环境法律制度。因此,可以把“三同时”制度作为与环境影响评价紧密相关的环境法律制度,在此予以介绍。

★ “三同时”制度的适用范围

“三同时”制度起初主要适用于新建、改建和扩建的建设项目。后来其适用范

〔1〕 参见环境保护部《关于建设项目“未批先建”违法行为法律适用问题的意见》(环政法函[2018]31号)。

围不断扩大,根据2017年修订的《建设项目环境保护管理条例》的规定,该项法律制度适用于以下开发建设项目:

(1)新建、扩建、改建项目;

(2)技术改造项目;

(3)一切可能对环境造成污染和破坏的工程建设项目;

(4)确有经济效益的综合利用项目。

★★“三同时”制度的基本管理流程(2008年卷一第76题、2017年卷一第96题)

“三同时”制度在实践中主要按照如下行政管理流程运行:

(1)同时设计。建设项目的初步设计,应当按照环境保护设计规范的要求,编制环境保护篇章,落实防治环境污染和生态破坏的措施以及环境保护设施投资概算。

(2)同时施工。建设单位在委托施工任务时,应该同时委托环保设施的施工任务,并保证其建设进度和资金落实。建设单位应当将环境保护设施建设纳入施工合同,保证环境保护设施建设进度和资金,并在项目建设过程中同时组织实施环境影响报告书、环境影响报告表及其审批部门审批决定中提出的环境保护对策措施。

(3)竣工验收。编制环境影响报告书、环境影响报告表的建设项目竣工后,建设单位应当按照国务院生态环境主管部门规定的标准和程序,对配套建设的环境保护设施进行验收,编制验收报告。

建设单位在环境保护设施验收过程中,应当如实查验、监测、记载建设项目环境保护设施的建设和调试情况,不得弄虚作假。

除按照国家规定需要保密的情形外,建设单位应当依法向社会公开验收报告。

★ 建设项目环保设施与主体工程“同时投产”以及建设项目开展环境影响后评价的情形

编制环境影响报告书、环境影响报告表的建设项目,其配套建设的环境保护设施经验收合格,方可投入生产或者使用;未经验收或者验收不合格的,不得投入生产或者使用。前述建设项目投入生产或者使用后,应当按照国务院生态环境主管部门的规定开展环境影响后评价。

★ 生态环境主管部门对建设项目环保设施“三同时”执行情况的监督检查及对违法者的信用管理

生态环境主管部门应当对建设项目环境保护设施设计、施工、验收、投入生产或者使用情况,以及有关环境影响评价文件确定的其他环境保护措施的落实情况,进行监督检查。

生态环境主管部门应当将建设项目有关环境违法信息记入社会诚信档案，及时向社会公开违法者名单。

★★ 建设项目设计和施工阶段未落实环境保护要求以及未依法开展环境影响后评价的法律责任

根据2017年修订的《建设项目环境保护管理条例》第22条的规定，建设单位编制建设项目初步设计未落实防治环境污染和生态破坏的措施以及环境保护设施投资概算，未将环境保护设施建设纳入施工合同，或者未依法开展环境影响后评价的，由建设项目所在地县级以上生态环境主管部门责令限期改正，处5万元以上20万元以下的罚款；逾期不改正的，处20万元以上100万元以下的罚款。

违反本条例规定，建设单位在项目建设过程中未同时组织实施环境影响报告书、环境影响报告表及其审批部门审批决定中提出的环境保护对策措施的，由建设项目所在地县级以上生态环境主管部门责令限期改正，处20万元以上100万元以下的罚款；逾期不改正的，责令停止建设。

★★ 违反建设项目环境保护设施验收规定的法律责任

需要配套建设的环境保护设施未建成、未经验收或者验收不合格，建设项目即投入生产或者使用，或者在环境保护设施验收中弄虚作假的，由县级以上生态环境主管部门责令限期改正，处20万元以上100万元以下的罚款；逾期不改正的，处100万元以上200万元以下的罚款；对直接负责的主管人员和其他责任人员，处5万元以上20万元以下的罚款；造成重大环境污染或者生态破坏的，责令停止生产或者使用，或者报经有批准权的人民政府批准，责令关闭。

建设单位未依法向社会公开环境保护设施验收报告的，由县级以上生态环境主管部门责令公开，处5万元以上20万元以下的罚款，并予以公告。

法律与规范链接

▲ 必读法条

《环境保护法》第19条、第56条、第61条、第63条。

△ 延伸法条

《环境影响评价法》；

《建设项目环境保护管理条例》第二章、第四章；

《规划环境影响评价条例》；

《建设项目环境影响评价分类管理名录》；

《建设项目环境影响评价文件分级审批规定》；

《环境影响评价审查专家库管理办法》。

典型案例(事例)

A小区业主委员会与B市环境保护局环评审批决定纠纷案[1]

案情概述

2012年5月14日,B市规划和国土资源管理局核发了《关于核发500kV虹杨输变电工程项目选址意见书的通知》,明确了该建设项目用地位置以及项目内容。

2012年6月25日,B市环境保护局(以下简称市环保局)受理了国网B市电力公司(以下简称电力公司)提出的500kV虹杨输变电工程环境影响报告书(以下简称环评报告)的审批申请,并在该市环境网上公示了受理信息。同日,市环保局委托该市环境科学研究院开展500kV虹杨输变电工程环评文件的技术评估。

同年7月5日,B市环境科学研究院向市环保局出具了500kV虹杨输变电工程环境影响报告书技术评估报告,认为环评报告符合相关环保技术标准,评价结论总体可信。环评报告中对180份调查问卷的发放和分布、公众参与信息公示等均有明确记载,并附录了公众意见采纳或不采纳的说明。

根据《环境影响评价公众参与暂行办法》的规定,市环保局组织召开专家咨询会,与会专家认为市环保局对公众反映问题的说明和处理符合有关规定;虹杨输变电项目对周边环境影响符合相关环保标准,项目不会影响周边居民的重大环境利益。

市环保局经审查认为,电力公司提交的环评报告符合相关要求,拟作出批准决定,遂在该市环境网上就500kV虹杨输变电工程拟批准情况进行了公示。10月22日,市环保局作出《关于500kV虹杨输变电工程环境影响报告书的审批意见》(以下简称《审批意见》),从环境保护角度同意该项目建设。

A小区邻近变电站站址,小区业委会不服,向中华人民共和国环境保护部申请

---

〔1〕 参见上海市第二中级人民法院(2013)沪二中行终字第576号行政判决书。

行政复议,要求撤销上述《审批意见》,复议机关于2013年2月1日作出维持《审批意见》的复议决定。A小区业委会仍不服,起诉要求撤销市环保局作出的《审批意见》的具体行政行为。

诉讼中,A小区业委会主张,虹杨变电站邻近居民小区,不应当再建高压变电站项目,该建设项目规划选址错误,市环保局不考虑该项目对居民的影响作出同意建设的审批意见违法。同时,根据《环境影响评价法》第7条、第8条的规定,项目在规划过程中就应当制作环境影响评价报告,市环保局应当审批该项目的规划环评报告。且该项目所涉土地原属住宅用地,现增建变电站项目属于规划变更,故应当依据《规划环境影响评价条例》第14条的规定,重新或补充制作规划环境影响评价报告。

此外,A小区业委会还认为市环保局应当通过专家库随机抽选专家,而非以邀请专家的方式召开专家咨询会,并认为还应当召开座谈会、论证会、听证会。

核心问题

1. 该案究竟该适用何种类型的环境影响评价审批程序?

2. 建设项目环境影响评价审批机关受理后,是否必须召开座谈会、论证会或听证会?

简要评论

(1)根据我国现行法律的有关规定,环境影响评价分为建设项目环境影响评价和规划环境影响评价两类。规划项目的环评系在编制土地利用规划过程中所进行的环境影响评价,而本案被告B市环保局系针对500kV虹杨输变电工程建设项目所作的环评审批,应属于建设项目环境影响评价,并非规划阶段环评审批。因此,该案应主要审查B市环保局是否根据建设项目环境影响评价的法定条件和程序作出了批复建设项目环境影响评价报告的行政行为,以判断该行为的合法性。此外,被告人提交了B市规划和国土资源管理局核发的500kV虹杨输变电工程建设项目选址意见书,该项证据已经能够证明该项目选址符合规划要求,而A小区业委会关于该项目规划选址错误、未作规划环评的意见无事实和法律依据。

(2)现行《环境影响评价法》第21条规定,"除国家规定需要保密的情形外,对环境可能造成重大影响、应当编制环境影响报告书的建设项目,建设单位应当在报批建设项目环境影响报告书前,举行论证会、听证会,或者采取其他形式,征求有关单位、专家和公众的意见。""建设单位报批的环境影响报告书应当附具对有关单位、专家和公众的意见采纳或者不采纳的说明。"上述规定仅对建设单位在环评报告编制阶段的公众参与程序进行了规定,而未涉及审批机关受理后的公众参与规则。

原国家环境保护总局于2006年制定的《环境影响评价公众参与暂行办法》(环发[2006]28号)第13条规定,“环境保护行政主管部门应当在受理建设项目环境影响报告书后,在其政府网站或者采用其他便利公众知悉的方式,公告环境影响报告书受理的有关信息。”“环境保护行政主管部门公告的期限不得少于10日,并确保其公开的有关信息在整个审批期限之内均处于公开状态。”“环境保护行政主管部门根据本条第一款规定的方式公开征求意见后,对公众意见较大的建设项目,可以采取调查公众意见、咨询专家意见、座谈会、论证会、听证会等形式再次公开征求公众意见。”可见,座谈会、论证会、听证会并非法定强制性公众参与方式,B市环保局以专家咨询方式开展公众参与并不违法,且相关法律、法规亦没有对专家咨询会的专家召集方式作出规定,故法院对于两业委会的上述主张未予采纳。

知识点

环境影响评价在实践中主要分为规划环境影响评价和建设项目环境影响评价两类;

建设项目环境影响评价的公众参与包括环评文件编制阶段和环评文件行政审批阶段。

延伸阅读

1. 崔书红等主编:《中华人民共和国环境影响评价法修改解读与释义》,中国民主法制出版社2016年版。
2. 国务院法制办公室农村城建资源环保法制司等编著:《建设项目环境保护管理条例释义》,中国法制出版社2017年版。

2.5　环境保护税制度

知识要点

☆ **环境税制度的产生与发展**

经济学家庇古(A. C. Pigou)早在1920年提出的庇古税理论是环境税制度的理论源泉。庇古税理论认为,环境问题根源于环境危害行为人未能承担他们引发的外部成本,因而主张通过征税的方式来实现外部成本的内部化。征收环境税能够提高采取环境危害行为的成本,从而促使私主体在行为决策中充分考虑环境影响。在20世纪,污染者付费原则和最小成本减排理念的提出为环境税制度提供了新的理论依据。[1] 环境税理论的进步伴随着环境税实践的发展。根据OECD的统计,截至2015年,世界各国已经开征了超过1400种不同的环境相关税。[2] 环境税制度日益成为世界各国应对环境问题的重要规制工具。

中国是最早探索实施环境税制度的发展中国家之一。环境保护税制度的前身是排污费制度,开征环境保护税的过程也是"排污费改税"的过程。我国自1979年开始排污收费试点,《环境保护法(试行)》(1979年)规定对超国家规定标准排污收取排污费,《环境保护法》(1989年)规定超国家或地方规定标准排污的企业事业单位缴纳排污费,《排污费征收使用管理条例》(2003年)改为直接向环境排污的单位和个体工商户缴纳排污费。[3] 排污费制度能够促使企业考虑环境成本、减少污染物排放,对防治污染、保护环境起到了一定作用。但一直以来,排污费的征收标准过低,还存在协议征收、任意减免等现象,部分排污者宁愿缴纳排污费也不愿意投入资金改进生产工艺或进行除污处理。[4] 因此,通过"费改税"来加强排污费征收效率的呼声越来越高。自2005年起,国务院着手研究开征环境税,《国民经济和社会发展第十二个五年规划纲要》提出开征环境保护税。《中共中央关于全面深化改革若干重大问题的决定》(2013)要求推动环境保护费改税。2004年《环境保护法》第43条首次在立法上提出了"环境保护税"的概念。2016年12月25日,第十二届全国人大常委会第二十五次会议表决通过《环境保护税法》,自2018年1月1日起施行,这意味着我国施行了近40年的排污收费制度已经正式退出了历史舞台。

☆ **中国环境保护税制度的主要法律依据**

(1)2014年《环境保护法》规定:"排放污染物的企业事业单位和其他生产经营

---

[1] See Janet E. Milne, *Environmental Taxation: Why Theory Matters*, in Critical Issues in Environmental Taxation, 3 – 26, 19 (Janet E. Milne et al., eds., Vol. 1, Richmond Law & Tax Ltd., Richmond, UK, 2003).

[2] See OECD, *Policy Instrument for the Environment: Database* 2017, http://www.oecd.org/env/tools – evaluation/environmentaltaxation.htm.

[3] 参见叶姗:《环境保护税法设计中的利益衡量》,载《厦门大学学报》(哲学社会科学版)2016年第3期。

[4] 参见杨朝飞:《积极探讨"费改税"稳妥推进排污收费制度的革命性变革(上)》,载《环境保护》2010年第20期。

者，应当按照国家有关规定缴纳排污费。排污费应当全部专项用于环境污染防治，任何单位和个人不得截留、挤占或者挪作他用。依照法律规定征收环境保护税的，不再征收排污费。”

(2)2016 年 12 月颁布的《环境保护税法》是中国首次以专门立法的形式，规定了环境税制度。《环境保护税法》对环境保护税的纳税义务人、征税对象、计税依据、应纳税额的计算方法、税收减免措施和征收管理等内容作了全面规定。

(3)2017 年 12 月 25 日，国务院颁布《环境保护税法实施条例》，已自 2018 年 1 月 1 日起施行。实施条例在环境保护税法的框架内，重点对征税对象、计税依据、税收减免以及税收征管的有关规定作了细化，以更好地适应环境保护税征收工作的实际需要。

(4)2017 年 12 月 22 日，国务院颁布《国务院关于环境保护税收入归属问题的通知》(国发[2017]56 号)，明确环境保护税全部作为地方收入。

★ 环境保护税的概念

《环境保护税法》所课征的环境保护税是指国家对在我国境内直接向环境排放应税污染物的企业事业单位和其他经营者，就其排放应税污染物的数量，从量定额征收的一种税。根据《环境保护税法》第 2 条立法目的条款的规定，环境保护是的征收目的是保护和改善环境，减少污染物排放，推进生态文明建设。

★★ 环境保护税的纳税义务人

根据《环境保护税法》第 2 条的规定，环境保护税的纳税义务人是在中华人民共和国领域和中华人民共和国管辖的其他海域，直接向环境排放应税污染物的企业事业单位和其他生产经营者。上述对纳税义务人的规定对两种情况做了排除：(1)不直接向环境排放应税污染物的，不缴纳环境保护税；(2)居民个人不属于纳税人，不缴纳环境保护税。

《环境保护税法》第 4 条还规定了“不属于直接向环境排放应税污染物”的两种情形：(1)企业事业单位和其他生产经营者向依法设立的污水集中处理、生活垃圾集中处理场所排放应税污染物的；(2)企业事业单位和其他生产经营者在符合国家和地方环境保护标准的设施、场所贮存或者处置固体废物的。《环境保护税法实施条例》第 3 条明确了“依法设立的城乡污水集中处理场所”的范围，指为社会公众提供生活污水处理服务的场所，不包括为工业园区、开发区等工业聚集区域内的企业事业单位和其他生产经营者提供污水处理服务的场所，以及企业事业单位和其他生产经营者自建自用的污水处理场所。

★★ 环境保护税的征税对象

环境保护税的征税对象是指纳税义务指向的对象或者标的,具体指明对什么东西征税。根据《环境保护税法》第3条的规定,环境保护税的征税对象为大气污染物、水污染物、固体废物和噪声四类,各类征税对象的具体范围规定在《环境保护税法》所附的《环境保护税税目税额表》、《应税污染物和当量值表》中。

根据《环境保护税税目税额表》,固体废物包括煤矸石、尾矿、危险废物和冶炼渣、粉煤灰、炉渣、其他固体废物等。《环境保护税法实施条例》第2条明确《环境保护税税目税额表》所称"其他固体废物"的具体范围依照《环境保护税法》第6条第2款规定的程序确定,即由省、自治区、直辖市人民政府提出,报同级人大常委会决定,并报全国人大常委会和国务院备案。

★★★ 环境保护税的计税依据

环境保护税的计税依据是指计算应纳税额的依据。征税对象体现对什么对象征税,反映的是质的规定性,而计税依据则是从量上来先定征税对象,属于量的规定性。[1] 在多数情况下,征税对象和计税依据是一致的,但在某些情况下,征税对象必须按照一定方法计算出计税依据。根据《环境保护税法》第7条的规定,应税污染物的计税依据,按照下列方法确定:

(1)应税大气污染物、水污染物的计税依据按照污染物排放量折合的污染当量数确定。根据《环境保护税法》第8条的规定,污染当量数以该污染物的排放量除以该污染物的污染当量值计算。每种应税大气污染物、水污染物的具体污染当量值,依照《环境保护税法》所附《应税污染物和当量值表》执行。

为体现对纳税人相关违法行为的惩处,《环境保护税法实施条例》进一步规定,纳税人有未依法安装使用污染物自动监测设备或者未将污染物自动监测设备与环境保护主管部门的监控设备联网,损毁或者擅自移动、改变污染物自动监测设备,篡改、伪造污染物监测数据,通过暗管、渗井、渗坑、灌注或者稀释排放以及不正常运行防治污染设施等方式违法排放应税污染物,以及进行虚假纳税申报等情形的,以其当期应税大气污染物、水污染物的产生量作为污染物的排放量。

(2)应税固体废物的计税依据按照固体废物的排放量确定。为激励纳税人治污减排,《环境保护税法实施条例》第5条规定固体废物的排放量为当期应税固体废物的产生量减去当期应税固体废物的贮存量、处置量、综合利用量的余额。

---

〔1〕 参见朱大旗编著:《税法》(第二版),中国人民大学出版社2010年版,第15页。

为体现对纳税人相关违法行为的惩处,《环境保护税法实施条例》进一步规定,纳税人有非法倾倒应税固体废物、进行虚假纳税申报等情形的,以其当期应税固体废物的产生量作为固体废物的排放量。

(3)应税噪声的计税依据按照超过国家规定标准的分贝数确定。

为确定环境保护税的计税依据,《环境保护税法》第9～10条进一步规定了应税大气污染物、水污染物、固体废物排放量和噪声分贝数的计算方法。

● 应税大气污染物和水污染物的排序与取舍。根据《环境保护税法》第9条的规定,每一排放口或者没有排放口的应税大气污染物,按照污染当量数从大到小排序,对前三项污染物征收环境保护税。每一排放口的应税水污染物,按照《环境保护税法》所附《应税污染物和当量值表》,区分第一类水污染物和其他类水污染物,按照污染当量数从大到小排序,对第一类水污染物按照前五项征收环境保护税,对其他类水污染物按照前三项征收环境保护税。

● 污染物排放量和噪声分贝数的具体计算方法。根据《环境保护税法》第10条的规定,应税大气污染物、水污染物、固体废物的排放量和噪声的分贝数,按照下列方法和顺序计算:(1)纳税人安装使用符合国家规定和监测规范的污染物自动监测设备的,按照污染物自动监测数据计算;(2)纳税人未安装使用污染物自动监测设备的,按照监测机构出具的符合国家有关规定和监测规范的监测数据计算;(3)因排放污染物种类多等原因不具备监测条件的,按照国务院环境保护主管部门规定的排污系数、物料衡算方法计算;(4)不能按照上述第一项至第三项规定的方法计算的,按照省、自治区、直辖市人民政府环境保护主管部门规定的抽样测算的方法核定计算。

★★ 环境保护税的税额

环境保护税的税额,即环境保护税的税率,指纳税人的应纳税额与计税依据之间的比例,是法定的计算应纳税额的尺度。环境保护税的税额采用固定税额的形式,按照单位计税依据直接规定其应纳税额。《环境保护税法》所附的《环境保护税税目税额表》为不同的应税污染物确定了不同的税额。

(1)大气污染物和水污染物。大气污染物和水污染物的税额形式为幅度固定税额,税额下限沿用排污费最低标准,即每污染当量1.2元和1.4元,税额上限则设定为下限的10倍,即12元和14元。根据《环境保护税法》第6条的规定,具体适用税额的确定和调整,由省、自治区、直辖市人民政府统筹考虑本地区环境承载能力、污染物排放现状和经济社会生态发展目标要求确定。

（2）固体废物。固定废物的税额形式为单一固定税额，具体为煤矸石 5 元/吨、尾矿 15 元/吨、危险废物 1000 元/吨和冶炼渣、粉煤灰、炉渣、其他固体废物 25 元/吨。

（3）工业噪声。工业噪声的税额形式为幅度固定税额，根据超标分贝数按每月 350～11200 元征收。

★★ 环境保护税应纳税额的计算方法

根据《环境保护税法》第 11 条的规定，环境保护税应纳税额按照下列方法计算：

（1）应税大气污染物的应纳税额为污染当量数乘以具体适用税额；

（2）应税水污染物的应纳税额为污染当量数乘以具体适用税额；

（3）应税固体废物的应纳税额为固体废物排放量乘以具体适用税额；

（4）应税噪声的应纳税额为超过国家规定标准的分贝数对应的具体适用税额。

★★ 环境保护税的税收减免措施

环境保护税的税收减免措施是在普遍征收环境保护税的一般规定的基础上，基于特定的政策目的，对符合特定条件的纳税人作出的以减轻纳税人税收负担为主要内容的特别制度安排。《环境保护税法》为符合条件的纳税人提供了税收减免措施。

首先，根据《环境保护税法》第 12 条的规定，下列情形暂予免征环境保护税：

（1）农业生产（不包括规模化养殖）排放应税污染物的；

（2）机动车、铁路机车、非道路移动机械、船舶和航空器等流动污染源排放应税污染物的；

（3）依法设立的城乡污水集中处理、生活垃圾集中处理场所排放相应应税污染物，不超过国家和地方规定的排放标准的；

（4）纳税人综合利用的固体废物，符合国家和地方环境保护标准的；

（5）国务院批准免税的其他情形。

其次，《环境保护税法》第 13 条规定了两档减税优惠：

（1）纳税人排放应税大气污染物或者水污染物的浓度值低于国家和地方规定的污染物排放标准 30% 的，减按 75% 征收环境保护税；

（2）纳税人排放应税大气污染物或者水污染物的浓度值低于国家和地方规定的污染物排放标准 50% 的，减按 50% 征收环境保护税。

为便于实际操作，《环境保护税法实施条例》第 13 条首先明确了上述规定中应税大气污染物、水污染物浓度值的计算方法，即为纳税人安装使用的污染物自动监测设备当月自动监测的应税大气污染物浓度值的小时平均值再平均所得数值或者应税水污染物浓度值的日平均值再平均所得数值，或者监测机构当月监测的应税大气污染物、水污染物浓度值的平均值。同时，按照从严的原则，进一步明确限定了适用减税的条件，即应税大气污染物浓度值的小时平均值或者应税水污染物浓度值的日平均值，以及监测机构当月每次监测的应税大气污染物、水污染物的浓度值，均不得超过国家和地方规定的污染物排放标准。

★ 环境保护税的征收管理

(1)环境保护税纳税义务的发生时间。根据《环境保护税法》第16条的规定，环境保护税纳税义务发生时间为纳税人排放应税污染物的当日。

(2)环境保护税的纳税地点。根据《环境保护税法》第17条的规定，纳税人应当向应税污染物排放地的地税机关申报缴纳环境保护税。《环境保护税法实施条例》第17条将"应税污染物排放地"明确为："(一)应税大气污染物、水污染物排放口所在地；(二)应税固体废物产生地；(三)应税噪声产生地。"《环境保护税法实施条例》第18条进一步规定，若纳税人跨区域排放应税污染物，税务机关对税收征收管辖有争议的，由争议各方按照有利于征收管理的原则协商解决；不能协商一致的，报请共同的上级税务机关决定。

(3)环境保护税的纳税期限。《环境保护税法》第18～19条规定了环境保护税的纳税期限。环境保护税按月计算，按季申报缴纳。不能按固定期限计算缴纳的，可以按次申报缴纳。纳税人按季申报缴纳的，纳税人应当自季度终了之日起15日内，向地税机关办理纳税申报并缴纳税款。纳税人按次申报缴纳的，应当自纳税义务发生之日起15日内，向地税机关办理纳税申报并缴纳税款。纳税人申报缴纳时，应当向地税机关报送所排放应税污染物的种类、数量，大气污染物、水污染物的浓度值，以及税务机关根据实际需要要求纳税人报送的其他纳税资料。纳税人应当依法如实办理纳税申报，对申报的真实性和完整性承担责任。

★ 环境保护税的收入归属

根据《国务院关于环境保护税收入归属问题的通知》(国发[2017]56号)，环境保护税全部作为地方收入。

★★ 海洋工程环境保护税

海洋工程环境保护税是指国家对在我国管辖的海域内从事海洋石油、天然气勘探开发生产等作业活动，并向环境排放应税污染物的企业事业单位和其他经营者，就其排放应税污染物的数量，从量定额征收的一种税。作为一种特殊的环境保护税,海洋工程环境保护税适用环境保护税的一般规定,同时也有专门适用于海洋工程环境保护税的特殊规定。2017 年 12 月,国家税务总局、国家海洋局已经根据《环境保护税法》第 22 条的授权,制定了《海洋工程环境保护税申报征收办法》。

根据《海洋工程环境保护税申报征收办法》,海洋工程环境保护税适用的特殊规定主要如下:

(1)海洋工程环境保护税的征税对象包括大气污染物、水污染物、固体废物,不包括噪声。

(2)在计税依据方面,水污染物计税依据的计算方法适用特殊规定。水污染物包括三类,生产污水和机舱污水、钻井泥浆(包括水基泥浆和无毒复合泥浆)和钻屑及生活污水。生产污水和机舱污水,按照生产污水和机舱污水中石油类污染物排放量折合的污染当量数计征;钻井泥浆和钻屑按照泥浆和钻屑中石油类、总镉、总汞的污染物排放量折合的污染当量数计征;生活污水按照生活污水中化学需氧量(CODcr)排放量折合的污染当量数计征。

(3)在税额方面,海洋工程环境保护税的具体适用税额按照负责征收环境保护税的海洋石油税务(收)管理分局所在地适用的税额标准执行。海洋石油税务(收)管理局是国家税务总局为海洋石油工业成立的专门税务机构,在天津、上海、广州、湛江、深圳设立了海洋石油税务分局,对位于渤海、东海、南海东部、南海西部等海域的海洋石油企业进行区域税收管辖。因此,海洋工程环境保护税的具体适用税额应当根据其所属的海洋石油税务管理分局所在地,分别依据天津、上海、广东三个省或直辖市的税额标准执行。另外,生活垃圾按照环境保护税法"其他固体废物"税额标准执行。

(4)在征收管理方面,考虑到海洋工程环境保护税征管的特殊性,从便利申报征收的原则出发,海洋工程环境保护税由纳税人所属海洋石油税务(收)管理分局负责征收。纳税人同属两个海洋石油税务(收)管理分局管理的,由国家税务总局确定征收机关。

法律与规范链接

▲ 必读法条

《环境保护法》第 43 条。

△ **延伸法条**

《环境保护税法》

《环境保护税法实施条例》

《国务院关于环境保护税收入归属问题的通知》

《海洋工程环境保护税申报征收办法》

典型案例

应税大气污染物的环境保护税计算问题[1]

案情概述

A企业2018年1月向大气直接排放氯化氢、一氧化碳各100千克，氟化物、氮氧化物各10千克。B省大气污染物适用税额为1.2元/每污染当量。A企业只有一个排放口。

核心问题

计算A企业2018年1月大气污染物应缴纳的环境保护税。

简要评论

本案例应税大气污染物适用的法条如下：《环境保护税法》第8条规定，应税大气污染物、水污染物的污染当量数，以该污染物的排放量除以该污染物的污染当量值计算。每种应税大气污染物、水污染物的具体污染当量值，依照本法所附《应税污染物和当量值表》执行。第9条第1款规定，每一排放口或者没有排放口的应税大气污染物，按照污染当量数从大到小排序，对前三项污染物征收环境保护税。第11条第1项规定，应税大气污染物的应纳税额为污染当量数乘以具体适用税额。根据《应税污染物和当量值表》，氯化氢、一氧化碳、氟化物、氮氧化物的污染当量值分别为10.75、16.7、0.87、0.95（单位：千克）。

根据上述法条，以下分三步计算A企业2018年1月大气污染物应缴纳的环境保护税：

第一步，计算各污染物的污染当量数（单位：千克）

---

〔1〕 以下案例参见何长双：《环境保护税应怎样计算缴纳》，2018年1月24日发布，载甘肃省地方税务局官方网站：http://www.gs-1-tax.gov.cn/art/2018/1/24/art_91_171118.html。

公式：应税大气污染物污染当量数＝该污染物排放量/该污染物的污染当量值

氯化氢：100/10.75＝9.3

一氧化碳：100/16.7＝5.99

氟化物：10/0.87＝11.49

氮氧化物：10/0.95＝10.53

第二步，按污染物的污染当量数排序，对前三项污染物征收环境保护税

氟化物(11.49)＞氮氧化物(10.53)＞氯化氢(9.3)＞一氧化碳(5.99)

因此，对氟化物、氮氧化物和氯化氢征收环境保护税。

第三步，计算应纳税额（单位：元）

公式：应税大气污染物的应纳税额＝污染当量数（前三项）×具体适用税额

氟化物：11.49×1.2＝13.79

氮氧化物：10.53×1.2＝12.63

氯化氢：9.3×1.2＝11.16

知识点

应税大气污染物的环境保护税的计算步骤和公式为：

应税大气污染物环境保护税的计算
- 第一步：计算各类大气污染物的污染当量数。应税大气污染物污染当量数＝该污染物排放量/该污染物的污染当量值
- 第二步：对各类大气污染物的污染当量数进行排序。对前三项征收环境保护税
- 第三步：计算各类大气污染物应纳税额。应税大气污染物的应纳税额＝污染当量数（前三项）×具体适用税额

水污染物的环境保护税计算问题

案情概述

A企业2018年1月向水体直接排放第一类水污染物总汞、总镉、总铬、总砷、总镍、总银各1千克。排放第二类水污染物悬浮物(SS)、总有机碳(TOC)、动植物油、氨氮各10千克。B省水污染物适用税额为1.4元/每污染当量。

核心问题

计算A企业2018年1月水污染物应缴纳的环境保护税。

简要评论

应税水污染物适用的主要法条如下:《环境保护税法》第9条第2款规定,每一排放口的应税水污染物,按照本法所附《应税污染物和当量值表》,区分第一类水污染物和其他类水污染物,按照污染当量数从大到小排序,对第一类水污染物按照前五项征收环境保护税,对其他类水污染物按照前三项征收环境保护税。第11条第2项规定,应税水污染物的应纳税额为污染当量数乘以具体适用税额。第一类水污染物总汞、总镉、总铬、总砷、总镍、总银的污染当量值分别为0.0005、0.005、0.04、0.02、0.025、0.02;第二类水污染物悬浮物(SS)、总有机碳(TOC)、动植物油、氨氮的污染当量值分别为4、0.49、0.16、0.8(单位:千克)。

根据上述法条,应税水污染物的环境保护税的计算步骤和公式为:;应税水污染物的应纳税额=污染当量数×具体适用税额。

以下分三步计算A企业1月水污染物应缴纳的环境保护税:

第一步,计算第一类水污染物的污染当量数(单位:千克)

公式:应税水污染物污染当量数=该污染物排放量/该污染物的污染当量值

总汞:1/0.0005=2000

总镉:1/0.005=200

总铬:1/0.04=25

总砷:1/0.02=50

总镍:1/0.025=40

总银:1/0.02=50

第二步,对第一类水污染物的污染当量数进行排序,按照前五项征收环境保护税

总汞(2000)>总镉(200)>总砷(50)=总银(50)>总镍(40)>总铬(25)

第三步,计算第一类水污染物应纳税额(单位:元)

公式:应税水污染物的应纳税额=污染当量数(第一类前五项、其他类前三项)×具体适用税额

总汞:2000×1.4=2800

总镉:200×1.4=280

总砷:50×1.4=70

总银:50×1.4=70

总镍:40 ×1.4 =56

第四步,计算第二类水污染物的污染当量数(单位:千克)

公式:应税水污染物污染当量数 = 该污染物排放量/该污染物的污染当量值

悬浮物(SS):10/4 =2.5

总有机碳(TOC):10/0.49 =20.41

动植物油:10/0.08 =125

氨氮:10/0.8 =12.5

第五步,对第二类水污染物的污染当量数进行排序,按照前三项征收环境保护税

动植物油(125) > 总有机碳(20.41) > 氨氮(12.5) > 悬浮物(2.5)

第六步,计算第二类水污染物应纳税额(单位:元)

公式:应税水污染物的应纳税额 = 污染当量数(第一类前五项、其他类前三项) × 具体适用税额

动植物油:125 ×1.4 =175

总有机碳:20.41 ×1.4 =28.57

氨氮:12.5 ×1.4 =17.5

知识点

公式为:

应税水污染物的环境保护税的计算
- 第一步:计算各类水污染物的污染当量数。应税水污染物污染当量数 = 该污染物排放量/该污染物的污染当量值
- 第二步:对各类水污染物的污染当量数进行排序。对第一类水污染物按照前五项征收环境保护税,对其他类水污染物按照前三项征收环境保护税
- 第三步:计算各类水污染物应纳税额。应税水污染物的应纳税额 = 污染当量数(第一类前五项、其他类前三项) × 具体适用税额

应税固体废物的环境保护税计算问题

案情概述

A企业2018年1月产生煤矸石1000吨,其中综合利用的煤矸石200吨(符合国家和地方环境保护标准),在符合国家和地方环境保护标准的设施贮存300吨。

核心问题

计算A企业2018年1月煤矸石应缴纳的环境保护税。

简要评论

本案例适用的主要法条如下:《环境保护税法》第4条第2项规定,企业事业单位和其他生产经营者在符合国家和地方环境保护标准的设施、场所贮存或者处置固体废物的,不缴纳相应污染物的环境保护税。第11条第3项规定,应税固体废物的应纳税额为固体废物排放量乘以具体适用税额。第12条第4项规定,纳税人综合利用的固体废物,符合国家和地方环境保护标准的,暂予免征环境保护税。根据《环境保护税税目税额表》,煤矸石适用税额为5元/吨。

根据上述法条,应税固体废物应缴纳的环境保护税的计算公式为:应税固体废物应纳税额=[产生量-综合利用量(免征)-贮存或者处置量(不属于直接向环境排放污染物)]×具体适用税额。

A企业2018年1月煤矸石应纳环境保护税:(1000-200-300)×5=2500(元)

知识点

应税固体废物应缴纳的环境保护税的计算公式为:应税固体废物应纳税额=[产生量-综合利用量(免征)-贮存或者处置量(不属于直接向环境排放污染物)]×具体适用税额。

应税噪声的环境保护税计算问题

案情概述

A企业2018年1月在甲、乙两地作业均存在夜间噪声超标。甲作业场地一个单位边界上有两处噪声超标,分别为超标1~3分贝、超标10~12分贝,超标天数为16天;乙作业场地沿边界长度110米,有两处噪声超标,分别为超标1~3分贝、超标10~12分贝,超标天数为14天。

核心问题

计算A企业1月噪声污染应缴纳的环境保护税。

简要评论

应税噪声污染适用的主要法条如下:《环境保护税法》第11条第4项规定,应税噪声按照超过国家规定标准的分贝数确定。《环境保护税税目税额表》规定,一个单位有不同地点作业场所的应分别计算,合并计征;同一单位边界多噪声超标按最高处声级计算；沿边界长度超过100米有两处以上噪声超标，按两处计算；声源一个月内超标不足15天的，减半计算。根据《环境保护税税目税额表》，工业噪声超标1～3分贝适用税额为350元/月，超标7～9分贝适用税额为2800元/月。

根据上述法条，应税噪声污染应缴纳的环境保护税的计算公式为：应税噪声应纳税额＝超过国家规定标准的分贝数对应的具体适用税额。

A企业1月噪声污染应缴纳的环境保护税：

甲作业场地应纳环境保护税：2800（元）

乙作业场地应纳环境保护税：（350＋2800）/2＝1575（元）

知识点

应税噪声污染应缴纳的环境保护税的计算公式为：应税噪声应纳税额＝超过国家规定标准的分贝数对应的具体适用税额。

延伸阅读

1. 秦天宝、胡邵峰：《环境保护税与排污费之比较分析》，载《环境保护》2017年第Z1期；
2. 张守文：《我国环境税立法的“三维”审视》，载《当代法学》2017年第3期；
3. 刘剑文、胡翔：《环保税法：落实税收法定原则的制度逻辑》，载《中国财政》2017年第10期。

2.6 环境信息公开制度

知识要点

☆ **环境信息公开的相关术语及其含义**

有关保障环境信息权的法律制度被称为环境信息公开制度。**“环境知情权”**（Right to Environmental Information），又称为“环境信息权”（Right to Information on the Environment）、“环境信息获取权”（Right to Access to Environmental Information）或“环境信息自由”（Freedom of Environmental Information or Freedom of Access to Environmental Information），**是指公众（个人或团体）获知公共职能机构或企业有关环境保护的信息的权利。**

环境知情权是环境权的重要组成部门，它是公众参与环境保护的前提，只有依法保护公众获得环境信息的权利，才能确保公众真正参与到环境保护和环境行政保护之中。

★ 政府环境信息公开的义务主体

根据现有法律规定，生态环境部负责推进、指导、协调、监督全国的环境信息公开工作。县级以上生态环境主管部门负责组织、协调、监督本行政区域内的环境信息公开工作。

实践中，生态环境部由办公厅作为该部门政府环境信息公开工作的组织机构，各业务机构按职责分工做好本领域政府环境信息公开工作。县级以上生态环境主管部门根据实际情况自行确定本部门政府环境信息公开工作的组织机构（例如，办公室、环境信息中心等），负责组织实施本部门的政府环境信息公开工作。

★ 政府环境信息依职权公开的范围

根据《政府信息公开条例》第20条的规定，依职权主动公开的环境信息范围包括：

(1)环境保护行政法规、规章和规范性文件；

(2)生态环境主管部门的机关职能、机构设置、办公地址、办公时间、联系方式、负责人姓名；

(3)与环境保护相关的国民经济和社会发展规划、专项规划、区域规划及相关政策；

(4)与环境相关国民经济和社会发展统计信息；

(5)办理环境行政许可和其他对外管理服务事项的依据、条件、程序以及办理结果；

(6)实施环境行政处罚、行政强制的依据、条件、程序以及本行政机关认为具有一定社会影响的环境行政处罚决定；

(7)财政预算、决算信息；

(8)行政事业性收费项目及其依据、标准；

(9)政府集中采购项目的目录、标准及实施情况；

(10)重大建设项目的批准和实施情况；

(11)扶贫、教育、医疗、社会保障、促进就业等方面的政策、措施及其实施情况；

(12)突发公共事件的应急预案、预警信息及应对情况；

(13)环境保护、公共卫生、安全生产、食品药品、产品质量的监督检查情况；

(14)公务员招考的职位、名额、报考条件等事项以及录用结果；

(15)法律、法规、规章和国家有关规定规定应当主动公开的其他政府信息。

★ **政府环境信息依职权公开的程序**

环保部门应当编制、公布政府环境信息公开指南和政府环境信息公开目录，并及时更新。政府环境信息公开指南，应当包括信息的分类、编排体系、获取方式，政府环境信息公开工作机构的名称、办公地址、办公时间、联系电话、传真号码、电子邮箱等内容。政府环境信息公开目录，应当包括索引、信息名称、信息内容的概述、生成日期、公开时间等内容。

除法律、法规对政府环境信息公开的期限另有规定的以外，属于主动公开范围的政府环境信息，环保部门应当自该环境信息形成或者变更之日起20个工作日内予以公开。

★ **政府环境信息依职权公开的方式**

环保部门应当将主动公开的政府环境信息，通过政府网站或者其他互联网政务媒体、新闻发布会以及报刊、广播、电视等便于公众知晓的方式公开。

★ **政府环境信息依申请公开的提出**

公民、法人和其他组织申请环保部门提供政府环境信息的，原则上应当采用信件、数据电文在内的书面形式。但采取书面形式确有困难的，申请人可以口头提出，由环保部门政府环境信息公开工作机构代为填写公开申请。

政府环境信息公开申请的法定必备内容包括：

(1)申请人的姓名或者名称、身份证明、联系方式；

(2)申请公开的政府信息的名称、文号或者便于行政机关查询的其他特征性描述；

(3)申请公开的政府信息的形式要求，包括获取信息的方式、途径。

★★ **政府环境信息依申请公开的答复**

环保部门应当在收到申请之日起15个工作日内予以答复；不能在15个工作日内作出答复的，经政府环境信息公开工作机构负责人同意，可以适当延长答复期限，并书面告知申请人，延长答复的期限最长不得超过15个工作日。对于政府环境信息公开申请，环保部门应当根据下列情况分别作出答复：

(1)申请公开的信息属于公开范围的，应当告知申请人获取该政府环境信息的方式和途径。

(2)申请公开的信息属于不予公开范围的，应当告知申请人该政府环境信息不予公开并说明理由。《政府信息公开条例》第14条规定，行政机关公开政府信息，不得危及国家安全、公共安全、经济安全和社会稳定。因此，环保部门在公开政府环境信息前，应当依照《保守国家秘密法》以及其他法律、法规和国家有关规定进行审查。环保部门不得公开涉及国家秘密、商业秘密、个人隐私的政府环境信息，但是，经权利人同意或者环保部门认为不公开可能对公共利益造成重大影响的涉及商业秘密、个人隐私的政府环境信息，可以予以公开。

(3)依法不属于本部门公开或者该政府环境信息不存在的，应当告知申请人，其中，对于能够确定该政府环境信息的公开机关的，应当告知申请人该行政机关的名称和联系方式。

(4)申请内容不明确的，应当告知申请人更改、补充申请。

★ 政府环境信息公开年报

环保部门应当在每年3月31日前公布本部门的政府环境信息公开工作年度报告。政府环境信息公开工作年度报告应当包括下列内容：

(1)环保部门主动公开政府环境信息的情况；

(2)环保部门收到和处理政府环境信息公开申请的情况；

(3)因政府环境信息公开申请行政复议、提起行政诉讼的情况；

(4)政府环境信息公开工作存在的主要问题及改进情况，以及工作考核、社会评议和责任追究结果情况；

(5)其他需要报告的事项。

☆ 政府环境信息公开的收费

《政府信息公开条例》第42条规定，行政机关依申请提供政府信息，不收取费用。但是，申请人申请公开政府信息的数量、频次明显超过合理范围的，行政机关可以收取信息处理费。

行政机关收取信息处理费的具体办法由国务院价格主管部门会同国务院财政部门、全国政府信息公开工作主管部门制定。

★★★ 政府环境信息公开的监督和相对人依法救济

公民、法人和其他组织认为环保部门不依法履行政府环境信息公开义务的，可以向其上级环保部门举报。收到举报的环保部门应当督促下级环保部门依法履行政府环境信息公开义务。

公民、法人和其他组织认为环保部门在政府环境信息公开工作中的具体行政行为侵犯其合法权益的，可以依法申请行政复议或者提起行政诉讼。《最高人民法院关于审理政府信息公开行政案件若干问题的规定》第1条规定：“公民、法人或者其他组织认为下列政府信息公开工作中的具体行政行为侵犯其合法权益，依法提起行政诉讼的,人民法院应当受理:(一)向行政机关申请获取政府信息,行政机关拒绝提供或者逾期不予答复的;(二)认为行政机关提供的政府信息不符合其在申请中要求的内容或者法律、法规规定的适当形式的……”这一规定适用于环境信息公开。

此外,法律还要求,环保部门建立健全政府环境信息公开工作考核制度、社会评议制度和责任追究制度,定期对政府环境信息公开工作进行考核、评议。

★★★ 政府环境信息公开的行政责任

根据2014年修订的《环境保护法》的新增规定,地方各级人民政府、县级以上生态环境主管部门和其他负有环境保护监督管理职责的部门应当依法公开环境信息而未公开的,对直接负责的主管人员和其他直接责任人员给予记过、记大过或者降级处分;造成严重后果的,给予撤职或者开除处分,其主要负责人应当引咎辞职。

根据《政府信息公开条例》第53条的规定,环保部门有下列违法情形之一的,上一级环保部门应当责令其改正;情节严重的,对负有直接责任的主管人员和其他直接责任人员依法给予行政处分:

(1)不依法履行政府环境信息公开职能;

(2)不及时更新政府环境信息内容、政府环境信息公开指南和政府环境信息公开目录的;

(3)违反本条例规定的其他情形。

★ 企业环境信息公开的主要类型

企业环境信息公开制度主要分为强制公开和自愿公开两种。

★★ 一般企业的环境信息强制公开

污染物排放超过国家或者地方排放标准,或者污染物排放总量超过地方人民政府核定的排放总量控制指标的污染严重的企业,一经主管部门公开企业名单后,即有义务在环保部门公布名单后30日内,在所在地主要媒体上公布其环境信息,并将向社会公开的环境信息报所在地环保部门备案。企业不得以保守商业秘密为借口,拒绝公开下列环境信息:

(1)企业名称、地址、法定代表人;

(2)主要污染物的名称、排放方式、排放浓度和总量、超标、超总量情况;

(3)企业环保设施的建设和运行情况;

(4)环境污染事故应急预案。

★ 重点排污单位的环境信息强制公开

根据《企业事业单位环境信息公开办法》第7条的规定，设区的市级人民政府环境保护主管部门应当于每年3月底前确定本行政区域内重点排污单位名录，并通过政府网站、报刊、广播、电视等便于公众知晓的方式公布。被列入名录的重点排污单位应当依照法定的内容、方式、时限如实公开企业环境信息。

★ 重点排污单位的确定原则

根据《企业事业单位环境信息公开办法》第7条的规定，环境保护主管部门确定重点排污单位名录时，应当综合考虑本行政区域的环境容量、重点污染物排放总量控制指标的要求，以及企业事业单位排放污染物的种类、数量和浓度等因素。

★ 应当列入重点排污单位名录的企业类型

《企业事业单位环境信息公开办法》第8条规定，具备下列条件之一的企业事业单位，应当列入重点排污单位名录：

(1)被设区的市级以上人民政府环境保护主管部门确定为重点监控企业的；

(2)具有试验、分析、检测等功能的化学、医药、生物类省级重点以上实验室、二级以上医院、污染物集中处置单位等污染物排放行为引起社会广泛关注的或者可能对环境敏感区造成较大影响的；

(3)三年内发生较大以上突发环境事件或者因环境污染问题造成重大社会影响的；

(4)其他有必要列入的情形。

★★ 重点排污单位强制信息公开的内容

2014年修订的《环境保护法》第55条新增规定：重点排污单位应当如实向社会公开其主要污染物的名称、排放方式、排放浓度和总量、超标排放情况，以及防治污染设施的建设和运行情况，接受社会监督。原环境保护部配套制定的《企业事业单位环境信息公开办法》第9条进一步细化规定，重点排污单位应当公开下列信息：

(1)基础信息，包括单位名称、组织机构代码、法定代表人、生产地址、联系方式，以及生产经营和管理服务的主要内容、产品及规模；

(2)排污信息，包括主要污染物及特征污染物的名称、排放方式、排放口数量和分布情况、排放浓度和总量、超标情况，以及执行的污染物排放标准、核定的排放总量；

(3)防治污染设施的建设和运行情况；

(4)建设项目环境影响评价及其他环境保护行政许可情况；

(5)突发环境事件应急预案；

(6)其他应当公开的环境信息；

(7)列入国家重点监控企业名单的重点排污单位还应当公开其环境自行监测方案。

★ 重点排污单位强制信息公开的方式和途径

《企业事业单位环境信息公开办法》第10条规定，重点排污单位应当通过其网站、企业事业单位环境信息公开平台或者当地报刊等便于公众知晓的方式公开环境信息，同时可以采取以下一种或者几种方式予以公开：

(1)公告或者公开发行的信息专刊；

(2)广播、电视等新闻媒体；

(3)信息公开服务、监督热线电话；

(4)本单位的资料索取点、信息公开栏、信息亭、电子屏幕、电子触摸屏等场所或者设施；

(5)其他便于公众及时、准确获得信息的方式；

(6)《企业事业单位环境信息公开办法》第4条第2款还鼓励，有条件的环境保护主管部门可以建设企业事业单位环境信息公开平台。

★ 重点排污单位强制信息公开的时限

《企业事业单位环境信息公开办法》第11条规定，重点排污单位应当在环境保护主管部门公布重点排污单位名录后90日内公开本办法第9条规定的环境信息；环境信息有新生成或者发生变更情形的，重点排污单位应当自环境信息生成或者变更之日起30日内予以公开。法律、法规另有规定的，从其规定。

★★ 违法企业环境信息强制公开义务的法律责任

《环境保护法》第62条规定，违反本法规定，重点排污单位不公开或者不如实公开环境信息的，由县级以上地方人民政府环境保护主管部门责令公开，处以罚款，并予以公告。《企业事业单位环境信息公开办法》第16条还进一步细化规定，重点排污单位存在环境信息公开的内容、方式或时限违法行为的，或者公开内容不真实、弄虚作假，的由县级以上环境保护主管部门根据《中华人民共和国环境保护法》的规定责令公开，处3万元以下罚款，并予以公告。

★ 企业环境信息自愿公开

国家鼓励企业自愿公开企业环境信息，包括：

(1)企业环境保护方针、年度环境保护目标及成效；

(2)企业年度资源消耗总量;

(3)企业环保投资和环境技术开发情况;

(4)企业排放污染物种类、数量、浓度和去向;

(5)企业环保设施的建设和运行情况;

(6)企业在生产过程中产生的废物的处理、处置情况,废弃产品的回收、综合利用情况;

(7)与环保部门签订的改善环境行为的自愿协议;

(8)企业履行社会责任的情况;

(9)企业自愿公开的其他环境信息。

根据《企业事业单位环境信息公开办法》第12条和第13条的有关规定,重点排污单位之外的企业事业单位可以参照该办法的规定的内容、方式、时限公开其环境信息。国家鼓励企业事业单位自愿公开有利于保护生态、防治污染、履行社会环境责任的相关信息。

法律与规范链接

▲ 必读法条

《环境保护法》第53条第1款、第54~55条、第62条、第68条。

△ 延伸法条

《政府信息公开条例》;

《企业事业单位环境信息公开办法》。

典型案例

中华环保联合会诉贵州省贵阳市修文县环境保护局环境信息公开案[1]

案情概述

2011年10月,中华环保联合会向贵州省清镇市人民法院环保法庭提起环境公

[1] 参见《中华人民共和国最高人民法院公报》2013年第1期。

益诉讼,起诉贵州好一多乳业股份有限公司超标排放工业污水,基于该案件需要,需调取好一多公司的相关环保资料,便向被告贵州省贵阳市修文县环境保护局提出申请,要求被告向其公开好一多公司的环境影响评价报告、环保设施竣工验收资料、排污许可证、排污费征收等有关环境信息。而贵州省贵阳市修文县环保局在法定期限内既未向原告公开上述信息,也未对原告申请给予答复,违反了国务院《政府信息公开条例》和环保部《环境信息公开办法(试行)》的规定,故向人民法院提起行政公益诉讼,要求判决贵州省贵阳市修文县环保局对原告的政府信息公开申请予以答复,并向原告公开相关信息。

对此,被告贵州省贵阳市修文县环境保护局辩称:(1)原告中华环保联合会确实于2011年10月28日以特快专递的方式提交了政府信息公开申请,但申请表未附原告机构代码证等主体材料,也未明确需要好一多三个基地中具体哪一家基地的信息,其申请公开的信息内容不明确;(2)原告要求公开信息的形式不具体、不清楚;(3)原告获取信息的方式不明确;(4)原告申请信息公开时未提供相关的检索、复制、邮寄等成本费用。且被告已于2011年10月31日电话告知了原告的联系人宋某,要求原告对申请公开的信息内容进行补充说明,以方便被告履行信息公开的职责。故原告诉被告不履行政府信息公开法定职责没有事实依据和法律依据。

核心问题

1. 政府环境信息公开申请的必备内容是什么?

2. 申请政府环境信息公开是否需要提供申请人的身份证明?

3. 如何理解"申请公开的政府环境信息内容的具体描述"的具体化程度?

4. 申请信息公开如何收取费用? 申请人是否必须于申请的同时主动支付相关费用?

简要评论

1. 根据《政府信息公开条例》(国务院令第492号)第20条的规定,"公民、法人或者其他组织依照本条例第十三条规定向行政机关申请获取政府信息的,应当采用书面形式(包括数据电文形式);采用书面形式确有困难的,申请人可以口头提出,由受理该申请的行政机关代为填写政府信息公开申请。政府信息公开申请应当包括下列内容:(一)申请人的姓名或者名称、联系方式;(二)申请公开的政府信息的内容描述;(三)申请公开的政府信息的形式要求。"《环境信息公开办法(试行)》(国家环境保护总局令第35号)第16条也作出了细化规定,政府环境信息公开申请的法定必备内容包括:(1)申请人的姓名或者名称、联系方式;(2)申请公开的政府环境信息内容的具体描述；(3) 申请公开的政府环境信息的形式要求。

因此，原告中华环保联合会为环境公益诉讼案件的需要向被告贵州省贵阳市修文县环境保护局通过邮政快递的方式提出了环境信息公开的书面申请，并在申请中载明了申请人的名称、联系方式、申请公开的具体内容、获取信息的方式等，其申请环境信息的内容不涉及国家秘密、商业秘密、个人隐私，属于法定可以公开的政府环境信息，申请环境信息的程序亦符合《中华人民共和国政府信息公开条例》第20条、《环境信息公开办法(试行)》第16条的规定。

2. 上述《政府信息公开条例》第20条和《环境信息公开办法(试行)》第16条均未规定申请人必须提供身份证明，仅要求提供申请人的姓名或者名称、联系方式。因此，对于被告贵州省贵阳市修文县环境保护局认为原告中华环保联合会在提交政府信息公开申请时，应同时附上原告的身份证明的意见没有法律依据。事实上，原告在信息公开申请表中已正确填写了单位名称、住所地、联系人及电话并加盖了公章，已经达到了法定启动政府环境信息公开的形式条件。

3. 关于被告贵州省贵阳市修文县环境保护局认为好一多公司在修文县有三个基地，原告中华环保联合会未明确申请公开哪一个基地的环境信息，原告所申请的内容不明确的意见，根据《中华人民共和国政府信息公开条例》第21条的规定，对于申请内容不明确的，行政机关应当告知申请人作出更改、补充。在本案中，原告在申请表中已经明确提出需要贵州好一多乳业股份有限公司的排污许可证、排污口数量和位置、排放污染物种类和数量情况、经环保部门确定的排污费标准、经环保部门监测所反映的情况及处罚情况、环境影响评价文件及批复文件，其申请内容的表述是明确具体的，至于好一多公司在修文县有几个基地，并不妨碍被告公开信息，被告应就其手中掌握的所有涉及好一多公司的相关环境信息向原告公开。

另外，《贵州省政府信息公开暂行规定》第24条规定，行政机关对申请公开的政府信息，根据下列情况分别作出答复：……(6) 申请内容不明确或申请书形式要件不齐备的，行政机关应当出具《补正申请告知书》，一次性告知申请人作出更正、补充。即便被告认为原告申请内容不明确，应当按该规定向原告发出《补正申请告知书》，一次性告知申请人作出更正、补充，而被告显然没有按规定办理。因此，被告以申请内容不明确不公开信息，不符合规定。相反，按照《政府信息公开条例》第24条第2款、《环境信息公开办法(试行)》第18条的有关规定，被告显然未能在法定期限内履行其答复的义务，因此，被告不予答复申请的行为违反了法律的规定。

4.《政府信息公开条例》第27条规定，行政机关依申请提供政府信息，除可以收取检索、复制、邮寄等成本费用外，不得收取其他费用。行政机关不得通过其他组织、个人以有偿服务方式提供政府信息。行政机关收取检索、复制、邮寄等成本费用的标准由国务院价格主管部门会同国务院财政部门制定。第28条第1款还规定，申请公开政府信息的公民确有经济困难的，经本人申请、政府信息公开工作机构负责人审核同意，可以减免相关费用。

关于被告贵州省贵阳市修文县环境保护局认为原告中华环保联合会申请信息公开时，未提供相关检索、复制、邮寄等成本费用的意见。本案中，被告并未向原告提出收费要求，原告也未向被告明示不支付相关费用，故被告以此理由不公开环境信息不符合法律规定。

知识点

政府环境信息可以依申请公开，申请应符合法定内容和形式条件。

延伸阅读

1. 竺效：《评〈环境保护法修正案（草案）〉之信息公开条款群》，载《郑州大学学报》（哲学社会科学版）2013年第4期；
2. 朱谦：《污染源环境信息强制报告制度研究》，载《法治研究》2014年第5期；
3. 方堃：《企业环境信息公开相关基本问题研究》，载《上海交通大学学报》（哲学社会科学版）2014年第4期。

2.7 突发环境事件应急管理制度

知识要点

★ 突发环境事件

突发环境事件是“指突然发生，造成或者可能造成重大人员伤亡、重大财产损失，以及对全国或者某一地区的经济和社会稳定、政治安定构成重大威胁、损害，有重大社会影响的涉及公共安全的环境事件”。[1] 2014年修订后的《国家突发环境

〔1〕 信春鹰主编：《中华人民共和国环境保护法释义》，法律出版社2014年版，第163页。

事件应急预案》将突发环境事件界定为:“是指由于污染物排放或自然灾害、生产安全事故等因素,导致污染物或放射性物质等有毒有害物质进入大气、水体、土壤等环境介质,突然造成或可能造成环境质量下降,危及公众身体健康和财产安全,或造成生态环境破坏,或造成重大社会影响,需要采取紧急措施予以应对的事件,主要包括大气污染、水体污染、土壤污染等突发性环境污染事件和辐射污染事件。”

★ 突发环境事件管理

“突发事件应急管理就是针对可能发生或已经发生的突发事件,为了减少突发事件的发生或降低其可能造成的后果和影响,达到优化决策的目的,而基于对突发事件的原因、过程及后果进行的一系列有计划、有组织的管理。”突发环境事件应急管理则“是为了预防和减少突发环境事件的发生,控制、减轻和消除突发环境事件引起的危害,保护人民群众生命财产及环境安全,组织开展的预防与应急准备、监测与预警、应急处置与救援、事后恢复与重建等管理行为”。[1]

★ 我国突发环境事件应急管理的主要制度环节

突发环境事件的应急管理制度具体包括风险评估与控制、应急预案编制与管理、环境应急物资储备与保障、环境风险的应急监测与预警、应急响应、应急总结等环节。

★ 风险评估与控制

原环境保护部2015年新制定的《突发环境事件应急管理办法》规定,企业事业单位应当按照国务院环境保护主管部门的有关规定开展突发环境事件风险评估,确定环境风险防范和环境安全隐患排查治理措施。(第8条)企业事业单位应当按照环境保护主管部门的有关要求和技术规范,完善突发环境事件风险防控措施。前款所指的突发环境事件风险防控措施,应当包括有效防止泄漏物质、消防水、污染雨水等扩散至外环境的收集、导流、拦截、降污等措施。(第9条)

★ 应急预案的编制与管理

国际经验一般认为,环境应急预案制度至少包括应急预案的编写、评估、发布、备案、实施、修订、宣教、培训和演练等环节的活动。企业事业单位的环境应急预案包括综合环境应急预案、专项环境应急预案和现场处置预案。对坏境风险种类较多、可能发生多种类型突发事件的,企业事业单位应当编制综合环境应急预案,综合环境应急预案应当包括本单位的应急组织机构及其职责、预案体系及响应程序、

---

〔1〕 环境保护部环境应急指挥领导小组办公室:《环境应急管理概论》,中国环境科学出版社2011年版,第14页。

事件预防及应急保障、应急培训及预案演练等内容。对某一种类的环境风险,企业事业单位应当根据存在的重大危险源和可能发生的突发事件类型,编制相应的专项环境应急预案,专项环境应急预案应当包括危险性分析、可能发生的事件特征、主要污染物种类、应急组织机构与职责、预防措施、应急处置程序和应急保障等内容。对危险性较大的重点岗位,企业事业单位应当编制重点工作岗位的现场处置预案,现场处置预案应当包括危险性分析、可能发生的事件特征、应急处置程序、应急处置要点和注意事项等内容。并且,企业事业单位编制的综合环境应急预案、专项环境应急预案和现场处置预案之间应当相互协调,并与所涉及的其他应急预案相互衔接。

☆ 环境应急物资储备与保障

根据《突发环境事件应急管理办法》第 21 条和第 22 条的有关规定,企事业单位应当储备必要的环境应急装备和物资,并建立完善相关管理制度。县级以上地方环境保护主管部门可以根据本行政区域的实际情况,建立环境应急物资储备信息库,有条件的地区可以设立环境应急物资储备库。县级以上地方环境保护主管部门应当加强环境应急能力标准化建设,配备应急监测仪器设备和装备,提高重点流域区域水、大气突发环境事件预警能力。

《国家突发环境事件应急预案》已经将该制度环节细化为包括队伍保障、物资与资金保障、通信、交通与运输保障和技术保障四个方面。未来的生态损害综合预防和救济立法可以参考这些相关的已有实践,并在此基础上凝炼为专题性的法律制度。

★★ 环境风险的应急监测与预警

根据《突发环境事件应急管理办法》第 16 ~ 18 条的有关规定,环境污染可能影响公众健康和环境安全时,县级以上地方生态环境主管部门可以建议本级人民政府依法及时公布环境污染公共监测预警信息,启动预先编制的应急预案设定的应急措施。此外,根据《国家突发环境事件应急预案》的规定,企事业单位和其他生产经营者应当落实环境安全主体责任,定期排查环境安全隐患,开展环境风险评估,健全风险防控措施。当出现可能导致突发环境事件的情况时,要立即报告当地环境保护主管部门。各级生态环境主管部门及其他有关部门要加强日常环境监测,并对可能导致突发环境事件的风险信息加强收集、分析和研判。安全监管、交通运输、公安、住房城乡建设、水利、农业、卫生计生、气象等有关部门按照职责分工,应当及时将可能造成突发环境污染事件的信息及时通报同级人民政府的环保部门。

如果突发环境事件可以预警，应当按照事件发生的可能性的大小、紧急的程度和可能造成的危害程度，把预警分为四级，包括低到高的蓝色、黄色、橙色和红色预警。预警信息发布后，当地人民政府及其有关部门视情采取分析研判、防范处置、应急准备和舆论引导等措施。此外，发布突发环境事件预警信息的县级以上地方人民政府及其有关职能部门，还应当根据事态发展和应急处置的收效，适时调整预警级别，一旦危险消除，须及时宣布解除预警，并终止相关措施。

★★ 应急响应——企业初步处置与信息报告（2011 年卷一第 73 题）

《突发环境事件应急管理办法》第 23 条规定，企事业单位造成或者可能造成突发环境事件时，应当立即启动突发环境事件应急预案，采取切断或者控制污染源以及其他防止危害扩大的必要措施，及时通报可能受到危害的单位和居民，并向事发地县级以上生态环境主管部门报告，接受调查处理。第 34 条还规定，企业事业单位应当按照有关规定，采取便于公众知晓和查询的方式公开本单位环境风险防范工作开展情况、突发环境事件应急预案及演练情况、突发环境事件发生及处置情况，以及落实整改要求情况等环境信息。

《突发环境事件应急管理办法》第 24 条则规定，获知突发环境事件信息后，事件发生地县级以上地方环境保护主管部门应当按照《突发环境事件信息报告办法》规定的时限、程序和要求，向同级人民政府和上级生态环境主管部门报告。2011 年环境保护部制定的《突发环境事件信息报告办法》则详细规定了环保部门对突发环境事件的信息报告程序规则。上述规则为建立生态损害突发事件的企业初步应急处置和信息交流提供了依据，未来可以在此基础上研究进一步细化针对生态损害突发事故的专门性法律机制。

★★ 应急响应——原因初查与应急监测

根据《突发环境事件应急管理办法》的有关规定，应急处置期间，企业事业单位应当服从统一指挥，全面、准确地提供本单位与应急处置相关的技术资料，协助维护应急现场秩序，保护与突发环境事件相关的各项证据。

获知突发环境事件信息后，县级以上地方环境保护主管部门应当立即组织排查污染源，初步查明事件发生的时间、地点、原因、污染物质及数量、周边环境敏感区等情况。获知突发环境事件信息后，县级以上地方生态环境主管部门应当按照《突发环境事件应急监测技术规范》[1]开展应急监测，及时向本级人民政府和上级环境保护主管部门报告监测结果。

《国家突发环境事件应急预案》进一步规定，应加强大气、水体、土壤等应急监测工作，综合考虑突发环境事件的污染物种类、性质以及当地自然、社会环境状况等因素，确定适合的应急监测方案和具体的监测方法，确定监测的布点和频次，调配应急监测设备、车辆，及时准确监测，为突发环境事件应急决策提供依据。

★★ 应急响应——现场污染处置

肇事者应当立即采取关闭、停产、封堵、围挡、喷淋、转移等措施，切断和控制污染源，防止污染蔓延扩散。做好有毒有害物质和消防废水、废液等的收集、清理和安全处置工作。当肇事者不明时，应当由事故所在地的环保部门组织对污染来源开展调查，判定污染种类和影响范围，查清肇事者，切断污染源。

突发生态损害事件所在地地方人民政府应当组织制订综合治理方案，通过监测和模拟等技术方法追踪污染物的扩散路径和影响范围；并决定采取适用的拦截、导流、疏浚等方式防范污染的扩大，或采取隔离、吸附、打捞、氧化还原、中和、沉淀、消毒、去污洗消、临时收贮、微生物消解、调水稀释、转移异地处置、临时改造污染处置工艺或临时建设污染处置工程等方法来处置污染物。必要时，要求其他排污单位停产、限产、限排，减轻环境污染负荷。

★ 环境应急终止

一旦突发生态损害事件的威胁或危害得到了有效控制或者已经被消除，突发生态损害事件发生地的县级以上地方环保主管部门应当根据有关法律规定和应急预案设定的终止应急措施的条件，在本级人民政府的统一部署指挥下，决定停止环境突发事件应急处置措施。

☆ 应急总结

突发环境事件的应急处置工作结束后，涉事的企事业单位和县级以上地方生态环境主管部门应当及时总结、评估应急处置工作情况，提出改进措施，组织开展突发事件环境影响和环境损害等评估工作，为后续的生态（环境）损害的修复提供

---

[1] 《突发环境事件应急监测技术规范》（HJ 589 - 2010）自 2011 年 1 月 1 日起实施，规定了突发环境事件应急监测的布点与采样、监测项目与相应的现场监测和实验室监测分析方法、监测数据的处理与上报、监测的质量保证等的技术要求，适用于因生产、经营、储存、运输、使用和处置危险化学品或危险废物以及意外因素或不可抗拒的自然灾害等原因而引发的突发环境事件的应急监测，包括地表水、地下水、大气和土壤环境等的应急监测。

工作基础。

有关突发环境事件的事后调查、总结、评估的法定程序、主体、权利义务和法律责任的规定，可以具体参见 2014 年 12 月 15 日环境保护部制定的《突发环境事件调查处理办法》和 2015 年 3 月 19 日环境保护部制定的《突发环境事件应急管理办法》第五章的有关规定。

就突发环境事件的应急处置阶段污染损害评估工作和事件级别确定程序，具体可以根据 2013 年 8 月 2 日环境保护部发布的《突发环境事件应急处置阶段污染损害评估工作程序规定》。而有关生态损害的损害评估所涉及的工作程序、评估内容、评估方法和生态损害评估报告的编写等，也可以进一步参考环境保护部于 2014 年 12 月 31 日制定的《突发环境事件应急处置阶段环境损害评估推荐方法》。

法律与规范链接

▲ 必读法条

《环境保护法》第 47 条。

△ 延伸法条

《突发环境事件调查处理办法》；
《突发环境事件应急管理办法》；
《企业突发环境事件风险分级方法》；
《企业事件单位突发环境事件应急预案评审工作指南（试行）》；
《行政区域突发环境事件风险评估推荐方法》。

典型事例

A 江镉污染事件[1]

案情概述

2012 年 1 月 15 日，接到群众报告有死鱼后，B 市水产部门和环保部门当即采

〔1〕 参见《广西龙江镉污染事件》，载百度百科：http://baike.baidu.com/link? 最后访问日期：2016 年 9 月 8 日。

样，按照正常的鱼类死亡标准如水中的含氧量等各方面来检验，发现水质是合格的。第二天，有关部门重新再去取样做更全面的检验，才发现有重金属污染的迹象，当即把样送去自治区有关部门做进一步检测。2012年1月15日，沿A江B市C镇河段水质出现异常，B市环保局在调查中发现A江河拉浪电站坝首前200米处，镉含量超《地表水环境质量标准》Ⅲ类标准约80倍。同时，环保部门启动了应急预案，就对沿河的企业进行了排查，看有无污染的现象。2012年1月17日自治区的检验结果出来确认是污染后，2012年1月18日凌晨3点B市就已通报下游城市柳州，同时组织干部进入沿江村屯宣传，让村民不能再饮用受污染的水。因担心饮用水源遭到污染，处于下游的柳州市市民出现恐慌性屯水购水，超市内瓶装水被市民抢购。

柳州市自2012年1月18日凌晨接到B市通报后，市委、市政府高度重视，立即成立应急指挥部，启动饮用水水源污染事故应急预案Ⅲ级响应，采取多项措施确保市民饮用水安全。2012年1月24日，柳州市开始通过网络论坛、微博、传统媒体等多种渠道滚动公布水情监测结果，平息市民恐慌情绪。D州龙江河段发生重金属镉严重超标的水污染事件，直接危及下游沿江群众的饮水安全。连日来发生在B市境内A江河段的镉污染事件对下游沿岸地区造成重大影响，自治区2012年1月27日已启动突发环境事件Ⅱ级应急响应。

2012年2月1日下午，在B市A江河突发环境事件应急处置工作新闻发布会上，B市市长正式鞠躬道歉。2012年1月30日，自治区纪委、监察厅会同检察院、公安、环保、安监、国土等部门组成联合调查组，查处A江镉污染事件。2012年2月3日，由国家环保部、监察部组成的国务院工作组抵达柳州，将对镉污染事件展开调查。同日，A江河突发环境事件应急指挥部召开新闻发布会通报称，B市H材料厂存在非法生产、非法经营、违法排污行为，K公司冶化厂存在违法排污行为，两家企业与A江河污染事件有直接关系，分别违反了《环境影响评价法》《水污染防治法》等相关法律。截至2012年2月2日，司法机关已经对9名涉嫌违法排污的相关企业负责人依法刑事拘留。2012年2月3日，自治区官方在柳州市召开新闻发布会，通报A江河污染事件相关责任人处理情况，B市副市长等9名责任人被处理。

核心问题

突发环境污染事件应急管理的基本流程是什么？

简要评论

突发环境污染事件应急管理的主要程序和制度环节包括风险评估与控制、应急预案编制与管理、环境应急物资储备与保障、环境风险的应急监测与预警、应急响应、应急总结等环节。

知识点

政府有关职能部门和企事业单位必须依法开展突发环境事件应急管理。

延伸阅读

环境保护部环境应急指挥领导小组办公室:《环境应急管理概论》,中国环境科学出版社 2011 年版。

第3章　环境法律的内容体系

教学目标

识记和理解中国现行环境法律制度的内容体系；

重点理解中国环境污染防治法领域的重要环境法律制度；

通过自学等方式，进一步了解中国自然资源法领域、生态保护法领域、物质循环管理和节能法领域的主要法律制度。

推荐参考资料

1. 金瑞林主编:《环境法学》,北京大学出版社 2016 年版,第十一章至第三十章;
2. 汪劲:《环境法学》,北京大学出版社 2014 年版,第七章、第八章;
3. 周珂等主编:《环境法》,中国人民大学出版社 2013 年版,第二编、第三编;
4. 张璐主编:《环境与资源保护法学》,北京大学出版社 2015 年版,第九章、第十章。

本章知识结构

环境法律的内容体系
- 污染防治法
- 自然保护法
- 物质循环管理法和节能法

3.1　污染防治法

- 污染防治法
  - 大气污染防治法
  - 水污染防治法
  - 海洋环境保护法
  - 固体废物污染防治法
  - 土壤污染防治法
  - 环境噪声污染防治法
  - 放射性污染防治法
  - 其他污染防治法
    - 畜禽规模养殖污染防治条例
    - 农药污染防治

图3-1　污染防治法体系

知识要点

3.1.1　大气污染防治法

☆ 大气污染的概念

大气污染是指大气因某种物质的介入，导致其化学、物理、生物或者放射性等方面特性发生改变，从而影响大气的有效利用，危害人体健康或财产安全，以及破坏自然生态系统，造成大气质量恶化的现象。[1]

☆ 大气污染防治主要法律政策的历史发展

我国于1987年制定了《大气污染防治法》，其后经历了1995年《大气污染防治法》（修正）[2]、2000年《大气污染防治法》（修订）[3]、2015年《大气污染防治法》

[1] 汪劲：《环境法学》，北京大学出版社2014年版，第179页。

[2] 《全国人大常委会关于修改〈中华人民共和国大气污染防治法〉的决定（1995）》，载北大法宝数据库：http://www.pkulaw.cn/fulltext_form.aspx? Gid=12675，最后访问日期：2016年8月24日。

[3] 《全国人大法律委员会关于大气污染防治法（修订草案三次审议稿）和刑法第93条第2款的解释（草案二次审议稿）修改意见的书面报告（2000年4月28日）》，载全国人民代表大会网站：http://www.npc.gov.cn/npc/lfzt/rlys/2014-10/21/content_1889215.htm。

（修订）、2018 年《大气污染防治法》（修正）四次修改。我国大气污染防治领域主要法律政策的发展历程如图 3－2 所示。

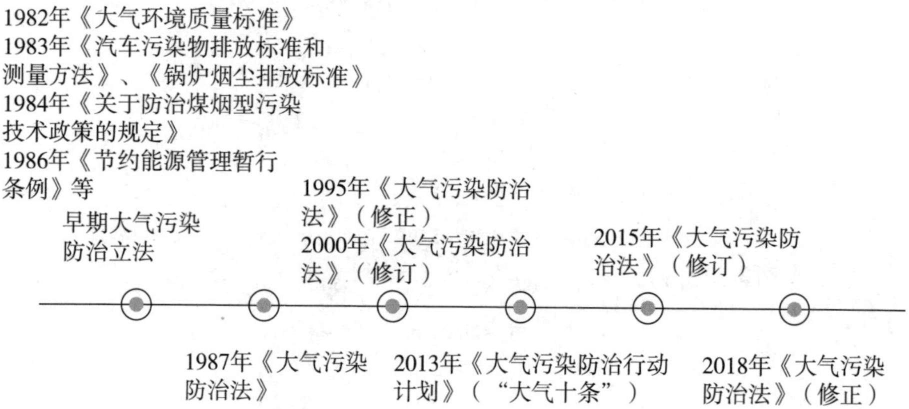

图 3－2　我国大气污染防治领域法制发展历程

大气污染防治主要法律制度：
- 城市大气环境质量限期达标规划制度
- 大气污染物总量控制制度
- 大气污染物排污权交易
- 大气环保约谈
- 机动车环保召回制度
- 重点区域大气污染联防联控制度
- 重点区域重污染天气监测预警机制

图 3－3　大气污染防治主要法律制度

★★ 城市大气环境质量限期达标规划制度

城市大气环境质量限期达标规划是指，未达到国家大气环境质量标准城市的人民政府，为按照国务院或者省级人民政府规定的期限达到大气环境质量标准而编制的大气环境质量限期达标规划。

《大气污染防治法》第 14～17 条对限期达标规划制度的有关内容作出了规定：第 14 条规定限期达标规划；第 15 条规定限期达标规划公开和备案；第 16 条规定限期达标规划执行情况向人大报告并向社会公开；第 17 条规定限期达标规划评估、修订。

★★ 重点大气污染物总量控制制度

《大气污染防治法》第 21 条规定，国家对重点大气污染物排放实行总量控制。

国家逐步推行重点大气污染物排污权交易。

重点污染物排放总量控制，简称总量控制，是将某一控制区域作为一个完整的系统，采取措施将排入这一区域的重点污染物总量控制在一定数量之内，以满足该区域的环境质量要求。总量控制是与污染物排放浓度控制相对应的一项环保管理制度。[1] 我国的总量控制探索始于20世纪70年代，新《大气污染防治法》将总量控制的区域范围扩展到全国，且省级人民政府可以根据本区域大气污染防治的实际情况决定对国家重点大气污染物之外的其他大气污染物排放实行总量控制。

★★ 大气污染物排污权交易

排污权交易是指在总量控制要求下，为促进环境资源高效配置，排污权以有偿方式在政府与排污单位及排污单位之间相互流转的活动。排污权是运用市场手段盘活总量指标、优化经济发展、促进企业珍惜环境资源、激励企业深度减排的机制。我国从2007年开始推进排污权有偿使用和交易试点，2014年8月国务院办公厅发布《关于进一步推进排污权有偿使用和交易试点工作的指导意见》，"意在发挥市场机制推进环境保护和污染物减排。"[2] 2015年财政部、国家发改委、原环境保护部联合发布《排污权出让收入管理暂行办法》，以健全环境资源有偿使用制度，发挥市场机制作用促进污染物减排。

美国1990年《清洁空气法修正案》中规定了二氧化硫总量控制和排污权交易制度；欧盟国家关于总量控制的实践也有较长时间，签订的条约较多。[3]

★ 大气环保约谈

大气环保约谈是指省级以上人民政府环境保护主管部门会同有关部门约见超过国家重点大气污染排放总量控制指标或者未完成国家下达的大气环境质量改善目标的地区人民政府主要负责人，依法进行告诫谈话、指出相关问题、提出整改要求并督促整改到位的一种行政措施。约谈是行政机关内部的监督手段，是预防和解决地方人民政府不作为、滥作为和违法行政的有效手段。2020年8月，生态环境部发布《生态环境部约谈办法》，对约谈的程序作出了规定，多省也出台环保约谈办

[1] 信春鹰主编：《中华人民共和国大气污染防治法释义》，法律出版社2015年版，第46~47页。

[2] 《国务院办公厅发布关于进一步推进排污权有偿使用和交易试点工作的指导意见》，载中华人民共和国中央人民政府网：http://www.gov.cn/zhengce/content/2014-08/25/content_9050.htm。

[3] 比如：1979年《长程越界空气污染公约》、1985年《赫尔辛基协议》、1988年《索非亚协议》、1991年《日内瓦协议》、1994年《奥斯陆协议》、1999年《哥德堡协议》。

法,如《山东省环境保护约谈办法》,使约谈制度逐步规范化。

★ 机动车环保召回制度

机动车和非道路移动机械的环境保护召回制度,简称**机动车环保召回制度,是指由生产、进口企业按照规定的程序,通过修理、更换、收回等方式消除其产品可能引起的超标排放缺陷,或者使其达到环境保护耐久性要求。**

《缺陷汽车产品召回管理条例》和《缺陷汽车产品召回管理条例实施办法》,其中并没有明确规定环保缺陷的认定及召回程序。《大气污染防治法》第58条规定,国家建立机动车和非道路移动机械环境保护召回制度。生产、进口企业获知机动车、非道路移动机械排放大气污染物超过标准,属于设计、生产缺陷或者不符合规定的环境保护耐久性要求的,应当召回;未召回的,由国务院质量监督部门会同国务院环境保护主管部门责令其召回。

机动车和非道路移动机械的环保召回一般需要满足以下几个方面的条件:一是被发现的存在相同环保缺陷的机动车和非道路移动机械应当达到一定的数量;二是机动车和非道路移动机械的环保缺陷必须发生在正常保养和使用的情况下;三是环保缺陷必须发生在规定的使用寿命内;四是排放超过国家规定的标准。召回后的维修费用由生产、进口企业承担。[1]

★★ 重点区域大气污染联防联控制度

为了治理区域大气污染,国务院办公厅2010年发布了环境保护部等八个部门联合制定的《关于推进大气污染联防联控工作改善区域空气质量的指导意见》。《环境保护法》第20条规定了跨区域环境治理法律规定中关于区域大气污染联防联控机制,《大气污染防治法》第五章专章规定"重点区域大气污染联合防治"。

《大气污染防治法》第五章为重点区域大气污染联合防治作出了框架性规定。该法第86条规定重点区域大气污染联防联控的一般性规定及重点区域的划定;第87条规定了联合防治行动计划;第88条规定了重点区域大气环境保护要求;第89条规定了重点区域环境影响评价会商;第91条规定了重点区域大气环境信息共享;第92条规定了重点区域环境执法。

美国和欧盟有较为成熟的关于区域大气污染联防联控实践经验。我国京津冀、长三角和珠三角等地区已经分别建立了区域大气污染防治协作机制,对该制度的实践作出有益尝试。

---

〔1〕 信春鹰主编:《中华人民共和国大气污染防治法释义》,法律出版社2015年版,第140~141页。

★★ 重点区域重污染天气监测预警机制

为了减少重污染天气造成的危害,《大气污染防治法》专门规定了第六章“重污染天气应对”。其中第93条规定了重点区域重污染天气监测预警机制。

《环境保护法》第47条和《大气污染防治行动计划》的有关规定为建立重点区域重污染天气监测预警机制提供了依据。该制度建立的目的是提高城市大气污染预警和应急响应能力,及时控制污染程度。

2016年2月,原环境保护部办公厅、中国气象局办公厅发布对北京市、天津市、河北省人民政府发布《关于统一京津冀城市重点污染天气预警分级标准强化重污染天气应对工作的函》(环办应急函[2016]225号)。

法律与规范链接

▲ 必读法条

《环境保护法》第18条、第20条;

《大气污染防治法》第14条、第15条、第21条、第22条、第28条、第30条、第51条、第58条、第64条、第123条,第五章、第六章。

△ 延伸法条和规范性文件

《环境保护法》第四章;

《环境影响评价法》;

《气象法》第34条、第38条;

《循环经济促进法》第21条、第30条、第33条、第46条、第55条;

《清洁生产促进法》;

《大气污染防治行动计划》;

《关于进一步推进排污权有偿使用和交易试点工作的指导意见》;

《排污权出让收入管理暂行办法》。

典型案例

全国首例大气污染公益诉讼案[1]

案情概述

7月20日上午，原告环保组织A诉被告企业B大气环境污染责任纠纷公益诉讼一案，由D市中级人民法院依法公开作出一审宣判。法院判决被告企业B赔偿因超标排放污染物造成的损失2198.36万元，用于D市大气环境质量修复，并在省级以上媒体向社会公开赔礼道歉。

核心问题

环保组织是否可以作为大气环境民事公益诉讼的原告？

简要评论

根据《民事诉讼法》第55条、《环境保护法》第58条和《最高人民法院关于审理环境民事公益诉讼案件适用法律若干问题的解释》的有关规定，本案中，原告环保组织A具有针对大气污染本身损害的环境民事公益诉讼的原告资格。

知识点

环保公益组织可以就大气环境本身的损害提起环境民事公益诉讼。

3.1.2　水污染防治法

☆ 水污染的概念

2008年修订的《水污染防治法》第91条第1款规定，水污染是指水体因某种物质的介入，而导致其化学、物理、生物或者放射性等方面特性的改变，从而影响水的有效利用，危害人体健康或者破坏生态环境，造成水质恶化的现象。

水体的污染源主要有两种来源形式：

(1)**“点源”，主要指工业污染源和生活污染源**，其中包括工业废水、城市生活污水等；

(2)**“面源”，主要指农村污水和灌溉水，此外还有因地质的溶解以及降水对大气的淋洗所导致水体的污染。**[2]

---

[1] 参见《我会提起诉讼的全国首例大气污染公益诉讼案宣判　企业赔偿2198万》，载中华环保联合会网站：http://www.acef.com.cn/news/lhhdt/2016/0721/19052.html。

[2] 参见汪劲：《环境法学》（第三版），北京大学出版社2014年版，第187～188页。

☆ 水污染防治主要法律政策的历史发展

我国水污染防治领域的主要法律、政策的历史发展过程可以简示如图3－4：

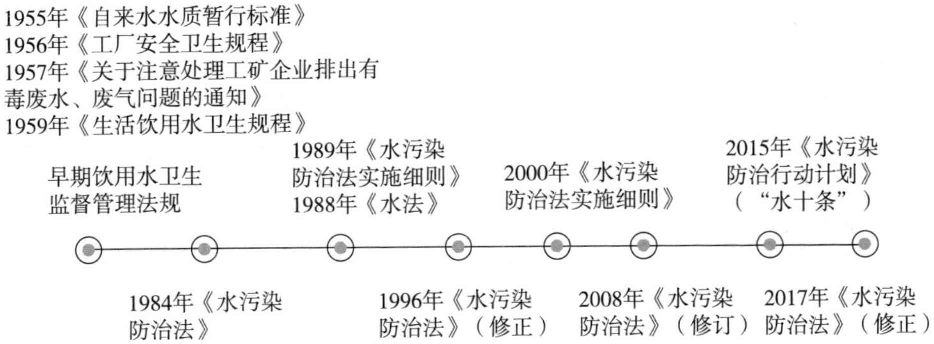

图3－4　我国水污染防治领域法制发展历程

水污染防治的主要法律制度
- 水污染防治规划制度
- 重点水污染物排放总量控制制度
- 水污染物排污许可制度
- 跨行政区水污染纠纷协商解决制度
- 饮用水水源保护区制度
- 河长制
- 流域环境资源承载能力及生态红线
- 国际航线船舶压载水
- 城镇污泥处置达标及去向登记

图3－5　水污染防治的主要法律制度

★ **水污染防治规划制度**

2017年《水污染防治法》第16条规定了水污染防治规划体系及其审批修改程序。这一规定与水法中"开发利用水资源和防治水害,应当按流域或者区域进行统一规划"的规定相一致。[1] 水污染防治法中有关水污染防治规划体系的规定最早是在1996年《水污染防治法》(修正)第10条第1款。[2]

---

〔1〕 1988年《中华人民共和国水法》第11条第1款,2002年《中华人民共和国水法》第14条第2款,2016年《中华人民共和国水法》第14条第2款均对此作出规定。

〔2〕《中华人民共和国水污染防治法》第10条第1款规定:"防治水污染应当按流域或者按区域进行统一规划。"

依照本条的规定，我国水污染防治规划体系分为以下四类：

(1)国家确定的重要江河、湖泊的流域水污染防治规划[1]；

(2)除国家确定的重要江河、湖泊外的其他跨省江河、湖泊的流域水污染防治规划；

(3)省、自治区、直辖市内跨省江河、湖泊的流域水污染防治规划；

(4)县级以上地方行政区域的水污染防治规划。不同的水污染防治规划，其制定、审批和修改程序也不同。[2]

★★ 重点水污染物排放总量控制制度

2017 年《水污染防治法》第 20 条规定了重点水污染物排放总量控制制度。**重点水污染物排放总量控制制度，是指在特定的时期内，综合经济、技术、社会等条件，采取通过向排污源分配水污染物排放量的形式，将一定空间范围内排污源产生的水污染物的数量控制在水环境容许限度内而实行的污染控制方式及其管理规范的总称。**[3]

我国的环境管理经历了从浓度控制到浓度和总量控制[4]相结合的转变。《水污染防治法》第 10 条规定，排放水污染物，不得超过国家或者地方规定的水污染物排放标准和重点水污染物排放总量控制指标。

同时，《水污染防治法》第 20 条第 5 款规定，对超过重点水污染物排放总量控

---

[1] 目前，经国务院批准的重要江河、湖泊的流域水污染防治规划已经有多个，如 2001 年《国务院关于太湖水污染防治“十五”计划的批复》(国函[2001]91 号)；2001 年《国务院关于三峡库区及其上游水污染防治规划的批复》(国函[2001]147 号)；2002 年《国务院关于巢湖流域水污染防治“十五”计划的批复》(国函[2002]118 号)；2003 年《国务院关于淮河流域水污染防治“十五”计划的批复》(国函[2003]5 号)；2003 年《国务院关于辽河流域水污染防治“十五”计划的批复》(国函[2003]13 号)；2003 年《国务院关于海河流域水污染防治“十五”计划的批复》(国函[2003]34 号)；2003 年《国务院关于滇池流域水污染防治“十五”计划的批复》(国函[2003]40 号)；2005 年《国务院关于同意建立三峡库区及其上游水污染防治部际联席会议制度的批复》(国函[2005]66 号)；2006 年《国务院关于丹江口库区及上游水污染防治和水土保持规划的批复》(国函[2006]10 号)；2006 年《国务院关于松花江流域水污染防治规划(2006—2010 年)的批复》(国函[2006]77 号)；2011 年《国务院关于全国地下水污染防治规划(2011—2020 年)的批复》(国函[2011]119 号)；2012 年《重点流域水污染防治规划(2011—2015 年》(环发[2012]58 号)；2017《重点流域水污染防治规划(2016—2020 年)》(环水体[2017]142 号)。

[2] 安建、黄健初主编：《中华人民共和国水污染防治法释义》，法律出版社 2008 年版，第 29 页。

[3] 同上注，第 38 页。

[4] 总量控制就是在对环境容纳污染物质以及有毒有害物质的全部数量予以定量化的基础上，对排污者的污染物排放进行定量控制的方法。它是建立在一定区域内的环境容量和污染物排放总量的基础上的。汪劲：《环境法学》，北京大学出版社 2014 年版，第 174 页。

制指标或未完成对环境质量改善目标的地区，省级以上人民政府环境保护主管部门应当会同有关部门约谈该地区人民政府的主要负责人，并暂停审批新增重点水污染物排放总量的建设项目的环境影响评价文件，约谈情况应当向社会公开。

★ 水污染物排污许可制度

排污许可制度，是指以污染物排放总量控制为基础，由政府主管部门对企业排污的种类、数量、性质、去向、方式等实行审查许可的制度。排污单位持有排污许可证方有权排污，同时必须按照许可证规定的范围和要求排污。《水污染防治法》第21条规定了排污许可制度。

《水污染防治法》第21条规定，排污许可的具体办法由国务院规定。排污许可的具体办法先后于2008年、2014年、2017年先后公开征求意见。最终2018年1月10日原环境保护部颁布《排污许可管理办法（试行）》规定排污证核发程序等内容，细化环保部门、排污单位和第三方机构的法律责任。2021年1月，国务院颁布《排污许可管理条例》，对排污许可的申请、审批、管理和监督等事项作出进一步规范。

★ 跨行政区水污染纠纷协商解决制度

《水污染防治法》第31条规定，跨行政区域的水污染纠纷，由有关地方人民政府协商解决，或者由其共同的上级人民政府协调解决。

协商解决是指不同行政区域之间的有关地方人民政府在发生水污染纠纷后，双方在资源的基础上，本着团结协作、互谅互让的精神，依照有关法律、行政法规的规定，直接进行磋商，自行解决水污染纠纷。协调解决由共同的上级人民政府主持，了解纠纷各方的立场，提出解决问题的办法。处于同一省（自治区、直辖市）内的各市（区）、县之间的水污染纠纷，由该省（自治区、直辖市）人民政府协调解决。各省（自治区、直辖市）之间的水污染纠纷，由国务院协调解决。[1]

★★ 饮用水水源保护区制度

《水污染防治法》第63条第1款规定，国家建立饮用水水源保护区制度。饮用水水源保护区是指国家为防止饮用水水源地污染、保证水源地环境质量而划定，并要求加以特殊保护的一定面积的水域和陆域。

2007年国家环境保护总局为贯彻《水污染防治法》和《水污染防治法实施细则》，防治饮用水水源地污染，保证饮用水安全，制定了《饮用水水源保护区划分技术规范》（HJ/T 338－2007）。2018年7月，环境保护部对《饮用水水源保护区划分

---

〔1〕 安建、黄健初主编：《中华人民共和国水污染防治法释义》，法律出版社2008年版，第58～59页。

技术规范》(HJ/T 338－2007)作出修订,以《饮用水水源保护区划分技术规范》(HJ 338－2018)代替《饮用水水源保护区划分技术规范》(HJ/T 338－2007)。修订后的标准规定了地表水饮用水水源保护区、地下水饮用水水源保护区划分基本方法、定界、饮用水水源保护区图件制作和饮用水水源保护区划分技术文件编制的技术要求。[1]

为了保护饮用水源保护区,《水污染防治法》第五章的其他条款对有关饮用水源保护区保护的具体措施作出了规定。

★★ 河长制

基于河湖管理保护工程的复杂性,一些地区积极探索河长制,河长制,由党政领导担任河长,依法依规落实地方主体责任,协调整合各方力量,有力促进了水资源保护、水域岸线管理、水污染防治、水环境治理等工作。[2] 2016年中共中央办公厅、国务院办公厅印发《关于全面推行河长制的意见》,2017年水利部办公厅发布《关于加强全面推行河长制工作制度建设的通知》要求抓紧制定并按期出台河长会议、信息共享、工作督察、考核问责和激励、验收等制度。2018年,水利部编制了《河长制湖长制管理信息系统建设指导意见》和《河长制湖长制管理信息系统建设技术指南》,以进一步推进和规范各地河长制湖长制管理信息系统建设。

鉴于河长制实践逐渐成熟,在《水污染防治法》草案二次审议过程中专门增加该内容。2017年《水污染防治法》第5条规定,省、市、县、乡建立河长制,分级分段组织领导本行政区域内江河、湖泊的水资源保护、水域岸线管理、水污染防治、水环境治理等工作。由党政领导担任河长,依法依规落实地方主体责任,协调整合各方力量,有力促进了水资源保护、水域岸线管理、水污染防治、水环境治理等工作。

★★ 流域环境资源承载能力及生态红线

《环境保护法》第18条和第29条分别规定了环境资源承载能力监测预警机制和生态红线制度。2017年《水污染防治法》第29条规定,国务院环境保护主管部门和省、自治区、直辖市人民政府环境保护主管部门应当会同同级有关部门根据流域生态环境功能需要,明确流域生态环境保护要求,组织开展流域环境资源承载能力监测、评价,实施流域环境资源承载能力预警。县级以上地方人民政府应当根据流

---

〔1〕《饮用水水源保护区划分技术规范》,载原中华人民共和国环境保护部网站:http://kjs.mep.gov.cn/hjbhbz/bzwb/shjbh/xgbzh/200701/W020070426286887711521.pdf,最后访问日期:2020年9月6日。

〔2〕中共中央办公厅、国务院办公厅印发《关于全面推行河长制的意见》。

域生态环境功能需要，组织开展江河、湖泊、湿地保护与修复，因地制宜建设人工湿地、水源涵养林、沿河沿湖植被缓冲带和隔离带等生态环境治理与保护工程，整治黑臭水体，提高流域环境资源承载能力。从事开发建设活动，应当采取有效措施，维护流域生态环境功能，严守生态保护红线。

★ 国际航线船舶压载水

国际航线船舶压载水有可能携带有害外来物种，造成外来物种入侵问题。因此，国际航线船舶压载水规制应当是水污染防治的一个重要问题。2017 年《水污染防治法》第 59 条第 5 款规定，进入中华人民共和国内河的国际航线船舶排放压载水的，应当采用压载水处理装置或者采取其他等效措施，对压载水进行灭活等处理。禁止排放不符合规定的船舶压载水。

★ 城镇污泥处置达标及去向登记

2013 年《城镇排水与污水处理条例》第 30 条规定，城镇污水处理设施维护运营单位或者污泥处理处置单位应当安全处理处置污泥，保证处理处置后的污泥符合国家有关标准，对产生的污泥以及处理处置后的污泥去向、用途、用量等进行跟踪、记录，并向城镇排水主管部门、环境保护主管部门报告。任何单位和个人不得擅自倾倒、堆放、丢弃、遗撒污泥。规范污泥处理，杜绝违法倾倒污泥造成二次污染是城镇污水处理机构的一项义务。因此，2017 年《水污染防治法》在第四章第三节专门规定了城镇污水集中处理单位的义务，即城镇污水集中处理设施的运营单位或者污泥处理处置单位应当安全处理处置污泥，保证处理处置后的污泥符合国家标准，并对污泥的去向等进行记录。

法律与规范链接

▲ 必读法条

《水污染防治法》第 7 条、第 9 条、第 15 条、第 18 条、第 20 条、第 24 条、第 56 条。

△ 延伸法条和规范性文件

《环境保护税法》；

《城镇排水与污水处理条例》；

《水污染防治行动计划》；

《排污许可管理办法(试行)》;

《排污许可管理条例》。

典型案例

S市S区X镇人民政府诉A某等水污染责任纠纷案[1]

案情概述

原告S市S区X镇人民政府(以下简称X镇政府)因与被告A某、B某、C公司、D公司、E公司发生水污染责任纠纷,向法院提起诉讼。

S市S区人民法院查明:被告C公司与被告D公司、E公司存有盐酸买卖关系,同时D公司、E公司委托C公司处理生产后产生的废酸,C公司委托没有取得危险废物经营许可证的被告A某从上述被告公司运输和处理废酸,A某从上述被告公司获得给予每车每吨一定金额的费用。2011年2月至3月,A某多次指派其雇用的驾驶员被告B某将从C公司收集的1车、从D公司收集的4车、从E公司收集的1车,共计六车废酸倾倒至X镇Y路H河桥南侧100米处西侧的雨水井中,导致废酸经雨水井流入H河,造成H河严重污染。

法院认为:

一、关于原告X镇政府的主体适格问题。

根据《S市河道管理条例》第5条第3款的规定,本案中原告X镇政府作为被污染镇管河道的主管单位,有权对污染河道进行治理,也有权作为原告主体进行诉讼,故原告的主体资格是适格的。

二、关于被告A某、B某应承担的责任问题。

A某以营利为目的,在没有取得危险废物经营许可证的情况下,指派其雇用的驾驶员B某将废酸倾倒至原告X镇政府境内通向H河的雨水井中,造成H河严重污染,其行为已构成违法,在其承担刑事责任的同时,还应当承担民事赔偿责任,故A某应当赔偿原告因治理污染而产生的经济损失887266元。

被告B某虽为被告A某雇用的驾驶员,但其对未经处理的废酸倾倒至雨水井

---

[1] 参见《上海市松江区叶榭镇人民政府诉蒋荣祥等水污染责任纠纷案》,载中国法院网:http://www.chinacourt.org/article/detail/2014/07/id/1329683.shtml,最后访问日期:2016年9月6日。

可能造成的危害后果应当具有明显的预见能力，其并未对此不法行为及时予以提醒或制止，而是盲目听从A某的指派，将废酸倒入雨水井中导致H河严重污染，因此，B某对于损害后果的发生具有重大过错，应当与其雇主A某承担连带赔偿责任。

三、关于被告C公司、D公司、E公司应承担的责任。

被告C公司、D公司、E公司在生产过程中所产生的废酸属于危险废物，依照《固体废物污染环境防治法》相关规定，上述三公司在处理该危险废物时均没有如实向当地环保主管部门申报危险废物的具体情况，亦未按照国家规定填写危险废物转移联单并取得有权审批的环保主管部门批准转移的同意，擅自处理生产过程中产生的废酸。其中D公司、E公司明知C公司不具备处理危险废物的经营资格而委托其处理废酸，C公司未尽审查义务，擅自将其公司以及D公司、E公司的废酸委托A某个人处理，使国家对上述三公司生产过程中产生的危险废物失去监管和控制，与此后A某指派被告B某将未经处理的废酸倒入雨水井而导致H河严重污染的行为之间有直接的因果关系，故C公司、D公司、E公司对本次污染事故具有重大过错，应当与A某承担连带赔偿责任。同时法院综合上述三公司运出倾倒在原告X镇政府境内的废酸数量及C公司在本次事故中所起的作用等因素酌情确定由D公司承担65%的赔偿责任，D公司承担20%的赔偿责任、E公司承担15%的赔偿责任。

核心问题

废酸等危险物品能否直接向水体排放？

本案中，被告C公司、D公司、E公司能否以非直接环境污染侵权人作为抗辩理由免除法律责任？

简要评论

《水污染防治法》第33条第1款规定，禁止向水体排放油类、酸液、碱液或者剧毒废液。废酸作为危险物品，直接排入水中会对水体造成严重污染，应当按照有关规定进行无害化处理。A某受C公司委托处理废酸，派人直接将其排入水中，严重污染了环境。其直接排污行为与C公司的委托行为之间存在内在必要的联系，C公司作为委托人具有对其经营资质进行审查的义务。《固体废物污染环境防治法》第80条规定，从事收集、贮存、利用、处置危险废物经营活动的单位，应当按照国家有关规定申请取得许可证。许可证的具体管理办法由国务院制定。禁止无许可证或者未按照许可证规定从事危险废物收集、贮存、利用、处置的经营活动。禁止将危险废物提供或者委托给无许可证的单位或者其他生产经营者从事收集、贮存、利用、处置活动。C公司未尽审查义务，存在重大错过，其委托行为与污染后果之间存在因果关系。此外，D公司、E公司和C公司之间存在盐酸买卖关系，且D公司和E公司明知C公司无经营资质仍委托其处理废酸，同样存在重大过错，其委托行为与污染后果之间亦存在因果关系。

《固体废物污染环境防治法》第5条规定，“固体废物污染环境防治坚持污染者担责的原则。”“产品的生产者、销售者、进口者、使用者对其产生的固体废物依法承担污染防治责任。”被告C公司、D公司和E公司虽非环境污染的直接侵权者，但三者的委托行为与废酸的倾倒、X镇H河的污染后果之间存在内在必然的联系。C公司、D公司和E公司作为危险废物的产生者，擅自委托不具有经营资质的单位处置危险废物，具有共同环境侵害行为，理应与废酸的实际处理者被告A承担连带赔偿责任。

知识点

擅自委托不具有危险废物经营资质的单位和个人处理危险废物的，存在重大过错，与污染后果之间存在内在必然的联系，不得以非直接侵权人为由免除法律责任，应与直接侵权行为人共同承担连带赔偿责任。

3.1.3　海洋环境保护法

☆ 海洋环境污染的概念

《海洋环境保护法》第94条第1款规定，海洋环境污染损害，是指直接或者间接地把物质或者能量引入海洋环境，产生损害海洋生物资源、危害人体健康、妨害渔业和海上其他合法活动、损害海水使用素质和减损环境质量等有害影响。

人为原因导致的海洋污染物的来源主要有三：

(1)陆地型污染源；

(2)海上型污染源；

(3)大气型污染源。[1]

---

〔1〕 陆地型污染源是指从陆地向海域排放污染物的场所、设施等，包括工厂直接入海的排污管道、混合入海排油管道、入海河流、沿海油田以及港口等；海上型污染源是指船舶或海上设施、海洋倾废等；大气型污染源是指大气降水或大气沉降使污染物进入海洋。参见汪劲：《环境法学》，北京大学出版社2014年版，第194页。

☆ **海洋污染防治主要法律渊源的历史发展**

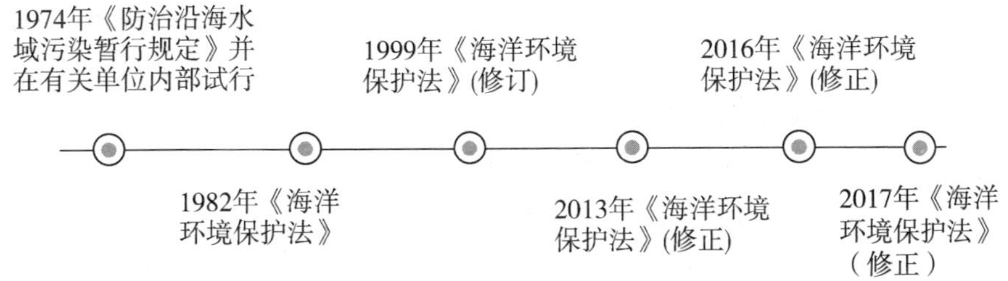

图 3－6　我国海洋环境保护领域法制发展历程

海洋环境保护的主要法律制度：
- 海洋功能区划制度
- 跨区域、跨部门的海洋环境保护工作政府协商制度
- 联合执法制度
- 防治陆源污染制度
- 防治海岸工程建设项目污染制度
- 防治海洋工程建设项目污染制度
- 防治倾倒废弃物污染制度
- 海洋生态保护补偿制度
- 重点海域污染物排放总量控制

图 3－7　海洋环境保护的主要法律制度

★ **海洋功能区划制度**

《海洋环境保护法》第 7 条规定，国家海洋行政主管部门会同国务院有关部门和沿海省、自治区、直辖市人民政府根据全国海洋主体功能区规划，拟定全国海洋功能区划，报国务院批准。沿海地方各级人民政府应当根据全国和地方海洋功能区划，保护和科学合理地使用海域。

海洋功能区是指根据海洋的自然资源条件、环境状况和地理位置，并考虑到海洋开发利用现状和社会经济发展需求所指定的，具有特定主导功能，有利于资源的合理开发利用，能够发挥最佳效益的区域。[1]《海洋环境保护法》第 94 条第 4 款规定，海洋功能区划是指依据海洋自然属性和社会属性，以及自然资源和环境特定条件，界定海洋利用的主导功能和使用范畴。

---

〔1〕 张皓若、卞耀武主编：《中华人民共和国海洋环境保护法释义》，法律出版社 2000 年版，第 16 页。

★ 跨区域、跨部门的海洋环境保护工作政府协商制度

《海洋环境保护法》第9条规定，跨区域的海洋环境保护工作，由有关沿海地方人民政府协商解决，或者由上级人民政府协调解决。跨部门的重大海洋环境保护工作，由国务院环境保护行政主管部门协调；协调未能解决的，由国务院作出决定。

跨区域的海洋环境保护工作是指处在同一海域内的相邻各省、自治区、直辖市之间，或者同一省（自治区、直辖市）内的各市（区）、县之间，共同承担的同一海域的环境保护工作；或者某一项海洋环境保护工作，需要两个以上沿海不同地方共同承担，方能完成。跨部门的重大海洋环境保护工作是指在某一特定海域内发生的，由几个部门共同参加的重大海洋环境保护工作。[1]

★ 联合执法

《海洋环境保护法》第19条第1款规定，依照本法规定行使海洋环境监督管理权的部门可以在海上实行联合执法，在巡航监视中发现海上污染事故或者违反该法规定的行为时，应当予以制止并调查取证，必要时有权采取有效措施，防止污染事态的扩大，并报告有关主管部门处理。

由于在海上发现污染事故的部门，可能不是依据《海洋环境保护法》第5条规定的具有管辖权的海洋环境监督管理部门，但为了及时控制污染损害的扩大，避免责任者逃逸，依照该法规定行使海洋环境监督管理权的任何一个部门，都有权行使紧急管理权，以保护海洋环境，维护国家利益。[2]

★ 防治陆源污染

陆地污染源简称陆源，是指从陆地向海域排放污染物，造成或者可能造成海洋海洋污染损害的场所、设施等。陆源污染物是指由陆源排放的污染物。[3]

《海洋环境保护法》第四章对防治陆源污染的内容作出规定。该法从入海排污口设置和禁限措施两方面对防治陆源污染物对海洋环境的污染损害作出规定。[4]其中，禁止性义务规范主要包括：禁止向海域排放油类、酸液、碱液、剧毒废液和高、

---

〔1〕 张皓若、卞耀武主编：《中华人民共和国海洋环境保护法释义》，法律出版社2000年版，第18～19页。

〔2〕 这一条的规定是根据在我国目前海洋环境管理的实际情况和海上执法队伍建设的现实情况作出的，经论证，决定分步实现海上统一执法，先实行联合执法，逐步过渡到统一执法。

〔3〕 参见国务院1990年发布的《中华人民共和国防治陆源污染物污染损害海洋环境管理条例》第2条。

〔4〕 汪劲：《环境法学》（第三版），北京大学出版社2014年版，第196页。

中水平放射性废水，以及禁止经中华人民共和国内水、领海转移危险废物。[1] 限制性义务规范主要是对直接或者间接向海域排放各类污染物所作出的限制性规定。[2]

为履行《联合国海洋法公约》有关防止大气污染物造成海洋污染的义务[3]，《海洋环境保护法》特别规定，国家采取必要措施，防止、减少和控制来自大气层或者通过大气层造成的海洋环境污染损害。

★ 防治海岸工程建设项目污染

海岸工程是指位于海岸或与海岸相邻，需要利用海洋完成其部分或全部功能的建设工程。[4] 海岸工程建设项目，是指位于海岸或者与海岸连接工程主体位于海岸线的陆一侧，对海洋环境产生影响的新建、改建、扩建工程项目。[5]

《海洋环境保护法》第五章对防治海岸工程建设项目污染的内容作出规定。国务院1990年制定、2007年修订和2018年修订的《防治海岸工程建设项目污染损害海洋环境管理条例》对防治海岸工程建设项目污染作出了更加详细的规定。

★ 防治海洋工程建设项目污染

《海洋环境保护法》第六章对防治海洋工程建设项目污染的内容作出规定。国务院2018年修订的《防治海洋工程建设项目污染损害海洋环境管理条例》对防治海洋工程建设项目污染的内容作出更加细致的规定。此外，由于海上石油勘探是一项重要的海洋工程建设项目，国务院1983年颁布的《海洋石油勘探开发环境保护管理条例》对海洋石油勘探开发活动中的海洋污染防治作出规定。

★ 防治倾倒废弃物污染

《海洋环境保护法》第七章对防治倾倒废弃物污染的内容作出规定。"倾倒"，是指利用船舶、航空器、平台及其他载运工具，向海洋处置废弃物和其他物质；向海洋弃置船舶、航空器、平台和其他海上人工构造物，以及向海洋处置由于海底矿物资源的勘探开发及与勘探开发相关的海上加工的废弃物和其他物质。"倾倒"不包

---

[1] 《海洋环境保护法》第33条第1款规定，禁止向海域排放油类、酸液、碱液、剧毒废液和高、中水平放射性废水。《海洋环境保护法》第39条第1款规定，禁止经中华人民共和国内水、领海转移危险废物。

[2] 《海洋环境保护法》第33条第2款、第3款，第34～38条。

[3] 《联合国海洋法公约》第212条规定，各国为防止、减少和控制来自大气层或通过大气层的海洋环境污染，应制定法律和规章，并应采取必要的措施，防止这种污染。

[4] 汪劲：《环境法学》（第三版），北京大学出版社2014年版，第198页。

[5] 《中华人民共和国防治海岸工程建设项目污染损害海洋环境管理条例》第2条。

括船舶、航空器及其他载运工具和设施正常操作产生的废弃物的排放。[1]

有关防治倾倒废弃物污染,《海洋环境保护法》的主要内容包括海洋倾倒许可、海洋倾倒区的设置和海洋倾废管制三个方面。[2]

2017 年修订的《海洋倾废管理条例》对防治倾倒废弃物污染作出更加细致的规定。

☆ **海洋生态保护补偿制度**

依照《海洋环境保护法》第 24 条的规定,国家建立健全海洋生态保护补偿制度。开发利用海洋资源,应当根据海洋功能区划合理布局,严格遵守生态保护红线,不得造成海洋环境破坏。

新增加的这个条款是《环境保护法》第 31 条所规定的"生态保护补偿制度"在《海洋环境保护法》中的具体体现。

☆ **重点海域污染物排放总量控制**

依照《海洋环境保护法》第 11 条第 2 款、第 3 款的规定,排污单位在执行国家和地方水污染物排放标准的同时,应当遵守分解落实到本单位的主要污染物排放总量控制指标。对超过主要污染物排海总量控制指标的重点海域和未完成海洋环境保护目标、任务的海域,省级以上人民政府环境保护行政主管部门、海洋行政主管部门,根据职责分工暂停审批新增相应种类污染物排放总量的建设项目环境影响报告书(表)。

这一条不仅增加了重点海域污染物排放总量控制,并且规定了与之匹配的"区域限批"制度。新增加的这两个条款是《环境保护法》第 44 条在《海洋环境保护法》中的具体化。

法律与规范链接

▲ 必读法条

《海洋环境保护法》第 7 ~ 10 条、第 12 条、第 32 条、第 39 条、第 55 条、第 57 条、第 66 条。

---

[1] 《中华人民共和国海洋倾废管理条例》第 2 条。

[2] 金瑞林主编:《环境法学》,北京大学出版社 2016 年版,第 178 ~ 179 页。

△ **延伸法条**

《环境保护法》第34条；

《海洋生态损害国家损失索赔办法》；

《海洋石油勘探开发环境保护管理条例》。

典型案例

A公司溢油事件公益诉讼案件[1]

案情概述

2011年6月至9月，S油田发生重大溢油事故，总溢油量可能达到7070吨，污染海域6200平方公里。事故给S海洋生态环境和生物资源造成严重危害，给周边三省的渔民造成重大损失。

2011年，有律师尝试以个人名义发起针对溢油事故的民事索赔诉讼，诉讼请求包括两被告成立100亿元的赔偿基金等，该诉讼未能立案。

2012年，国家海洋局与A公司、B公司签订《海洋生态损害赔偿补偿协议》，后者分别就渔业损失和海洋生态损失赔偿13.5亿元和16.83亿元。

2013年，H市一家律师事务所接受渔民的委托，向法院提起索赔诉讼，但两地法院迟迟不立案。2015年6月，有养殖户和渔民再次起诉两被告，要求赔偿直接经济损失等。

2013年，因为国家海洋局作出A公司复产的批复决定，中华环保联合会委托的律师对国家海洋局提起行政诉讼，要求确认国家海洋局批复A公司复产的决定违法，该行政公益诉讼被法院驳回，理由是原告不具有起诉主体资格。

2014年年末，21名养殖户诉A公司、B公司海上污染损害责任纠纷一案，H海事法院于2015年10月30日依法作出判决，判令被告A公司对21名原告承担168万余元赔偿责任。渔民因对赔偿金额不满提起上诉，目前二审正在审理中。

中国生物多样性保护与绿色发展基金会在2016年6月以A公司与B公司两家公司为被告，向L海事法院提起公益诉讼并成功立案。

---

[1] 参见《“康菲溢油”重大事故环境公益诉讼首立案》，载搜狐财经：http://business.sohu.com/20150726/n417534523.shtml。

核心问题

本案中,海洋污染所致损害赔偿之诉的诉讼主体。

简要评论

A公司漏油事件自发生以来,相关个人和单位曾纷纷提起损害赔偿诉讼,但大都未能立案。该案的诉讼主体问题饱受争议。

《民事诉讼法》第119条规定:“起诉必须符合下列条件:(一)原告是与本案有直接利害关系的公民、法人和其他组织;(二)有明确的被告;(三)有具体的诉讼请求和事实、理由;(四)属于人民法院受理民事诉讼的范围和受诉人民法院管辖。”因此,该事件中直接受损的渔民均有权提起损害赔偿诉讼,但渔民个人力量薄弱,在取证和诉讼方面始终处于弱势。

《海洋环境保护法》第89条第2款规定,“对破坏海洋生态、海洋水产资源、海洋保护区,给国家造成重大损失的,由依照该法规定行使海洋环境监督管理权的部门代表国家对责任者提出损害赔偿要求。”国家海洋局行政机关对此可以借助行政力量要求A公司接受调查,并对其做出限期治理、罚款等行政处罚;同时也可以代表国家向A公司提起损害赔偿诉讼,但难以保护案件的直接受害者渔民们的合法权益。

《民事诉讼法》第55条规定,“对污染环境、侵害众多消费者合法权益等损害社会公共利益的行为,法律规定的机关和有关组织可以向人民法院提起诉讼。”新修订的《环境保护法》第58条对公益诉讼提起主体进行了细化规定:“依法在设区的市级以上人民政府民政部门登记、专门从事环境保护公益活动五年以上且没有违法记录的社会组织,可以对污染环境、破坏生态,损害社会公共利益的行为向人民法院提起诉讼。”2015年6月,中国生物多样性保护与绿色发展基金会成功对A公司提起环境公益诉讼,虽未提出具体的索赔数额,但对公益诉讼制度的规范化来说具有重大的意义。新环保法出台前,很多人支持直接赋予公民诉权,成为环境公益诉讼的提起主体,但第58条的规定对其作出了限制。环境公益诉讼除了解决提起主体问题,还有证明责任分配等一系列问题需要研究。当前的法律规定较为原则化,“立案难、举证难、胜诉难、执行难”四难仍然存在。

知识点

公益诉讼的提起更有利于对海洋生态(环境)的保护。

3.1.4　固体废物污染防治法

☆ 固体废物的概念

《固体废物污染环境防治法》第124条第1项规定，**固体废物，是指在生产、生活和其他活动中产生的丧失原有利用价值或者虽未丧失利用价值但被抛弃或者放弃的固态、半固态和置于容器中的气态的物品、物质以及法律、行政法规规定纳入固体废物管理的物品、物质。经无害化加工处理，并且符合强制性国家产品质量标准，不会危害公众健康和生态安全，或者根据固体废物鉴别标准和鉴别程序认定为不属于固体废物的除外。**

我国《固体废物污染环境防治法》所要防治的固体废物包括：

(1)工业固体废物；

(2)生活垃圾；

(3)建筑垃圾、农业固体废物等；

(4)危险废物。[1]

固体废物污染是指因对固体废物的处置不当而使其进入环境，从而导致危害人体健康或财产安全，以及破坏自然生态系统、造成环境质量恶化的现象。[2]

☆ 固体废物污染防治的主要法律渊源的历史发展

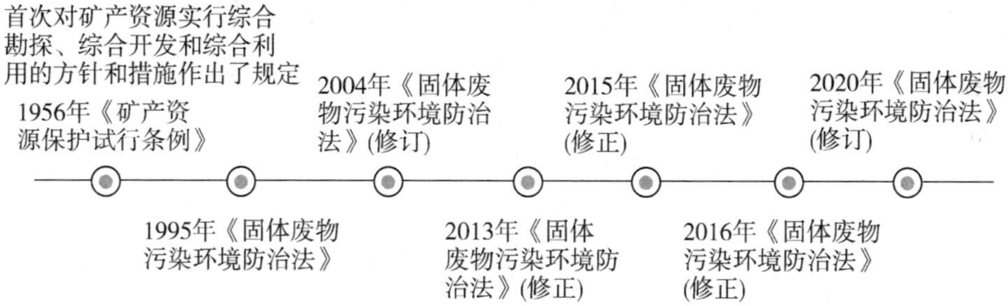

图3-8　固体废物污染防治的法制发展历程

---

〔1〕《固体废物污染环境防治法》第124条规定，工业固体废物，是指在工业生产活动中产生的固体废物。生活垃圾，是指在日常生活中或者为日常生活提供服务的活动中产生的固体废物以及法律、行政法规规定视为生活垃圾的固体废物。建筑垃圾，是指建设单位、施工单位新建、改建、扩建和拆除各类建筑物、构筑物、管网等，以及居民装饰装修房屋过程中产生的弃土、弃料和其他固体废物。农业固体废物，是指在农业生产活动中产生的固体废物。危险废物，是指列入国家危险废物名录或者根据国家规定的危险废物鉴别标准和鉴别方法认定的具有危险特性的固体废物。

〔2〕周珂等主编：《环境法》，中国人民大学出版社2013年版，第171页。

固体废物污染防治的主要法律制度
- 固体废物的减量化、资源化和无害化管理
- 固体废物污染环境的全过程管理
- 工业固体废物的管理
- 生活垃圾的管理
- 建筑垃圾的管理
- 农业固体废物的管理
- 国家危险废物名录制
  - 危险废物名录、鉴别和识别标志制度
  - 危险废物经营许可制度
  - 危险废物转移管制制度

图 3－9 固体废物污染防治的主要法律制度

★ 固体废物的减量化、资源化和无害化管理

《固体废物污染环境防治法》第 4 条第 1 款规定，固体废物污染环境防治坚持减量化、资源化和无害化的原则。

（1）减量化是指在对资源能源的利用过程中，要最大限度地利用并尽可能地减少固体废物的产生量以及减低其危害性。

（2）资源化是指对已成为固体废物的各种物质，要回收、加工使其转化成为二次原料或能源以再利用。

（3）无害化是指那些不能再利用，或依靠当前技术水平无法再利用的固体废物，要妥善贮存[1]或处置[2]，使其不对环境以及人身、财产造成危害。

★ 固体废物污染环境的全过程管理

对**固体废物**实行的**全过程管理**，是防治固体废物污染环境的一项实体和程序相结合的原则。它**是指对固体废物从产生、收集、贮存、运输、利用直到最终处置的全部过程实行一体化的管理**。现行法律主要规定了产生、收集、贮存、运输、利用、处置固体废物者的义务，以防止或者减少固体废物对环境的污染。

☆ 工业固体废物的管理

《固体废物污染环境防治法》第 124 条第 2 项规定，工业固体废物，是指在工业生产活动中产生的固体废物。对于工业固体废物的管理除了使用污染防治的一般制度以外，依照《固体废物污染环境防治法》的规定，还实行以下四种措施：

---

〔1〕《固体废物污染环境防治法》第 124 条第 7 项规定，贮存是指将固体废物临时置于特定设施或者场所中的活动。

〔2〕《固体废物污染环境防治法》第 124 条第 9 项规定，处置是指将固体废物焚烧和用其他改变固体废物的物理、化学、生物特性的方法，达到减少已产生的固体废物数量、缩小固体废物体积、减少或者消除其危险成分的活动，或者将固体废物最终置于符合环境保护规定要求的填埋场的活动。

(1)落后生产工艺和设备限期淘汰制度；

(2)产生工业固废的单位建立、健全污染环境防治责任制[1]；

(3)产生工业固废的单位终止或变更后的污染防治责任。

★ **国家危险废物名录制**

《固体废物污染环境防治法》第124条第6项规定，**危险废物，是指列入国家危险废物名录或者根据国家规定的危险废物鉴别标准和鉴别方法认定的具有危险特性的固体废物。**

对于危险废物污染环境的防治，除适用《固体废物污染环境防治法》的一般规定以外，还要执行以下的特别规定：

(1)实行国家危险废物名录、鉴别和识别标志制度[2]

危险废物名录管理是指对危险废物按照危险性质进行分类并按种类、名称汇集，制定目录，予以公布实施的管理措施，凡列入名录的废物，即属于应予以严格控制和重点管理的危险废物，亦被称为“废物清单”或“危险废物黑名单”。[3]

危险废物鉴别是指根据规定的标准、方法和规范，对固体废物的性质进行分析、测试，以确定某种废物是否属于危险废物。[4] 为规范危险废物的鉴别，原国家环保总局颁布了一系列标准。[5]

危险废物识别标志制度是指用文字、图像、色彩等综合形式，表明危险废物的危险特性，以便于识别和分类管制的制度。设置统一的危险废物识别标志有利于方便和严格管制危险废物，这也是国际通行的做法，我国已加入的《巴塞尔公约》中明确要求设置危险废物识别标志。[6] 《环境保护标志—固体废物贮存(处置)场》

---

[1] 工业固体废物污染环境防治责任制，是指按照工业固体废物产生、利用、处置等情况和防治环境污染的客观要求，将污染防治责任层层分解，落实到具体的单位或个人，充分发挥各有关单位和个人的作用，共同做好工业固体废物污染环境防治工作。这是污染者依法负责原则的具体体现。黄健初主编：《中华人民共和国固体废物污染环境防治法释义》，法律出版社2005年版，第88页。

[2] 《固体废物污染环境防治法》第75条。

[3] 黄健初主编：《中华人民共和国固体废物污染环境防治法释义》，法律出版社2005年版，第148页。

[4] 同上注，第150页。

[5] 《危险废物鉴别技术规范》(HJ/T 298－2019)；《危险废物鉴别标准　通则》(GB 5085.7－2007)；《危险废物鉴别标准　腐蚀性鉴别》(GB 5085.1－2007)；《危险废物鉴别标准　急性毒性初筛》(GB 5085.2－2007)；《危险废物鉴别标准　浸出毒性鉴别》(GB 5085.3－2007)；《危险废物鉴别标准　易燃性鉴别》(GB 5085.4－2007)；《危险废物鉴别标准　反应性鉴别》(GB 5085.5－2007)；《危险废物鉴别标准　毒性物质含量鉴别》(GB 5085.6－2007)。

[6] 黄健初主编：《中华人民共和国固体废物污染环境防治法释义》，法律出版社2005年版，第152～153页。

(GB15562.2－1995)中有关于危险废物识别标志的规定。[1]

(2)实行危险废物经营许可制度

《固体废物污染环境防治法》第80条规定了危险废物经营许可证。实行危险废物经营许可证制度的目的是确保危险废物收集、贮存、利用、处置的无害化和安全。[2] 依照《危险废物经营许可证管理办法》的规定,我国危险废物许可证只适用于危险废物的收集、贮存、利用、处置这几个重点环节,而不是全面、全过程展开,这体现了"重点环节控制"的指导原则。同时,危险废物经营许可证按照经营方式,分为危险废物收集、贮存、处置综合经营许可证和危险废物收集经营许可证。[3]

(3)实行危险废物转移管制制度

危险废物的转移是指将危险废物从产生源转移至产生源以外的地方,而不是指在危险废物产生源内变动危险废物的堆放场地的活动。[4] 从广义上讲,对危险废物转移的管制制度分为两种:一种是危险废物的境内转移管制制度,另一种是危险废物的过境转移管制制度。

《固体废物污染环境防治法》第82条规定了危险废物的境内转移管制制度。从各国的经验来看,对危险废物转移的管制措施主要是实行转移联单及报告制度[5]。《固体废物污染环境防治法》第89条规定禁止经中华人民共和国过境转移危险废物。这一规定的主要目的是防止危险废物过境转移过程中发生污染事故。本条规定的内容与我国已经加入的《巴塞尔公约》的要求和规定是一致的,符合国际环境保护公约的基本准则和法律规定。[6]

---

[1] 《环境保护图形标志—固体废物贮存(处置)场》(GB15562.2－1995),载中华人民共和国环境保护部官方网站:http://www.zhb.gov.cn/gkml/hbb/bgth/201504/W020150414537517921323.pdf,最后访问日期:2016年9月6日。

[2] 发达国家的法律中不乏实行危险废物经营许可的制度的规定,如美国的《资源保护和回收法》、德国的《促进物质闭路循环式废物管理和确保环境相容式废物处置法》、日本的《废弃物处理和清扫法》等。

[3] 《危险废物经营许可证管理办法》第2条和第3条。除此之外,国务院2004年颁布、2016年修订的《危险废物经营许可证管理办法》对于危险废物经营许可证的申请条件、程序、监督管理和法律责任均作出了相应规定。

[4] 黄健初主编:《中华人民共和国固体废物污染环境防治法释义》,法律出版社2005年版,第188页。

[5] 转移联单制度,又称转移报告单或危险废物;流向报告单制度,是指在进行危险废物转移时,其转移者、运输者和接收者,不论各环节涉及者数量多寡,均应按照国家规定的统一格式、条件和要求,对所交接、运输的危险废物如实进行转移报告单的填报登记,并按程序和期限向有关环境保护行政主管部门报告。黄健初主编:《中华人民共和国固体废物污染环境防治法释义》,法律出版社2005年版,第189页。

[6] 黄健初主编:《中华人民共和国固体废物污染环境防治法释义》,法律出版社2005年版,第201页。

法律与规范链接

▲ 必读法条

《固体废物污染环境防治法》第5条、第22条、第24条、第33条、第36条、第75条、第80条。

△ 延伸法条

《医疗废物管理条例》；

《危险废物经营许可证管理办法》；

《废弃电器电子产品回收处理管理条例》；

《放射性废物安全管理条例》；

《电子废物污染环境防治管理办法》；

《废弃电器电子产品处理资格许可管理办法》；

《国家危险废物名录》(2021年版)。

典型案例

A某与B公司固体废物污染责任纠纷[1]

案情概述

原告为S区S村村民，被告矿区位于S村村西。原告所有的1.1亩流转承包地位于矿区东南约400米左右，该承包土地内栽种有核桃树苗，该区域内有一河道流经矿区蜿蜒至东南方向从原告的承包地南侧流过。2011年1月26日，S区环境保护局下发《关于B公司建设项目竣工环保验收的批复》(以下简称环保验收批复)。依据该批复，被告的石英砂岩开采项目，主要污染物为废气、噪声等，经监测达到《建设项目环境影响报告的批复》中要求的排放标准，符合《建设项目竣工环境保护验收管理办法》第16条规定的验收条件。

上述事实，有被告提交的采矿许可证、环保验收批复、本院2015年10月19日

[1] 参见《高玉国与北京市琉璃河水泥有限公司高庄砂岩矿固体废物污染责任纠纷一审民事判决书》，载北大法宝：http://www.pkulaw.cn/case/pfnl_1970324863846584.html，最后访问日期：2016年9月15日。

勘验笔录、示意图及双方当事人陈述等证据在案佐证。以上证据经庭审质证及本院审查核实,可以作为认定案件事实的依据。

本院认为:当事人对自己提出的诉讼请求所依据的事实有责任提供证据加以证明。没有证据或者证据不足以证明当事人的事实主张的,由负有举证责任的当事人承担不利后果。原告主张因被告采矿未采取有效措施防止水土流失,同时向排水沟内倾倒渣土和垃圾,导致排水沟淤积大量杂物,2012 年 7 月 21 日大量雨水引发洪水,原告在承包地种植的农作物受到损害,要求被告赔偿损失。原告应当提供证据对被告存在造成水土流失以及向排水沟内倾倒渣土和垃圾的行为提供证据加以证明。2012 年 7 月 21 日雨水引发洪水距今已达三年之久,损害现场已不存在。依据原告提供的现有证据和本院现场勘验的情况,不能证明原告主张的上述事实。同时,原告也未提供充分证据证明其损失的情况。综上,原告的证据不足以证明其主张成立,其诉讼请求缺乏事实依据,本院不予支持。依据《最高人民法院关于民事诉讼证据的若干规定》第 2 条的规定,判决如下:

驳回原告 A 某的诉讼请求。

核心问题

环境污染侵权案件中举证责任如何分配?

简要评论

《民法典》第 1230 条规定:"因污染环境、破坏生态发生纠纷,行为人应当就法律规定的不承担责任或者减轻责任的情形及其行为与损害之间不存在因果关系承担举证责任。"该条是关于环境污染案件中因果关系推定原则的规定,即污染者需证明其行为与危害结果之间没有因果关系,否则就推定因果关系成立。本案中,被告举出采矿许可证、环保验收批复等证据佐证其行为与原告的损失无因果关系,无须承担责任,且 2013 年现场勘验结果也明确表明无因果关系存在。

原告未能举证其损害事实与被告存在因果关系及其实际损失数额,依据《最高人民法院关于适用〈中华人民共和国民事诉讼法〉的解释》第 90 条规定,'当事人对自己提出的诉讼请求所依据的事实或者反驳对方诉讼请求所依据的事实,应当提供证据加以证明,但法律另有规定的除外。在作出判决前,当事人未能提供证据或者证据不足以证明其事实主张的,由负有举证责任的当事人承担不利后果。"因此,本案难以认定被告对原告造成侵权。

知识点

环境污染案件中的举证责任倒置只适用于因果关系的认定问题,即由被告举证证明损害结果与自己的行为不存在因果关系。原告仍需对其损害事实和损害后果承担举证责任。

3.1.5 其他污染防治法

- 其他污染防治的主要法律制度
  - 放射性污染防治的基本制度
    - 放射性标识与警示说明义务
    - 对含有放射性物质产品的要求
  - 环境噪声污染防治的主要法律制度
    - 环境噪声排放申报登记制度
    - 环境噪声排放标准
  - 畜禽养殖污染防治的主要法律制度
    - 畜禽养殖场禁区制度
    - 畜禽养殖优惠政策
  - 农村污染防治的主要法律制度
    - 农药登记管理制度
    - 农药生产管理制度

图3-10 其他污染防治的主要法律制度

3.1.5.1 放射性污染防治的基本制度

☆ 放射性标识与警示说明义务

《放射性污染防治法》第16条规定,放射性物质和射线装置应当设置明显的放射性标识和中文警示说明。生产、销售、使用、贮存、处置放射性物质和射线装置的场所,以及运输放射性物质和含放射源的射线装置的工具,应当设置明显的放射性标志。

《电离辐射防护及辐射源安全基本标准》(GB18871-2002)[1]对放射性位置标识和警示标志及其设置要求作出了规定。

☆ 对含有放射性物质产品的要求

《放射性污染防治法》第17条规定,含有放射性物质的产品,应当符合国家放射性污染防治标准;不符合国家放射性污染防治标准的,不得出厂和销售。使用伴生放射性矿渣和含有天然放射件物质的石材做建筑和装修材料,应当符合国家建筑材料放射性核素控制标准。

---

〔1〕《电离辐射防护及辐射源安全基本标准》,载中华人民共和国国家卫生和计划生育委员会官方网站:http://www.moh.gov.cn/ewebeditor/uploadfile/2014/10/20141029114110307.pdf。

3.1.5.2 环境噪声污染防治的主要法律制度

☆ 环境噪声的概念

《环境噪声污染防治法》第2条规定，环境噪声，是指在工业生产、建筑施工、交通运输和社会生活中所产生的干扰周围生活环境的声音。

环境噪声污染，是指所产生的环境噪声超过国家规定的环境噪声排放标准，并干扰他人正常生活、工作和学习的现象。

☆ 环境噪声排放申报登记制度

《环境噪声污染防治法》第24条规定，在工业生产中因使用固定的设备造成环境噪声污染的工业企业，必须按照国务院环境保护行政主管部门的规定，向所在地的县级以上地方人民政府环境保护行政主管部门申报拥有的造成环境噪声污染的设备的种类、数量以及在正常作业条件下所发出的噪声值和防治环境噪声污染的设施情况，并提供防治噪声污染的技术资料。造成环境噪声污染的设备的种类、数量、噪声值和防治设施有重大改变的，必须及时申报，并采取应有的防治措施。

★ 环境噪声排放标准

环境噪声排放标准是指由国务院环境保护主管部门根据国家声环境质量标准和国家经济、技术条件，对噪声源向周围环境排放噪声所作的最高限制。依照《环境噪声污染防治法》的规定，国务院环境保护行政主管部门是环境噪声排放标准的制定主体。并且该法还从工业噪声污染、建设施工噪声污染、社会生活噪声污染等三方面对环境噪声排放标准作出规定。

3.1.5.3 畜禽养殖污染防治的主要法律制度

★ 畜禽养殖场禁区制度[1]

《畜禽规模养殖污染防治条例》第11条规定，禁止在下列区域内建设畜禽养殖场、养殖小区：

(1)饮用水水源保护区，风景名胜区；

(2)自然保护区的核心区和缓冲区；

(3)城镇居民区、文化教育科学研究区等人口集中区域；

(4)法律、法规规定的其他禁止养殖区域。

---

〔1〕 参见2013年国务院颁布的《畜禽规模养殖污染防治条例》。

☆ **畜禽养殖优惠政策**

《畜禽规模养殖污染防治条例》第 29 条规定，进行畜禽养殖污染防治，从事利用畜禽养殖废弃物进行有机肥产品生产经营等畜禽养殖废弃物综合利用活动的，享受国家规定的相关税收优惠政策。

第 30 条规定，利用畜禽养殖废弃物生产有机肥产品的，享受国家关于化肥运力安排等支持政策；购买使用有机肥产品的，享受不低于国家关于化肥的使用补贴等优惠政策。

第 31 条第 2 款规定，利用畜禽养殖废弃物进行沼气发电的，依法享受国家规定的上网电价优惠政策。利用畜禽养殖废弃物制取沼气或进而制取天然气的，依法享受新能源优惠政策。

3.1.5.4　农药污染防治的主要法律制度

☆ **农药登记管理制度**

《农药管理条例》第二章规定了农药登记的相关内容。《农药管理条例》第 7 条规定，国家实行农药登记制度。生产（包括原药生产、制剂加工和分装，下同）农药和进口农药，必须进行登记。

☆ **农药生产管理制度**

《农药管理条例》第三章规定了农药生产的相关内容。《农药管理条例》第 17 条规定，国家实行农药生产许可制度。农药生产许可证事由，变更、有效期均有相关规定。

3.1.5.5　土壤污染防治

☆ **土壤污染防治**

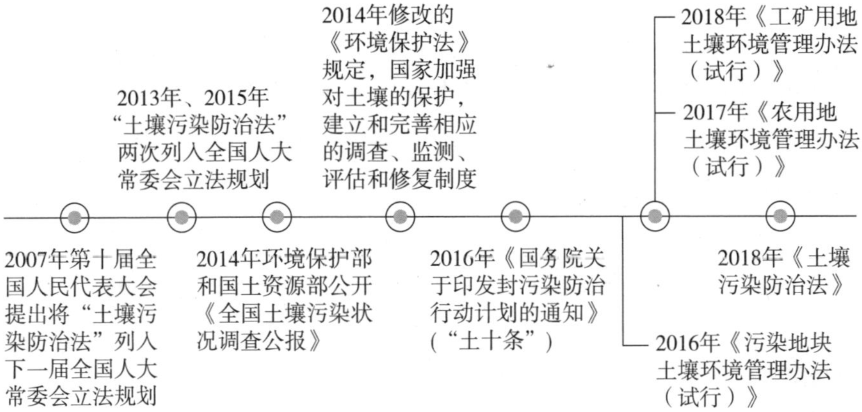

图 3－11　土壤污染防治法制发展历程

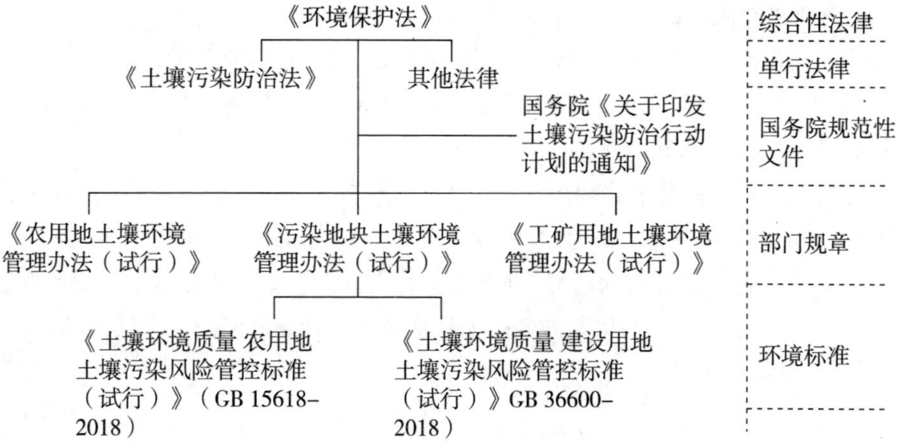

图 3－12　我国土壤污染防治中央法律法规标准体系

☆ **土壤污染**

土壤污染是指因人为因素导致某种物质进入陆地表层土壤，引起土壤化学、物理、生物等方面特性的改变，影响土壤功能和有效利用，危害公众健康或者破坏生态环境的现象。

★ **土壤污染风险管控标准**

国务院生态环境主管部门根据土壤污染状况、公众健康风险、生态风险和科学技术水平，并按照土地用途，制定国家土壤污染风险管控标准，加强土壤污染防治标准体系建设。省级人民政府对国家土壤污染风险管控标准中未作规定的项目，可以制定地方土壤污染风险管控标准；对国家土壤污染风险管控标准中已作规定的项目，可以制定严于国家土壤污染风险管控标准的地方土壤污染风险管控标准。地方土壤污染风险管控标准应当报国务院生态环境主管部门备案。土壤污染风险管控标准是强制性标准。国家支持对土壤环境背景值和环境基准的研究。

★ **土壤污染防治基金制度**

国家加大土壤污染防治资金投入力度，建立土壤污染防治基金制度。设立中央土壤污染防治专项资金和省级土壤污染防治基金，主要用于农用地土壤污染防治和土壤污染责任人或者土地使用权人无法认定的土壤污染风险管控和修复以及政府规定的其他事项。对本法实施之前产生的，并且土壤污染责任人无法认定的污染地块，土地使用权人实际承担土壤污染风险管控和修复的，可以申请土壤污染防治基金，集中用于土壤污染风险管控和修复。土壤污染防治基金的具体管理办法，由国务院财政主管部门会同国务院生态环境、农业农村、自然资源、住房城乡建设、林业草原等主管部门制定。

★ 污染土地收回

土壤污染重点监管单位生产经营用地的用途变更或者在其土地使用权收回、转让前，应当由土地使用权人按照规定进行土壤污染状况调查。土壤污染状况调查报告应当作为不动产登记资料送交地方人民政府不动产登记机构，并报地方人民政府生态环境主管部门备案。土地使用权已经被地方人民政府收回，土壤污染责任人为原土地使用权人的，由地方人民政府组织实施土壤污染风险管控和修复。

3.1.6　排污许可基础理论

★ 排污许可的概念

排污许可是指环境保护主管部门根据排污单位的申请和承诺，以发放排污许可证法律文书形式，依法规范和限制排污行为，明确环境管理要求，并依据排污许可证对排污单位实施监管执法的环境管理制度。

环境许可是世界各国最常见的环境管理制度。根据我国《行政许可法》的实践情况，目前环境资源类的行政许可约有 500 多项，具体由 28 个政府职能部门实施，其中由环境保护主管部门实施的大约有 40 项。总体上看，排污许可是环境许可中一项污染排放管理的核心工具，是依据环境保护法律对企业的排放行为以及政府对企业监督作出规定，通过许可证法律文书加以载明的制度，其载体是排污许可证。

★ 排污许可证的申请单位

排污许可证的申请、核发、执行以及与排污许可相关的监管和处罚等行为，适用《排污许可管理条例》。依照法律规定实行排污许可管理的企业事业单位和其他生产经营者，应当依照本条例规定申请取得排污许可证；未取得排污许可证的，不得排放污染物。

《排污许可管理条例》施行前已经实际排放污染物的排污单位，不符合本条例规定条件的，应当在国务院生态环境主管部门规定的期限内进行整改，达到《排污许可管理条例》规定的条件并申请取得排污许可证；逾期未取得排污许可证的，不得继续排放污染物。整改期限内，生态环境主管部门应当向其下达排污限期整改通知书，明确整改内容、整改期限等要求。

★★ 排污许可的重点管理和简化管理

根据污染物产生量、排放量、对环境的影响程度等因素，对排污单位实行排污许可分类管理:(一)污染物产生量、排放量或者对环境的影响程度较大的排污单位,实行排污许可重点管理;(二)污染物产生量、排放量和对环境的影响程度都较小的排污单位,实行排污许可简化管理。

实行排污许可管理的排污单位范围、实施步骤和管理类别名录,由国务院生态环境主管部门拟订并报国务院批准后公布实施。制定实行排污许可管理的排污单位范围、实施步骤和管理类别名录,应当征求有关部门、行业协会、企业事业单位和社会公众等方面的意见。

★★ 排污许可的分级管理

排污许可分级管理是指国务院生态环境主管部门和地方各级生态环境主管部门就排污许可证的管理实行职责划分,分工管理。具体而言,生态环境部负责指导全国排污许可制度实施和监督。各省级生态环境主管部门负责本行政区域排污许可制度的组织实施和监督。排污单位生产经营场所所在地设区的市级生态环境主管部门负责排污许可证核发。地方性法规对核发权限另有规定的,从其规定。

★★★ 无证排污的法律责任

实行排污许可管理的企业事业单位和其他生产经营者应当按照排污许可证的要求排放污染物;未取得排污许可证的,不得排放污染物。根据《环境保护法》第63条的规定,企业事业单位和其他生产经营者违反法律规定,未取得排污许可证排放污染物,被责令停止排污,拒不执行的,尚不构成犯罪的,除依照有关法律法规规定予以处罚外,还应由县级以上生态环境主管部门或者其他有关部门将案件移送公安机关,对其直接负责的主管人员和其他直接责任人员,处十日以上十五日以下拘留;情节较轻的,处五日以上十日以下拘留。

《排污许可管理条例》第33条规定,排污单位有无证排污行为的,由生态环境主管部门责令改正或者限制生产、停产整治,处20万元以上100万元以下的罚款;情节严重的,报经有批准权的人民政府批准,责令停业、关闭。具体而言,下列行为属于无证排污:(1)未取得排污许可证排放污染物;(2)排污许可证有效期届满未申请延续或者延续申请未经批准排放污染物;(3)被依法撤销、注销、吊销排污许可证后排放污染物;(5)依法应当重新申请取得排污许可证,未重新申请取得排污许可证排放污染物。

★★★ 超许可事项排污的法律责任

排污许可事项经由排污单位申请并由核发部门审核后,在排污许可证副本予以记载。一旦取得排污许可,排污单位应严格执行排污许可的各项管理要求,否则即属于违反排污许可证的违法行为，亦称超许可事项排污行为。

排污单位存在超过许可排放浓度、许可排放量排放污染物，未按照排污许可证规定控制大气污染物无组织排放，特殊时段未按照排污许可证规定停止或者限制排放污染物，污染物排放口位置或者数量不符合排污许可证规定等情形的，由生态环境主管部门对其处罚。

★★★ 排污许可制度与环境影响评价制度的衔接

环境影响评价制度重在事前预防，是建设项目的准入门槛和“准生证”，是申请排污许可证的前提和重要依据。排污许可重在事中事后监管，是企事业单位生产运营期排污的法律依据，是载明排污单位污染物排放及控制有关信息的“身份证”。排污许可证是确保环境影响评价提出的污染防治设施和措施落实落地的重要保障，是排污单位守法、执法单位执法、社会监督护法的依据之一。

根据《关于做好环境影响评价制度与排污许可制衔接相关工作的通知》(环办环评[2017]84 号)，环境影响评价制度与排污许可制的衔接主要体现在如下几个方面：(1)《建设项目环境影响评价分类管理名录》和《固定污染源排污许可分类管理名录》的衔接。(2)环境影响评价审批文件是排污许可证的重要输入文件和申请依据之一。(3)排污许可证的核发和执行情况是改扩建项目的环境影响评价现有工程回顾评价、开展建设项目环境影响后评价、建设项目涉及“上大压小”“区域(总量)替代”等措施的重要依据。(4)建设项目环评审批信息申报系统与全国排污许可证管理信息平台充分衔接。生态环境部负责统一建设项目环评审批信息申报系统。

法律与规范链接

▲ 必读法条

《放射性污染防治法》第 10 条、第 16 条、第 23 条；

《土壤污染防治行动计划》；

《湖北省土壤污染防治条例》；

《环境保护法》第 45 条；

《水污染防治法》第 21 条；

《大气污染防治法》第 19 条；

《排污许可管理条例》。

△ 延伸法条

《噪声污染防治法》第 23 条、第 24 条、第 28 条、第 43 条、第 44 条；

《畜禽规模养殖污染防治条例》第 11 条、第 29 条、第 30 条、第 31 条；

《农药管理条例》；

《固定污染源排污许可分类管理名录(2017 年版)》；

《关于做好环境影响评价制度与排污许可制衔接相关工作的通知》。

典型案例

A 某诉 B 公司、C 公司噪声污染责任纠纷案〔1〕

案情概述

在 B 公司、C 公司施工期间，距离施工现场 20～30 米的 A 某养殖场出现蛋鸡大量死亡、生产软蛋和畸形蛋等情况。A 某聘请三位动物医学和兽医方面的专家到养殖场进行探查，认为蛋鸡不是因为疫病死亡，而是在突然炮声或长期噪声影响下受到惊吓，卵子进入腹腔内形成腹膜炎所致。A 某提起诉讼，请求 B 公司、C 公司赔偿损失 150 万余元。

法院一审认为：A 某养殖场蛋鸡的损失与 B 公司、C 公司施工产生的噪声之间具有因果关系，B 公司、C 公司应承担相应的侵权责任。按照举证责任分配规则，A 某应证明其具体损失数额。虽然 A 某所举证据无法证明其所受损失的具体数额，但 B 公司、C 公司对于施工中产生的噪声造成 A 某损失的事实不持异议，表示愿意承担赔偿责任。但在此情况下，一审法院依据公平原则，借助养殖手册、专家证人所提供的基础数据，建立计算模型，计算出 A 某所受损失并判令 B 公司、C 公司赔偿 35 万余元。中级人民法院二审肯定了一审法院以养殖手册及专家意见确定本案实际损失的做法，终审判令 B 公司、C 公司赔偿 A 某 45 万余元。

核心问题

本案中，原告 A 某无法举证其所受损失的具体数额时，法院是否应当直接驳回

---

〔1〕《吴国金诉中铁五局(集团)有限公司、中铁五局集团路桥工程有限责任公司噪声污染责任纠纷案》，载北大法宝：http://www.pkulaw.cn/case_es/pfnl_1970324845185788.html? match = Exact，最后访问日期：2016 年 9 月 15 日。

其诉讼请求？

简要评论

《民法典》第1230条规定，“因污染环境、破坏生态发生纠纷，行为人应当就法律规定的不承担责任或者减轻责任的情形及其行为与损害之间不存在因果关系承担举证责任。”该条规定中的举证责任倒置主要针对环境污染案件中违法行为与危害后果之间的因果关系问题。本案中，对于原告A某养殖场蛋鸡的损失与被告B公司、C公司产生的噪声具有因果关系已无异议，被告B公司、被告C公司应承担相应的侵权责任。

但是依据《最高人民法院关于适用〈中华人民共和国民事诉讼法〉的解释》第90条规定，“当事人对自己提出的诉讼请求所依据的事实或者反驳对方诉讼请求所依据的事实，应当提供证据加以证明，但法律另有规定的除外。在作出判决前，当事人未能提供证据或者证据不足以证明当事人的事实主张的，由负有举证责任的当事人承担不利后果。”原告A某仍需对其所受损失的具体金额进行举证，但实际损失数额的确定往往需要通过科学技术鉴定手段完成，原告作为普通公民，因文化知识和技术手段的欠缺，无法对此进行举证，但可以通过向原告释明，由原告经法庭同意，委托专家辅助人予以协助查明事实。《最高人民法院关于审理环境侵权责任纠纷案件适用法律若干问题的解释》第9条对此作出了规定。

知识点

举证责任倒置只适用于环境污染案件中加害行为与损害后果之间的因果关系的证明。

延伸阅读

1. 张梓太：《污染权交易立法构想》，载《中国法学》1998年第3期；
2. 李艳芳：《公众参与和完善大气污染防治法律制度》，载《中国行政管理》2005年第3期；
3. 曹锦秋、吕程：《联防联控：跨行政区域大气污染防治的法律机制》，载《辽宁大学学报》（哲学社会科学版）2014年第6期；
4. 汪劲、严厚福：《构建我国环境立法中的按日连续处罚制——以〈水污染防治法〉的修改为例》，载《法学杂志》2007年第12期；
5. 竺效、王盛航，《〈排污许可管理办法（试行）〉对法律责任体系完善的探析》，载《环境影响评价》2018年第1期。

3.2　自然保护法

- 自然保护法
  - 土地资源保护法
  - 水资源保护立法
  - 野生动植物资源保护法
  - 海洋生态保护立法
  - 矿产资源法
  - 其他自然资源保护立法
    - 森林法
    - 草原法
    - 渔业法
  - 生态保护法律
    - 水土保持法
    - 防沙治沙法
    - 自然保护区条例

图3－12　自然保护法体系

3.2.1　自然保护法概述

☆ **自然保护法的概念**

自然保护法是指国家对利用自然环境和资源的行为实行控制，以保护生态系统平衡或防止生物多样性破坏为目的而制定的法律规范的总称。[1] 在中国，自然保护法包括自然资源法和生态保护法两大部分。

☆ **自然资源立法的基本原则**

自然资源立法的目的不同于生态保护立法，在中国，该领域有一些特有的立法原则，主要包括：

（1）重要自然资源的全民所有。中国现行宪法和自然资源法规定矿藏、水流、海域、森林、山岭、草原、荒地、滩涂等重要的自然资源为全民所有。

（2）合理分配自然资源的经济利益。中国现行自然资源法律和有关民事立法

---

〔1〕 自然保护法，是以保护生态系统平衡或防止生物多样性破坏为目的，对一定的自然地域（含区域与流域）、野生生物及其生境实行特殊保护并禁止或限制环境利用行为而制定的法律规范的总称。汪劲：《环境法学》，北京大学出版社2014年版，第248页。

对自然资源的所有权和生产经营权采取“两权分离”的调整方法，对自然资源的所有权、使用权和经营管理权予以了明确规定，以这种方法来保障国家、集体和个人三者在开发利用自然资源方面的合法权益。

(3)综合利用与循环利用。综合利用指在开发利用自然资源的过程中，应最大限度地利用自然资源的各种用途。循环利用指对那些在被人们利用后，其性质仍不会改变的自然资源，应通过回收的方式使其得以再利用。

(4)因时、因地制宜。指对自然资源的开发利用应当与特定时间、特定地域生态系统的结构和功能相适应，必须适应地域生态系统的特点以及自然资源随之发生的周期性变化。

☆ **生态保护立法的原则**

目前，各国生态保护立法所确立的保护对象，主要包括自然区域和物种两大类，生态保护法律也主要包括自然区域的法律保护和物种的法律保护两方面，主要涉及地域环境保护、野生生物保护、河流湖泊保护、自然文化遗迹和景观舒适保护等内容。该领域，也已形成了一些特有的基本原则。

(1)保持和保存。世界自然保护联盟(IUCN)1980年编写的《世界自然保护大纲》认为，保护是“人类对生物圈的利用的管理，以便它能对当代人产生最大的持续利益，同时维护其潜力以满足后代的需要和追求。因此，保护是积极的，包括了保持、保存、持续利用、恢复和自然环境的改善”。这说明，保护有保持和保存之分，保持旨在保持自然环境要素经常处于**可供人类持续利用的状态**；而保存则旨在保存生态系统或自然界其他历史或人文古迹处于**原始的状态**。

(2)生物多样性。生物多样性是指生物之间的多样化和变异性，以及物种生境的生态复杂性，它是地球上所有的生物(植物、动物和微生物)及其所构成的综合体。根据联合国《生物多样性公约》所下的定义，生物多样性是指“所有来源的形形色色生物体，这些来源除其他外，包括陆地、海洋和其他水生生态系统及其所构成的生态综合体”。生物多样性主要包括物种多样性、遗传多样性和生态系统多样性这三个组成部分。其中，物种多样性是指动物、植物以及微生物种类的丰富性，它是人类生存和发展的基础；遗传多样性是指存在于生物个体内、单个物种内以及物种之间的基因多样性，包括分子、细胞和个体三个水平上的遗传变异度，它是生命进化、物种分化的基础；生态系统的多样性是指森林、草原、荒漠、农田、湿地和海洋以及竹林和灌木丛等生态系统的多样化特性。

3.2.2 土地资源保护法

土地资源保护的主要法律制度：
- 土地权属制度
- 土地利用总体规划制度
- 土地用途管制制度
- 耕地保护制度
- 土地复垦制度
- 节约集约利用土地制度

图 3-13 土地资源保护的主要法律制度

★★ 土地权属制度

土地权属制度是土地资源管理制度的基础。我国的土地权属制度主要由《宪法》《民法典》《土地管理法》等法律加以规定。土地权属制度主要包括土地的所有权和土地的使用权两个部分。《土地管理法》第二章对土地的所有权和使用权作出了规定。

(1)土地所有权。《土地管理法》第 2 条第 1 款规定,中华人民共和国实行土地的社会主义公有制,即全民所有制和劳动群众集体所有制。因此,我国的土地所有权可分为国家土地所有权和集体土地所有权两种,两种所有权在主体范围、客体的范围、取得方式、权利变动方面各有不同。

(2)土地使用权。《土地管理法》规定,国有土地和农民集体所有的土地,可以依法确定给单位或个人使用。这是关于土地使用权的概括性规定,根据该规定,土地使用权分为国有土地使用权和农民集体所有土地使用权。[1]

☆ 土地利用总体规划制度

《土地管理法》第 15 条第 1 款规定,各级人民政府应当依据国民经济和社会发展规划、国土整治和资源环境保护的要求、土地供给能力以及各项建设对土地的需求,组织编制土地利用总体规划。土地利用总体规划是土地资源保护工作的基础。

土地利用总体规划,是指一个国家或地区根据社会经济发展的总体方向和目标,结合自然、经济、社会、科学技术等条件,从宏观角度对较长时间内土地综合开发、利用、保护和整治所作出的总体部署和安排。[2]

---

[1] 张璐主编:《环境与资源保护法学》,北京大学出版社 2015 年版,第 324 ~ 325 页。

[2] 周珂等主编:《环境法》,中国人民大学出版社 2013 年版,第 41 页。

《土地管理法》第三章规定了土地总体规划制度的内容。其主要包括以下几个部分：土地利用总体规划的编制要求、土地利用总体规划的编制原则、土地利用总体规划的编制与审批、土地利用总体规划的修改、其他规划与土地利用总体规划关系等。[1]

★ **土地用途管制制度**

《土地管理法》第4条第1款规定，国家实行土地用途管制制度。土地用途管制制度的总体要求是国家对改变土地用途实行管制，严格限制农用地转为建设用地，控制建设用地总量，对耕地实行特殊保护。使用土地单位和个人必须严格按照总体规划确定的用途使用土地，未经批准不得改变用途。

从《土地管理法》的有关规定来看，土地用途管制制度的主要内容应该包括严格限制农用地转为建设用地、控制建设用地总量以及对耕地实行特殊保护。其中，严格限制农用地转为建设用地是土地用途管制制度的重点，也是目前我国土地资源管理工作的重心。[2]

★ **耕地保护制度**

耕地是我国土地管理立法的重要内容，《土地管理法》第四章专门规定了耕地保护。对于耕地的保护主要包括以下几个方面：

(1)耕地占有补偿制度。《土地管理法》第30条第2款规定，国家实行占用耕地补偿制度。非农业建设经批准占用耕地的，按照"占多少，垦多少"的原则，由占用耕地的单位负责开垦与所占用耕地的数量和质量相当的耕地；没有条件开垦或者开垦的耕地不符合要求的，应当按照省、自治区、直辖市的规定缴纳耕地开垦费，专款用于开垦新的耕地。

(2)耕地总量不减少。《土地管理法》第32条规定，省、自治区、直辖市人民政府应当严格执行土地利用总体规划和土地利用年度计划，采取措施，确保本行政区域内耕地总量不减少、质量不降低。耕地总量减少的，由国务院责令在规定期限内组织开垦与所减少耕地的数量与质量相当的耕地；耕地质量降低的，由国务院责令在规定期限内组织整治。新开垦和整治的耕地由国务院自然资源主管部门会同农业农村主管部门验收。个别省、直辖市确因土地后备资源匮乏，新增建设用地后，新开垦耕地的数量不足以补偿所占用耕地的数量的，必须报经国务院批准减免本行

---

〔1〕 张璐主编：《环境与资源保护法学》，北京大学出版社2015年版，第325页。
〔2〕 同上注，第327页。

政区域内开垦耕地的数量，易地开垦数量和质量相当的耕地。

(3)基本农田[1]保护制度。《土地管理法》第33条第1款规定，国家实行基本农田保护制度。

☆ 土地复垦制度

土地复垦，是指对生产建设活动和自然灾害损毁的土地，采取整治措施，使其达到可供利用状态的活动。[2]《土地管理法》第43条规定，因挖损、塌陷、压占等造成土地破坏，用地单位和个人应当按照国家有关规定负责复垦；没有条件复垦或者复垦不符合要求的，应当缴纳土地复垦费，专项用于土地复垦。复垦的土地应当优先用于农业。2011年3月，国务院颁布《土地复垦条例》，对土地复垦制度进行了系统的规定。

☆ 节约集约利用土地制度

节约集约利用土地，是指通过规模引导、布局优化、标准控制、市场配置、盘活利用等手段，达到节约土地、减量用地、提升用地强度、促进低效废弃地再利用、优化土地利用结构和布局、提高土地利用效率的各项行为与活动。[3] 2014年3月，国土资源部通过了《节约集约利用土地规定》标志着土地集约利用有了正式的、完善的制度保障。2019年7月，自然资源部通过自然资源部令第5号，对《节约集约利用土地规定》进行修正。

3.2.3 水资源保护立法

水资源保护的主要法律制度
- 水资源权属制度
  - 水资源所有权
  - 水资源使用权
- 水资源规划制度
- 最严格水资源管理制度
  - 水总量控制制度
  - 用水效率控制制度
  - 水功能区限制纳污制度
- 水资源配置的相关制度
  - 总量控制和定额管理相结合制度
  - 取水许可证制度

图3-14 水资源保护的主要法律制度

---

[1] 《基本农田保护条例》第2条规定，基本农田是指按照一定时期人口和社会经济发展对农产品的需求，依据土地利用总体规划确定的不得占用的耕地。

[2] 《土地复垦条例》第2条。

[3] 《节约集约利用土地规定》第2条。

★★ 水资源权属制度

水资源权主要是从水资源权属的意义来说的,主要是指包括水资源所有权和水资源使用权两个层次的权利形态,其中水资源使用权主要是指因占有、使用水资源而产生的相关财产权益。

(1)水资源所有权

《水法》第3条规定,水资源属国家所有,水资源所有权由国务院代表国家行使。农村集体经济组织的水塘和由农村集体经济组织修建管理的水库中的水,归各该农村集体经济组织使用。

水资源的所有权由国务院代表国家行使。这是《水法》在2002年修订后新增加的内容,在《水法》修订之前,并没有该方面的规定。根据民法在所有权方面的一般理论,水资源所有权由国务院代表国家行使,是指国务院代表国家(全民)依法行使对国有水源的占有、使用、收益、处分的权利。[1]

(2)水资源使用权

水资源使用权,是指依法对水资源占有、使用以及由此而产生的相关财产权益,根据我国现行的有关法律规定,我国的水资源使用权主要表现为取水权。在我国现行的水资源单一国家所有权的体制下,从法律上确定取水权,是实现对水资源非所有开发利用的重要制度保障。[2] 根据《水法》及相关法律法规的规定,在我国取水权的取得主要有两种方式:经许可取得取水权[3]和非经许可取得取水权[4]。

★ 水资源规划制度

《水法》第14条规定,国家制定全国水资源战略规划。开发、利用、节约、保护水资源和防治水害,应当按照流域、区域统一制定规划。规划分为流域规划和区域规划。流域规划包括流域综合规划和流域专业规划;区域规划包括区域综合规划

---

〔1〕 张璐主编:《环境与资源保护法学》,北京大学出版社2015年版,第344页。

〔2〕 同上注,第346页。

〔3〕 《水法》第7条规定,国家对水资源依法实行取水许可制度和有偿使用制度。

〔4〕 《取水许可和水资源费征收管理条例》第4条规定,下列情形不需要申请领取取水许可证:(一)农村集体经济组织及其成员使用本集体经济组织的水塘、水库中的水的;(二)家庭生活和零星散养、圈养畜禽饮用等少量取水的;(三)为保障矿井等地下工程施工安全和生产安全必须进行临时应急取(排)水的;(四)为消除对公共安全或者公共利益的危害临时应急取水的;(五)为农业抗旱和维护生态与环境必须临时应急取水的。前款第(二)项规定的少量取水的限额,由省、自治区、直辖市人民政府规定;第(三)项、第(四)项规定的取水,应当及时报县级以上地方人民政府水行政主管部门或者流域管理机构备案;第(五)项规定的取水,应当经县级以上人民政府水行政主管部门或者流域管理机构同意。

和区域专业规划。

前款所称综合规划,是指根据经济社会发展需要和水资源开发利用现状编制的开发、利用、节约、保护水资源和防治水害的总体部署。前款所称专业规划,是指防洪、治涝、灌溉、航运、供水、水力发电、竹木流放、渔业、水资源保护、水土保持、防沙治沙、节约用水等规划。

★ 最严格水资源管理制度

依照国务院2012年颁布的《国务院关于实行最严格水资源管理制度的意见》的有关规定,最严格水资源管理制度包括用水总量控制制度、用水效率控制制度、水功能区限制纳污制度。[1]

(1)用水总量控制制度

包括严格规划管理和水资源论证、严格控制流域和区域取用水总量、严格实施取水许可、严格水资源有偿使用、严格地下水管理和保护、强化水资源统一调度等六个方面的内容。

(2)用水效率控制制度

包括全面加强节约用水管理、强化用水定额管理、加快推进节水技术改造等三个方面的内容。

(3)水功能区限制纳污制度

包括严格水功能区监督管理、加强饮用水水源保护、推进水生态系统保护与修复等三个方面的内容。

★ 水资源配置的相关规定

(1)总量控制和定额管理相结合的制度

《水法》第47条规定,国家对用水实行总量控制和定额管理相结合的制度。省、自治区、直辖市人民政府有关行业主管部门应当制定本行政区域内行业用水定额,报同级水行政主管部门和质量监督检验行政主管部门审核同意后,由省、自治区、直辖市人民政府公布,并报国务院水行政主管部门和国务院质量监督检验行政主管部门备案。县级以上地方人民政府发展计划主管部门会同同级水行政主管部门,根据用水定额、经济技术条件以及水量分配方案确定的可供本行政区域使用的水量,制订年度用水计划,对本行政区域内的年度用水实行总量控制。

---

[1] 《国务院关于实行最严格水资源管理制度的意见》,载中华人民共和国中央人民政府官方网站:http://www.gov.cn/zwgk/2012-02/16/content_2067664.htm。

(2)取水许可证制度

国家对直接从地下或江河、湖泊取水的，实行取水许可制度。直接从江河、湖泊或者地下取用水资源的单位和个人，应当按照国家取水许可制度和水资源有偿使用制度的规定，向水行政主管部门或者流域管理机构申请领取取水许可证，并缴纳水资源费，取得取水权。但是，家庭生活和零星散养、圈养畜禽饮用等少量取水的除外。[1]

3.2.4　野生动植物资源保护法

- 野生动植物资源保护的主要法律制度
  - 野生动物保护主要制度
    - 对野生动物及其生境实行监视性保护措施
    - 野生动物致害补偿制度
    - 国家保护野生动物特许猎捕证制度
    - 放生行为规制
  - 野生植物保护主要制度
    - 重点保护野生植物名录制
    - 重点保护野生植物保护区、保护点制度
    - 对野生植物及其生境实行监视性保护措施
    - 重点保护野生植物资源档案制度
    - 国家重点保护野生植物采集管制

图3-15　野生动植物资源保护的主要法律制度

3.2.4.1　野生动物保护立法

☆ 对野生动物及其生境实行监视性保护措施

《野生动物保护法》第14条规定，各级野生动物保护主管部门应当监视、监测环境对野生动物的影响。由于环境影响对野生动物造成危害时，野生动物保护主管部门应当会同有关部门进行调查处理。

☆ 野生动物致害补偿制度

《野生动物保护法》第19条规定，因保护该法规定保护的野生动物，造成人员伤亡、农作物或者其他财产损失的，由当地人民政府给予补偿。具体办法由省、自治区、直辖市人民政府制定。有关地方人民政府可以推动保险机构开展野生动物致害赔偿保险业务。有关地方人民政府采取预防、控制国家重点保护野生动物造成危害的措施以及实行补偿所需经费，由中央财政按照国家有关规定予以补助。

---

〔1〕 周珂等主编：《环境法》，中国人民大学出版社2013年版，第228页。

最新规定扩大了对野生动物造成人员伤害和财产损失的补偿范围，不仅仅是国家和地方重点保护的野生动物，而且也把具有重要生态、科学和社会价值的“三有”野生动物列入补偿范围。因保护法律规定保护的野生动物造成人员伤害和财产损失的，都可以按照当地补偿条例中规定的条款，由当地政府给予补偿。法律还明确规定，有关地方人民政府可以推动保险机构开展野生动物致害赔偿保险业务。[1]

★ 国家保护野生动物特许猎捕证制度

《野生动物保护法》第21条第2款规定，因科学研究、种群调控、疫源疫病监测或者其他特殊情况，需要猎捕国家一级保护野生动物的，应当向国务院野生动物保护主管部门申请特许猎捕证；需要猎捕国家二级保护野生动物的，应当向省、自治区、直辖市人民政府野生动物保护主管部门申请特许猎捕证。

除此之外，该法还对猎捕证的管理、禁止使用的情形及吊销情形作出了规定。[2]

★ 放生行为规制

《野生动物保护法》第38条规定，任何组织和个人将野生动物放生至野外环境，应当选择适合放生地野外生存的当地物种，不得干扰当地居民的正常生活、生产，避免对生态系统造成危害。随意放生野生动物，造成他人人身、财产损害或者危害生态系统的，依法承担法律责任。

放生有两种情况：一种情况是在市场上买的外来物种，法律对这种放生是禁止的，而且还设定了罚责。另一种是放生当地物种，对于这种放生要求不能对当地老百姓的生产、生活造成影响，或是对财产造成损失，要在科学机构的指导下进行，不能随意放生，产生危害要承担相应的法律责任。[3]

3.2.4.2　野生植物保护立法

☆ 重点保护野生植物名录制

法律将野生植物分为国家重点保护野生植物和地方重点保护野生植物。其中，国家重点保护野生植物分为国家一级保护野生植物和国家二级保护野生植物。

---

〔1〕《促进人与野生动物和谐发展——新修订野生动物保护法四大热点回应》，载中国人大网：http://www.npc.gov.cn/npc/cwhhy/12jcwh/2016-07/05/content_1993443.htm。

〔2〕《野生动物保护法》第23条、第39条和第45条。

〔3〕《促进人与野生动物和谐发展——新修订野生动物保护法四大热点回应》，载中国人大网：http://www.npc.gov.cn/npc/cwhhy/12jcwh/2016-07/05/content_1993443.htm。

国家重点保护野生植物名录,由国务院林业行政主管部门、农业行政主管部门商国务院环境保护、建设等有关部门制定,报国务院批准公布。地方重点保护野生植物名录,由省、自治区、直辖市人民政府制定并公布,报国务院备案。

☆ 重点保护野生植物保护区、保护点制度

《野生植物保护条例》第11条第1款规定,在国家重点保护野生植物物种和地方重点保护野生植物物种的天然集中分布区域,应当依照有关法律、行政法规的规定,建立自然保护区;在其他区域,县级以上地方人民政府野生植物行政主管部门和其他有关部门可以根据实际情况建立国家重点保护野生植物和地方重点保护野生植物的保护点或者设立保护标志。

☆ 对野生植物及其生境实行监视性保护措施

《野生植物保护条例》第12条规定,野生植物行政主管部门及其他有关部门应当监视、监测环境对国家重点保护野生植物生长和地方重点保护野生植物生长的影响,并采取措施,维护和改善国家重点保护野生植物和地方重点保护野生植物的生长条件。由于环境影响对国家重点保护野生植物和地方重点保护野生植物的生长造成危害时,野生植物行政主管部门应当会同其他有关部门调查并依法处理。

☆ 重点保护野生植物资源档案制度

《野生植物保护条例》第15条规定,野生植物行政主管部门应当定期组织国家重点保护野生植物和地方重点保护野生植物资源调查,建立资源档案。

☆ 国家重点保护野生植物采集管制

《野生植物保护条例》第16条规定,禁止采集国家一级保护野生植物。因科学研究、人工培育、文化交流等特殊需要,采集国家一级保护野生植物的,应当依照管理权限向国务院林业行政主管部门或其援权的机构申请采集证;或者向采集地的省、自治区直辖市人民政府农业行政主管部门或其援权的机构申请采集证。采集国家二级保护野生植物的,必须经采集地的县级人民政府野生植物行政主管部门签署意见后,向省、自治区、直辖市人民政府野生植物行政主管部门或者其授权的机构申请采集证。采集城市园林或者风景名胜区内的国家一级或者二级保护野生植物的,须先征得城市园林或者风景名胜区管理机构同意,分别依照前两款的规定申请采集证。采集珍贵野生树木或者林区内、草原上的野生植物的,依照森林法、草原法的规定办理。

3.2.5　海洋生态保护立法

- 海洋生态保护的主要法律制度
  - 海域权属制度
    - 海域所有权
    - 海域使用权
  - 海洋功能区划制度
  - 海域使用权的有偿取得制度

图3－16　海洋生态保护的主要法律制度

★ 海域权属制度

我国的海域权属制度主要由《宪法》《民法典》《海域使用管理法》加以规定。海域权包括海域所有权和海域使用权两个层次的权利形态。

(1)海域所有权

我国《宪法》第9条规定,矿藏、水流、森林、山岭、草原、荒地、滩涂等自然资源,都属于国家所有,即全民所有;由法律规定属于集体所有的森林和山岭、草原、荒地、滩涂除外。《民法典》第247条规定,矿藏、水流、海域属于国家所有。《海域使用管理法》第3条规定,海域属于国家所有,国务院代表国家行使海域所有权。任何单位或者个人不得侵占、买卖或者以其他形式非法转让海域。个人和单位使用海域,必须依法取得海域使用权。

(2)海域使用权

根据《海域使用管理法》的有关规定,海域使用权中的"使用",包括两层特定的基本含义:第一,必须是排他性的使用特定海域,排他性是指某一特定范围内的海域只能确定给某一海域使用人使用,也就是说,某一特定范围内的海域只能授予某一海域使用人享有海域使用权;第二,要持续使用三个月以上,如果是不足三个月的排他性用海活动,可能对国防安全、海上交通安全和其他用海活动造成重大影响的,只需依法办理临时海域使用证,对于那些不足三个月的非排他性用海活动如海洋捕捞、海上运输等,则无须取得海域使用权。

★ 海洋功能区划制度

《海域使用管理法》第10条规定,国务院海洋行政主管部门会同国务院有关部门和沿海省、自治区、直辖市人民政府,编制全国海洋功能区划。沿海县级以上地方人民政府海洋行政主管部门会同本级人民政府有关部门,依据上一级海洋功能区划,编制地方海洋功能区划。

海洋功能区划是根据海区的自然属性并结合社会需求而确定,它将海洋环境与资源的开发利用和治理保护合二为一,其中治理保护区、自然保护区、特殊功能区和保留区的目的主要在于保护海洋生态环境。海洋功能区划是海洋生态保护的基本制度，也是全国主体功能区划的组成部分。[1]

★ 海域使用权的有偿取得制度

《海域使用管理法》第33条规定，国家实行海域有偿使用制度。单位和个人使用海域，应当按照国务院的规定缴纳海域使用金。海域使用金应当按照国务院的规定上缴财政。对渔民使用海域从事养殖活动收取海域使用金的具体实施步骤和办法，由国务院另行规定。

海域使用权的有偿取得是原则，但基于法律的特殊规定，海域使用金可以免缴和减缴。法定免缴的情形有：军事用海；公务船舶专用码头用海；非经营性的航道、锚地等交通基础设施用海；教学、科研、防灾减灾、海难搜救打捞等非经营性公益事业用海。对于上述法定免缴海域使用金的用海项目，在其海域使用权的用途、转让、出租和抵押等方面，法律有专门的规定进行规范。经批准减缴或者免缴的情形有：公用设施用海、国家重大建设项目用海、养殖用海。减缴或者免缴海域使用金的具体办法，由国务院财政部门和海洋行政主管部门共同制定。[2]

3.2.6　矿产资源法

- 矿产资源主要法律制度
  - 矿产资源权属制度
    - 矿产资源所有权
    - 探矿权
    - 采矿权
  - 矿产资源规划制度
  - 征收矿产资源补偿费制度
  - 矿产资源勘查管理制度

图3－17　矿产资源主要法律制度

★★ 矿产资源权属制度（2002年卷一第13题）

矿产资源权主要是从矿产资源权属的意义来说的，主要包括矿产资源所有权和矿业权两个层次的权利形态，其中矿业权[3]包括探矿权和采矿权。

---

[1] 汪劲：《环境法学》（第三版），北京大学出版社2014年版，第272页。

[2] 张璐主编：《环境与资源保护法学》，北京大学出版社2015年版，第340页。

[3] 《矿产资源法》第5条规定，国家实行探矿权、采矿权有偿取得的制度；但是，国家对探矿权、采矿权有偿取得的费用，可以根据不同情况规定予以减缴、免缴。具体办法和实施步骤由国务院规定。开采矿产资源，必须按照国家有关规定缴纳资源税和资源补偿费。探矿权和采矿权才能有偿获取。并且对于其转让，法律也有专门的规定。

(1)矿产资源所有权

《矿产资源法》第3条规定,矿产资源属于国家所有,由国务院行使国家对矿产资源的所有权。地表或者地下的矿产资源的国家所有权,不因其所依附的土地的所有权或者使用权的不同而改变。据此,我国实行的是单一的所有权制度。

(2)探矿权

探矿权,是指在依法取得的勘查许可证规定的范围内,勘查矿产资源的权利。取得勘查许可证的单位或者个人称为探矿权人。

探矿权人享有下列权利:按照勘查许可证规定的区域、期限、工作对象进行勘查;在勘查作业区及相邻区域架设供电、供水、通信管线;在勘查作业区及相邻区域通行;根据工程需要临时使用土地;优先取得勘查作业区内新发现矿种的探矿权;优先取得勘查作业区内矿产资源的采矿权;自行销售勘查中按照批准的工程设计施工回收的矿产品,但是国务院规定由指定单位统一收购的矿产品除外。[1]

(3)采矿权

采矿权,是指在依法取得的采矿许可证规定的范围内开采矿产资源和获得所开采的矿产品的权利。取得采矿许可证的单位或者个人称为采矿权人。

采矿权人享有下列权利:按照采矿许可证规定的开采范围和期限从事开采活动;自行销售矿产品,但是国务院规定由指定的单位统一收购的矿产品除外;在矿区范围内建设采矿所需的生产和生活设施;根据生产建设的需要依法取得土地使用权;法律、法规规定的其他权利。[2] 2017年最高人民法院出台《关于审理矿业权纠纷案件适用法律若干问题的解释》,以指导矿产纠纷司法实务。

☆ 矿产资源规划制度

矿产资源规划是有关部门按照法定程序编制的国家对一定时期矿产资源勘查和开发利用所作出的整体安排。全国矿产资源规划,在国务院计划行政主管部门指导下,由国务院地质矿产主管部门根据国民经济和社会发展中、长期规划,组织国务院有关主管部门和省、自治区、直辖市人民政府编制,报国务院批准后施行。全国矿产资源规划应当对全国矿产资源的分配作出统筹安排,合理划定中央与省、自治区、直辖市人民政府审批、开发矿产资源的范围。根据内容不同,全国矿产资源规划可分为矿产资源勘查规划和矿产资源开发规划。[3]

---

[1] 金瑞林主编:《环境法学》,北京大学出版社2016年版,第273页。

[2] 同上注。

[3] 张璐主编:《环境与资源保护法学》,北京大学出版社2015年版,第362页。

矿产资源勘查规划是由法定机构按规定程序编制的国家对矿产资源勘查所作整体安排的书面文件。矿产资源开发规划是由有关机构编制的对矿区的开发建设布局进行整体安排的书面文件。[1]

★★ 征收矿产资源补偿费制度

矿产资源补偿费是采矿人为补偿国家矿产资源的消耗而向国家缴纳的一定费用。矿产资源补偿费制度是关于矿产资源补偿费的征收对象、范围、费率、程序和使用与管理的一整套措施与办法。其目的是保障和促进矿产资源的勘查、保护与合理开发,维护国家对矿产资源的财产收益。矿产资源补偿费按照矿产品销售收入的一定比例计算征收。[2]

★ 矿产资源勘查管理制度

《矿产资源法》第 12 条规定,国家对矿产资源勘查实行统一的区块登记管理制度。矿产资源勘查登记工作,由国务院地质矿产主管部门负责;特定矿种的矿产资源勘查登记工作,可以由国务院授权有关主管部门负责。矿产资源勘查区块登记管理办法由国务院制定。国务院 1998 年颁布,2014 年修改的《矿产资源勘查区块登记管理办法》对矿产资源勘查管理进行专门规定。

3.2.7　其他自然资源保护立法

- 其他自然资源保护的主要法律制度
  - 森林法
    - 森林植被恢复费
    - 森林生态效益补偿基金
    - 林木采伐许可证制度
  - 草原法
    - 草原资源权属制度
    - 草原生产、生态监测预警制度
  - 渔业法
    - 渔业养殖证制度
    - 捕捞许可证制度
    - 捕捞限额制度
    - 禁渔期、禁渔区制度

图 3-18　其他自然资源保护的主要法律制度

〔1〕 金瑞林主编:《环境法学》,北京大学出版社 2016 年版,第 275 页。
〔2〕 同上注,第 276 页。

3.2.7.1　森林法

☆ 森林的种类[1]

《森林法》根据用途将森林分成防护林、用材林、经济林、薪炭林、特种用途林等五类，并根据其各自的特殊情况，实施不同的保护措施。

(1)防护林指的是以防护为主要目的的森林、林木和灌木丛，包括水源涵养林、水土保持林、防风固沙林、农田牧场防护林、护林带、护林路等。

(2)用材林指的是以生产木材为主要目的的森林和林木，包括以生产竹林为目的的竹林。

(3)经济林指的是以生产果品、食品、食用油料、饮料、调料、工业原料和药材为主要目的的林木。

(4)薪炭林指的是以满足人们日常生活用柴和取暖灯需要为目的的森林和林木。

(5)特殊用途林指的是以国防、环境保护、科学实验等为主要目的的森林和林木，包括国防林、试验林、母树林、环境保护林、风景林、名胜古迹林和革命纪念地的林木、自然保护区的森林等。

★ 森林植被恢复费

《森林法》第37条规定，矿藏勘查、开采以及其他各类工程建设，应当不占或者少占林地；确需占用林地的，应当经县级以上人民政府林业主管部门审核同意，依法办理建设用地审批手续。占用林地的单位应当缴纳森林植被恢复费。森林植被恢复费征收使用管理办法由国务院财政部门会同林业主管部门制定。县级以上人民政府林业主管部门应当按照规定安排植树造林，恢复森林植被，植树造林面积不得少于因占用林地而减少的森林植被面积。上级林业主管部门应当定期督促下级林业主管部门组织植树造林、恢复森林植被，并进行检查。

★ 森林生态效益补偿制度

《森林法》第7条规定，国家建立森林生态效益补偿制度，加大公益林保护支持力度，完善重点生态功能区转移支付政策，指导受益地区和森林生态保护地区人民政府通过协商等方式进行生态效益补偿。

★ 林木采伐许可证制度

《森林法》第56条规定，采伐林地上的林木应当申请采伐许可证，并按照采伐

---

〔1〕 参见周珂等主编：《环境法》，中国人民大学出版社2013年版，第200页。

许可证的规定进行采伐;采伐自然保护区以外的竹林,不需要申请采伐许可证,但应当符合林木采伐技术规程。农村居民采伐自留地和房前屋后个人所有的零星林木,不需要申请采伐许可证。非林地上的农田防护林、防风固沙林、护路林、护岸护堤林和城镇林木等的更新采伐,由有关主管部门按照有关规定管理。采挖移植林木按照采伐林木管理。具体办法由国务院林业主管部门制定。禁止伪造、变造、买卖、租借采伐许可证。

3.2.7.2　草原法

★ 草原资源权属制度

《草原法》第9条规定:“草原属于国家所有,由法律规定属于集体所有的除外。国家所有的草原,由国务院代表国家行使所有权。任何单位或者个人不得侵占、买卖或者以其他形式非法转让草原。”这一条规定了草原资源所有权的归属。

《草原法》第10条规定:“国家所有的草原,可以依法确定给全民所有制单位、集体经济组织等使用。使用草原的单位,应当履行保护、建设和合理利用草原的义务。”这一条规定了草原资源使用权的情况。

☆ 草原生产、生态监测预警制度

《草原法》第25条规定:“国家建立草原生产、生态监测预警系统。县级以上人民政府草原行政主管部门对草原的面积、等级、植被构成、生产能力、自然灾害、生物灾害等草原基本状况实行动态监测,及时为本级政府和有关部门提供动态监测和预警信息服务。”

3.2.7.3　渔业法

★ 渔业养殖证制度

《渔业法》第11条第1款规定,国家对水域利用进行统一规划,确定可以用于养殖业的水域和滩涂。单位和个人使用国家规划确定用于养殖业的全民所有的水域、滩涂的,使用者应当向县级以上地方人民政府渔业行政主管部门提出申请,由本级人民政府核发养殖证,许可其使用该水域、滩涂从事养殖生产。核发养殖证的具体办法由国务院规定。

★ 捕捞许可证制度

《渔业法》第23条第1款规定,国家对捕捞业实行捕捞许可证制度。《渔业法》第23条、第24条和第25条规定了捕捞许可证制度的相关内容。其内容分别是捕捞许可证的审批权限、捕捞许可证的审批条件和捕捞要求。

★ 捕捞限额制度

《渔业法》第22条规定，“国家根据捕捞量低于渔业资源增长量的原则，确定渔业资源的总可捕捞量，实行捕捞限额制度。中华人民共和国内海、领海、专属经济区和其他管辖海域的捕捞限额总量由国务院渔业行政主管部门确定，报国务院批准后逐级分解下达；国家确定的重要江河、湖泊的捕捞限额总量由有关省、自治区、直辖市人民政府确定或者协商确定，逐级分解下达。捕捞限额总量的分配应当体现公平、公正的原则，分配办法和分配结果必须向社会公开，并接受监督。国务院渔业行政主管部门和省、自治区、直辖市人民政府渔业行政主管部门应当加强对捕捞限额制度实施情况的监督检查，对超过上级下达的捕捞限额指标的，应当在其次年捕捞限额指标中予以核减。”

★ 禁渔期、禁渔区制度

《渔业法》第30条规定，“禁止使用炸鱼、毒鱼、电鱼等破坏渔业资源的方法进行捕捞。禁止制造、销售、使用禁用的渔具。禁止在禁渔区、禁渔期进行捕捞。禁止使用小于最小网目尺寸的网具进行捕捞。捕捞的渔获物中幼鱼不得超过规定的比例。在禁渔区或者禁渔期内禁止销售非法捕捞的渔获物。重点保护的渔业资源品种及其可捕捞标准，禁渔区和禁渔期，禁止使用或者限制使用的渔具和捕捞方法，最小网目尺寸以及其他保护渔业资源的措施，由国务院渔业行政主管部门或者省、自治区、直辖市人民政府渔业行政主管部门规定。”

3.2.8　生态保护法律

- 生态保护法律制度
  - 水土保持法的主要法律制度
    - 水土保持补偿费制度
    - 水土流失治理的行政代执行制度
    - 水土保持生态效益补偿制度
  - 防沙治沙法中关于土地保护的主要措施
    - 防沙治沙规划制度
    - 土地沙化的预防措施
    - 沙化土地的治理措施
    - 防沙治沙的保障措施
  - 自然保护区保护的主要法律制度

图3－19　生态保护法律制度

3.2.8.1　生物安全法的主要法律制度

★ **生物安全风险事前预防制度**

按照《生物安全法》的规定，**生物安全风险事前预防制度包括风险监测预警制度、风险调查评估制度以及信息共享与信息发布制度**。[1]

第一，生物安全风险监测预警制度，包括生物安全风险的监测和预警两个方面。《生物安全法》第14条规定，国家生物安全工作协调机制组织建立国家生物安全风险监测预警体系，提高生物安全风险识别和分析能力。

第二，风险调查评估制度，包括生物安全风险的调查和评估两个方面。《生物安全法》第15条规定，国家生物安全工作协调机制应当根据风险监测的数据、资料等信息，定期组织开展生物安全风险调查评估。“有下列情形之一的，有关部门应当及时开展生物安全风险调查评估，依法采取必要的风险防控措施：（一）通过风险监测或者接到举报发现可能存在生物安全风险；（二）为确定监督管理的重点领域、重点项目，制定、调整生物安全相关名录或者清单；（三）发生重大新发突发传染病、动植物疫情等危害生物安全的事件；（四）需要调查评估的其他情形。”在此基础上，生物技术研发活动风险评估、抗微生物药物残留的危害评估义务分别规定于《生物安全法》第38条和第33条。

第三，生物安全信息共享与信息发布制度。生物安全的信息共享与信息发布制度是对公众知情权的保障，旨在促进生物安全风险沟通，[2]对于公众的安全保障具有基础性作用。在信息共享方面，《生物安全法》第16条规定，国家生物安全工作协调机制组织建立统一的国家生物安全信息平台，有关部门应当将生物安全数据、资料等信息汇交国家生物安全信息平台，实现信息共享。在信息发布方面，该法第17条规定，国家生物安全总体情况、重大生物安全风险警示信息、重大生物安全事件及其调查处理信息等重大生物安全信息，由国家生物安全工作协调机制成员单位根据职责分工发布；其他生物安全信息由国务院有关部门和县级以上地方人民政府及其有关部门根据职责权限发布。任何单位和个人不得编造、散布虚假的生物安全信息。

★ **生物安全风险事中管控制度**

按照《生物安全法》的规定，**生物安全风险事中管控制度包括生物安全名单和**

---

〔1〕参见秦天宝：《我国生物安全领域首部基本法的亮点与特征》，载《人民论坛》2021年第11期。

〔2〕参见于文轩：《生态文明语境下的生物安全法：理念与制度》，载《人民论坛·学术前沿》2020年第20期。

清单制度、生物安全标准制度、生物安全审查与许可制度与国家准入制度。

第一，生物安全名单和清单制度。生物安全名录和清单制度是从事生物安全行为合法或非法的基本界线。[1]《生物安全法》第18条规定，国务院及其有关部门根据生物安全工作需要，对涉及生物安全的材料、设备、技术、活动、重要生物资源数据、传染病、动植物疫病、外来入侵物种等制定、公布名录或者清单，并动态调整。生物安全名录和清单制度适用于该法第36、39、60条规定的生物技术研发的分类管理、重要设备与特殊生物因子的购买引进和外来物种入侵的防治等活动，

第二，生物安全标准制度。维护生物安全需要基本的标准和技术规范。《生物安全法》第19条规定，国务院标准化主管部门和国务院其他有关部门根据职责分工，制定和完善生物安全领域相关标准。

第三，生物安全审查与许可制度。维护生物安全需要对从事与生物安全相关的行为进行必要的审查。《生物安全法》第20条规定，对影响或者可能影响国家安全的生物领域重大事项和活动，由国务院有关部门进行生物安全审查，有效防范和化解生物安全风险。该法第38条规定，从事高风险、中风险生物技术研究、开发活动，应当由在我国境内依法成立的法人组织进行，并依法取得批准或者进行备案。

第四，国家准入制度。《生物安全法》第23条规定，国家建立首次进境或者暂停后恢复进境的动植物、动植物产品、高风险生物因子国家准入制度。

★ 生物安全风险事后应对制度

按照《生物安全法》的规定，**生物安全风险事后应对制度包括生物安全应急制度、生物安全事件调查溯源制度、境外重大生物安全事件应对制度。**

第一，生物安全应急制度。一旦出现生物安全事件，将对公众生命健康和生态环境带来严重危害，因此建立应急管理制度是极为必要的。《生物安全法》第21条规定，国家建立统一领导、协同联动、有序高效的生物安全应急制度。国务院有关部门应当组织制定相关领域、行业生物安全事件应急预案，根据应急预案和统一部署开展应急演练、应急处置、应急救援和事后恢复等工作。县级以上地方人民政府及其有关部门应当制定并组织、指导和督促相关企业事业单位制定生物安全事件应急预案，加强应急准备、人员培训和应急演练，开展生物安全事件应急处置、应急救援和事后恢复等工作。

第二，生物安全事件调查溯源制度。生物安全事件发生后必须进行事件调查

---

〔1〕 参见孙佑海：《生物安全法：国家生物安全的根本保障》，载《环境保护》2020年第22期。

溯源，从而有助于预防同类事件的再次发生。《生物安全法》第22条规定，发生重大新发突发传染病、动植物疫情和不明原因的生物安全事件，国家生物安全工作协调机制应当组织开展调查溯源，确定事件性质，全面评估事件影响，提出意见建议。《生物安全法》第39条进一步规定，国家对涉及生物安全的重要设备和特殊生物因子实行追溯管理。

第三，境外重大生物安全事件应对制度。当前各国之间的经济和社会交往日益频繁，妥善应对境外重大生物安全事件对我国国家安全的影响极为紧迫。《生物安全法》第24条规定，境外发生重大生物安全事件的，海关依法采取生物安全紧急防控措施，加强证件核验，提高查验比例，暂停相关人员、运输工具、货物、物品等进境。必要时经国务院同意，可以采取暂时关闭有关口岸、封锁有关国境等措施。

3.2.8.2　水土保持法的主要法律制度

★ 水土保持补偿费制度

《水土保持法》第32条规定，开办生产建设项目或者从事其他生产建设活动造成水土流失的，应当进行治理。在山区、丘陵区、风沙区以及水土保持规划确定的容易发生水土流失的其他区域开办生产建设项目或者从事其他生产建设活动，损坏水土保持设施、地貌植被，不能恢复原有水土保持功能的，应当缴纳水土保持补偿费，专项用于水土流失预防和治理。

★ 水土流失治理的行政代执行制度

依照《水土保持法》第55条和第56条的规定，在水土保持方案确定的专门存放地以外的区域倾倒砂、石、土、矸石、尾矿、废渣等的或者开办生产建设项目或从事其他生产建设活动造成水土流失，不进行治理的，由县级以上人民政府水行政主管部门责令限期治理；逾期仍不治理的，县级以上人民政府水行政主管部门可以指定有治理能力的单位代为治理，所需费用由违法行为人承担。

☆ 水土保持生态效益补偿制度

《水土保持法》第31条规定，国家加强江河源头区、饮用水水源保护区和水源涵养区水土流失的预防和治理工作，多渠道筹集资金，将水土保持生态效益补偿纳入国家建立的生态效益补偿制度。

★ 有利于水土保持的农业环境保护(2009年卷一第77题)

1989年《环境保护法》第20条规定，各级人民政府应当加强对农业环境的保护，防治土壤污染、土地沙化、盐渍化、贫瘠化、沼泽化、地面沉降和防治植被破坏、水土流失、水源枯竭、种源灭绝以及其他生态失调现象的发生和发展，推广植物病虫害的综合防治，合理使用化肥、农药及植物生长激素。

3.2.8.3 防沙治沙法中关于土地保护的主要措施

☆ 防沙治沙规划制度

《防沙治沙法》第二章专门规定了防沙治沙规划。第 10 条第 1 款规定，防沙治沙实行统一规划。从事防沙治沙活动，以及在沙化土地范围内从事开发利用活动，必须遵循防沙治沙规划。另外，对于防沙治沙规划的编制、编制程序、修改程序以及防沙治沙规划与土地利用总体规划的衔接等问题作出规定。

☆ 土地沙化的预防措施

《防沙治沙法》第三章专门规定了土地沙化的预防。

国务院林业行政主管部门组织其他有关行政主管部门对全国土地沙化情况进行监测、统计和分析，并定期公布监测结果。应当按照防沙治沙规划，划出一定比例的土地，因地制宜地营造防风固沙林网、林带，种植多年生灌木和草本植物。除了抚育更新性质的采伐外，不得批准对防风固沙林网、林带进行采伐。在对防风固沙林网、林带进行抚育更新性质的采伐之前，必须在其附近预先形成接替林网和林带。禁止在沙化土地上砍挖灌木、药材及其他固沙植物。草原实行以产草量确定载畜量的制度。消灭草原鼠害、虫害，保护草原植被，防止草原退化和沙化。防止因地下水和上游水资源的过度开发利用，导致植被破坏和土地沙化。在沙化土地封禁保护区范围内，禁止一切破坏植被的活动。

★ 沙化土地的治理措施

沙化土地的治理分为公益性治沙、营利性治沙和开发者治沙三类。[1] 国家鼓励单位和个人在自愿的前提下，捐资或者以其他形式开展公益性的治沙活动。不具有土地所有权或者使用权的单位和个人从事营利性治沙活动的，应当先与土地所有权人或者使用权人签订协议，依法取得土地使用权。从事营利性治沙活动的单位和个人，必须按照治理方案进行治理。

★ 防沙治沙的保障措施

县级以上地方人民政府应当按照国家有关规定，根据防沙治沙的面积和难易程度，给予从事防沙治沙活动的单位和个人资金补助、财政贴息以及税费减免等政

---

〔1〕 金瑞林主编：《环境法学》，北京大学出版社 2016 年版，第 233 页。

策优惠。单位和个人投资进行防沙治沙的,在投资阶段免征各种税收;取得一定收益后,可以免征或者减征有关税收。国家根据防沙治沙的需要,组织设立防沙治沙重点科研项目和示范、推广项目,并对防沙治沙、沙区能源、沙生经济作物、节水灌溉、防止草原退化、沙地旱作农业等方面的科学研究与技术推广给予资金补助、税费减免等政策优惠。

3.2.8.4　自然保护区保护的主要法律规定

★ 自然保护区设立的条件

《自然保护区条例》第10条规定,凡具有下列条件之一的,应当建立自然保护区:

(1)典型的自然地理区域、有代表性的自然生态系统区域以及已经遭受破坏但经保护能够恢复的同类自然生态系统区域;

(2)珍稀、濒危野生动植物物种的天然集中分布区域;

(3)具有特殊保护价值的海域、海岸、岛屿、湿地、内陆水域、森林、草原和荒漠;

(4)具有重大科学文化价值的地质构造、著名溶洞、化石分布区、冰川、火山、温泉等自然遗迹;

(5)经国务院或者省、自治区、直辖市人民政府批准,需要予以特殊保护的其他自然区域。

★ 自然保护区的分级

《自然保护区条例》第11条规定,自然保护区分为国家级自然保护区和地方级自然保护区。在国内外有典型意义、在科学上有重大国际影响或者有特殊科学研究价值的自然保护区,列为国家级自然保护区。除列为国家级自然保护区的外,其他具有典型意义或者重要科学研究价值的自然保护区列为地方级自然保护区。地方级自然保护区可以分级管理,具体办法由国务院有关自然保护区行政主管部门或者省、自治区、直辖市人民政府根据实际情况规定,报国务院环境保护行政主管部门备案。

☆ 自然保护区的保护区域划分

《自然保护区条例》第27条、第28条和第32条分别规定了自然保护区的核心区、缓冲区和实验区的内容。在三种区域可以进行的活动种类不同,所以作出的规定有所差异。禁止任何人进入自然保护区的核心区。禁止在自然保护区的缓冲区开展旅游和生产经营活动。在自然保护区的核心区和缓冲区内,不得建设任何生产设施。在自然保护区的实验区内,不得建设污染环境、破坏资源或者景观的生产设施;建设其他项目,其污染物排放不得超过国家和地方规定的污染物排放标准。2017 年《自然保护区条例》修改了核心区活动审批权限,因科学研究需要,必须进入核心区从事科学研究观测、调查活动的,应当事先向自然保护区管理机构提交申请和活动计划,并经自然保护区管理机构批准;其中,进入国家级自然保护区核心区的,应当经省、自治区、直辖市人民政府有关自然保护区行政主管部门批准。

3.2.9 流域保护法律

★ 流域立法的需求

流域管理是国内外学者以及实践选择的流域治理的主要方式。为了统一协调流域治理事务,流域立法一直被我国学者所倡导。现有关于流域立法研究多基于现状与问题提出需求,进而提出对策建议。我国不同流域的现状与面临的问题各不相同,例如,黄河“水多、水少、水脏、水浑”,长江防洪问题、水资源保护问题等;〔1〕但基本都面临着水量短缺、用水效率、开发过度、水污染、水生态恶化、水事纠纷矛盾等与水资源相关困境。〔2〕 鉴于此,学者们提出了突破流域管理法的流域综合法立法、〔3〕突破流域环境要素单一立法的流域整体生态系统立法等流域立法模式。〔4〕 针对流域治理的现存问题,学者们对现行立法进行深入剖析认为,我国流域立法从立法理念、〔5〕立法原则〔6〕到法律的实施效果,〔7〕从宏观的体制机制设计,〔8〕到中观的法律制度协调,〔9〕再到微观的具体规范设计,〔10〕均存在完善空间。

---

〔1〕 刘文等:《关于推进流域立法的思考》,载《水利发展研究》2010 年第 10 期。

〔2〕 古小东:《基于生态系统的流域立法:我国水资源环境保护困境之制度纾解》,载《青海社会科学》2018 年第 5 期。

〔3〕 王曦、胡苑:《流域立法三问》,载《中国人口·资源与环境》2004 年第 4 期。

〔4〕 陈晓景、董黎光:《流域立法新探》,载《郑州大学学报》(哲学社会科学版)2006 年第 3 期。

〔5〕 赵春光:《我国流域水资源可持续利用的法律问题及对策》,载《法学论坛》2007 年第 6 期。

〔6〕 陈晓景:《流域生态系统管理立法研究》,载《中州学刊》2006 年第 4 期。

〔7〕 王彬、冯相昭:《我国现行流域立法及实施效果评价》,载《环境保护》2019 年第 21 期。

〔8〕 王灿发:《跨行政区水环境管理立法研究》,载《现代法学》2005 年第 5 期。

〔9〕 刘长兴:《论流域资源配置的基本原则与制度体系》,载《政法论丛》2018 年第 6 期。

〔10〕 马燕:《我国跨行政区环境管理立法研究》,载《法学杂志》2005 年第 5 期。

★ 流域立法模式

1. 分散立法模式。2020年12月《长江保护法》的出台填补了我国法律层面流域立法的空白。此前,流域治理通过分散立法来解决。中央层面,与流域治理密切相关的法律文件主要是《水法》(2016年修正)、《水土保持法》(2010年修订)、《水污染防治法》(2017年修正)、《防洪法》(2016修正)等法律以及《河道管理条例》(2017年修订)、《取水许可和水资源费征收管理条例》(2017修订)、《太湖流域管理条例》(2011年修订)、《淮河流域水污染防治暂行条例》(2011年修订)、《长江河道采砂管理条例》(2001年)、《南水北调工程供用水管理条例》(2014年)、《水土保持法实施条例》(2011修订)等。

2. 统一立法模式。统一立法模式也分为统一综合立法与分散流域立法。

(1)统一综合立法模式要求针对所有流域制定一部流域综合法。例如,王曦、胡苑认为,在没有找出各流域本质不同的特殊性之前,最好还是立一部流域基本法,各流域均以该法为参照进行流域统一管理;当然,如果某些流域确有该流域基本法解决不了的问题而该问题又确实需要法律调整时,则又另当别论。[1] 曹明德、黎作恒认为,包括黄河流域在内的我国7大主要江河流域的重要性、复杂性和艰巨性都迫切需要一部《江河流域法》,作为流域综合治理、资源开发和灾害预防的保障;考虑到各流域等各自的特殊性,在《江河流域法》这一流域基本法规定的总则、法律原则、基本制度的框架下,可以再制定有关各个流域的行政法规,使《江河流域法》的实施更具针对性和可操作性。[2]

(2)分散流域立法模式要求针对不同流域制定具体流域法,即规范对象为具体流域的立法。例如,吕忠梅等建议制定《长江流域水资源保护办法》,由总则、监督管理、流域水资源开发利用的保护、流域水污染防治、法律责任和附则这六部分构成。[3] 美国《田纳西流域法案》《下科罗拉多河管理法》,日本《琵琶湖综合开发特别措施法》,西班牙《塔霍—赛古拉河联合用水法》等,通过"一河一策"立法加强法制针对性,并将涉及该流域的水资源开发利用和环境保护规范综合性的予以规

---

〔1〕 王曦、胡苑:《黄河流域水资源管理法律的要素量化评估》,载《上海交通大学学报》(哲学社会科学版)2006年第6期。

〔2〕 曹明德、黎作恒:《〈黄河法〉立法刍议》,载《法学评论》2005年第1期。

〔3〕 长江流域水资源保护立法研究课题组:《长江流域水资源保护立法问题研究》,载《中国法学》1999年第2期。

定。[1] 随着《长江保护法》的出台以及黄河法立法的启动,我国流域立法进入了分散流域立法的模式。

★ 长江保护法

2020 年 12 月 26 日,第十三届全国人大常委会第二十四次会议表决通过《长江保护法》,成为我国第一部流域立法,我国流域立法进入综合立法阶段。

1.《长江保护法》的基本原则。《长江保护法》第 3 条规定,长江流域经济社会发展,应当坚持生态优先、绿色发展,共抓大保护、不搞大开发;长江保护应当坚持统筹协调、科学规划、创新驱动、系统治理。《长江保护法》围绕基本原则的规定,从规划与管控、资源保护、水污染防治、生态环境修复、绿色发展、保障与监督、法律责任等方面对长江流域开展生态环境保护和修复以及长江流域各类生产生活、开发建设活动进行全面规制。

2. 长江流域协调机制。《长江保护法》强调长江保护的系统性、整体性、协同性,建立长江流域协调机制,统一指导、监督长江保护工作;支持地方根据需要在地方性法规和政府规章制定、规划编制、监督执法等方面开展协同协作;充分发挥长江流域发展规划、国土空间规划,以及生态环境保护规划、水资源规划等规划的引领和约束作用;推动山水林田湖草整体保护、系统修复、综合治理。[2]

具体而言,长江流域协调机制包括:

协调机制的工作范围。《长江保护法》第 4 条规定,国家建立长江流域协调机制,统一指导、统筹协调长江保护工作,审议长江保护重大政策、重大规划,协调跨地区跨部门重大事项,督促检查长江保护重要工作的落实情况。

协调机制的责任主体。《长江保护法》第 5 条规定,国务院有关部门和长江流域省级人民政府负责落实国家长江流域协调机制的决策,按照职责分工负责长江保护相关工作。长江流域地方各级人民政府应当落实本行政区域的生态环境保护和修复、促进资源合理高效利用、优化产业结构和布局、维护长江流域生态安全的责任。长江流域各级河湖长负责长江保护相关工作。

建立信息共享机制。国家长江流域协调机制应当统筹协调国务院有关部门在已经建立的台站和监测项目基础上,健全长江流域生态环境、资源、水文、气象、航运、自然灾害等监测网络体系和监测信息共享机制。国家长江流域协调机制统筹

---

〔1〕 李奇伟:《流域综合管理法治的历史逻辑与现实启示》,载《华侨大学学报》(哲学社会科学版)2019 年第 3 期。

〔2〕 本刊编辑部:《中华人民共和国长江保护法发布》,载《珠江水运》2021 年第 6 期。

协调国务院有关部门和长江流域省级人民政府建立健全长江流域信息共享系统。国务院有关部门和长江流域省级人民政府及其有关部门应当按照规定，共享长江流域生态环境、自然资源以及管理执法等信息。

专家咨询委员会。国家长江流域协调机制设立专家咨询委员会，组织专业机构和人员对长江流域重大发展战略、政策、规划等开展科学技术等专业咨询。

法律与规范链接

▲ 必读法条

《土地管理法》第2条、第4条、第55条，第四章；

《野生动物保护法》第21条、第38条；

《海域使用管理法》第10条、第33条；

《森林法》第37条；

《草原法》第25条；

《渔业法》第22条、第28条；

《水土保持法》第31条；

《最高人民法院关于审理矿业权纠纷案件适用法律若干问题的解释》。

△ 延伸法条

《土地管理法》第15条、第43条；

《国务院关于实行最严格水资源管理制度的意见》；

《野生动物保护法》第11条、第14条；

《野生植物保护条例》第12条、第15条；

《矿产资源法》第12条；

《渔业法》第11条、第23条；

《水土保持法》第55条、第56条。

典型事例

A城大象造成损坏的农作物将增加保险投保额逐步提高象损补偿〔1〕

网友：从2011年至今，野象给A城B镇C村的农作物和经济作物造成了巨大的损失，我们只能得到不到20%的赔偿，在2014年初还被野象踩死2人。

A城政府回复：2011年10月，18头野生亚洲象群首次进驻A城B镇，2013年增加到24头，2014年增至53头，2015年观测数量最多达70余头。由于野生亚洲象进入田地内觅食，据统计，截至目前，象群已经给当地群众造成1450万元的直接经济损失和逾5000万元间接经济损失。

自野生亚洲象进入A城以来，县委、县政府高度重视，制作亚洲象预警出没警示牌26个，引进国际爱护动物基金会将A城县纳入监测范围，聘请了3名当地村民为监测员，已获得千余个GPS监测点、2条完整的亚洲象活动路线，基本摸清亚洲象活动规律。

今后，A城县委、县政府一是积极向上级部门争取项目资金，逐步实现在10万余亩野生亚洲象活动区域内，种植大象喜食的竹子、象草、芭蕉，适当种植玉米、甘蔗等作物，缓解大象食物短缺的问题。二是整合项目资金进行产业调整，在大象活动较频繁的地区，鼓励农户种植坚果、茶叶等亚洲象不喜食经济农作物取代玉米、甘蔗等季节性种植的作物，用生物特性规避人象冲突。三是继续加强野生亚洲象预警监测体系建设。四是积极向上级林业主管部门争取，通过增加保险投保额度逐步提高象损补偿。2015年野生动物肇事公共责任险由D市林业局与保险公司签订，已适当增加野象保险投保额度，对橡胶、甘蔗、咖啡等受损作物的补偿标准将相应提高。

延伸阅读

1. 肖国兴、肖乾刚：《自然资源法》，法律出版社1999年版，第二、三章；

---

〔1〕《江城大象造成损坏的农作物将增加保险投保额逐步提高象损补偿》，载爱微帮网站：http://www.aiweibang.com/yuedu/97077139.html，最后访问日期：2016年10月7日。

2. 黄锡生:《矿产资源生态补偿制度探究》,载《现代法学》2006年第6期;
3. 崔建远:《准物权研究》,法律出版社2012年版,导言、第一章。

3.3 物质循环管理法和节能法

- 物质循环管理和节能的主要法律制度
  - 物质循环管理法主要法律制度
    - 强制性清洁生产审核
    - 自愿性清洁生产审核
    - 激励措施
    - 强制回收制度
  - 节约能源法
    - 节能目标责任制和节能考核评价制度
    - 能源效率标识制度
    - 重点用能单位管理制度
  - 可再生能源法
    - 可再生能源并网发电和全额保障性收购制度
    - 可再生能源发电项目的上网电价
    - 可再生能源电价附加补偿
    - 可再生能源发展基金

图3-20 物质循环管理和节能的主要法律制度

3.3.1 物质循环管理法

☆ **物质循环管理法的概念**

物质循环管理法,是指以对废弃物实施物质循环管理为中心,以促进循环经济为目的的法律规范的总称。物质循环管理的目的,主要是预防和控制因现代社会大量生产、大量消费和大量废弃的经济活动而导致环境负荷的增加。[1] 在内容上,物质循环管理法包括清洁生产促进法和循环经济促进法。

☆ **清洁生产的概念**

《清洁生产促进法》第2条规定,该法所称**清洁生产,是指不断采取改进设计、使用清洁的能源和原料、采用先进的工艺技术与设备、改善管理、综合利用等措施,从源头削减污染,提高资源利用效率,减少或者避免生产、服务和产品使用过程中**

---

〔1〕 汪劲:《环境法学》,北京大学出版社2014年版,第212页。

污染物的产生和排放,以减轻或者消除对人类健康和环境的危害。

★ 强制性清洁生产审核

《清洁生产促进法》第27条规定,企业应当对生产和服务过程中的资源消耗以及废物的产生情况进行监测,并根据需要对生产和服务实施清洁生产审核。

有下列情形之一的企业,应当实施强制性清洁生产审核:

(1)污染物排放超过国家或者地方规定的排放标准,或者虽未超过国家或者地方规定的排放标准,但超过重点污染物排放总量控制指标的;

(2)超过单位产品能源消耗限额标准构成高耗能的;

(3)使用有毒、有害原料进行生产或者在生产中排放有毒、有害物质的。

污染物排放超过国家或者地方规定的排放标准的企业,应当按照环境保护相关法律的规定治理。

实施强制性清洁生产审核的企业,应当将审核结果向所在地县级以上地方人民政府负责清洁生产综合协调的部门、环境保护部门报告,并在本地区主要媒体上公布,接受公众监督,但涉及商业秘密的除外。

县级以上地方人民政府有关部门应当对企业实施强制性清洁生产审核的情况进行监督,必要时可以组织对企业实施清洁生产的效果进行评估验收,所需费用纳入同级政府预算。承担评估验收工作的部门或者单位不得向被评估验收企业收取费用。

实施清洁生产审核的具体办法,由国务院清洁生产综合协调部门、环境保护部门会同国务院有关部门制定。

★ 自愿性清洁生产审核

《清洁生产促进法》第28条规定,该法第27条第2款规定以外的企业,可以自愿与清洁生产综合协调部门和环境保护部门签订进一步节约资源、削减污染物排放量的协议。该清洁生产综合协调部门和环境保护部门应当在本地区主要媒体上公布该企业的名称以及节约资源、防治污染的成果。

☆ 激励措施

《清洁生产促进法》第33条规定,依法利用废物和从废物中回收原料生产产品的,按照国家规定享受税收优惠。第34条规定,企业用于清洁生产审核和培训的费用,可以列入企业经营成本。

★ 强制回收制度

《循环经济促进法》第15条规定,生产列入强制回收名录的产品或者包装物的企业,必须对废弃的产品或者包装物负责回收;对其中可以利用的,由各该生产企业负责利用;对因不具备技术经济条件而不适合利用的,由各该生产企业负责无害化处置。

3.3.2　节约能源法

★ 节约能源的概念

《节约能源法》第3条规定,该法所称**节约能源**(以下简称节能),**是指加强用能管理,采取技术上可行、经济上合理以及环境和社会可以承受的措施,从能源生产到消费的各个环节,降低消耗、减少损失和污染物排放、制止浪费,有效、合理地利用能源。**

★ 节能目标责任制和节能考核评价制度

《节约能源法》第6条规定,国家实行节能目标责任制和节能考核评价制度,将节能目标完成情况作为对地方人民政府及其负责人考核评价的内容。省、自治区、直辖市人民政府每年向国务院报告节能目标责任的履行情况。

★ 能源效率标识制度

《节约能源法》第18条规定,国家对家用电器等使用面广、耗能量大的用能产品,实行能源效率标识管理。实行能源效率标识管理的产品目录和实施办法,由国务院管理节能工作的部门会同国务院产品质量监督部门制定并公布。

★ 重点用能单位管理制度

《节约能源法》第三章第六节专门规定了重点用能单位节能。《节约能源法》第52条规定,国家加强对重点用能单位的节能管理。下列用能单位为重点用能单位:

(1)年综合能源消费总量一万吨标准煤以上的用能单位;

(2)国务院有关部门或者省、自治区、直辖市人民政府管理节能工作的部门指定的年综合能源消费总量五千吨以上不满一万吨标准煤的用能单位。

3.3.3　可再生能源法

★ 可再生能源的概念

《可再生能源法》第2条第1款规定,该法所称可再生能源,是指风能、太阳能、水能、生物质能、地热能、海洋能等非化石能源。

★ 可再生能源并网发电和全额保障性收购制度

《可再生能源法》第13条第1款规定,国家鼓励和支持可再生能源并网发电。

《可再生能源法》第 14 条第 1 款规定，国家实行可再生能源发电全额保障性收购制度。

此外，可再生能源发电项目的上网电价，由国务院价格主管部门根据不同类型可再生能源发电的特点和不同地区的情况，按照有利于促进可再生能源开发利用和经济合理的原则确定，并根据可再生能源开发利用技术的发展适时调整，并应当公布上网电价。

★ 可再生能源发电项目的上网电价

《可再生能源法》第 19 条第 1 款规定，可再生能源发电项目的上网电价，由国务院价格主管部门根据不同类型可再生能源发电的特点和不同地区的情况，按照有利于促进可再生能源开发利用和经济合理的原则确定，并根据可再生能源开发利用技术的发展适时调整。上网电价应当公布。

★ 可再生能源电价附加补偿

《可再生能源法》第 20 条规定，电网企业依照该法第 19 条规定确定的上网电价收购可再生能源电量所发生的费用，高于按照常规能源发电平均上网电价计算所发生费用之间的差额，由在全国范围对销售电量征收可再生能源电价附加补偿。

★ 可再生能源发展基金

《可再生能源法》第 24 条规定，国家财政设立可再生能源发展基金，资金来源包括国家财政年度安排的专项资金和依法征收的可再生能源电价附加收入等。

可再生能源发展基金用于补偿该法第 20 条、第 22 条规定的差额费用，并用于支持以下事项：

(1)可再生能源开发利用的科学技术研究、标准制定和示范工程；

(2)农村、牧区的可再生能源利用项目；

(3)偏远地区和海岛可再生能源独立电力系统建设；

(4)可再生能源的资源勘查、评价和相关信息系统建设；

(5)促进可再生能源开发利用设备的本地化生产。

该法第 21 条规定的接网费用以及其他相关费用，电网企业不能通过销售电价回收的，可以申请可再生能源发展基金补助。

可再生能源发展基金征收使用管理的具体办法，由国务院财政部门会同国务院能源、价格主管部门制定。

法律与规范链接

▲ **必读法条**

《循环经济促进法》第15条；

《节约能源法》第20条、第52条；

《可再生能源法》第14条、第16条、第17条。

△ **延伸法条**

《循环经济促进法》第12条；

《可再生能源法》第12条、第13条。

典型事例

国网电力公司“弃风弃光”〔1〕

一个“肩负”减排使命的朝阳行业，从寂寂无名，到风光无限，再到“弃风弃电”，仅仅用了十年。自2006年《可再生能源法》实施以来，中国可再生能源装机规模迅速壮大。

截至2015年年底，全国可再生能源发电装机容量达到4.8亿千瓦，占全国发电装机总容量的32%。全国电源结构持续优化，火电装机比重已从2005年的75%下降到目前的70%以下。

但随着装机容量的上升，近两年，“弃风弃光”问题却愈演愈烈，成为阻碍中国新能源产业健康发展的一个“顽疾”。

国家能源局数据显示，今年上半年，全国风电平均弃风率高达21%，同比上升6个百分点，甘肃、新疆等弃风“重灾区”弃风率甚至接近50%；上半年全国风电平均利用小时数917小时，同比下降85小时；风电弃风电量323亿千瓦时，同比增加148亿千瓦时。

光伏发电也未能幸免。国家电网的数据显示，上半年，国家电网公司经营区累计弃光电量为33.05亿千瓦时，同比增加91%；弃光比例为12.1%，同比上升2.05

〔1〕参见《全国大量风电和光伏发电被弃用　专家称应该追责》，载澎湃新闻网：http://tech.163.com/16/0914/10/C0TT1B6B00097U81.html，最后访问日期：2016年9月17日。

个百分点。

2015年9月15日，中国绿发会致函国家电网公司，就近日多家机构反映的由于多地国网电力公司严重的“弃风弃光”行为，使得当地风电、光伏产业发展受制约，燃煤发电排放增加，大气环境污染加剧等问题，诚请国家电网公司重视并给予解决。

国家电网公司在回函中对绿发会提出的问题进行恢复并且说明了出现“弃风弃光”问题的主要原因：一是用电需求增长放缓，消纳市场总量不足；二是电源结构不合理，系统调峰能力严重不足；三是跨省跨区输电通道不足，难以实现在更大范围消纳新能源；四是市场化机制不完善影响新能源消纳。

延伸阅读

1. 王明远：《清洁生产法论》，清华大学出版社2004年版，第一章（第1～8页）；
2. 孙佑海：《循环经济法的基本框架和主要制度论纲》，载《法商研究》2007年第3期；
3. 李艳芳：《我国可再生能源法的制度构建与选择》，载《中国人民大学学报》2005年第1期；
4. 李艳芳：《论我国〈能源法〉的制定——兼评〈中华人民共和国能源法〉（征求意见稿）》，载《法学家》2008年第2期；
5. 白艳英、马妍、于秀玲：《修订完善〈清洁生产促进法〉的思考》，载《环境保护》2011年第21期。

第 4 章　环境基本法概论

教学目标

了解中国环境基本法的产生和历史发展；
理解中国现行环境基本法的基本结构和章节体系；
理解并识记中国现行环境基本法所确立的环境法基本原则、主要环境管理制度、法律责任制度。

推荐参考资料

1. 汪劲:《环境法学》,北京大学出版社 2014 年版,第五章第一节;
2. 信春鹰主编:《中华人民共和国环境保护法释义》,法律出版社 2014 年版。

本章知识结构

环境基本法概论
- 中国环境基本法概述
- 政府的环保职责及管理创新
- 企业的环保义务
- 公众参与环保的权利

4.1　中国环境基本法概述

知识要点

★ 环境基本法的概念

环境基本法,是指由国家最高立法机关制定的,就一国环境保护法的宗旨、基

本政策、基本法律原则、基本行政管理体制、重要法律制度、主要法律责任等作出整体性、综合性规定的法律。环境基本法是制定其他环境法律和环境法律解释、适用的主要依据。

☆ 日本环境基本法的立法历史

日本自1993年制定《环境基本法》开始，其环境法的体系更加注重整体化，形成了以宪法关于环境保护的规定为基础，以综合性的环境基本法为中心，包括污染防治、自然保护、环境纠纷处理及损害救济、环境管理组织等内容的环境法律、法规、制度和环境标准组成的完备体系。

1993年的《环境基本法》是日本环境法发展历史上的第三部环境基本法，一般认为，在此之前制定的1967年《公害对策基本法》和1972年《自然环境保全法》是日本公害防治和自然保护方面两个平行的基本法。1967年的《公害对策基本法》主要规定了日本环境法的立法目的、公害定义，明确了企业、国家和地方公共团体对防治公害的职责，提出了公害防治的基本策略和措施，规定了公害防治的费用负担和财政措施等。而1972年的《自然环境保全法》申明了自然环境保全的基本方针，内容涉及自然保全的基本构想，原生自然环境地域及自然环境保全地域的指定及其保全措施，都道府县自然环境地域及自然环境保全地域的指定标准等。

《环境基本法》实施后，《公害对策基本法》即废止，但《自然环境保全法》并未立即废止，而是对有关法律规定进行调整，制定了相应的过渡性的措施。《环境基本法》确立了对整体环境（包括环境污染、自然资源、原生环境等）进行保护的法律框架，是一部较为典型的环境基本法。

☆ 英国环境基本法概述

英国1990年颁布的《环境保护法》也具有环境基本法的属性。该法总结了英国环境污染管理的经验，体现了环境污染的预防与治理相结合的方针，规定公民有获取环境污染信息权、区域环境质量控制标准与监测标准、环境犯罪的刑事责任等，内容涉及环境保护的大部分领域。而英国整个环境制定法律的体系就是以此为基干，辅之以相关单行法规构建而成的。

★ 中国环境基本法的发展简史

1979年，中国制定了《环境保护法（试行）》，具有环境基本法的性质。现行具有环境基本法地位的法律是全国人民代表大会常务委员会1989年制定的《环境保护法》，该法已于2014年修订。该法对环境法的立法目的、环境法的基本法律原则、环境法所调整环境的范围、环境保护行政管理的基本体制、基本法律制度和法律责任作了规定。在中国,该法作为环境基本法的地位和效力应当仅次于宪法,而且是环境立法、执法、司法的重要依据。

环境基本法的内容一般涉及各立法效力层面上的环境法律规则中具有共性的事项和内容,因而对各单项环境立法的创制和实施具有普遍的指导意义。因而,与其他环境、资源保护专项法律(单行法律)相比,《环境保护法》具有统领性的地位和作用。

★ 环境基本法的立法目的

"立法目的,是指立法者通过制定法律所欲表现的、对一定社会关系实行法律调整的思想动机和意图的出发点。"[1]环境基本法立法目的设计的科学性将直接影响到我们能否更合理地构建环境法部门的结构体系、确立解释环境法的基本原则和协调设计各领域的具体环境法律制度,甚至会影响到后续的环境法律的释法、执法和司法实践活动。作为我国环境基本法之《环境保护法》的立法目的必然应是环境法部门的法律目的在立法阶段的集中和最高表现。

2014 年修订后的《环境保护法》第 1 条立法目的条款规定,为保护和改善环境,防治污染和其他公害,保障公众健康,推进生态文明建设,促进经济社会可持续发展,制定本法。

★ 环境保护的基本国策

基本国策应该是一个国家立国、治国之策当中最基本的政策。中国《宪法》中没有明文规定"基本国策",目前,通过法律形式确认的基本国策主要有"计划生育"、"男女平等"、"十分珍惜、合理利用土地和切实保护耕地"、"节约资源"、"环境保护"。但是,实践中,并非全部的基本国策均已经以立法的方式予以确认,"对外开放"、"水土保持"这几项国策虽无法律明文确认,但也被作为基本国策。

2014 年修订的《环境保护法》新增一款作为第 4 条第 1 款,明文规定了环境保护的基本国策地位。

★★ 环境保护与经济发展关系的平衡

指为了实现社会、经济的可持续发展,必须平衡环境、经济、社会三方面关系,使之共同发展,相协调一致,而不致顾此失彼。2014 年修订的《环境保护法》对原 1989 年《环境保护法》第 4 条有关"国家制定的环境保护规划必须纳入国民经济和社会发展计划。国家采取有利于环境保护的经济政策和措施,使环境保护工作同经济建设和社会发展相协调"的规定进行了修改,明确了环境保护与经济社会发展

---

[1] 汪劲:《环境法律的理念与价值追求》,法律出版社 2000 年版,第 11 页。

的正确的平衡关系，即新法第4条第2款规定，国家采取有利于节约和循环利用资源、保护和改善环境、促进人与自然和谐的经济、技术政策和措施，使经济社会发展与环境保护相协调。

法律与规范链接

▲ 必读法条

《环境保护法》第1条、第4条、第6条、第7条。

△ 延伸法条

日本1993年《环境基本法》；

英国1990年《环境保护法》。

典型事例

2007年太湖蓝藻污染事件[1]

案情概述

2007年五六月间，江苏的太湖爆发的严重蓝藻污染，造成无锡全城自来水污染。生活用水和饮用水严重短缺，超市、商店里的桶装水被抢购一空。有研究显示，无锡水污染事件主要是由于水源地附近蓝藻大量堆积，厌氧分解过程中产生了大量的NH_3、硫醇、硫醚以及硫化氢等异味物质。

根据国家发展和改革委员会、环境保护部、住房和城乡建设部、水利部、农业部于2013年12月30日发布的《太湖流域水环境综合治理总体方案（2013年修编）》（发改地区[2013]2684号）的记载，2007年5月底爆发的太湖水危机，引起了党中央、国务院的高度重视和社会各界的广泛关注。按照国务院要求，为保障人民群众饮水安全，改善太湖水环境质量，发展改革委会同有关部门和地方紧急编制了《太湖流域水环境综合治理总体方案》。2008年5月，国务院正式批复并付诸实施。治理区范围包括江苏省苏州、无锡、常州和镇江4市30个县（市、区），浙江省湖州、嘉

---

[1] 《2007年太湖蓝藻污染事件》，载百度百科：http://baike.baidu.com/link?url=ph56JjS4mxh5H-5K14C9pQq_OLQDXionjhfBZJXjKA-PNfi2A6IGpAnNAs0bTuHBQhOihHJc0qK R634aHRCWQ_，最后访问日期：2016年9月15日。

兴、杭州3市20个县(市、区),上海市青浦区练塘镇、金泽镇和朱家角镇,总面积3.18万平方公里。入湖(河)污染物的来源包括工业源、城镇生活源和面源(包括畜禽养殖、水产养殖、农业面源、农村生活、城镇面源等)。其中,就工业点源污染而言,江苏省纺织、化工、冶金、机械电子、造纸等行业废水和COD排放量大,尤其是纺织行业更为突出,其中苏州市排放量远高于无锡、常州、南京、镇江四市;浙江省污染物排放量最大的行业为纺织、印染和造纸。2010年,流域废水排放总量为21亿立方米,COD、氨氮、总磷和总氮入河(湖)总量分别为14万吨、1.1万吨、0.05万吨、4.1万吨。

核心问题

如何正确处理环境保护与经济社会发展之间的关系?

简要评论

1987年联合国环境与发展委员会在其所发表的《我们共同的未来》中首次提出了"可持续发展",可持续发展是指"既满足当代人的需要,又不对后代人满足其需要的能力构成危害的发展"。[1] 可持续发展为人们提供了一条环境上合理,经济上可行的发展道路,让人类可以持续进步到遥远的未来。

1979年《环境保护法(试行)》出台,然而,在以经济建设为主旋律的背景下出台的首部环境保护立法必然让步迁就于经济发展。虽然该法的通过"确立了以环境污染防治为本位的环境保护立法目标",但该法第2条[2]明确提出环境法的立法目的、环境保护的最终目的是服务于"促进经济发展"。

在环境保护与经济发展的博弈中,1989年《环境保护法》第1条[3]规定了"促进社会主义现代化建设的发展"的立法目的。客观而言,与试行法相比,1989年环境法具有进步意义,该法首次对"环境保护与经济社会发展的关系"问题作出了立法回应。该法第4条明文规定,国家采取有利于环境保护的经济、技术政策和措施,使环境保护工作同经济建设和社会发展相协调。虽然该法将环境保护与经济社会发展的关系表述为"协调"关系,但此处的协调,是环境保护工作必须服从且让步于

---

[1] 世界环境与发展委员会:《我们共同的未来》,王之佳、柯金良等译,吉林人民出版社1997年版,第52页;参见蔡守秋:《深化环境资源法学研究,促进人与自然和谐发展》,载《法学家》2004年第1期。

[2] 1979年《环境保护法(试行)》第2条规定,中华人民共和国环境保护法的任务,是保证在社会主义现代化建设中,合理地利用自然环境,防治环境污染和生态破坏,为人民造成清洁适宜的生活和劳动环境,保护人民健康,促进经济发展。

[3] 1989年《环境保护法》第1条规定,为保护和改善生活环境与生态环境,防治污染和其他公害,保障人体健康,促进社会主义现代化建设的发展,制定本法。

经济社会发展。

2014 年《环境保护法》修订通过。新法第 4 条第 2 款明确了"使经济社会发展与环境保护相协调"，并通过立法目的、基本国策、基本原则等条款予以保障实施。这一修改有助于彻底改变环境保护次于经济发展的地位。由于二者位置的调整，使二者的地位发生颠倒，改变过去以经济发展为由而牺牲环境利益的观念，真正落实经济社会发展与环境保护相协调，使现代绿色发展理念与我国的环境立法相融合。

知识点

在环境保护与经济社会发展的平衡之间，环境保护应处于优先地位。

延伸阅读

1. 竺效：《论中国环境法基本原则的立法发展与再发展》，载《华东政法大学学报》2014 年第 3 期；
2. 竺效：《论公众参与基本原则入环境基本法》，载《法学》2012 年第 12 期。

4.2　政府的环保职责及管理创新

- 政府的环保职责
  - 地方政府对环境质量负责
  - 环保目标责任制和考核评价制度
  - 环境保护履职的人大监督
  - 环境质量限期达标
  - 环境影响评价区域限批
    - 环评区域限批概念
    - 适用情形
    - 决定主体
    - 限制措施
  - 环境资源承载能力监督预警机制
  - 环境保护的联防联控
  - 生态保护红线制度
  - 生态补偿
    - 生态补偿的概念
    - 生态补偿的基本方式
  - 污染物排放总量控制
  - 排污许可制度
  - 环保约谈

图 4－1　政府的环保职责

知识要点

★ 地方政府对环境质量负责

环境质量的优劣，直接影响到人体健康和生态系统的平衡。地方各级政府应当在属地管理的原则下，对环境质量负责。[1] 2014 年修订后的《环境保护法》第 6 条第 2 款规定，地方各级人民政府应当对本行政区域的环境质量负责。

★ 环保目标责任制和考核评价制度

"环境保护目标责任制，概括地说就是确定环境保护的一个目标，确定实现这一目标的措施，签订协议，做好考核，明确责任，保障措施得以落实、目标得以实现。这一制度明确了一个区域、一个部门乃至一个单位环境保护主要责任者和责任范围，运用了目标化、定量化、制度化的管理方法，从而使改善环境质量的任务能够层层分解落实，达到既定的环保目标。"[2]环保考核评价制度考核的就是上述环保目标的完成情况，并将之作为对责任人的考察的重要依据之一。2014 年修订的《环境保护法》新增第 26 条规定了这一内容。

★ 环境保护履职的人大监督

环境保护工作应当依法接受人大监督。2014 年修订的《环境保护法》新增第 27 条规定了该制度。县级以上人民政府应当每年向本级人民代表大会或者人民代表大会常务委员会报告环境状况和环境保护目标完成情况。如果辖区内发生重大环境事件的，也应当及时向本级人民代表大会常务委员会报告，依法接受监督。

☆ 环境质量限期达标

《环境保护法》第 28 条规定了地方政府环境质量责任制以及相应的不达标地区的环境质量限期达标制度。地方各级人民政府应当根据环境保护目标和治理任务，采取有效措施，改善环境质量。未达到国家环境质量标准的重点区域、流域的有关地方人民政府，应当制定限期达标规划，并采取措施按期达标。

2015 年修订的《大气污染防治法》第 14 条规定了未达到国家大气质量标准的城市人民政府编制限期达标规划的制度；第 15 条规定了限期达标公开和备案制度；第 16 条规定了限期达标规划执行情况向人大报告制度。

---

〔1〕 信春鹰主编：《中华人民共和国环境保护法释义》，法律出版社 2014 年版，第 21 页。

〔2〕 同上注，第 90～91 页。

★★★ 环境影响评价区域限批的一般法律机制(2015 年卷一第 73 题)

环境影响评价区域限批,简称“环评区域限批”,指由国务院或省级人民政府环境保护主管部门,针对存在环境影响评价执行率低、“三同时”违法现象严重、未按期完成重点污染物总量削减目标、超过污染物总量控制指标、多次发生特别重大环境污染事故、环境风险隐患突出等严重环境违法的行政区域,所采取的暂停审批除污染防治、循环经济、生态恢复类以外的所有建设项目环境影响评价文件的行政管理措施。环评区域限批行为因其是一种行政制裁效力影响范围并非仅针对违反行政法律规范的行政相对人的抽象行政行为,而不是一种行政处罚行为。

《环境保护法》第 44 条第 2 款具有我国环评区域限批制度的一般条款地位,即该款规定了不区分环境要素的环评区域限批的一般规则。该项制度至少包括如下制度要素:

(1)适用情形:该制度仅适用于两种情形,即“超过国家重点污染物排放总量控制指标的”或者“未完成国家确定的环境质量目标的”;

(2)决定主体:决定主体为“省级以上人民政府环境保护主管部门”,其具体类型包括国务院或省、自治区、直辖市人民政府环境保护行政主管部门;

(3)限制措施:限批的手段限于“暂停审批其新增重点污染物排放总量的建设项目环境影响评价文件”。

此外,2017 年修订后的《水污染防治法》第 18 条第 4 款、国务院 2009 年制定的《规划环境影响评价条例》第 30 条、2015 年修订后的《大气污染防治法》第 22 条也都规定了环评区域限批制度。2015 年 12 月,环境保护部还配套制定了《建设项目环境影响评价区域限批管理办法(试行)》。

★ **政策制定考虑环境影响**

除了规划和建设项目的环境影响评价外,需要对一些重大的政策进行必要的环境影响考量,在这些可能影响到生态(环境)的重大政策出台前,“针对如何发展、发展的规模、能不能作为支柱产业、发展以后将会给生态环境带来什么影响、如何避免这些对环境的不良影响等进行科学论证与合理分析,就可以在很大程度上避免或减缓这些政策带来的不良影响”。[1] 2014 年修订的《环境保护法》新增第 14 条规定,国务院有关部门和省、自治区、直辖市人民政府组织制定经济、技术政策,应

---

〔1〕 信春鹰主编:《中华人民共和国环境保护法释义》,法律出版社 2014 年版,第 48 页。

当充分考虑对环境的影响,听取有关方面和专家的意见。

★ 环境资源承载能力监测预警机制

"环境资源承载能力是指某区域一定时期内,在确保资源合理开发利用和生态环境良性循环的条件下,环境及资源能够承载的人口数量及相应的经济社会活动总量的能力和容量。"[1]2014 年修订的《环境保护法》第 18 条新增了有关环境资源承载能力监测预警机制的规定,该机制的内容包括:

(1)落实主体功能区战略;

(2)科学测算环境资源承载力;

(3)建立环境资源承载力统计监测工作体系,加强基础能力建设;

(4)建立环境资源承载力预警响应机制。[2]

2016 年 5 月,国家发展改革委等 9 部委制定了《关于加强资源环境生态红线管控的指导意见》。

★★ 环境保护的联防联控

"行政区域有界,生态环境无界。建立环境污染、生态破坏区域联防联控制度就是面对环境整体性、环境要素流动性的特点,主动克服行政管理的地域性、分割性而进行的制度设计。"[3]2014 年修订的《环境保护法》第 20 条第 1 款新增规定,国家建立跨行政区域的重点区域、流域环境污染和生态破坏联合防治协调机制,实行统一规划、统一标准、统一监测、统一的防治措施。

2015 年修订的《大气污染防治法》还进一步细化规定,"国家建立重点区域大气污染联防联控机制,统筹协调重点区域内大气污染防治工作。""国务院环境保护主管部门根据主体功能区划、区域大气环境质量状况和大气污染传输扩散规律,划定国家大气污染防治重点区域,报国务院批准。""重点区域内有关省、自治区、直辖市人民政府应当确定牵头的地方人民政府,定期召开联席会议,按照统一规划、统一标准、统一监测、统一的防治措施的要求,开展大气污染联合防治,落实大气污染防治目标责任。""国务院环境保护主管部门应当加强指导、督促。""而省、自治区、直辖市可以参照划定本行政区域的大气污染防治重点区域。"(第 86 条)国务院环境保护主管部门会同国务院有关部门、国家大气污染防治重点区域内有关省、自治

---

〔1〕 信春鹰主编:《中华人民共和国环境保护法释义》,法律出版社 2014 年版,第 64 页。

〔2〕 同上注,第 65 ~ 66 页。

〔3〕 同上注,第 71 页。

区、直辖市人民政府，根据重点区域经济社会发展和大气环境承载力，制定重点区域大气污染联合防治行动计划，明确控制目标，优化区域经济布局，统筹交通管理，发展清洁能源，提出重点防治任务和措施，促进重点区域大气环境质量改善。（第87条）重点区域内有关省、自治区、直辖市人民政府应当实施更严格的机动车大气污染物排放标准，统一在用机动车检验方法和排放限值，并配套供应合格的车用燃油。（第88条第2款）

★ **生态保护红线制度**（2015年卷一第31题）

2014年修订的《环境保护法》新增第29条第1款规定，国家在重点生态功能区、生态环境敏感区和脆弱区等区域划定生态保护红线，实行严格保护。2014年2月，原环境保护部制定了《国家生态保护红线——生态功能基线划定技术指南（试行）》（环发［2014］10号）；2015年4月，又制定了《生态保护红线划定技术指南》（环发［2015］56号）。

（1）生态功能区是指在保持流域、区域生态平衡，防治和减轻自然灾害，确保国家和地区生态安全方面具有重要作用的江河源头区、重要水源涵养区、水土保持的重点预防保护区和重点监督区、江河洪水调蓄区、防风固沙区、重要渔业区域，以及其他具有重要生态功能的区域，依照规定程序划定一定面积予以重点保护、建设和管理的区域。通过开展生态系统服务重要性评价划定全国重要生态功能区保护红线，对生态系统服务重要性进行等级划分，并明确其空间分布，将重要性等级高、人为干扰小的核心区域划定为重要生态功能区保护红线。

（2）生态环境敏感区是指对外界干扰和环境保护反应敏感，易于发生生态退化的区域，包括土壤侵蚀敏感区、沙漠化敏感区、盐渍化敏感区、石漠化敏感区和冻融侵蚀敏感区等。

（3）生态环境脆弱区也称生态交错区，是指两种不同类型生态系统交界过渡区域，这些交界过渡区域生态环境条件与两个不同生态系统核心区域有明显区别，是生态环境变化明显的区域。

★★ **生态补偿**（2015年卷一第31题）

生态补偿制度是以保护生态（环境），促进人与自然和谐发展为目的，根据生态系统服务价值、生态保护成本、发展机会成本，运用政府和市场手段，调节生态保护利益相关者之间利益关系的一种公共制度。2014年修订的《环境保护法》第31条新增规定，国家建立、健全生态保护补偿制度。根据该法的规定，生态补偿的基本方式包括：

(1)国家对生态保护地区的财政转移支付,有关地方人民政府应当落实生态保护补偿资金,确保其用于生态保护补偿;

(2)国家指导受益地区和生态保护地区人民政府通过协商或者按照市场规则进行生态保护补偿。

此外,根据《森林法》的有关规定,财政部、原林业局先后出台了《国家级公益林区划界定办法》(林资发[2009]214 号)和《中央财政森林生态效益补偿基金管理办法》(财农[2009]381 号),在森林领域率先开展生态补偿。2008 年以来,财政部还制定了《国家重点生态功能区转移支付办法》(财预[2011]428 号),通过提高转移支付补助系数的方式,加大对青海三江源保护区、南水北调中线水源地等国家重点生态功能区的转移支付力度。2011 年,财政部还会同原农业部制定了草原生态保护奖励补助政策。

★ 污染物排放总量控制

污染物排放总量控制,简称总量控制,是将某一控制区域作为一个完整的系统,采取措施将排入这一区域的污染物总量控制在一定数量之内,以满足该区域的环境质量要求。[1] 2014 年修订的《环境保护法》第 44 条第 1 款新增规定,国家实行重点污染物排放总量控制制度。重点污染物排放总量控制指标由国务院下达,省、自治区、直辖市人民政府分解落实。企业事业单位在执行国家和地方污染物排放标准的同时,应当遵守分解落实到本单位的重点污染物排放总量控制指标。2014 年 12 月,原环境保护部配套制定了《建设项目主要污染物排放总量指标审核及管理暂行办法》(环发[2014]197 号)。

★★ 排污许可制度

排污许可是主管机关根据企事业单位和其他生产经营者的申请,经依法审查,允许其按照许可证载明的种类、浓度、数量等要求排放污染物的管理制度。[2] 1988 年,原国家环保局发布了《水污染物排放许可证管理暂行办法》(环水字[1988]第 111 号)。2008 年修订的《水污染防治法》第 20 条规定,国家实行排污许可制度。直接或者间接向水体排放工业废水和医疗污水以及其他按照规定应当取得排污许可证方可排放的废水、污水的企业事业单位,应当取得排污许可证;城镇污水集中处理设施的运营单位,也应当取得排污许可证。排污许可的具体办法和实施步骤

---

〔1〕 信春鹰主编:《中华人民共和国环境保护法释义》,法律出版社 2014 年版,第 153 页。

〔2〕 同上注,第 156 页。

由国务院规定。禁止企业事业单位无排污许可证或者违反排污许可证的规定向水体排放前款规定的废水、污水。2000 年由国务院制定的《水污染防治法实施细则》(国务院令第 284 号)第 10 条规定,县级以上地方人民政府环境保护部门根据总量控制实施方案,审核本行政区域内向该水体排污的单位的重点污染物排放量,对不超过排放总量控制指标的,发给排污许可证;对超过排放总量控制指标的,限期治理,限期治理期间,发给临时排污许可证。具体办法由国务院环境保护部门制定。2001 年国家环境保护总局曾制定《淮河和太湖流域排放重点水污染物许可证管理办法(试行)》,现已失效。

2014 年修订的《环境保护法》第 45 条规定,国家依照法律规定实行排污许可管理制度。实行排污许可管理的企业事业单位和其他生产经营者应当按照排污许可证的要求排放污染物;未取得排污许可证的,不得排放污染物。2015 年修订后的《大气污染防治法》第 19 条规定,排放工业废气或者本法第 78 条规定名录中所列有毒有害大气污染物的企业事业单位、集中供热设施的燃煤热源生产运营单位以及其他依法实行排污许可管理的单位,应当取得排污许可证。排污许可的具体办法和实施步骤由国务院规定。2018 年,环境保护部制定了《排污许可管理办法(试行)》,对排污许可制定作出了具体规定。2020 年《排污许可管理条例》经国务院第 117 次常务会议通过,自 2021 年 3 月 1 日起施行。

★ 内部环境行政责任的强化

2014 年修订的《环境保护法》就环保部门内部行政责任的强化进行了集中规定,根据该法第 68 条的规定,地方各级人民政府、县级以上人民政府环境保护主管部门和其他负有环境保护监督管理职责的部门有下列行为之一的,对直接负责的主管人员和其他直接责任人员给予记过、记大过或者降级处分;造成严重后果的,给予撤职或者开除处分,其主要负责人应当引咎辞职:

(1)不符合行政许可条件准予行政许可的;

(2)对环境违法行为进行包庇的;

(3)依法应当作出责令停业、关闭的决定而未作出的;

(4)对超标排放污染物、采用逃避监管的方式排放污染物、造成环境事故以及不落实生态保护措施造成生态破坏等行为,发现或者接到举报未及时查处的;

(5)违反本法规定,查封、扣押企业事业单位和其他生产经营者的设施、设备的;

(6)篡改、伪造或者指使篡改、伪造监测数据的;

(7)应当依法公开环境信息而未公开的;

(8)将征收的排污费截留、挤占或者挪作他用的;

(9)法律法规规定的其他违法行为。

☆ **环保约谈**

2014 年 5 月,原环境保护部制定规范性文件《环境保护部约谈暂行办法》(环发[2014]67 号),就环保约谈制度作出了规范。2015 年修订后的《大气污染防治法》第 22 条也规定,对超过国家重点大气污染物排放总量控制指标或者未完成国家下达的大气环境质量改善目标的地区,省级以上人民政府环境保护主管部门应当会同有关部门约谈该地区人民政府的主要负责人,并暂停审批该地区新增重点大气污染物排放总量的建设项目环境影响评价文件。约谈情况应当向社会公开。

2017 年修正后的《水污染防治法》第 20 条(第 5 款)规定,对超过重点水污染物排放总量控制指标或者未完成水环境质量改善目标的地区,省级以上人民政府环境保护主管部门应当会同有关部门约谈该地区人民政府的主要负责人,并暂停审批新增重点水污染物排放总量的建设项目的环境影响评价文件。约谈情况应当向社会公开。

法律与规范链接

▲ 必读法条

《环境保护法》第 6 条、第 8 ~ 11 条、第 13 ~ 21 条、第 24 ~ 35 条、第 37 条、第 39 条、第 44 ~ 45 条、第 49 ~ 51 条、第 59 条、第 63 条、第 67 ~ 68 条。

△ 延伸法条

《水污染防治法实施细则》;

《大气污染防治法》第 14 ~ 16 条、第 19 条、第 22 条、第 78 条、第 86 ~ 88 条;

《建设项目环境影响评价区域限批管理办法(试行)》;

《国家发展改革委等 9 部委印发〈关于加强资源环境生态红线管控的指导意见〉的通知》;

《环境保护部约谈暂行办法》;

《排污许可管理办法(试行)》。

典型事例

国务院环境保护主管部门首次动用环境影响评价区域限批

案情概述

“2006年，是中国环境形势最为严峻的一年。全年发生严重环境污染事故161起，平均每两天一起；环境投诉已达60万人次，比2005年增加30%；国务院年初提出的能耗降低4%、污染物排放降低2%的目标并没有实现，环境问题已经成为制约中国经济社会发展的主要瓶颈。仅此一年，环保总局在环评这道关口就停批缓批对环境有影响的项目163个，投资额达7700多亿元，其中50%以上是钢铁、火电、石化等高耗能、高污染项目。”[1]于是，2007年1月10日，原国家环保总局根据《国务院关于落实科学发展观加强环境保护的决定》，首次在国家层面启动环评区域限批措施。该次环评区域限批共涉及分布于全国22个省市的钢铁、冶金、电力、化工等12个行业，涉案企业总投资额高达1123亿元，有82个严重违反环境影响评价和“三同时”法律制度的项目被“叫停”，其中主要涉及河北唐山、山西吕梁、山东莱芜、贵州六盘水四个行政区域，以及大唐国际、华能、华电、国电四大电力集团。时任原国家环保总局副局长的潘岳认为，“2007年1月10日，环保总局通报查处82个环评和‘三同时’违规项目并首次启动‘区域限批’政策以来，环保总局认真督促‘限批’的四市、四电力集团进行整改，各级环保部门对20多个省的82家企业进行了上百次现场检查，确保整改工作的落实。通过此次对一批违法项目的淘汰和整改，预计每年可削减二氧化硫排放超过19万吨”，“历时3个月的‘区域限批’所取得的成效，比以往任何一次环评执法都更加明显，既解决了一些遗留的严重环境违法问题，也扭转了一些地方政府先污染后治理、先积累后发展的思路，使他们逐渐甩掉对高耗能产业规模数量的依赖，加速跨入发展新型产业的行列”。[2]

---

〔1〕参见原国家环境保护总局：《环保总局通报1123亿严重环境违法项目 首次使用“区域限批”遏制高污染产业》，载国家环境保护部官方网站：http://www.mep.gov.cn/gkml/hbb/qt/200910/t20091023_180045.htm。

〔2〕原国家环境保护总局：《吕梁、六盘水两市和华电集团最后一批被解除“限批”环保总局将总结限批经验谋求更大作为》，载国家环境保护部官方网站：http://www.mep.gov.cn/gkml/hbb/qt/200910/t20091023_180066.htm。

核心问题

环境影响评价区域限批是否已经成为环境保护领域的一项普遍制度？

简要评论

环境影响评价区域限批已经成为我国环境法中的一项适用于各环境要素领域的重要制度。2014年修订后的《环境保护法》第44条第2款明文规定，对超过国家重点污染物排放总量控制指标或者未完成国家确定的环境质量目标的地区，省级以上人民政府环境保护主管部门应当暂停审批其新增重点污染物排放总量的建设项目环境影响评价文件。新《环境保护法》第44条第2款具有我国环评区域限批制度的一般条款地位，即该款规定了不区分环境要素的环评区域限批的一般规则，除遇未来《环境影响评价法》修改或环境单行法立法新增明确的适用除外规定，则该款环境基本法的规定应适用于任何环境领域。该条规定明确了该项制度三个基本制度要素：适用情形、决定主体和限制措施。

国务院环境保护主管部门自2007年首试该措施以来，一直持续不断地寻求该措施的立法确认。虽然2008年6月5日，原环境保护部曾发布《环境影响评价区域限批管理办法（试行）（征求意见稿）》〔1〕，但最终该项立法案无果而终。2008年修订后的《水污染防治法》第18条第4款规定，对超过重点水污染物排放总量控制指标的地区，有关人民政府环境保护主管部门应当暂停审批新增重点水污染物排放总量的建设项目的环境影响评价文件。此外，国务院2009年制定的《规划环境影响评价条例》第30条规定，规划实施区域的重点污染物排放总量超过国家或者地方规定的总量控制指标的，应当暂停审批该规划实施区域内新增该重点污染物排放总量的建设项目的环境影响评价文件。

2015年修订后的《大气污染防治法》第22条规定，对超过国家重点大气污染物排放总量控制指标或者未完成国家下达的大气环境质量改善目标的地区，省级以上人民政府环境保护主管部门应当会同有关部门约谈该地区人民政府的主要负责人，并暂停审批该地区新增重点大气污染物排放总量的建设项目环境影响评价文件。约谈情况应当向社会公开。此外，2015年12月，原环境保护部还配套制定了《建设项目环境影响评价区域限批管理办法（试行）》（环发［2015］169号）。

---

〔1〕原环境保护部：《关于征求〈环境影响评价区域限批管理办法（试行）（征求意见稿）〉意见的函》，2008年6月5日，载 http://www.mep.gov.cn/gkml/hbb/bgth/200910/t20091022_174859.htm。

知识点

环境影响评价区域限批制度普遍适用于污染防治的各个领域。

延伸阅读

1. 竺效:《论新〈环境保护法〉中的环评区域限批制度》,载《法学》2014 年第 6 期;
2. 王社坤:《〈生态补偿条例〉立法构想》,载《环境保护》2014 年第 13 期;
3. 田其云、黄彪:《我国污染物总量控制制度探讨》,载《环境保护》2014 年第 20 期;
4. 王金南等:《中国排污许可制度改革框架研究》,载《环境保护》2016 年第 Z1 期。

4.3　企业的环保义务

知识要点

☆ **企事业单位的基本环保义务**

2014 年修订后的《环境保护法》首先在第 6 条第 3 款明确规定了污染者的基本环境保护义务,即"企业事业单位和其他生产经营者应当防止、减少环境污染和生态破坏,对所造成的损害依法承担责任"。第 42 条第 1 款还进一步规定,排放污染物的企业事业单位和其他生产经营者,应当采取措施,防治在生产建设或者其他活动中产生的废气、废水、废渣、医疗废物、粉尘、恶臭气体、放射性物质以及噪声、振动、光辐射、电磁辐射等对环境的污染和危害。

此外,该法第 30 条还规定了开发利用自然资源和引进外来物种的环保义务,即"开发利用自然资源,应当合理开发,保护生物多样性,保障生态安全,依法制定有关生态保护和恢复治理方案并予以实施"。"引进外来物种以及研究、开发和利用生物技术,应当采取措施,防止对生物多样性的破坏。"

☆ **企业环保责任制**

2014 年修订后的《环境保护法》第 42 条第 2 款规定,排放污染物的企业事业单位,应当建立环境保护责任制度,明确单位负责人和相关人员的责任。单位负责人或相关人员没有履行环保职责而造成污染事故发生的,应承担相应的法律责任。

其中：[1]

“单位负责人指排污单位的主要负责人，是排污单位环境保护工作的总负责人，在排污单位内全面负责环境保护工作，对相关责任人员进行指导、监督，落实环境保护管理制度。”

“相关人员指排污单位的环境监督员等人员。环境监督员具体负责排污单位的污染防治、日常检查等环境保护工作。”

★★ 重点排污单位的环境监测义务及其违法责任

2014 年修订后的《环境保护法》第 42 条第 3 款规定，重点排污单位应当按照国家有关规定和监测规范安装使用监测设备，保证监测设备正常运行，保存原始监测记录。重点排污单位包括国家监控的重点排污单位和地方监控的重点排污单位，具体名录由国家环境保护行政主管部门和地方环境保护行政主管部门公布。重点排污单位环境监测的基本义务包括：

（1）保证监测设备正常运行。2013 年 7 月，原环境保护部制定了《国家重点监控企业自行监测及信息公开办法（试行）》和《国家重点监控企业污染源监督性监测及信息公开办法（试行）》（环发[2013]81 号），以及 2006 年 7 月，原国家环境保护总局制定的《环境监测质量管理规定》（环发[2006]114 号）等规范性文件是重点排污单位环境监测设备运行所应遵循的技术规范。

（2）保存原始监测记录。执行监测记录应当包括监测各环节的原始记录、委托监测相关记录、自动监测设备运行维护记录。各类记录内容应当完整，由相关人员签字，并妥善保存。[2]

★ 严禁逃避监管违法排污

2014 年修订后的《环境保护法》第 42 条第 4 款规定，严禁通过暗管、渗井、渗坑、灌注或者篡改、伪造监测数据，或者不正常运行防治污染设施等逃避监管的方式违法排放污染物。该法第 63 条和第 69 条还分别规定了违法责任，即通过暗管、渗井、渗坑、灌注或者篡改、伪造监测数据，或者不正常运行防治污染设施等逃避监管的方式违法排放污染物的企业事业单位和其他生产经营者，尚不构成犯罪的，除依照有关法律法规规定予以处罚外，由县级以上人民政府环境保护主管部门或者其他有关部门将案件移送公安机关，对其直接负责的主管人员和其他直接责任人

---

〔1〕 信春鹰主编：《中华人民共和国环境保护法释义》，法律出版社 2014 年版，第 146 页。
〔2〕 同上注，第 147 页。

员,处10日以上15日以下拘留;情节较轻的,处5日以上10日以下拘留。构成犯罪的,依法追究刑事责任。2015年12月,原环境保护部还配套制定了《环境监测数据弄虚作假行为判定及处理办法》(环发[2015]175号)。

★ 重点排污单位的环境信息公开义务

2014年修订后的《环境保护法》第55条新增规定,重点排污单位应当如实向社会公开其主要污染物的名称、排放方式、排放浓度和总量、超标排放情况,以及防治污染设施的建设和运行情况,接受社会监督。2014年12月,原环境保护部配套制定了《企业事业单位环境信息公开办法》(原环境保护部令第31号)。

★ 应当纳入重点排污单位名录的企事业单位种类

根据《企业事业单位环境信息公开办法》第7条的规定,设区的市级人民政府环境保护主管部门应当于每年3月底前确定本行政区域内重点排污单位名录,并通过政府网站、报刊、广播、电视等便于公众知晓的方式公布。环境保护主管部门确定重点排污单位名录时,应当综合考虑本行政区域的环境容量、重点污染物排放总量控制指标的要求,以及企业事业单位排放污染物的种类、数量和浓度等因素。

根据该办法第8条的规定,具备下列条件之一的企业事业单位,应当列入重点排污单位名录:

(1)被设区的市级以上人民政府环境保护主管部门确定为重点监控企业的;

(2)具有试验、分析、检测等功能的化学、医药、生物类省级重点以上实验室、二级以上医院、污染物集中处置单位等污染物排放行为引起社会广泛关注的或者可能对环境敏感区造成较大影响的;

(3)三年内发生较大以上突发环境事件或者因环境污染问题造成重大社会影响的;

(4)其他有必要列入的情形。

★★ 重点排污单位应当公开的环境信息的种类

根据《企业事业单位环境信息公开办法》第9条的规定,重点排污单位应当公开下列信息:

(1)基础信息,包括单位名称、组织机构代码、法定代表人、生产地址、联系方式,以及生产经营和管理服务的主要内容、产品及规模;

(2)排污信息,包括主要污染物及特征污染物的名称、排放方式、排放口数量和分布情况、排放浓度和总量、超标情况,以及执行的污染物排放标准、核定的排放总量；

（3）防治污染设施的建设和运行情况；

（4）建设项目环境影响评价及其他环境保护行政许可情况；

（5）突发环境事件应急预案；

（6）其他应当公开的环境信息。

此外，列入国家重点监控企业名单的重点排污单位还应当公开其环境自行监测方案。

★★ 重点排污单位环境信息公开的方式

根据《企业事业单位环境信息公开办法》第 10 条的规定，重点排污单位应当通过其网站、企业事业单位环境信息公开平台或者当地报刊等便于公众知晓的方式公开环境信息，同时可以采取以下一种或者几种方式予以公开：

（1）公告或者公开发行的信息专刊；

（2）广播、电视等新闻媒体；

（3）信息公开服务、监督热线电话；

（4）本单位的资料索取点、信息公开栏、信息亭、电子屏幕、电子触摸屏等场所或者设施；

（5）其他便于公众及时、准确获得信息的方式。

★ 重点排污单位环境信息公开的时限

根据《企业事业单位环境信息公开办法》第 11 条的规定，重点排污单位应当在环境保护主管部门公布重点排污单位名录后 90 日内依法公开其环境信息；环境信息有新生成或者发生变更情形的，重点排污单位应当自环境信息生成或者变更之日起 30 日内予以公开。但是，法律、法规另有规定的，从其规定。

★★★ 重点排污单位环境信息公开的违法行政责任

根据《企业事业单位环境信息公开办法》第 11 条的规定，重点排污单位违反该办法的规定，有下列行为之一的，由县级以上环境保护主管部门根据《环境保护法》的规定责令公开，处 3 万元以下罚款，并予以公告：

（1）不公开或者不按照该办法第 9 条规定的内容公开环境信息的；

（2）不按照该办法第 10 条规定的方式公开环境信息的；

（3）不按照该办法第 11 条规定的时限公开环境信息的；

（4）公开内容不真实、弄虚作假的。

法律、法规另有规定的，从其规定。

★★★ 企业环境应急管理

2014 年修订后的《环境保护法》新增了第 47 条有关环境应急管理基本法律制度的专条。该条规定要求，各级人民政府及其有关部门和企业事业单位，应当依照《突发事件应对法》的规定，做好突发环境事件的风险控制、应急准备、应急处置和事后恢复等工作。企业事业单位应当按照国家有关规定制定突发环境事件应急预案，报环境保护主管部门和有关部门备案。在发生或者可能发生突发环境事件时，企业事业单位应当立即采取措施处理，及时通报可能受到危害的单位和居民，并向环境保护主管部门和有关部门报告。

2015 年 3 月，原环境保护部配套制定了《突发环境事件应急管理办法》（环境保护部令第 34 号），细化规定了企业事业单位突发环境事件风险评估、风险防控措施以及隐患排查治理的要求、企业事业单位应急预案的管理要求、企业事业单位环境应急培训、环境应急队伍、能力建设以及环境应急物资保障、企业的先期处置和协助处置等应急响应责任、企业事业单位的环境应急信息公开等相关规则。2015 年，原环境保护部还制定了《企业事业单位突发环境事件应急预案备案管理办法（试行）》（环发［2015］4 号），用以指导企业环境应急预案的编制和备案工作。

法律与规范链接

▲ 必读法条

《环境保护法》第 6 条第 3 款、第 30 条、第 42 条、第 63 条、第 69 条。

△ 延伸法条和规范性文件

《企业事业单位环境信息公开办法》；
《突发环境事件应急管理办法》；
《国家重点监控企业自行监测及信息公开办法（试行）》；
《国家重点监控企业污染源监督性监测及信息公开办法（试行）》；
《环境监测质量管理规定》；
《环境监测数据弄虚作假行为判定及处理办法》；
《企业事业单位突发环境事件应急预案备案管理办法（试行）》。

典型案例

A公司环境监测数据弄虚作假案[1]

案情概述

A公司主营捣固焦、粗苯、焦油等产品，是B市重要化工企业之一。2015年4月22日，B市环保局与市公安局环保支队混合编队，对A公司污染物排放情况进行了全面检查。检查发现，A公司部分高浓度焦化生产废水未经任何处理，直接用于熄焦，属典型的恶意偷排偷放。此外，A公司一期工程150t/h燃煤锅炉自动监控设备段二氧化硫值为35～90mg/m^3之间，烟尘为45mg/m^3，环保局现场手工监测二氧化硫值为166～172mg/m^3之间，烟尘为194mg/m^3；二期工程75t/h燃煤锅炉自动监控设备烟尘值为66mg/m^3，环保局现场手工监测烟尘为163mg/m^3，存在焦炉超标排放、燃煤锅炉在线监测数据造假、烟尘超标排放等问题。B市环保局依法作出处罚决定，对A公司处以145万元罚款并没收违法保证金100万元；因A公司肆意修改在线监控数据，其主管环保的经理张某某、仪表部经理胡某被依法行政拘留7日。

核心问题

《环境保护法》对企业环境监测的义务作出了哪些基本规定？对于环境监测弄虚作假的行为人是否可以依法予以行政拘留？

简要评论

《环境保护法》第42条对企业环境监测和不得逃避环境监管非法排污的基本法律义务作出了明确规定，即重点排污单位应当按照国家有关规定和监测规范安装使用监测设备，保证监测设备正常运行，保存原始监测记录。严禁通过暗管、渗井、渗坑、灌注或者篡改、伪造监测数据，或者不正常运行防治污染设施等逃避监管的方式违法排放污染物。

对于通过暗管、渗井、渗坑、灌注或者篡改、伪造监测数据，或者不正常运行防治污染设施等逃避监管的方式违法排放污染物的企业事业单位和其他生产经营者，构成犯罪的，依法追究刑事责任；尚不构成犯罪的，除依照有关法律法规规定予以

---

[1] 《环保部通报环境监测数据弄虚作假案例：多名责任人被拘》，载人民网，http://politics.people.com.cn/n/2015/0612/c1001－27145373.html。

处罚外，应当由县级以上人民政府环境保护主管部门或者其他有关部门将案件移送公安机关，对其直接负责的主管人员和其他直接责任人员，处10日以上15日以下拘留；情节较轻的，处5日以上10日以下拘留。

知识点

通过暗管、篡改、伪造监测数据等逃避监管的方式排污将面临拘留的行政处罚。

延伸阅读

1. 王彬辉：《我国企业环境信息强制公开制度的发展与实践路径》，载《法学杂志》2015年第8期；
2. 张玲玲：《企业环境应急管理研究》，载《资源节约与环保》2015年第5期。

4.4　公众参与环保的权利

公众参与环保的权利
- 环境知情权、参与权和监督权
- 环境违法举报权
- 环境民事公益诉讼

图4-2　公众参与环保的权利

知识要点

★ 环境知情权、参与权和监督权

2014年修订的《环境保护法》第53条第1款规定，公民、法人和其他组织依法享有获取环境信息、参与和监督环境保护的权利。该款规定宣示了公众参与环境保护的三项重要的程序性权利，即环境知情权、参与权和监督权。此外，该条第2款还相应规定，各级人民政府环境保护主管部门和其他负有环境保护监督管理职责的部门，应当依法公开环境信息、完善公众参与程序，为公民、法人和其他组织参与和监督环境保护提供便利。

★ **公众的环境违法举报权**

2014 年修订的《环境保护法》第 57 条规定了公众对于环境违法行为的举报权。公民、法人和其他组织发现任何单位和个人有污染环境和破坏生态行为的，有权向环境保护主管部门或者其他负有环境保护监督管理职责的部门举报。公民、法人和其他组织发现地方各级人民政府、县级以上人民政府环境保护主管部门和其他负有环境保护监督管理职责的部门不依法履行职责的，有权向其上级机关或者监察机关举报。接受举报的机关应当对举报人的相关信息予以保密，保护举报人的合法权益。

★ **公共机构的环境信息发布职责**（2007 年卷一第 28 题）

2014 年修订的《环境保护法》第 54 条规定了政府机关和其他公共服务机构的环境信息发布职责。国务院环境保护主管部门统一发布国家环境质量、重点污染源监测信息及其他重大环境信息。省级以上人民政府环境保护主管部门定期发布环境状况公报。县级以上人民政府环境保护主管部门和其他负有环境保护监督管理职责的部门，应当依法公开环境质量、环境监测、突发环境事件以及环境行政许可、行政处罚等信息。

☆ **环境违法“黑名单”机制**

为了更好地通过市场和金融机制，引导企业遵守环境保护法律，2014 年修订的《环境保护法》第 54 条规定了环境违法企业的“黑名单”制度。即县级以上地方人民政府环境保护主管部门和其他负有环境保护监督管理职责的部门，应当将企业事业单位和其他生产经营者的环境违法信息记入社会诚信档案，及时向社会公布违法者名单。2013 年 12 月，原环境保护部曾联合人民银行等部门发布了《企业环境信用评价办法（试行）》（环发[2013]150 号），以推进企业环境信用评价工作，督促企业自觉履行环境保护法定义务和社会责任。

★★★ **环境民事公益诉讼**（2015 年卷一第 30 题）

详见本书 9.2《环境民事公益诉讼》。

法律与规范链接

▲ **必读法条**

《环境保护法》第 53 ~ 58 条、第 62 条。

△ 延伸法条和规范性文件

《环境信息公开办法(试行)》;

《环境保护公众参与办法》;

《企业环境信用评价办法(试行)》。

延伸阅读

陈海嵩:《论程序性环境权》,载《华东政法大学学报》2015 年第 1 期。

第 5 章　环境行政执法

教学目标

从宏观上了解中国环境行政执法的概况；
识记中国现行主要的环境行政执法机构及其职能、职责；
了解中国现行环境行政处罚、环境行政许可、环境行政强制、环境行政监督检查等环境行政执法的主要方式及其基本程序；
理解中国环境行政复议和环境行政诉讼的运行机理。

推荐参考资料

1. 汪劲:《环境法学》(第三版),北京大学出版社 2014 年版,第四章第四节;
2. 周珂等主编:《环境法》(第四版),中国人民大学出版社 2013 年版,第五章第二节;
3. 吕忠梅主编:《环境法原理》,复旦大学出版社 2007 年版,第九章第一节。

本章知识结构

- 环境行政执法
  - 环境行政执法概述
    - 环境行政执法的概念、特征和原则
    - 环境行政执法的行为和效力
  - 环境行政执法主体
    - 中国环境行政执法机构的产生与发展
    - 中国现行环境行政执法主体的职能配置和权限划分
    - 中国现行环境行政执法机构的层级划分与管理体制
  - 环境行政执法方式
    - 环境行政处罚
    - 环境行政许可
    - 环境行政强制执行
    - 环境行政监督检查
    - 特殊环境执法措施
  - 环境行政执法程序
    - 环境行政处罚的实施程序
    - 环境行政许可的基本程序
    - 环境行政执法后督察
  - 相对人对环境行政执法的监督
    - 环境行政复议
    - 环境行政诉讼

5.1 环境行政执法概述

知识要点

5.1.1 环境行政执法的概念、特征和原则

☆ **环境行政执法的概念**

执法是国家机关执行法律的活动。**环境执法**是国家执法活动的一个组成部分,它是**指有关国家机关按照法定权限和程序,将环境法律规范中抽象的权利义务变成环境法主体的具体的权利义务的过程**。环境执法根据执法机关的不同可分为环境行政执法和环境司法执法。环境行政执法即行政机关的执法,一般认为,环境行政执法是指有关行政管理机关执行环境法律规范的活动。[1]

☆ **环境行政执法的特征**

(1)环境行政执法活动具有单向性。环境行政执法机构可自行决定或直接实施执法行为,而无须与环境执法相对人协商或征得相对人的同意。

(2)环境行政执法主体具有多样性和法定性。根据现行法律规定,有权从事环境行政执法的行政部门,除了各级人民政府及其环境行政主管部门外,还有许多相关行政管理部门,如土地、林业、水利、能源、资源综合利用、草原、海洋、气象、渔业、海事、城乡建设规划等部门,因此具有多样性。同时,这些多样化的环境行政执法主体,其各自的环境保护行政执法职权、职责必须由法律明确规定,不能超越法律的规定而越权执法。

(3)环境行政执法手段具有多样性。从理论上分析,环境行政执法手段既包括说服教育性质为主的申诫罚,又包括经济制裁性质的财产罚和能力罚,对严重的环境行政违法行为甚至可处以人身罚。

(4)环境行政执法通常具有预防性。多数情况下,不是在环境被污染或被破坏的危害结果发生之后,才进行环境行政执法,而是在环境危害结果发生之前进行,即环境行政执法通常是一种事前行政行为,通过行政制裁及时制止环境危害后果

---

〔1〕 周珂等主编:《环境法》(第四版),中国人民大学出版社 2013 年版,第 75 页。

的发生或扩大。[1]

★ 环境行政执法的原则

(1)合法性原则。环境行政执法主体必须是依法组成的或依法授权执法的机关;环境行政执法机构必须在法定权限内执法;执法内容与执法程序必须合法。

(2)合理性原则。环境行政执法机关的执法行为必须公允适当,具有合理性,只能根据违法行为的情节轻重、后果大小,选择合理的处罚标准,合理使用自由裁量权。

(3)效率性原则。环境行政执法行为应讲求行政效率,在行使执法权时,在确保合法、合理执法的前提下,应尽可能缩短时间投入,尽可能减少人力投入,而办理尽可能多的事务。

(4)公正性原则。环境行政执法机构必须对任何单位和个人所享有的环境权利,提供同等的保护,同时对任何单位和个人的环境违法行为都要无一例外地进行追究和制裁,不可选择性执法。

5.1.2　环境行政执法的行为和效力

☆ 环境行政执法行为的概念

环境行政执法行为是环境行政执法机构在其职权范围内或授权范围内依法对环境行政执法相对人实施的具有法律效力的行为。[2]

☆ 环境行政执法行为的效力

(1)约束力。环境行政执法是一种法律行为,具有法律规定的法律效果,不管是环境执法机构还是环境执法相对人都必须严格执行和遵守。

(2)权威力。环境行政执法行为即使被认为是违法的,在有关行政机关或人民法院予以撤销或变更之前,环境行政相对人及其他人都不得以任何借口否认该环境行政执法行为的存在,而只能视该执法行为为有效行为。

(3)强制力。环境行政执法相对人不履行环境法律义务时,环境执法机构有权依法强制其履行该义务,包括申请法院给予司法强制执行。

(4)时效力。一旦相对人超过对环境行政执法行为提起复议或诉讼的期限而未提起复议或诉讼的,环境行政执法相对人便不得就该执法行为再提出争议。

---

〔1〕 周珂等主编:《环境法》(第四版),中国人民大学出版社2013年版,第75~76页。
〔2〕 同上注,第77~78页。

(5)不可变更力。环境行政执法机构一旦作出裁断,只要行政相对人无异议,即使事后判明该裁断是错误的,也不允许裁决人自己推翻已经作出的裁决。

典型案例

生态环境部通报深圳、安徽2起阻挠环境执法事件查处情况[1]

近日,部分媒体先后刊发《深圳一工厂偷排重金属废水被查封 封条随即被撕毁》《合肥一地铁施工单位人员阻挠环保执法 已被清退》两起阻挠环境执法的报道。生态环境部高度重视,迅速调度核实有关情况,督促当地有关部门依法严惩恶意违法排污行为。

《深圳一工厂偷排重金属废水被查封 封条随即被撕毁》报道称,2018年3月14日,深圳市坪山区环境执法人员现场检查发现深圳嘉普通太阳能股份有限公司存在环境违法行为并依法查封该生产车间后,当天下午复查时发现车间封条已被撕毁,该报道引发网民广泛关注。

目前,坪山区环保水务局和公安局对涉案企业进行依法查处,并追究相关人员刑事责任。一是依法严惩企业违法排污行为。坪山区环保水务局依据《深圳经济特区环境保护条例》对企业无排污许可证擅自排污行为罚款20万元;将企业外排废水中重金属镍超过排放限值10倍以上涉嫌污染环境罪以及车间封条被毁的相关案件材料,移送公安机关。二是严肃追究刑事责任。目前,坪山区公安局对已对公司总经理和生产经理2人进行刑事拘留,侦查工作已结束,下一步将移送检察院提起公诉。目前企业私自增设的设备已被拆除。

《合肥一地铁施工单位人员阻挠环保执法 已被清退》报道称,合肥市轨道交通5号线1标段徽州大道站建设工地分别于2017年12月9日和2018年3月13日两次发生阻挠环保执法的事件,且该工地存在土方、物料未按要求苫盖,场区部分道路洒水不及时,扬尘较大,车辆冲洗设施损坏等环境违法行为。合肥市轨道交通公司将不配合检查的领工员和监理员予以清退。该报道引起网民密切关注。

目前,安徽省环保厅与合肥市政府组织相关单位依法查处涉事企业环境违法

---

〔1〕 生态环境部:《态环境部通报深圳、安徽2起阻挠环境执法事件查处情况》,载 http://www.mee.gov.cn/gkml/sthjbgw/qt/201805/t20180514_439439.htm?。

行为并追究相关单位和人员责任。一是依法查处企业违法排污行为。合肥市城乡建设委员会、包河区环保局依据《大气污染防治法》对企业未采取防扬尘措施、拒绝检查的行为分别罚款 4 万元,并对企业存在的其他环境违法行为罚款 10 万元。目前,企业已基本整改到位。二是严肃追究相关单位和人员责任。合肥市纪委监委责成合肥市城市轨道交通有限公司负责人作出书面检查,并给予该公司 5 号线工程处处长记大过处分。合肥市城市轨道交通有限公司对承建公司(中铁十局联合体项目部)通报批评,处违约金 20 万元;对项目监理公司通报批评,处违约金 20 万元。中铁十局给予 5 号线分管领导诫勉谈话,给予项目经理、项目书记警告处分,给予项目负责人降级处分,给予项目副经理撤职处分。

5.2　环境行政执法主体

知识要点

5.2.1　中国环境行政执法机构的产生与发展

☆ 环境执法主体的概念

环境执法主体是指环境执法机构,即依法行使环境执法权的机构。通常行政机关是环境行政执法的主体,但并不是所有的国家行政机关都能行使环境行政执法这项职权,也并不是说国家行政机关之外的其他主体就绝对不能行使环境执法权。

★ 环境行政执法机构的类型

按照现行法律法规的规定,环境行政执法机构有以下几种类型:[1]

(1)各级人民政府。主要行使对经济发展和社会生活有重大影响的环境行政执法权,如责令限期治理、责令企业事业单位停业关闭和采取强制性应急措施等。

(2)各级环境保护主管部门及其派出机构。各级环境保护主管部门是最重要的环境行政执法机构,大量的、重要的环境行政执法职责都是由环境行政主管部门履行的。为了更好地完成环境保护监督管理工作,各级环境保护主管部门在必要时,可以设立一些派出机构。

---

〔1〕 参见周珂等主编:《环境法》(第四版),中国人民大学出版社 2013 年版,第 76 ~ 77 页;曹晓凡:《环境行政执法实务操作与案例指引》,中国民主法制出版社 2016 年版,第 135 ~ 159 页。

（3）地方人民政府其他职能部门。《环境保护法》第10条第2款规定，县级以上人民政府有关部门，依照有关法律的规定对资源保护和污染防治等环境保护工作实施监督管理。环境保护法律、法规授权对某些方面的资源保护实施监督管理的部门，如各级公安、交通、铁路、民航管理部门、卫生、市政管理、市容环境卫生、园林、文物保护、核安全等行政主管部门，也负有某些环境行政执法的职责。这一类机构不是专门性的环境行政执法机构，而只是依照法律法规的特别授权，在与自身业务相关的范围内，对环境污染防治行使监督管理权。

（4）军队环境保护部门。依据《环境保护法》第10条第2款，军队环境保护部门，依照有关法律的规定对资源保护和污染防治等环境保护工作实施监督管理。《解放军环境保护条例》第3条规定，“军队环境保护工作是国家环境保护事业的组成部分，应当贯彻执行国家环境保护的方针、政策、法律、法规，接受国家环境保护主管部门的指导和监督。”

（5）环境行政执法主体委托的行政机关或特定组织。环境行政执法主体委托的特定组织，是指环境行政执法主体依照法律、法规和规章的规定，将其自身某些法定的环境行政执法事项委托符合条件的行政机关或组织进行执法。受委托的机关或组织只能以委托的环境行政执法主体名义进行执法，其执法产生的法律后果由委托的环境行政执法主体承担。

☆ 中国环境行政执法机构的产生与发展

中国的环境行政执法机构经历了一个曲折的发展过程。[1]

☆ 2018年国务院机构改革中环境资源部门的调整

2018年3月13日，国务院机构改革方案（以下简称方案）提请十三届全国人大一次会议审议。方案中，国务院组成部门调整的前两条直指生态环保领域，即组建自然资源部与生态环境部。与此同时，不再保留国土资源部、环境保护部、国家海洋局和国家测绘地理信息局。具体而言：

（1）组建自然资源部。将国土资源部的职责，国家发展和改革委员会的组织编制主体功能区规划职责，住房和城乡建设部的城乡规划管理职责，水利部的水资源调查和确权登记管理职责，农业部的草原资源调查和确权登记管理职责，国家林业局的森林、湿地等资源调查和确权登记管理职责，国家海洋局的职责，国家测绘地理信息局的职责整合，组建自然资源部，作为国务院组成部门。自然资源部对外保

---

〔1〕 汪劲：《环境法学》（第三版），北京大学出版社2014年版，第75～76页。

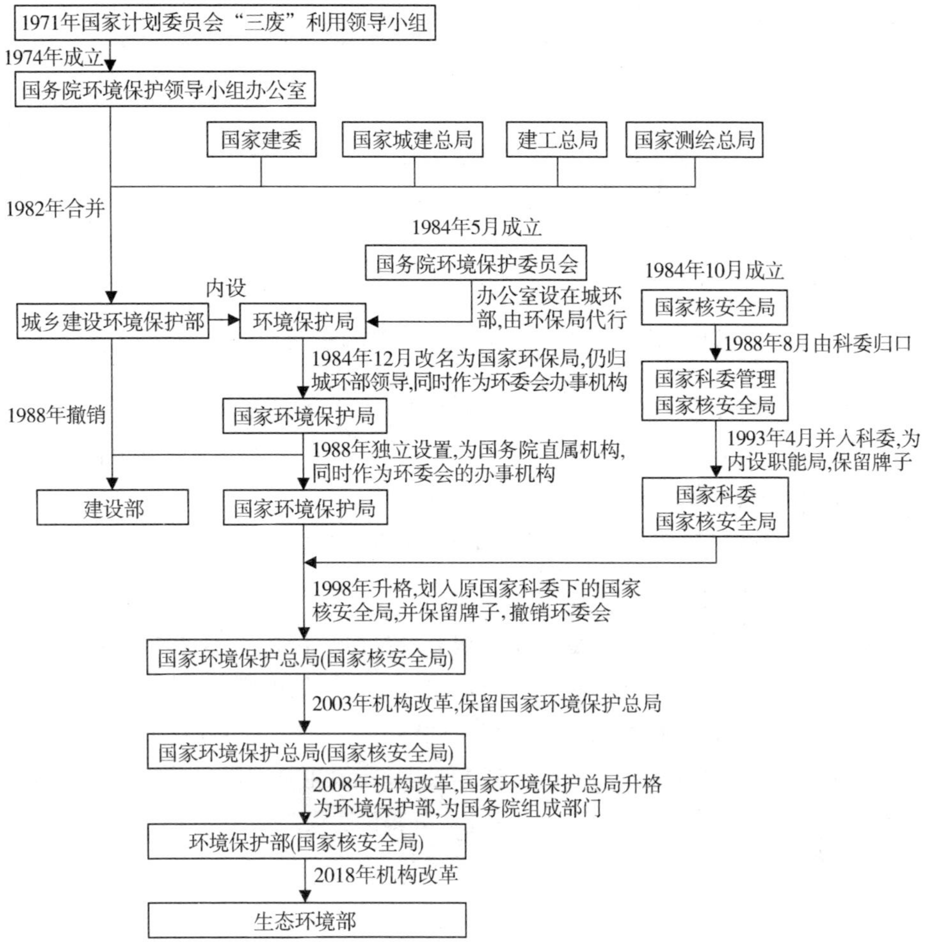

图5-1　中国环境行政执法机构的产生与发展

留国家海洋局牌子。

其主要职责是,对自然资源开发利用和保护进行监管,建立空间规划体系并监督实施,履行全民所有各类自然资源资产所有者职责,统一调查和确权登记,建立自然资源有偿使用制度,负责测绘和地质勘查行业管理等。

不再保留国土资源部、国家海洋局、国家测绘地理信息局。

(2)组建生态环境部。将环境保护部的职责,国家发展和改革委员会的应对气候变化和减排职责,国土资源部的监督防止地下水污染职责,水利部的编制水功能区划、排污口设置管理、流域水环境保护职责,农业部的监督指导农业面源污染治理职责,国家海洋局的海洋环境保护职责,国务院南水北调工程建设委员会办公室的南水北调工程项目区环境保护职责整合,组建生态环境部,作为国务院组成部门。生态环境部对外保留国家核安全局牌子。

其主要职责是,制定并组织实施生态环境政策、规划和标准,统一负责生态环境监测和执法工作,监督管理污染防治、核与辐射安全,组织开展中央环境保护督察等。

不再保留环境保护部。

5.2.2　中国现行环境行政执法主体的职能配置和权限划分

★ 法律规定的对环境保护实施统一监督管理的专门行政机关

根据2014年修订的《环境保护法》第10条第1款的规定,国务院环境保护主管部门,对全国环境保护工作实施统一监督管理;县级以上地方人民政府环境保护主管部门,对本行政区域环境保护工作实施统一监督管理。

★ 国务院环保部门统一监督管理的含义

国务院环保部门统一监督管理主要包括两方面的含义:一是对全国环境保护监督管理工作进行统一规划、部署与协调,包括拟订并组织实施环境保护规划、政策和标准,组织编制环境功能区划,监督管理环境污染防治,协调解决重大环境问题等;二是对本部门、本系统以及国务院其他相关行政主管部门各自在职权范围内行使的环境保护监督管理行为进行统一指导并提出建议。

★ 生态环境部的主要职能〔1〕

(1)编制环境保护规划。生态环境部会同有关部门,根据国民经济和社会发展规划编制国家环境保护规划,报国务院批准并颁布实施。地方环境保护部门会同有关部门,根据国家环境保护规划的要求,编制本行政区域的环境保护规划,报同级人民政府批准并颁布实施。

(2)制定国家环境质量标准和污染物排放标准。生态环境部负责制定国家环境质量标准,并根据这一标准和国家经济、技术条件制定国家污染物排放标准。

(3)建立健全环境监测制度。生态环境部负责制定监测规范,会同有关部门组织监测网络,统一规划环境质量监测站(点)的设置,建立监测数据共享机制,加强对环境监测的管理。

〔1〕 信春鹰主编:《中华人民共和国环境保护法释义》,法律出版社2014年版,第36~37页。

(4)依法审批建设项目环境影响评价文件,依法实行排污许可管理制度。

(5)环境保护的日常执法工作,包括对排放污染物的企业事业单位和其他生产经营者进行现场检查,依法查封、扣押造成污染物非法排放的设施、设备,依法征收排污费,对违法的行为依法进行行政处罚等。

(6)依法公开环境信息。生态环境部统一发布国家环境质量、重点污染源监测信息及其他重大环境信息。国家和省级环保部门定期发布环境质量公报。县级以上环境保护主管部门依法公开环境质量、环境监测、突发环境事业以及环境行政许可、行政处罚、排污费的征收和使用情况等信息。地方环境保护主管部门应当将企业事业单位和其他生产经营者的环境违法信息记入社会诚信档案,及时向社会公布环境违法者的名单。

★ 其他对环境保护实施分工负责监督管理的机关

《环境保护法》第 10 条第 2 款规定,县级以上人民政府有关部门和军队环境保护部门,依照有关法律的规定对资源保护和污染防治等环境保护工作实施监督管理。

其他对环境保护实施分工负责监督管理的机关,按照环境问题来源和政府机构职权等的不同,可以分为环境污染防治分工负责机关和自然环境保护分工负责机关两大类。依照环境污染防治法律的规定,依法享有分工负责管理权限的机关包括港务监督和民航管理机关、渔政渔港监督机关(归口交通运输部)、军队环保部门以及公安、交通、铁道部门。依照自然资源管理法律的规定,依法享有分工负责管理权限的机关包括农业行政主管部门、水利行政主管部门。

5.2.3　中国现行环境行政执法机构的层级划分与管理体制

★ 中国现行环境行政执法机构的层级划分

环境行政管理体制是指国家有关环境管理行政机构设置、行政隶属关系和行政管理权限划分等方面的组织体系和制度。中国现行环境行政管理体制是“由国务院统一领导、环境保护部门统一监管、各部门分工负责、地方政府分级负责”,并形成了“五级管理”(中央、省、市、县、乡五级政府)和“四级机构”(中央、省、市、县四级环保机构的设置)的组织体系。

(1)国务院:全国环境管理的最高领导机构和决策机构,根据环境保护法律制定国家环境行政法规,领导和协调国家环境行政主管部门和其他国家相关环境资源行政主管部门,做出环境保护重大决定。由一名国务院副总理或国务委员主管环境保护工作。

(2)国务院环境保护行政主管部门——生态环境部:对全国环境保护工作实施统一监督管理。

(3)省、市、县人民政府:对所管辖行政区域环境质量负责。

(4)县级以上地方人民政府环境保护行政主管部门:对本辖区的环境保护工作实施统一的监督管理。

(5)国家港务监督、渔政渔港监督、军队环境保护部门和各级公安、交通、水利、卫生、地质矿产、市政、铁道、民航等管理部门:依照有关法律的规定对相关领域环境污染防治实施监督管理。

(6)县级以上地方人民政府的土地、矿产、林业、农业、水利等行政主管部门:依照有关法律的规定对资源的保护实施监督管理。

★ 省以下环保机构监测监察执法垂直管理制度

中国共产党十八届五中全会公报提出,国家将实行“最严格的环境保护制度”,实行省以下环保机构监测监察执法垂直管理制度。“生态环境特别是大气、水、土壤污染严重,已成为全面建成小康社会的突出短板。扭转环境恶化、提高环境质量是广大人民群众的热切期盼,是‘十三五’时期必须高度重视并切实推进的一项重要工作。现行以块为主的地方环保管理体制,使一些地方重发展轻环保、干预环保监测监察执法,使环保责任难以落实,有法不依、执法不严、违法不究现象大量存在。综合起来,现行环保体制存在四个突出问题:一是难以落实对地方政府及其相关部门的监督责任,二是难以解决地方保护主义对环境监测监察执法的干预,三是难以适应统筹解决跨区域、跨流域环境问题的新要求,四是难以规范和加强地方环保机构队伍建设。”[1]

省以下环保机构监测监察执法垂直管理的内涵:“主要指省级环保部门直接管理市(地)县的监测监察机构,承担其人员和工作经费,市(地)级环保局实行以省级环保厅(局)为主的双重管理体制,县级环保局不再单设而是作为市(地)级环保局的派出机构。”[2]具体而言,根据中共中央办公厅、国务院办公厅印发的《关于省以下环保机构监测监察执法垂直管理制度改革试点工作的指导意见》,试点工作将从以下方面调整地方环境保护管理体制:

---

〔1〕 习近平:《关于〈中共中央关于制定国民经济和社会发展第十三个五年规划的建议〉的说明》,载新华网:http://news.xinhuanet.com/ttgg/2015-11/03/c_1117029621.htm。

〔2〕 同上注。

（1）地方省、市、县三级环境保护机构调整为省、市两级环保机构，县级环保局调整为市级环保局的派出分局。市级环保局实行以省级环保厅（局）为主的双重管理，仍为市级政府工作部门。直辖市所属区县及省直辖县（市、区）环保局参照市级环保局实施改革。计划单列市、副省级城市环保局试行以省级环保厅（局）为主的双重管理。县级环保局调整为市级环保局的派出分局，由市级环保局直接管理，领导班子成员由市级环保局任免。开发区（高新区）等的环境保护管理体制改革方案由试点省份确定。

（2）环境监察职能由省级环保部门统一行使。加强环境监察工作。试点省份将市县两级环保部门的环境监察职能上收，由省级环保部门统一行使，通过向市或跨市县区域派驻等形式实施环境监察。经省级政府授权，省级环保部门对本行政区域内各市县两级政府及相关部门环境保护法律法规、标准、政策、规划执行情况，一岗双责落实情况，以及环境质量责任落实情况进行监督检查，及时向省级党委和政府报告。

（3）环境监测管理体制转变为生态环境质量省级监测、考核。

本省（自治区、直辖市）及所辖各市县生态环境质量监测、调查评价和考核工作由省级环保部门统一负责，实行生态环境质量省级监测、考核。

现有市级环境监测机构调整为省级环保部门驻市环境监测机构，由省级环保部门直接管理，人员和工作经费由省级承担；领导班子成员由省级环保厅（局）任免；主要负责人任市级环保局党组成员，事先应征求市级环保局意见。省级和驻市环境监测机构主要负责生态环境质量监测工作。直辖市所属区县环境监测机构改革方案由直辖市环保局结合实际确定。

现有县级环境监测机构主要职能调整为执法监测，随县级环保局一并上收到市级，由市级承担人员和工作经费，具体工作接受县级环保分局领导，支持配合属地环境执法，形成环境监测与环境执法有效联动、快速响应，同时按要求做好生态环境质量监测相关工作。

（4）环境执法重心向市、县下移，加强基层执法队伍建设，强化属地环境执法。市级环保局统一管理、统一指挥本行政区域内县级环境执法力量，由市级承担人员和工作经费。依法赋予环境执法机构实施现场检查、行政处罚、行政强制的条件和手段。

法律与规范链接

▲ 必读法条

《环境保护法》第10条；

《大气污染防治法》第5条；

《水污染防治法》第9条；

《海洋环境保护法》第5条；

《固体废物污染环境防治法》第10条；

《草原法》第8条；

《森林法》第10条；

《清洁生产促进法》第5条。

△ 延伸法条和规范性文件

《防沙治沙法》第5条；

《放射性污染防治法》第8条；

《节约能源法》第10条；

《可再生能源法》第5条；

《矿产资源法》第11条；

《水法》第12条；

《循环经济促进法》第5条；

《水土保持法》第5条；

《关于省以下环保机构监测监察执法垂直管理制度改革试点工作的指导意见》。

典型案例

A公司与L市人民政府非环境执法机关越权进行环境执法案[1]

案情概述

原告A公司系L市废纸回收造纸企业，该企业经环评批复产量为0.2万吨/

---

〔1〕 参见浙江省台州市中级人民法院(2015)浙台行初字第3号行政判决书。

年,验收产量为1万吨/年。

2013年6月28日,L市人民政府办公室发布了《关于印发〈L市印染造纸制革化工等行业整治提升方案〉的通知》,其中附件2所列的L市造纸行业整治提升方案明确:2012年底前完成全市造纸企业基本情况排查,对所有造纸行业进行梳理。对2013年9月底前,列入淘汰关停范围的企业、生产线全部淘汰关停到位,对其他所有不符合整治标准的企业、生产线全面实施限期整改。

2013年9月16日,L市人民政府办公室下发《关于L市造纸行业整治提升工作的补充意见》,明确废纸造纸企业以市场化手段对产能进行整合重组,重组后允许保留3家废纸造纸企业,每家企业年产能应不低于3万吨。重组对象为产能3万吨及以下的废纸造纸企业。重组资格为年产能在1万吨及以上,经国土资源和建设规划部门认定,现厂址符合土地利用规划和建设规划要求,符合环保部门重组产能审批要求。重组期限为2013年9月底前完成废纸造纸企业的整合重组,取得重组资格的企业应在规定期限内完成整治提升并通过验收,未取得重组资格的企业在2013年9月底前关停。

2013年9月,T市环境科学设计研究院受原告等企业委托,承担企业环保现场调查工作,并出具L市造纸行业整合重组环保现场调查报告及其修正稿。T市环境科学设计研究院认为:原告企业验收产能不符合相关政策;由于自有产权土地(2亩)仅能满足生产车间要求,仓库等辅助设施须租用村集体土地,企业应获得当地村集体及国土、规划部门同意调整相关土地利用性质,否则不符合相关规划。

2013年9月17日,L市整治办给各相关企业下发L市废纸造纸企业产能交易招标通知书,拟在2013年9月23日下午举行产能招标竞价会,拟对年产能3万吨及以下的废纸造纸企业通过产能交易进行重组,重组后每家企业年产能均达到3.1万吨,对于参加竞购产能的企业按每万吨产能保证金100万元的产能交易保证金打入指定银行账户。2013年9月18日,原告向L市环境保护局交纳产能购买保证金210万元。之后,整治办取消招投标竞价会。

2013年9月29日,整治办给原告下发《关于要求A公司限期停产的通知》(以下简称《通知》),称:根据省、T市关于造纸行业整治提升政策精神和《L市印染造纸制革化工等行业整治提升方案》要求,原告公司属于落后产能淘汰对象,请原告公司在2013年9月30日规定期限内停止造纸生产活动。如逾期继续从事造纸生产活动,将根据《L市印染造纸制革化工等行业整治提升方案》和相关法律法规规定,通知相关部门依法采取停止供电供水措施。

法院认为:根据《最高人民法院关于执行〈中华人民共和国行政诉讼法〉若干问题的解释》第20条第1款规定,行政机关组建并赋予行政管理职能但不具有独立承担法律责任能力的机构,以自己的名义作出具体行政行为,当事人不服提起诉讼的,应当以组建该机构的行政机关为被告。本案中,整治办系L市人民政府设立,不具有独立的法人资格,原告不服整治办作出的《通知》,将L市人民政府作为被告起诉得当。

被诉《通知》责令原告在2013年9月30日规定期限内停止造纸生产活动,具有惩罚性质,属于行政处罚,被告认为属于行政命令的答辩理由不成立。根据《环境行政处罚办法》第14条的规定,县级以上环境保护主管部门是环境行政处罚的主体。因此,本案中的整治办作出被诉《通知》系超越职权。被诉《通知》依据省、T市关于造纸行业整治提升政策精神和《L市印染造纸制革化工等行业整治提升方案》的要求,未援引相关的法律法规依据,系适用法律法规错误。根据《行政处罚法》第41条的规定,行政机关在作出行政处罚决定前,应当履行立案、调查、取证、事先告知等法定程序,但被告提供的证据并不能证明其已履行处罚的法定程序,其程序违法。故判决:整治办作出的被诉《通知》系超越职权、适用法律法规错误、程序违法,原告起诉主张撤销被诉《通知》的诉讼请求成立,本院予以支持。依照《行政诉讼法》第54条第2项第2~4目的规定,判决如下:撤销被告L市人民政府设立的L市环境污染整治工作领导小组办公室于2013年9月29日作出的《关于要求A公司限期停产的通知》。案件受理费人民币50元,由被告负担。

核心问题

1. 本案中的被告主体资格如何认定?

2. 本案中的行政行为是什么?《关于要求A公司限期停产的通知》是具体行政行为还是抽象行政行为?该通知的实质内容是什么?

3. 我国环境执法机关有哪些?本案被告属于环境执法机关吗?

简要评论

1. 本案中发出《关于要求A公司限期停产的通知》的整治办是L市政府组建的,不具有独立的行政主体资格,整治办的行政管理行为是L市政府授权行使的,因此,L市政府是整治办行政管理行为的负责人,本案被告应为L市政府。

2.《关于要求A公司限期停产的通知》看似是整治办发出的"通知"是规范性文件,是抽象行政行为,但就其具体内容而言,该通知仅针对A公司一个行政相对人,且通知要求A公司限期停产,具有惩罚性质,属于行政处罚行为。

3. 根据《环境行政处罚办法》第14条的规定,县级以上环境保护主管部门是环境行政处罚的主体。因此,本案中的整治办作出被诉《通知》系超越职权。

知识点

我国环境行政管理由国务院统一领导、环境保护部门统一监管、各部门分工负责、地方政府分级负责,各自应在其法定环境行政管理职责范围内行使环境行政管理职权,不能越权执法。

延伸阅读

1. 侯佳儒:《论我国环境行政管理体制存在的问题及其完善》,载《行政法学研究》2013年第2期;
2. 王树义、郑则文:《论绿色发展理念下环境执法垂直管理体制的改革与构建》,载《环境保护》2015年第23期。

5.3　环境行政执法方式与程序

知识要点

5.3.1　环境行政执法方式(2008年卷一第95题)

★ 环境行政处罚

环境行政处罚,是指有权行使环境行政处罚权的行政主体,对实施了违反环境法律行为的相对人实施的一种行政制裁。[1] 它是环境执法中最常采用的一种执法方式。有权行使环境行政处罚权的行政主体,是各级环境执法行政主管部门和其他依法对环境保护实施监督管理的行政机构,没有法律的明确授权,环境行政处罚不得委托其他机关或组织行使。

★ 环境行政处罚的特点[2]

(1)广泛性。是指环境行政处罚的主体与对象非常广泛。

(2)法定性。是指环境行政处罚的主体、权限、管辖范围与程序等法律法规都作出了明确规定,环境行政主体必须严格按照环境法律法规的规定行使处罚权,不

[1] 参见周玉华主编:《环境行政法学》,东北林业大学出版社2002年版,第148页。
[2] 曹明德主编:《环境与资源保护法》(第二版),中国人民大学出版社2013年版,第95~96页。

得滥用。

(3)单方性。是指环境行政处罚是由环境行政主体单方面作出的,不需要征求环境行政相对人的同意。

(4)强制性。是指不管环境行政处罚决定是否合法、合理或公平,环境行政相对人都必须服从。如果环境行政相对人对环境行政处罚行为不服,可以事后采取其他途径救济。

★ 环境行政许可

环境行政许可,是指享有环境行政许可权的行政主体应相对人的申请,依法赋予符合法定条件的相对人从事某种一般为环境法律法规禁止事项的权利和资格的一种行政执法行为。[1]

环境行政许可由有权许可的环境行政执法机关作出,在多数情况下是由环境保护行政主管部门作出的。环境行政管理相对人的申请,是实施环境行政许可的前提。环境行政许可是以环境法律的一般禁止为前提的,即环境法律的一般禁止是环境许可存在的前提,许可是对禁止的解除,没有法律的一般禁止,便没有环境行政许可的存在余地。[2]

★ 环境行政强制执行

环境行政强制执行,是指在相对人拒不履行环境行政主体所作出的,并且已经生效的具体环境行政行为所确定的义务时,有关国家机关依法强制该相对人履行该义务,或者由国家机关本身或第三人直接履行或代为履行该义务,然后向义务人征收费用的法律制度。[3] 行政强制执行权作为一种较为严厉的行政权,必须源于法律的规定或授权,法律没有规定应予强制执行的,即使相对人没有履行义务,行政机关也不得擅自强制执行。

★★ 环境行政强制执行的权限分配

根据中国现行法律的规定,既存在由行政机关实施的情况,也存在由司法机关实施的情况,即行政机关和法院都可以成为环境行政强制执行的主体。它们之间的行政强制执行权限的分配,根据行政诉讼法和有关司法解释的规定,可以概括为"以申请法院强制执行为原则,以行政机关自行强制执行为例外"。

---

〔1〕 参见周玉华主编:《环境行政法学》,东北林业大学出版社 2002 年版,第 122 页。

〔2〕 周珂主编:《环境与资源保护法》(第二版),中国人民大学出版社 2010 年版,第 80 页。

〔3〕 参见钱水苗:《环境行政执法理论与实践》,杭州大学出版社 1994 年版,第 131 页。

★ 环境行政强制执行的方式

1. 代履行。又称代执行，是指义务人不履行法律、法规等规定的或者行政行为所确定的可代替作为义务，由行政强制执行机关或第三人代为履行，并向义务人征收必要费用的行政强制执行方法。代履行的适用必须同时具备以下四个条件：

（1）存在相对人逾期不履行行政法上义务的事实，且此种不履行因故意或过失引起；

（2）该行政法上的义务是他人可以代为履行的作为义务；

（3）代履行后能达到与相对人亲自履行义务同一目的；

（4）由义务人承担必要的费用。

2. 执行罚。**执行罚**是一种间接强制执行的手段。它**是指有关国家机关对拒不履行已经生效的具体行政行为的当事人进行制裁，以迫使当事人自觉履行该具体行政行为所确定的义务的法律制度**。环境行政机关在采取代履行、执行罚等强制措施无法达到执行目的时，或由于情况紧急，行政机关无法采用代履行、执行罚等强制措施时，依法对相对人的财产或行为采取直接的强制执行措施。

★ 环境行政强制执行的措施

根据中国环境法律的规定，环境行政强制执行措施具体包括强制划拨、强行扣缴、强行拆除、强行检查、强行停产、强制关闭等形式。环境行政强制执行的对象只能是财产和行为，不存在人身强制的问题。

★★ 查封、扣押措施

2014 年修订的《环境保护法》赋予了环境行政执法部门查封、扣押的行政强制执行权，使环境行政机关能够有权及时制止环境违法行为。《环境保护法》第 25 条规定，企业事业单位和其他生产经营者违反法律法规规定排放污染物，造成或者可能造成严重污染的，县级以上人民政府环境保护主管部门和其他负有环境保护监督管理职责的部门，可以查封、扣押造成污染物排放的设施、设备。

1. 查封、扣押适用情形。2014 年的《环境保护主管部门实施查封、扣押办法》第 4 条规定，排污者有下列情形之一的，环境保护主管部门依法实施查封、扣押：

（1）违法排放、倾倒或者处置含传染病病原体的废物、危险废物、含重金属污染物或者持久性有机污染物等有毒物质或者其他有害物质的；

（2）在饮用水水源一级保护区、自然保护区核心区违反法律法规规定排放、倾倒、处置污染物的；

（3）违反法律法规规定排放、倾倒化工、制药、石化、印染、电镀、造纸、制革等工业污泥的；

（4）通过暗管、渗井、渗坑、灌注或者篡改、伪造监测数据，或者不正常运行防治污染设施等逃避监管的方式违反法律法规规定排放污染物的；

（5）较大、重大和特别重大突发环境事件发生后，未按照要求执行停产、停排措施，继续违反法律法规规定排放污染物的；

（6）法律、法规规定的其他造成或者可能造成严重污染的违法排污行为。

有前款第一项、第二项、第三项、第六项情形之一的，环境保护主管部门可以实施查封、扣押；已造成严重污染或者有前款第四项、第五项情形之一的，环境保护主管部门应当实施查封、扣押。

2. 查封、扣押措施例外情形。《环境保护主管部门实施查封、扣押办法》第 6 条规定，具备下列情形之一的排污者，造成或者可能造成严重污染的，环境保护主管部门应当按照有关环境保护法律法规予以处罚，可以不予实施查封、扣押：

（1）城镇污水处理、垃圾处理、危险废物处置等公共设施的运营单位；

（2）生产经营业务涉及基本民生、公共利益的；

（3）实施查封、扣押可能影响生产安全的。

☆ 环境行政监督检查

环境行政监督检查，是环境行政执法机关为实现环境管理的职能，对环境行政管理相对人是否遵守环境法律、执行环境行政处理决定或环境行政处罚决定所进行的监督检查。[1]

☆ 环境行政监督检查的特点

环境行政监督检查与其他环境行政执法方式的区别在于其不具有对相对人的权利、义务进行设定、取消或确认的功能，仅对相对人行使权利和承担义务的情况依职权进行了解。环境行政监督检查既是一项环境执法方式，又是环境执法的一个重要步骤，它与其他环境执法手段有着密切的联系。

☆ 环境行政监督检查的分类

依据不同的标准，环境行政监督检查可作不同的分类。

（1）依监督检查的对象是否具有特定性，分为一般监督检查与特定监督检查；

（2）依监督检查所处的时间阶段的不同，分为事先监督检查、事中监督检查与事后监督检查；

---

〔1〕 周珂主编：《环境与资源保护法》（第二版），中国人民大学出版社 2010 年版，第 98 页。

(3)依监督检查的目的不同,分为环境守法监督检查与环境执行监督检查;

(4)依监督检查的方法不同,分为实地环境监督检查与全面环境监督检查,其中,现场检查与执法性的环境监测是环境执法中两种常用的实地环境监督检查的方式。

★ 环境执法监督措施之"督企"措施

1. 挂牌督办

挂牌督办,是指生态环境部对违反环境保护法律、法规,严重污染环境或造成重大社会影响的环境违法案件办理提出明确要求,公开督促省级环境保护部门办理,并向社会公开办理结果,接受公众监督的一种行政手段。[1]

联合挂牌督办,即为严厉打击环境违法行为,环境保护机关联合公安机关、检察机关对严重环境违法案件进行联合挂牌督办。

挂牌督办根据督办主体不同可分为以下三类:

(1)生态环境部实施的挂牌督办;

(2)生态环境部商请监察机关以及国务院其他有关部门,对涉及省级以下(不含省级)人民政府及其相关部门职责履行情况或其他问题联合实施的挂牌督办;

(3)地方各级环境保护部门实施挂牌督办。

2. 专项督查

原环保部针对部分地区、针对特定环境污染所展开的督查活动。如2017年2月15日至3月18日,原环境保护部会同北京、天津、河北、河南、山东、山西等6省(市),组成18个督查组,共计260余人,对北京市,天津市,河北省石家庄、廊坊、保定、唐山、邯郸、邢台、沧州、衡水市,山西省太原、临汾市,山东省济南、德州市,河南省郑州、鹤壁、焦作、安阳市等18个重点城市,开展2017年第一季度空气质量专项督查。2017年4月5日,原环保部开始对京津冀及周边传输通道"2+26"城市开展"为期一年、28个督查组、5600人、28个城市、25次轮换"的大气强化督查。"2+26"城市,是指根据《京津冀及周边地区2017年大气污染防治工作方案》,京津冀大气污染传输通道包括北京市、天津市及河北、山西、山东、河南4省的26市。其中26市分别为:河北省8市(石家庄、唐山、廊坊等);山西省4市(太原、阳泉、长治、晋城市);山东省7市(济南、淄博等);河南省7市(郑州、开封、焦作等)。

---

[1] 《环境违法案件挂牌督办管理办法》(环办[2009]117号)第2条。

★ 环境执法监督措施之以“督政”促“督企”

1. 中央生态环境保护督察的发展历程

2016年1月4日，被称为“环保钦差”的中央环保督察组正式成立，中央环保督察组由原环保部牵头成立，中纪委、中组部的相关领导参加，是代表党中央、国务院对各省(自治区、直辖市)党委和政府及其有关部门开展的环境保护督察。

2016年12月31日至次年2月4日期间，中央环保督察试点在河北展开。时隔5个月，首批8个中央环保督察组相继进驻内蒙古、黑龙江、江苏、江西、河南、广西、云南、宁夏，开展督察工作。2016年11月下旬至12月底，第二批7个中央环保督察组分别对北京、上海、湖北、广东、重庆、陕西、甘肃等省份进行了督察。2017年4月下旬至5月底，第三批7个中央环境保护督察组陆续进驻天津、山西、辽宁、安徽、福建、湖南、贵州7省份。2017年8月8个中央环境保护督察组陆续进驻吉林、浙江、山东、海南、四川、西藏、青海、新疆(含兵团)开展督察。至此，中央环境保护督察将实现对全国各省(区、市)全覆盖。

2018年5月和10月分别对20个省(自治区、直辖市)开展环保督察“回头看”。2019年8月、2010年8月和2021年4月分别开展了第二轮中央生态环境保护督察，督察对象从地方政府扩展到国务院相关部门以及国有企业。

★ 中央生态环境保护督察的制度规范

2018年8月1日中共中央、国务院办公厅印发的生态环境部“三定”方案中，设立“中央生态环境保护督察办公室”，承担监督生态环境保护党政同责、一岗双责落实情况，拟订生态环境保护督察制度、工作计划、实施方案并组织实施等职能。2019年6月中共中央办公厅、国务院办公厅印发《中央生态环境保护督察工作规定》，首次以党内法规的形式明确督察制度框架、程序规范、权限责任等，中央生态环境保护督察具有了规则支撑与制度基础：

(1)督察对象。包括省、自治区、直辖市党委和政府及其有关部门，并可以下沉至有关地市级党委和政府及其有关部门；承担重要生态环境保护职责的国务院有关部门；从事的生产经营活动对生态环境影响较大的有关中央企业；其他中央要求督察的单位。

(2)督察的类型。包括例行督察、专项督察和“回头看”等。

(3)例行督察的内容。依据《中央生态环境保护督察工作规定》第15条规定，督察的内容包括：

(一)学习贯彻落实习近平生态文明思想以及贯彻落实新发展理念、推动高质量发展情况；

（二）贯彻落实党中央、国务院生态文明建设和生态环境保护决策部署情况；

（三）国家生态环境保护法律法规、政策制度、标准规范、规划计划的贯彻落实情况；

（四）生态环境保护党政同责、一岗双责推进落实情况和长效机制建设情况；

（五）突出生态环境问题以及处理情况；

（六）生态环境质量呈现恶化趋势的区域流域以及整治情况；

（七）对人民群众反映的生态环境问题立行立改情况；

（八）生态环境问题立案、查处、移交、审判、执行等环节非法干预，以及不予配合等情况；

（九）其他需要督察的生态环境保护事项。

（4）督察的程序。中央生态环境保护督察一般包括督察准备、督察进驻、督察报告、督察反馈、移交移送、整改落实和立卷归档等程序环节。

（5）督察的方式。依据《中央生态环境保护督察工作规定》第 21 条规定，中央生态环境保护督察进驻时间应当根据具体督察对象和督察任务确定。督察进驻主要采取以下方式开展工作：

（一）听取被督察对象工作汇报和有关专题汇报；

（二）与被督察对象党政主要负责人和其他有关负责人进行个别谈话；

（三）受理人民群众生态环境保护方面的信访举报；

（四）调阅、复制有关文件、档案、会议记录等资料；

（五）对有关地方、部门、单位以及个人开展走访问询；

（六）针对问题线索开展调查取证，并可以责成有关地方、部门、单位以及个人就有关问题做出书面说明；

（七）召开座谈会，列席被督察对象有关会议；

（八）到被督察对象下属地方、部门或者单位开展下沉督察；

（九）针对督察发现的突出问题，可以视情对有关党政领导干部实施约见或者约谈；

（十）提请有关地方、部门、单位以及个人予以协助；

（十一）其他必要的督察工作方式。

★ 环保约谈

环保约谈是指环境保护主管部门约见未履行环境保护职责或履行职责不到位

的地方政府及其相关部门有关负责人，依法进行告诫谈话、指出相关问题、提出整改要求并督促整改到位的一种行政措施。[1]

《大气污染防治法》第20条规定，“对超过国家重点大气污染物排放总量控制指标或者未完成国家下达的大气环境质量改善目标的地区，省级以上人民政府环境保护主管部门应当会同有关部门约谈该地区人民政府的主要负责人”，且“约谈情况应当向社会公开”。

《水污染防治法》（2018年修正）第20条第5款规定，“对超过重点水污染物排放总量控制指标或者未完成水环境质量改善目标的地区，省级以上人民政府环境保护主管部门应当会同有关部门约谈该地区人民政府的主要负责人，并暂停审批新增重点水污染物排放总量的建设项目的环境影响评价文件。约谈情况应当向社会公开。”

《土壤污染防治法》第76条规定“省级以上人民政府生态环境主管部门应当会同有关部门对土壤污染问题突出、防治工作不力、群众反映强烈的地区，约谈设区的市级以上地方人民政府及其有关部门主要负责人，要求其采取措施及时整改。约谈整改情况应当向社会公开。”

5.3.2　环境行政执法程序

- 环境行政执法程序
  - 环境行政处罚的实施程序
    - 实施主体
    - 简易程序
    - 一般程序
    - 听证程序
  - 环境行政许可的基本程序
    - 申请
    - 受理
    - 审查
    - 听证
    - 决定
    - 变更与延续
  - 环境行政强制执行的基本程序
    - 告诫
    - 陈述和申辩
    - 制作执行决定书
    - 送达
    - 采取强制执行方式

图5-2　环境行政执法程序

---

〔1〕 参见《环境保护部约谈暂行办法》（环发［2014］67号）第2条。

☆ **环境行政处罚的实施主体**

（1）县级以上环境保护主管部门在法定职权范围内实施环境行政处罚。

（2）经法律、行政法规、地方性法规授权的环境监察机构在授权范围内实施环境行政处罚。

（3）环境保护主管部门可以在其法定职权范围内委托环境监察机构实施行政处罚，受委托的环境监察机构在委托范围内，以委托其处罚的环境保护主管部门名义实施行政处罚。委托处罚的环境保护主管部门，负责监督受委托的环境监察机构实施行政处罚的行为，并对该行为的后果承担法律责任。

★ **环境行政处罚的简易程序**

依据《环境行政处罚办法》第 58 条的规定，违法事实确凿、情节轻微并有法定依据，对公民处以 50 元以下、对法人或者其他组织处以 1000 元以下罚款或者警告的行政处罚，可以适用简易程序，当场作出行政处罚决定。

当场作出行政处罚决定时，环境执法人员不得少于两人，应遵守《环境行政处罚办法》第 59 条第 1 款有关简易程序的规定，并对以上过程制作笔录，在决定之日起 3 个工作日内报所属环境保护主管部门备案。

☆ **环境行政处罚的一般程序**

环境行政处罚的一般程序适用于简易程序以外的环境行政处罚场合。《环境行政处罚办法》详细规定了环境行政处罚一般程序包括立案、调查取证、案件审查、告知和听证、处理决定、执行、结案和归档、监督等具体程序环节。

☆ **环境行政处罚的听证程序**

听证程序是一般程序中的特别程序规则，适用于拟作出暂扣或吊销许可证、较大数额的罚款和没收等重大行政处罚决定的案件。这类案件，环境行政机关应当告知当事人有要求举行听证的权利，当事人要求听证的，行政机关应当组织听证，当事人不承担行政机关组织听证的费用。为了配套《环境行政处罚办法》第 50 条的规定，原环境保护部于 2010 年 12 月制定了《环境行政处罚听证程序规定》（环办[2010]174 号），从听证的适用范围；听证主持人和听证参加人；听证的告知、申请和通知程序；听证会的举行程序等方面规范了环境行政处罚听证的程序规则。

☆ **环境行政许可的基本程序**

环境行政许可的基本程序包括申请、受理、审查、听证、决定等。

☆ **环境行政许可的申请**

公民、法人或者其他组织从事可能造成环境不良影响的特定活动，依法需要取得行政许可的，应当向环境行政管理机关提出申请。行政许可申请可以通过信函、电报、电传、传真、电子数据交换和电子邮件等方式提出。除依法应当由申请人到行政机关办公场所提出行政许可申请外，申请人也可以委托代理人提出行政许可申请。申请书需要采用格式文本的，环境行政管理机关应当向申请人提供行政许可申请书格式文本。环境行政管理机关也应当将法律、法规、规章规定的有关行政许可的事项、依据、条件、数量、程序、期限以及需要提交的全部材料的目录和申请书示范文本等在办公场所公示。申请人申请行政许可，应当如实向环境行政管理机关提交有关材料和反映真实情况，并对其申请材料实质内容的真实性负责。

☆ **环境行政许可的受理**

环境行政管理机关对申请人提出的环境行政许可申请，应当根据下列情况分别作出处理：

(1)申请事项依法不需要取得行政许可的，应当及时告知申请人不受理；

(2)申请事项依法不属于本行政机关职权范围的，应当及时作出不予受理的决定，并告知申请人向有关行政机关申请；

(3)申请材料存在可以当场更正的错误的，应当允许申请人当场更正；

(4)申请材料不齐全或者不符合法定形式的，应当当场或者在5日内一次告知申请人需要补正的全部内容，逾期不告知的，自收到申请材料之日起即为受理；

(5)申请事项属于本行政机关职权范围，申请材料齐全、符合法定形式，或者申请人按照本行政机关的要求提交全部补正申请材料的，应当受理环境行政许可申请。

环境行政管理机关受理或者不予受理行政许可申请，应当出具加盖本行政机关专用印章和注明日期的书面凭证。

☆ **环境行政许可的审查**

环境行政管理机关应当对申请人提交的申请材料进行审查。根据法定条件和程序，需要对申请材料的实质内容进行核实的，环境行政管理机关应当指派两名以上工作人员进行核查；依法应当先经下级环境行政管理机关审查后报上级环境行政管理机关决定的行政许可，下级环境行政管理机关应当在法定期限内将初步审查意见和全部申请材料直接报送上级环境行政管理机关。但是，上级环境行政管理机关不得要求申请人重复提供申请材料。环境行政管理机关对行政许可申请进行审查时，发现行政许可事项直接关系他人重大利益的，应当告知该利害关系人。申请人、利害关系人有权进行陈述和申辩。行政机关应当听取申请人、利害关系人的意见。

★ 环境行政许可听证

《环境保护行政许可听证暂行办法》第5条规定了环境行政许可听证的“启动机制”，即实施环境行政许可时，遇有下列情形之一的，由拟作出环境保护行政许可决定的县级以上人民政府环境保护行政主管部门组织听证：

(1)按照法律、法规、规章的规定，实施环境保护行政许可应当组织听证的；

(2)实施涉及公共利益的重大环境保护行政许可，环境保护行政主管部门认为需要听证的；

(3)环境保护行政许可直接涉及申请人与他人之间重大利益关系，申请人、利害关系人依法要求听证的。

环境保护行政主管部门对符合前述环境行政许可发动机制条件的第(1)项或第(2)项的环境行政许可事项，决定举行听证的，应在听证举行的10日前，通过报纸、网络或者布告等适当方式，向社会公告。公告内容应当包括被听证的许可事项和听证会的时间、地点，以及参加听证会的方法。

(1)建设项目环境影响评价听证，除依法规定需要保密的建设项目外，建设对环境可能造成重大影响、应当编制环境影响报告书的建设项目；或者，可能产生油烟、恶臭、噪声或者其他污染，严重影响项目所在地居民生活环境质量的建设项目的，建设单位如果在报批环境影响报告书前，未依法征求有关单位、专家和公众的意见，或者虽然依法征求了有关单位、专家和公众的意见，但存在重大意见分歧的，环境保护行政主管部门在审查或者重新审核建设项目环境影响评价文件之前，可以举行听证会，征求项目所在地有关单位和居民的意见。

(2)专项规划环境影响评价听证，除依法需要保密的规划外，对可能造成不良环境影响并直接涉及公众环境权益的工业、农业、畜牧业、林业、能源、水利、交通、城市建设、旅游、自然资源开发的有关专项规划，设区的市级以上人民政府在审批该专项规划草案和作出决策之前，如指定环境保护行政主管部门对环境影响报告书进行审查的，环境保护行政主管部门可以举行听证会，征求有关单位、专家和公众对环境影响报告书草案的意见。

★ 环境行政许可决定

申请人提交的申请材料齐全、符合法定形式，环境行政管理机关能够当场作出决定的,应当当场作出书面的行政许可决定。环境行政管理机关对行政许可申请进行审查后,除当场作出行政许可决定的外,应当依据下列法定期限,按照规定程序作出行政许可决定:

(1)除可以当场作出行政许可决定的外,环境行政管理机关应当自受理行政许可申请之日起20日内作出行政许可决定。20日内不能作出决定的,经本行政机关负责人批准,可以延长10日,并应当将延长期限的理由告知申请人。但是,法律、法规另有规定的,依照其规定。

(2)环境行政许可如采取环境行政管理机关与其他行政机关统一办理或者联合办理、集中办理的,办理的时间不得超过45日;45日内不能办结的,经本级人民政府负责人批准,可以延长15日,并应当将延长期限的理由告知申请人。

(3)依法应当先经下级环境行政管理机关审查后报上级环境行政管理机关决定的行政许可,下级行政机关应当自其受理行政许可申请之日起20日内审查完毕。但是,法律、法规另有规定的,依照其规定。

但是,环境行政管理机关作出行政许可决定,依法需要听证、招标、拍卖、检验、检测、检疫、鉴定和专家评审的,所需时间不计算在上述期限内,不过,行政机关应当将所需时间书面告知申请人。

环境行政管理机关依法作出不予行政许可的书面决定的,应当说明理由,并告知申请人享有依法申请行政复议或者提起行政诉讼的权利。

申请人的申请符合法定条件、标准的,环境行政管理机关应当依法作出准予行政许可的书面决定。环境行政管理机关作出准予行政许可的决定,需要颁发行政许可证件的,应当向申请人颁发加盖本行政机关印章的行政许可证件。如遇行政机关实施检验、检测的,环境行政管理机关可以在检验、检测合格的设备、设施、产品、物品上加贴标签或者加盖检验、检测印章。环境行政管理机关并应当自作出决定之日起10日内向申请人颁发、送达行政许可证件,或者加贴标签、加盖检验、检测、检疫印章。

环境行政管理机关作出的准予行政许可决定,应当予以公开,公众有权查阅。

☆ 环境行政许可的变更与延续

被许可人要求变更行政许可事项的,应当向作出环境行政许可决定的环境行政管理机关提出申请。符合法定条件、标准的,环境行政管理机关应当依法办理变更手续。除法律、法规、规章另有规定外,被许可人需要延续依法取得的环境行政许可的有效期的,应当在该行政许可有效期届满30日前向作出环境行政许可决定的环境行政管理机关提出申请。环境行政管理机关应当根据被许可人的申请,在该行政许可有效期届满前作出是否准予延续的决定。逾期未作决定的,视为准予延续。

☆ **环境行政强制执行的基本程序**

环境行政强制执行分为行政机关强制执行与行政机关申请人民法院强制执行。

行政机关强制执行程序:通常,环境行政机关的强制执行要经过以下程序:

(1)告诫;

(2)陈述和申辩;

(3)制作执行决定书;

(4)送达;

(5)采取各种强制执行方式。

申请人民法院强制执行程序:当事人逾期不履行行政义务,环境行政机关可以向人民法院申请强制执行。人民法院接到行政机关的强制执行的申请,一般进行书面审查。对不受理的应当在5日内书面通知行政机关,并告知不予受理的理由。

人民法院经审查,认为行政决定不具备法定执行效力、行政决定没有法定依据、明显事实不清或者违反法定程序的以及执行可能造成难以弥补的损失的,裁定不予执行。经审查,认为符合申请执行条件的,人民法院作出执行裁定,在3日内发布公告并送达当事人,限定当事人履行的期限。

☆ **环境行政执法后督察**

环境行政执法后督察,是指环境保护主管部门对环境行政处罚、行政命令等具体行政行为执行情况进行监督检查的行政管理措施。

☆ **环境行政执法后督察的措施**

上级以上人民政府环境保护主管部门进行环境行政执法后督察时,可以根据工作需要,依法采取下列措施:

(1)进入有关场所进行检查、勘察、录音、拍照、录像、取样或者监测;

(2)询问当事人和有关人员,要求其对相关事项作出说明;

(3)查阅、复制生产记录、排污记录、监测报告和其他有关资料;

(4)依法可以采取的其他措施。

☆ 环境行政执法后督察的程序

环境行政执法后督察应遵循以下程序规则：

(1)县级以上人民政府环境保护主管部门应当在环境行政处罚、行政命令等具体行政行为执行期限届满之日起60日内，进行环境行政执法后督察。对下级人民政府环境保护主管部门作出的环境行政处罚、行政命令等具体行政行为，上级人民政府环境保护主管部门可以按照《环境行政执法后督察办法》的规定对其执行情况进行后督察，并将督察情况、存在问题、处理意见等及时向下级人民政府环境保护主管部门反馈，同时责成下级人民政府环境保护主管部门依法进行处罚或者处理。上级人民政府环境保护主管部门开展环境行政执法后督察的，应当在具体行政行为执行期限届满后进行，且不受上述60日期限限制。

(2)进行环境行政执法后督察时，后督察人员不得少于2人。

(3)后督察人员应当对现场检查情况制作《环境行政执法后督察现场检查记录》。

(4)环境行政执法后督察工作结束后，负责具体实施后督察工作的机构应当向本级人民政府环境保护主管部门提交《环境行政执法后督察报告》，报告具体行政行为执行情况、后督察开展情况、发现的问题等，并提出处理建议。

☆ 环境行政执法后督察的处理结果

县级以上人民政府环境保护主管部门应当根据《环境行政执法后督察报告》提出的处理建议，依法进行处理或者处罚，包括：

(1)逾期未依法履行行政处罚决定的，申请人民法院强制执行。

(2)逾期未按要求完成限期治理任务的，报请有批准权的人民政府责令停产、停业、关闭。

(3)逾期未按要求改正环境违法行为的，依据相关法律法规的规定采取罚款、责令停产停业、暂扣或者吊销许可证等行政处罚措施，或者采取责令停止建设、责令停止试生产、强制拆除、指定有治理能力的单位代为治理或者代为处置等行政强制措施。

(4)逾期拒不缴纳排污费的，依法予以处罚，并报经有批准权的人民政府批准，责令停产停业整顿。

(5)逾期未履行或者未落实行政处罚、行政命令等具体行政行为，严重污染环境或者造成重大社会影响的，依照有关规定进行挂牌督办或者暂停审批建设项目环境影响评价文件；已经实施挂牌督办或者暂停审批建设项目环境影响评价文件的，不予解除。

(6)国有企业或者国有控股企业逾期未履行或者未落实行政处罚、行政命令等具体行政行为的,依法移送监察机关追究相关人员相应责任。

(7)当事人或者相关责任人涉嫌犯罪的,依法移送司法机关追究刑事责任。

此外,县级以上人民政府环境保护主管部门可以将环境行政执法后督察情况以及相关处罚或者处理情况向商务部门、工商部门、监察机关、人民银行等有监管职责的部门或者机构通报。

法律与规范链接

▲ 必读法条

《环境保护法》第24条、第25条、第45条;

《大气污染防治法》第19条、第22条、第29条、第30条。

△ 延伸法条和规范性文件

环境行政许可方面:

《行政许可法》;

《海洋环境保护法》第59条、第60条;

《水污染防治法》第21条、第23条、第24条;

《固体废物污染环境防治法》第25条、第57~59条;

《噪声污染防治法》第43条;

《放射性污染防治法》第19条、第20条、第28条、第29条、第34条、第46条;

《环境保护行政许可听证暂行办法》;

《环境保护法律、法规设定的由国家环保总局实施的行政许可项目及依据目录》。

环境行政强制方面:

《行政强制法》;

《水污染防治法》第71条;

《固体废物污染环境防治法》第55条;

《环境保护主管部门实施查封、扣押办法》。

环境行政处罚方面:

《行政处罚法》;

《环境行政处罚办法》;

《环境行政处罚听证程序规定》。

环境行政监督检查方面：

《海洋环境保护法》第 19 条；

《水污染防治法》第 30 条；

《固体废物污染环境防治法》第 15 条、第 62 条；

《噪声污染防治法》第 21 条；

《放射性污染防治法》第 11 条。

环境执法监督措施方面：

《中央生态环境保护督察工作规定》；

《环境保护部约谈暂行办法》；

《环境违法案件挂牌督办管理办法》。

典型事例

圆明园湖底防渗工程环境影响评价公众听证案[1]

圆明园湖底清淤、防渗工程的建设单位为圆明园管理处，工程内容为圆明园环境综合整治包括遗址保护、整修驳岸、整理山形、清理湖淤、湖底防渗等工程。工程项目总投资约 2 亿元。从 2003 年 8 月至 2005 年 3 月，北京市、海淀区两级政府以及圆明园管理处已投入环境整治资金共计约 8200 万元。2005 年圆明园环境整治工程计划投入 1.2 亿元其中湖底防渗工程共耗 3000 万元，自 2004 年 9 月开工，计划于 2005 年 4 月中旬完工。2005 年 3 月 22 日，甘肃省植物协会副理事长张正春教授发现并意识到这一工程可能会给圆明园带来严重的生态灾难，遂向媒体反映了此事，对其进行了曝光。随后国内外多家媒体对此表示了高度关注。

2005 年 4 月 1 日，国家环境保护总局根据《环境影响评价法》第 31 条的规定发出《关于责令圆明园环境综合整治工程停止建设的通知》（环函［2005］101 号），责令圆明园管理处立即停止圆明园环境综合整治工程建设，并尽快委托有资质的环境影响评价单位编制环境影响报告书报送国家环保总局。鉴于圆明园湖底防渗项

[1] 竺效：《环境行政许可听证庭座席布局的法理探究——以“北京西上六电磁辐射听证案”和“圆明园环评听证案”为例》，载《法律适用》2005 年第 8 期。

目在国家重点文物保护单位内建设环境敏感程度高，环境影响特殊，且存在重大分歧意见，4月5日，国家环保总局发布2005年第13号公告，称“根据《行政许可法》第46条和《环境保护行政许可听证暂行办法》第5条的规定，将于2005年4月13日上午9时在国家环保总局2楼多功能厅公开举行听证会。拟就圆明园环境综合整治工程，特别是采用湖底铺设防渗膜的方式可能对生态环境的影响以及圆明园作为历史人文景观和遗址公园如何修复与保护等事项进行公众听证。公民、法人和其他组织，如申请参加该听证会，可在2005年4月11日前，通过电子邮件、信件或者传真向我局提出申请”。4月11日，国家环保总局发布《关于圆明园整治工程环境影响听证会的通告》（环函[2005]117号），通告了参加听证会的单位和人员名单，以及参加听证会的具体事项。2005年4月13日上午9时至下午1时10分，国家环保总局就社会广泛关注的北京圆明园遗址公园湖底防渗工程项目的环境影响问题，召开听证会，邀请了22个相关单位、15名专家、32名各界代表参加听证，30多家媒体进行现场采访报道。

延伸阅读

1. 程雨燕：《环境罚款数额设定的立法研究》，载《法商研究》2008年第1期；
2. 严厚福：《环境行政处罚执行难中的司法因素：基于实证的分析》，载《中国地质大学学报》（社会科学版）2011年第6期；
3. 竺效：《全国首例环境行政许可听证案若干程序问题评析》，载《法学》2005年第7期；
4. 竺效、丁霖：《论环境行政代履行制度入〈环境保护法〉——以环境私权对环境公权的制衡为视角》，载《中国地质大学学报》（社会科学版）2014年第3期。
5. 陈海嵩：《环保督察制度法治化：定位、困境及其出路》，载《法学评论》2017年第3期。

5.4　相对人对环境行政执法的监督

知识要点

5.4.1　环境行政复议

★★ 环境行政复议的概念

环境行政复议，是指行政相对人（即公民、法人或者其他组织）认为具体环境行政行为侵犯其合法权益，向行政复议机关提出复议该具体环境行政行为的申请，请

求重新审查并纠正原具体行政行为，行政复议机关对被申请的具体行政行为进行合法性、适当性审查，并作出环境行政复议决定。

★ 环境行政复议的申请期限

《行政复议法》第9条第1款规定，行政相对人认为具体行政行为侵犯其合法权益的，可以自知道该具体行政行为之日起60日内提出行政复议申请；但是法律规定的申请期限超过60日的除外。

★ 环境行政复议机关

根据《行政复议法实施条例》和《环境行政复议办法》的规定，公民、法人或者其他组织认为地方环境保护行政主管部门的具体行政行为侵犯其合法权益的，可以向该部门的本级人民政府申请行政复议，也可以向上一级环境保护行政主管部门申请行政复议。如认为国务院环境保护行政主管部门的具体行政行为侵犯其合法权益的，则向国务院环境保护行政主管部门提起行政复议。

★★ 环境行政复议的被申请人

行政相对人对环境保护行政主管部门的具体行政行为不服，依法申请行政复议的，作出该具体行政行为的环境保护行政主管部门为被申请人。

环境保护行政主管部门与法律、法规授权的组织以共同名义作出具体行政行为的，环境保护行政主管部门和法律、法规授权的组织为共同被申请人。

环境保护行政主管部门与其他组织以共同名义作出具体行政行为的，环境保护行政主管部门为被申请人。

环境保护行政主管部门设立的派出机构、内设机构或者其他组织，未经法律、法规授权，对外以自己名义作出具体行政行为的，该环境保护行政主管部门为被申请人。

★ 环境行政复议的费用负担

环境行政复议机关受理行政复议申请，不得向申请人收取任何费用。行政复议活动所需经费，应当列入本机关的行政经费，由本级财政予以保障。但是，行政复议期间涉及专门事项需要鉴定、评估的，当事人可以自行委托鉴定机构进行鉴定、评估，也可以申请环境行政复议机构委托鉴定机构进行鉴定、评估。鉴定、评估费用由当事人承担。

★★ 环境行政复议的适用范围

有下列情形之一的，行政相对人可以申请环境行政复议：

(1)对环境保护行政主管部门作出的查封、扣押财产等行政强制措施不服的;

(2)对环境保护行政主管部门作出的警告、罚款、责令停止生产或者使用、暂扣、吊销许可证、没收违法所得等行政处罚决定不服的;

(3)认为符合法定条件,申请环境保护行政主管部门颁发许可证、资质证、资格证等证书,或者申请审批、登记等有关事项,环境保护行政主管部门没有依法办理的;

(4)对环境保护行政主管部门有关许可证、资质证、资格证等证书的变更、中止、撤销、注销决定不服的;

(5)认为环境保护行政主管部门违法征收排污费或者违法要求履行其他义务的;

(6)认为环境保护行政主管部门的其他具体行政行为侵犯其合法权益的。

★ 环境行政复议的程序

环境行政复议的程序如图 5－3 所示:[1]

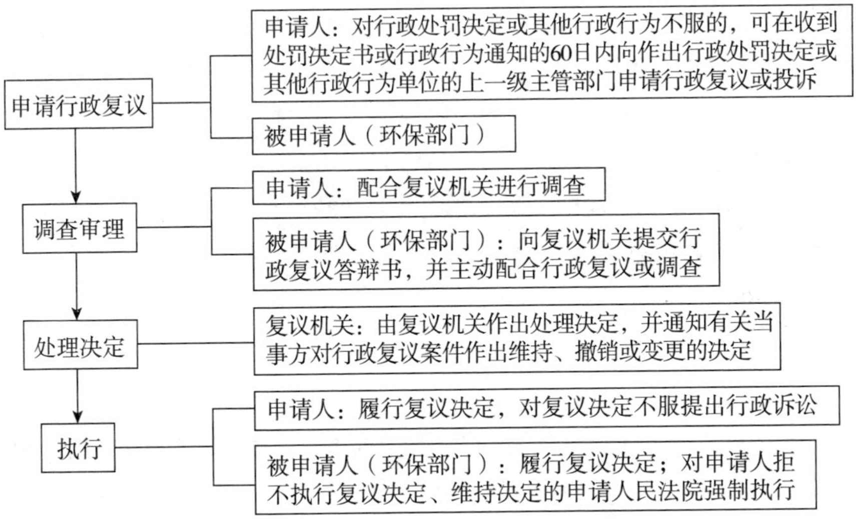

图 5－3　环境保护行政复议程序简图

5.4.2　环境行政诉讼

★★ 环境行政诉讼的概念

环境行政诉讼,是指公民、法人或其他组织认为环境行政执法机构或其工作人

[1] 国家环保总局:《环境保护行政复议程序简图》,载原环境保护部网:http://www.mep.gov.cn/gkml/hbb/qt/200910/t20091023_179534.htm? keywords＝行政复议。

员的具体行政行为非法侵犯了其合法权益，而依法向法院提起诉讼，法院依法审查该被诉环境具体行政行为的合法性，并作出裁判的活动。[1]

★★★ 环境行政诉讼的诉权

2014 年修正的《行政诉讼法》第 2 条规定，“公民、法人或者其他组织认为行政机关和行政机关工作人员的行政行为侵犯其合法权益，有权依照本法向人民法院提起诉讼。前款所称行政行为，包括法律、法规、规章授权的组织作出的行政行为”。

（1）行政行为不包括行政机关制定的“规范性文件”。规章以下的规范性文件纳入行政诉讼法的调整，但法院只进行附带性审查，不对规范性文件作出判决。

（2）行政行为既包括作为，也包括不作为。行政行为侵犯公民、法人和其他组织合法权益，既可以由行政机关积极作为引起，也可以由行政机关消极不作为引起。

（3）行政行为还包括学理上所说的“事实行为”。学理上认为，事实行为是行政主体实施的不产生法律约束力但以影响或者改变事实状态为目的的行为，如行政调查、执法人员在执法中非法使用暴力手段等。只要事实行为造成公民合法权益侵害，就具有可诉性。

（4）行政行为包括行政机关签订、履行行政合同的行为。行政机关为了实现行政管理或者服务目的，可以以平等主体资格与行政相对人签订协议。如果行政机关一方不依法履行或者未按照约定履行协议，行政相对人可以向法院提起行政诉讼。[2]

★★★ 环境行政诉讼的受理范围

2014 年修正的《行政诉讼法》第 12 条规定列举了行政诉讼的受案范围，其中下列情形也属于环境行政诉讼的受理范围：

（1）对行政拘留、暂扣或者吊销许可证和执照、责令停产停业、没收违法所得、没收非法财物、罚款、警告等行政处罚不服的；

（2）对限制人身自由或者对财产的查封、扣押、冻结等行政强制措施和行政强制执行不服的；

（3）申请行政许可，行政机关拒绝或者在法定期限内不予答复，或者对行政机

---

〔1〕 参见吕忠梅：《环境法》，法律出版社 1997 年版，第 209～210 页。

〔2〕 参见袁杰主编：《中华人民共和国行政诉讼法解读》，中国法制出版社 2014 年版，第 8～9 页。

关作出的有关行政许可的其他决定不服的；

（4）对行政机关作出的关于确认土地、矿藏、水流、森林、山岭、草原、荒地、滩涂、海域等自然资源的所有权或者使用权的决定不服的；

（5）申请行政机关履行保护人身权、财产权等合法权益的法定职责，行政机关拒绝履行或者不予答复的；

（6）认为行政机关侵犯其经营自主权或者农村土地承包经营权、农村土地经营权的；

（7）认为行政机关滥用行政权力排除或者限制竞争的；

（8）认为行政机关违法集资、摊派费用或者违法要求履行其他义务的；

（9）认为行政机关不依法履行、未按照约定履行或者违法变更、解除政府特许经营协议、土地房屋征收补偿协议等协议的；

（10）认为行政机关侵犯其他人身权、财产权等合法权益的。

★ 行政诉讼登记立案制度

2014 年修正的《行政诉讼法》规定了登记立案制度，其第 51 条第 1 款规定："人民法院在接到起诉状时对符合本法规定的起诉条件的，应当登记立案。"

根据《最高人民法院关于全面深化人民法院改革的意见》提出的要求，改革案件受理制度，变立案审查制为立案登记制，对人民法院依法应该受理的案件，做到有案必立、有诉必理，保障当事人诉权。加大立案信息的网上公开力度。推动完善诉讼收费制度。法院接到当事人提交的民事、行政起诉状时，对符合法定条件的起诉，应当登记立案；对当场不能判定是否符合起诉条件的，应当接收起诉材料，并出具注明收到日期的书面凭证。需要补充必要相关材料的，人民法院应当及时告知当事人。在补齐相关材料后，应当在 7 日内做出决定是否立案登记。

★ 环境行政诉讼跨区域管辖制度

2014 年修正的《行政诉讼法》第 18 条第 2 款规定了人民法院跨行政区域管辖制度。地方保护和行政干预，是行政诉讼制度运行不畅、行政审判困难重重的重要原因。而环境问题大多是由于滥用资源发展经济造成的。在追求地方经济发展的背景下，环保机关的不作为或滥用职权等行为大多是受到地方政府的限制和约束，而地方保护和行政干预也影响司法的公正。因此，跨行政区域管辖制度，能够更加公正地解决环境行政纠纷，保护环境。

★ 行政负责人出庭应诉制度

2014 年修正的《行政诉讼法》第 3 条第 3 款规定了行政负责人出庭应诉制度，

即“被诉行政机关负责人应当出庭应诉。不能出庭的,应当委托行政机关相应的工作人员出庭”。行政机关负责人出庭应诉,既体现了对司法审判活动的尊重,也体现了双方诉讼地位的平等,有利于有效化解行政争议;有利于提高行政机关负责人的法治意识,推进行政机关依法行政;有利于增强人民群众对法治的信心,提高全社会的法治观念。[1]

★★★ 行政诉讼举证责任分配

被告对作出的行政行为负有举证责任。2015 年《行政诉讼法》第 34 条规定,被告对作出的行政行为负有举证责任,应当提供作出该行政行为的证据和所依据的规范性文件。被告不提供或者无正当理由逾期提供证据,视为没有相应证据。但是,被诉行政行为涉及第三人合法权益,第三人提供证据的除外。另外,2014 年《行政诉讼法》第 35 条规定,在诉讼过程中,被告及其诉讼代理人不得自行向原告、第三人和证人收集证据。行政机关应当依法行政,以证据证明其行政行为认定的事实,以法律为依据作出行政行为,是对行政机关的基本要求。因此,行政机关应当“先取证,后裁决”,即行政机关只能以其在作出行政行为时收集的证据作为证明行政行为合法的依据。行政决定一旦送达生效,行政机关则不应再自行收集证据。因此,在诉讼程序中行政机关也不能为证明行政行为的合法性而再行收集新的证据。[2]

2014 年修正的《行政诉讼法》第 38 条规定,行政诉讼中在特定情形下,有特殊的举证责任分配:

(1)原告在被告不作为案件中应承担提供其向被告提出申请的证据,被告应当依职权主动履行法定职责的与原告因正当理由不能提供证据的除外。

(2)在行政赔偿、补偿案件中,原告认为行政机关行使职权的行为侵犯其合法权益并造成损害,应对损害事实提供相应的证据;行政补偿案件中,原告承担举证责任。

(3)因被告的原因导致原告无法举证的,由被告承担举证责任。

★★ 环境行政诉讼的诉讼时效

2014 年修正的《行政诉讼法》第 46 条规定,公民、法人或者其他组织直接向人民法院提起诉讼的,应当在知道或者应当知道作出行政行为之日起 6 个月内提出。

---

〔1〕 袁杰主编:《中华人民共和国行政诉讼法解读》,中国法制出版社 2014 年版,第 15 页。

〔2〕 同上注,第 97 ~ 98 页。

法律另有规定的除外。因不动产提起诉讼的案件从行政行为作出之日起超过 20 年,其他案件从行政行为作出之日起超过 5 年提起诉讼的,人民法院不予受理。

该法第 47 条还规定,公民、法人或者其他组织申请行政机关履行保护其人身权、财产权等合法权益的法定职责,行政机关在接到申请之日起 2 个月内不履行的,公民、法人或者其他组织可以向人民法院提起诉讼。法律、法规对行政机关履行职责的期限另有规定的,从其规定。公民、法人或者其他组织在紧急情况下请求行政机关履行保护其人身权、财产权等合法权益的法定职责,行政机关不履行的,起诉期限不受前款规定的限制。

★★ 拒不执行行政诉讼的法律责任

2014 年修正的《行政诉讼法》第 96 条对行政机关拒绝履行判决、裁定、调解书,规定了更为严厉的执行措施,行政机关拒绝履行判决、裁定、调解书的,第一审人民法院可以采取下列措施:

(1)对应当归还的罚款或者应当给付的款额,通知银行从该行政机关的账户内划拨。

(2)在规定期限内不履行的,从期满之日起,对该行政机关负责人按日处 50 元至 100 元的罚款。

(3)将行政机关拒绝履行的情况予以公告。

(4)向监察机关或者该行政机关的上一级行政机关提出司法建议。接受司法建议的机关,根据有关规定进行处理,并将处理情况告知人民法院。

(5)拒不履行判决、裁定、调解书,社会影响恶劣的,可以对该行政机关直接负责的主管人员和其他直接责任人员予以拘留;情节严重,构成犯罪的,依法追究刑事责任。

法律与规范链接

▲ 必读法条

《环境保护法》第 57 条第 2 款;

《固体废物污染环境防治法》第 26 条。

△ 延伸法条和规范性文件

环境行政复议方面:

《行政复议法》;

《行政复议法实施条例》(国务院令第499号);

《环境行政复议办法》。

环境行政诉讼方面:

《行政诉讼法》;

《检察机关提起公益诉讼改革试点方案》。

典型事例

全国首例检察机关提起行政公益诉讼案一审宣判诉讼请求全部获法院支持[1]

2016年6月20日,S省Q县人民检察院提起的诉Q县环保局不依法履职一案一审公开宣判,Q县人民法院判决支持检察机关的诉讼请求,确认Q县环保局批准A公司进行试生产、试生产延期的行政行为违法。

2014年10月,Q县人民检察院在审查A公司污水处理厂厂长涉嫌污染环境罪案件时,发现该公司自2008年8月以来,一直在未通过建设项目环保设施竣工验收的情况下,违法进行年产12000t环保型纸用染料项目的生产(主要产品为氨基C酸),排放大量污水造成环境污染,当地群众多次拨打3612345民生服务热线进行举报。Q县党委政府高度重视,责成环保部门严格履行监管职责。Q县人民检察院调查发现,Q县环保局虽对该公司多次作出行政处罚,但在监管过程中存在违法行为。针对上述情况,Q县人民检察院于2014年5月15日、2015年1月13日两次向Q县环保局发出检察建议,督促环保部门依法履行监管职责,督促A公司整改并履行行政处罚决定书的内容。Q县环保局虽予以回复,但仍未依法正确履行监管职责,致使群众反映的问题一直未得到有效解决,国家和社会公共利益持续处于受侵害状态。为促进依法行政,督促其纠正违法行政行为并依法履职,维护国家和社会公共利益,2015年12月16日,Q县人民检察院就Q县环保局不依法履职向Q县人民法院提起诉讼,请求确认Q县环保局批准A公司进行试生产、试生产延期的行政行为

[1] 最高人民检察院:《全国首例检察机关提起行政公益诉讼案一审宣判诉讼请求全部获法院支持》,载中华人民共和国最高人民检察院官网:http://www.spp.gov.cn/xwfbh/wsfbt/201606/t20160620_120343.shtml?from=groupmessage&isappinstalled=0。

违法，撤销其违法行政处罚决定，并责令其依法履职。

诉讼期间，Q 县环保局对照诉讼请求采取一系列整改措施，积极纠正了部分违法行政行为，依法履行了监管职责，使得检察机关的部分诉讼请求得以实现。2016 年 4 月 29 日，Q 县人民法院就本案召开庭前会议，检察机关根据证据交换情况，依法提交《变更诉讼请求决定书》变更了诉讼请求，将诉讼请求变更为确认 Q 县环保局批准 A 公司进行试生产、试生产延期的行政行为违法。2016 年 5 月 6 日，Q 县人民法院依法对本案公开开庭审理；6 月 20 日，本案公开宣判，法院一审判决支持了检察机关的诉讼请求。

延伸阅读

1. 吕忠梅：《环境公益诉讼辨析》，载《法商研究》2008 年第 6 期；
2. 张梓太：《中国环境行政诉讼之困境与对策分析》，载《法学评论》2003 年第 5 期；
3. 秦天宝、段帷帷：《论我国环境行政公益诉讼制度的发展——以全国首例检察机关提起环境行政公益诉讼案为例》，载《环境保护》2015 年第 1 期。

第 6 章　环境侵权法律责任

教学目标

宏观上了解环境侵权法律责任在中国的最新发展；

理解和应用环境侵权法律责任的构成要件、因果关系的举证规则、责任承担方式、数人环境污染侵权责任分担规则；

识记环境侵权责任的免责和抗辩事由；

理解和应用中国现行环境民事责任追究相关程序规则。

推荐参考资料

1. 金瑞林主编:《环境法学》,北京大学出版社 2013 年版,第十章第三节；
2. 汪劲主编:《环境法学》(第三版),北京大学出版社 2014 年版,第九章第一节、第二节、第三节；
3. 吕忠梅:《环境损害赔偿法的理论与实践》,中国政法大学出版社 2013 年版,第三章；
4. 杨立新:《侵权责任法》,北京大学出版社 2014 年版,第一章、第五章、第二十二章。

本章知识结构

环境侵权法律责任
- 环境侵权民事责任的概念
- 环境侵权民事责任的归责原则
- 环境侵权法律责任的构成要件
- 环境侵权法律责任的因果关系举证规则
- 环境侵权法律责任的责任承担方式
- 数人环境污染侵权责任分担规则
- 环境侵权责任的免责和抗辩事由
- 环境侵权民事责任追究的相关程序规则

6.1　环境民事法律责任概述

知识要点

★ 环境侵权(2008年卷一第96题,2008年卷一第97题)

环境侵权是指污染环境或破坏生态,从而侵害他人的民事权益的行为。环境侵权行为的特殊性在于以环境(生态)为媒介,通过对环境的污染或生态的破坏,进而以受污染的环境或被破坏的生态为媒介作用于人体,从而导致人的权益受损。

★ 环境侵权民事责任(2008年卷一第28题)

环境侵权民事责任指的是污染者因污染环境或破坏生态,而造成被害者民事权益的损害而应承担的民事方面的法律责任。[1]

关于环境侵权民事责任的构成要件,有的学者主张"两要件说",如周珂教授认为环境侵权责任的构成要件包括损害事实和因果关系。[2] 有的学者主张"三要件说",如乔世明教授认为环境污染致人损害的民事责任是一种无过失责任,只需存在污染行为和污染的损害后果,以及行为和后果之间的因果关系,该责任即成立。[3] 曹明德教授则主张,环境侵权责任的构成要件包括污染环境行为的违法性,造成环境损害的事实以及污染环境行为与损害事实之间具有因果关系。[4]

通说采"三要件说",即污染行为、损害后果以及污染行为和损害后果之间具有因果关系。

★★ 环境侵权民事责任的归责原则(2008年卷一第28题,2003年卷一第53题)

关于环境侵权民事责任的归责原则,我国采无过错责任原则。所谓无过错责任原则是指不以行为人的主观过错为承担民事责任的必要条件。环境损害的发生具有复杂性、累积性、渐进性等特点,证明行为人的过失具有一定的困难。同时由于近代工业化的发展和商品经济的繁荣,新型的环境侵权即使在经营人无过错的情况下,也可能

[1] 参见金瑞林等:《环境法学》,北京大学出版社2013年版,第120页。

[2] 周珂:《生态环境法论》,法律出版社2000年版,第101页。

[3] 乔世明:《环境损害与法律责任》,中国经济出版社1999年版,第263页。

[4] 曹明德:《环境侵权法》,法律出版社2000年版,第164页。

给他人造成损害,如果坚持传统的过错责任原则,将使受害人不能得到救济。[1] 因此,为了保障受害者得到及时的救济,实现公平原则,环境侵权突破了传统民事责任的窠臼,采用无过错责任归责原则。

我国《民法通则》第 124 条规定,违反国家保护环境防止污染的规定,污染环境造成他人损害的,应当依法承担民事责任。1989 年《环境保护法》第 41 条第 1 款曾规定,造成环境污染危害的,有责任排除危害,并对直接受到损害的单位或者个人赔偿损失。这一规定所确定的无过失责任原则由于与《民法通则》的规定不一致,在实践中未被司法机关普遍适用,不利于环境侵权案件的公正处理。为此,2009 年颁布的《侵权责任法》第八章"环境污染责任"第 65 条规定,因污染环境造成损害的,污染者应当承担侵权责任。2014 年修订的《环境保护法》第 64 条也规定,因污染环境和破坏生态造成损害的,应当依照《中华人民共和国侵权责任法》的有关规定承担侵权责任。

《民法典》第 1229 条规定,因污染环境、破坏生态造成他人损害的,侵权人应当承担侵权责任。

法律与规范链接

▲ 必读法条

《侵权责任法》第 65 条;

《民法通则》第 124 条;

《民法典》第 1229 条;

《环境保护法》第 64 条。

△ 延伸法条

1989 年《环境保护法》第 41 条;

日本 1962 年《原子能损害赔偿法》第 2 章第 3 条;

日本 1938 年《矿害赔偿规定纲要》第 1 条第 1 款。

---

[1] 金瑞林主编:《环境法学》,北京大学出版社 2013 年版,第 121 页。

典型案例

A某与B公司环境污染责任纠纷案[1]

案情概述

2008年1月14日,一审原告A某诉至X县人民法院称,2003年A某承包X县良种场鱼池养鱼。2006年春季,A某购买了品种不同的鱼苗放入池中饲养,同年12月28日,B公司在鱼池附近勘探爆破时,将A某养鱼池中的鱼震死,A某要求B公司赔偿其经济损失24147元。经查明,B公司对其在鱼池附件进行三维地震物理勘探的事实予以认可,且事发后A某及时告知B公司,B公司提取了死亡鱼的样本,但并没有就死亡鱼样本进行鉴定。

核心问题

1. 本案应当适用什么归责原则?

2. 本案的举证责任该如何分配?

简要评论

1. 本案是由于B公司在勘探爆破作业中产生冲击波,从而造成A某饲养的鱼死亡所致财产损害的案件。《侵权责任法》第八章"环境污染责任"中第65条规定,因污染环境造成损害的,污染者应当承担侵权责任。环境污染侵权适用无过错责任原则。

2. 根据《侵权责任法》第66条和《最高人民法院关于民事诉讼证据的若干规定》第4条第1款第3项的有关规定,因环境污染引起的损害赔偿诉讼,由加害人就法律规定的免责事由及其行为与损害结果之间不存在因果关系承担举证责任。因此,A某作为受害人应对其因环境污染所受损害的程度和大小等事实承担举证责任;B公司作为加害人应就法律规定的免责事由及损害后果与加害人自身行为不存在因果关系承担举证责任。

知识点

环境侵权案件系特殊侵权案件,适用的归责原则是无过错原则;同时因果关系适用举证责任倒置,由加害人就加害行为与损害后果之间不存在因果关系予以证明。

---

[1] 参见辽宁省高级人民法院(2015)辽审一民抗字第00023号民事判决书,《孙长河与中国石油集团东方地球物理勘探有限责任公司辽河物探公司环境污染责任纠纷再审民事判决书》,载中国裁判文书网:http://wenshu.court.gov.cn/content/content?DocID=9f309c9a-eb62-480f-afc7-d564c258f00c&KeyWord=环境侵权,最后访问日期:2016年8月24日。

延伸阅读

1. 杨立新:《侵权责任法》,北京大学出版社 2014 年版,第一章、第五章;
2. 程啸:《侵权责任法》,法律出版社 2011 年版,第一章、第二十三章;
3. 邹雄主编:《环境侵权救济研究》,中国环境科学出版社 2004 年版,第二章第一节。

6.2 环境侵权责任的原因行为

知识要点

★★ 环境侵权责任的原因行为概述

环境侵权责任的原因行为包括污染环境行为和破坏生态行为。“环境污染是指人的活动向环境排入了超过环境自净能力的物质或能量,从而使自然环境的物理、化学、生物学性质发生变化,产生了不利于人类及其他生物的正常生存和发展之影响一种现象。生态破坏是指人类不合理地开发利用环境的一个或数个要素,过量或不适当地向环境索取物质和能量,使他们的数量减少、质量降低,以致破坏或降低其环境效能、生态失衡、资源枯竭而危及人类和其他生物生存与发展的一种现象。”[1]在环境法学理上,一般以“污染”行为和“破坏”行为的两分法作为环境侵权行为的分类基础,将环境侵权行为分为污染环境行为和破坏生态行为。[2]

《侵权责任法》第 65 条规定,因污染环境造成损害的,污染者应当承担侵权责任。因此,关于《侵权责任法》第 65 条中所规定的环境侵权责任的原因行为是否包括破坏生态行为,曾存在争议。由于污染环境的行为和破坏生态的行为在行为的多样性、后果的生态性和行为后果的可预见性等方面存在差别,理论界和实务界的通说认为《侵权责任法》第 65 条所规定的环境侵权之原因行为并未涵盖因破坏生态而造成损害的情形。[3]

为了克服《侵权责任法》第 65 条规定的环境侵权原因行为的局限性,更好地救

---

〔1〕 吕忠梅:《论环境法上的环境侵权——兼论〈侵权责任法(草案)〉的完善》,载高鸿钧、王明远主编:《清华法治论衡》(第 13 辑),清华大学出版社 2010 年版,第 247 页。

〔2〕 参见吕忠梅等:《侵害与救济:环境友好型社会中的法治基础》,法律出版社 2012 年版,第 66 ~ 69 页。

〔3〕 竺效:《论环境侵权原因行为的立法拓展》,载《中国法学》2015 年第 2 期。

济环境侵权受害人,2014 年修订的《环境保护法》第 64 条规定,因污染环境和破坏生态造成损害的,应当依照《中华人民共和国侵权责任法》的有关规定承担侵权责任。这一规定将环境侵权责任的原因行为范围明文扩大为“污染环境行为”和“破坏生态行为”两类。

《民法典》第 1229 条规定,因污染环境、破坏生态造成他人损害的,侵权人应当承担侵权责任。

★ 环境侵权行为的违法性

根据传统的民事责任构成原理,行为必须具有违法性才能认定为民事责任的构成要件。在环境侵权责任中,关于环境侵权责任是否以违法性为要件存在分歧。有的学者主张只有环境侵害行为具有违法性才承担赔偿责任。[1] 主张违法性为环境侵权责任的构成要件的原因在于一方面受制于传统民事责任理论的局限,另一方面原因在于立法上规定的不一致。《民法通则》第 124 条规定,违反国家保护环境防止污染的规定,污染环境造成他人损害的,应当依法承担民事责任,以违法性作为承担环境民事责任的构成要件。

然而,《侵权责任法》第 65 条规定,因污染环境造成损害的,污染者应当承担侵权责任。有的学者主张,环境损害不应以行为的违法性为要件,只要造成了损害,且行为与损害事实之间具有因果关系,就应承担环境侵权民事责任。[2] 《民法典》第 1229 条也并未将行为的违法性作为承担环境侵权民事责任的要件。**环境法学界的通说认为违法性并不是环境侵权民事责任的构成,只要造成了损害后果,就应承担相应的民事责任。**

法律与规范链接

▲ 必读法条

《侵权责任法》第 65 条;

《民法通则》第 124 条;

《民法典》第 1229 条;

《环境保护法》第 64 条。

---

〔1〕 从选劝、胡保林主编:《干部环境法律知识教程》,中国政法大学出版社 1994 年版,第 289 ~ 291 页。转引自乔世明:《环境损害与法律责任》,中国经济出版社 1999 年版,第 264 页。

〔2〕 王灿发编:《环境损害赔偿法的理论与实践》,中国政法大学出版社 2013 年版,第 79 页。

△ **延伸法条**

俄罗斯 2002 年《俄罗斯联邦环境保护法》第 77 条；

瑞典 1986 年《瑞典环境损害赔偿法》第 3 条。

典型案例

2227 户梨农诉 A 市交通委员会等环境损害赔偿纠纷案[1]

案情概述

2004 年，A 市 2227 户梨农（以下简称原告）以 A 市交通委员会等 7 家单位为被告（以下简称被告），向法院提起诉讼。原告称其所在的农业区的梨子的收成一直居全省前列。但自 1997 年以来，被告在该区的国道栽种桧柏后，导致梨子的收成逐年下降。2003 年春末夏初大面积爆发梨锈病，导致梨树大面积绝收，给原告造成了巨大的经济损失。经专家考察，梨锈病的爆发是因为栽种的桧柏引起，且将影响其以后年份的收成。原告请求法院判令被告立即清除国道沿线栽种的桧柏树，赔偿原告经济损失并承担诉讼费开支。

法院经审理认为：国道两旁桧柏的存在仅是梨锈病发生的条件之一，桧柏的存在不必然导致梨锈病的发生，而梨锈病也只是原告梨树减产的原因之一。原告不能证明梨树减产与种植桧柏之间有必然的因果联系，判决驳回原告诉讼请求。原告上诉，二审法院则认为“该案涉及自然界中各种植物的相互影响、生物链相互作用问题，此类问题给人们生产、生活造成的影响，目前我国尚无法律法规予以调整，因此不属于民事诉讼的主管范围”，裁定撤销一审判决，驳回起诉。[2]

核心问题

破坏生态是否属于环境侵权责任的原因行为？

简要评论

2014 年新修订的《环境保护法》通过之前，由于立法规定的不明确性，关于生态破坏是否属于环境侵权的原因行为无论在学理抑或是司法实践中都存在争议。以

---

[1] 参见杨立新：《〈中华人民共和国侵权责任法〉条文释解与司法适用》，人民法院出版社 2010 年版，第 440 页。

[2] 吕忠梅、张宝：《环境问题的侵权法应对及其限度——以〈侵权责任法〉第 65 条为视角》，载《中南民族大学学报》（人文社会科学版）2011 年第 2 期。

本案为例，二审判决以我国尚无法律法规予以调整，因此不属于民事诉讼的主管范围为由，驳回原告的诉讼请求。如前文所述，污染环境的行为不能包含破坏生态的行为。正如罗丽教授所言，“《侵权责任法》第65条依然沿袭《民法通则》第124条的规定，继续无视环境侵权民事责任的特殊性，固守传统‘二分法’，是不符合现代环境侵权法的立法精神的”。[1]

知识点

因污染环境或破坏生态造成损害的，均应当依照《侵权责任法》的有关规定承担侵权责任。现行法已经从立法上明确了环境侵权责任的原因行为包括“污染环境行为”和“破坏生态行为”两类。

延伸阅读

1. 竺效：《论环境侵权原因行为的立法拓展》，载《中国法学》2015年第2期；
2. 吕忠梅、张宝：《环境问题的侵权法应对及其限度——以〈侵权责任法〉第65条为视角》，载《中南民族大学学报》（人文社会科学版）2011年第2期；
3. 罗丽：《再论环境侵权民事责任——评〈侵权责任法〉第65条》，载高鸿钧主编：《清华法治论衡》（第14辑），清华大学出版社2011年版。

6.3 环境侵权损害事实

知识要点

☆ **环境侵权损害事实**

环境侵权损害事实指的是由于环境侵权而造成的环境损害后果。[2] 环境侵权损害结果通常表现为侵害他人人身权、财产权等。环境侵权损害赔偿的范围关系到受害人的损害是否可以得到补救。目前，我国关于环境侵权损害赔偿范围的立法中，对于环境侵权所造成的人身损害和财产损害具有较为明确的规定。精神损害赔偿也在2001年最高人民法院通过的《关于确定民事侵权精神损害赔偿责任若

---

〔1〕 罗丽：《再论环境侵权民事责任——评〈侵权责任法〉第65条》，载高鸿钧主编：《清华法治论衡》（第14辑），清华大学出版社2011年版，第256页。

〔2〕 周珂等主编《环境法》，中国人民大学出版社2013年版，第71页。

干问题的解释》得到肯定。但是关于生态(环境)本身的损害是否应当纳入损害赔偿的范畴,立法未予以明确。

★ 财产损害

财产损害指的是因环境侵权造成的受害人的财产的损失。如因为海洋环境污染而导致的渔民渔业养殖的损失,或者由于土壤污染而导致的农户农产品减产的损失。财产损失在理论上可以进一步分为直接财产损失和间接财产损失。

(1)直接财产损失包括因为环境侵权而导致的受害人财物的直接损毁、灭失,或者受害人为了避免损失扩大而支出的必要费用。

(2)间接财产损失指的是由于环境侵权而导致的受害人可得利益的损失,如原告因环境污染而造成的停产、停业的损失。

司法实践中,一般对因环境侵权所造成的直接财产损失予以赔偿,对于间接或潜在的财产损害往往不予赔偿,财产损害的认定存在权利保护不周的问题。[1]

★ 人身损害

人身损害指的是由于环境侵权而造成的公民生命健康权的损害。如公民健康权的损害或者造成伤残、死亡等情形。环境侵权损害赔偿的范围与普通民事侵权损害的赔偿范围基本一致,主要包括因受害人健康受损而支付的就医费、误工费、交通费,因伤残而支出的残疾赔偿金、护理费、被扶养人生活费等,因受害人死亡而支出的死亡赔偿金、丧葬费、被扶养人生活费等。

★ 精神损害

精神损害指的是民事主体由于环境侵权而导致其人身权利受到不法侵害,从而导致其精神受到痛苦的无形损害。2001 年最高人民法院通过《关于确定民事侵权精神损害赔偿责任若干问题的解释》,对精神损害赔偿作出了具体规定。环境损害赔偿应当将精神损害纳入赔偿的范围。有的学者主张,对于人身损害所致的精神伤害应当予以赔偿,对于财产损害所致的精神损害一般不应予以赔偿,以免无限扩大损害赔偿的范围。[2]《侵权责任法》第 22 条规定对可获赔偿的此类损害的范围有所限制,即侵害他人人身权益,造成他人严重精神损害的,被侵权人可以请求精神损害赔偿。但实践中,由于精神损害是一种无形的损害,受害人往往很难举证证明其遭受的精神损害是环境污染的损害后果,因此,受害人很难获得精神损害赔

---

〔1〕 王灿发编:《环境损害赔偿法的理论与实践》,中国政法大学出版社 2013 年版,第 213 页。

〔2〕 同上注,第 115 页。

偿。《民法典》第1183条第1款规定，侵害自然人人身权益造成严重精神损害的，被侵权人有权请求精神损害赔偿。

☆ 生态（环境）损害

生态损害指的是生态（环境）危害行为造成生态或环境本身的损害，其不同于以生态（环境）为媒介而造成民事主体的财产损失、人身伤害或精神损害的传统的环境侵权损害。[1] 现行环境保护立法中对于“生态（环境）本身损害”的概念尚未规定。

法律与规范链接

▲ **必读法条**

《民法通则》第106条、第119条；

《民法典》第1183条；

《最高人民法院关于确定民事侵权精神损害赔偿责任若干问题的解释》。

△ **延伸法条**

瑞典《环境损害赔偿示范法》第2条第2款；

欧盟2004年《预防和补救环境损害的环境责任指令》第2条；

《最高人民法院关于审理环境侵权责任纠纷案件适用法律若干问题的解释》。

典型案例

原告A市海洋局诉被告B航运有限公司和被告C汽船船东互保协会船舶碰撞油污损害赔偿纠纷案[2]

案情概述

2002年11月23日，B航运有限公司所属油轮与某市船务有限公司所属货轮在A大沽口东部海域发生碰撞，所载原油入海，造成附近海域污染。2002年12月26

〔1〕 竺效：《生态损害填补责任归责原则的两分法及其配套措施》，载《政治与法律》2007年第3期。

〔2〕 根据网络资料改编，参见《天津一审判决污染海洋生态涉外索赔第一案》，载中国水网：http://www.h2o-china.com/news/33484.html，最后访问日期：2016年9月2日。

日,A 市海洋局向 A 市海事法院起诉 B 航运有限公司和 C 汽船船东互保协会因溢油造成海洋生态环境污染损害进行赔偿。随后,渔政处、X 县渔民协会代表 879 户渔民和 15 户养殖户、A 市某区北塘渔民协会代表 433 户渔民等上述原告分别就渔业资源的损失提起诉讼。[1] 至此,共有 10 组诉讼原告(包括海洋局、渔政处、约 1500 户渔民和养殖户)分别向 A 市海事法院提出对两被告船舶碰撞油污损害赔偿请求共计 1.7 亿元人民币。

其中针对海洋局的诉讼请求,法院判决被告连带赔偿原告海洋环境容量损失 750.58 万元,调查、监测评估费用及其生物修复研究经费等 245.2284 万元。[2] 法院判决所承认的"海洋环境容量"损失其实包含已经采取和将要采取的恢复海洋环境本身质量达到损害发生前水平所需的必要费用。该案表明,中国的生态损害赔偿实践并非空白,这一先例告诉我们生态损害必须予以救济和防范。[3]

该案是经修订的《中华人民共和国海洋环境保护法》2000 年 4 月 1 日开始实施以来,中国海洋行政主管部门首次对油污损害海洋生态环境进行民事索赔的案件。该系列案的涉案标的达 1.7 亿元人民币,也是当时中国涉案标的最大的民事索赔案。

核心问题

本案可否提起海洋生态损害赔偿? 海洋生态损害赔偿的索赔主体是谁?

简要评论

2017 年修正的《海洋环境法》第 89 条规定,造成海洋环境污染损害的责任者,应当排除危害,并赔偿损失;完全由于第三者的故意或者过失,造成海洋环境污染损害的,由第三者排除危害,并承担赔偿责任。对破坏海洋生态、海洋水产资源、海洋保护区,给国家造成重大损失的,由依照本法规定行使海洋环境监督管理权的部门代表国家对责任者提出损害赔偿要求。通过法律解释的方法,可以认为国家海洋行政主管部门可以向污染责任人提出海洋生态损害索赔。

知识点

具有海洋环境监督管理权的部门可以作为索赔主体提出海洋生态损害赔偿。

---

[1] 陈海波:《塔斯曼海轮船舶碰撞海洋油污损害赔偿系列案评析》,载《中国海洋法学评论》2005 年第 2 期。

[2] 参见天津海事法院(2003)津海法事初字第 183 号民事判决书。

[3] 竺效:《生态损害综合预防和救济法律机制研究》,法律出版社 2016 年版,第 28 页。

延伸阅读

1. 蔡守秋、海燕:《也谈对环境的损害——欧盟〈预防和补救环境损害的环境责任指令〉的启示》,载《河南省政法管理干部学院学报》2005 年第 3 期;
2. 王灿发:《环境损害赔偿立法框架和内容的思考》,载《法学论坛》2005 年第 5 期。

6.4　环境侵权因果关系及其举证

知识要点

☆ 传统民事侵权因果关系理论的局限性

依照传统的民法理论,行为人承担民事责任的前提是加害行为与损害结果之间具有必然的因果关系。在环境民事侵权领域,由于侵害的发生须作用于“环境”这一载体,如果坚持严密的因果关系证明,将会使因果关系的证明陷入争论中,原因如下:第一,环境污染的潜伏期一般较长,损害的发生往往在很长时间以后,由于时间、空间的变化容易导致证据的灭失,使得因果关系难证明。第二,环境污染导致的损害往往是多因子复合作用的结果,致病的原因具有复杂性,因果关系认定较为困难。第三,环境侵权因果关系的证明需要高科技知识和专业的人才。

环境污染侵权的上述特性,使得因果关系的证明异常困难。环境侵权中的受害人往往是普通的公众,只能掌握基本的常识,不能苛求普通受害人对污染因素的掌握如同专业人士。因此,处理环境侵权案件仍然坚持严密和科学的因果关系证明的话,将会使裁决陷入停滞,受害人的权益无法得到及时保障。因此,环境侵权民事责任对因果关系的证明突破传统理论,创立了因果关系推定等理论。

环境侵权因果关系理论
- 因果关系推定理论
- 优势证据说
- 疫学因果说

图 6－1　环境侵权因果关系理论

★ 因果关系推定理论

因果关系推定理论主要存在以下几种学说:优势证据说、事实推定说、疫学因果说、间接反证说等。

在因果关系推定的情形下，原告须先就加害行为、损害后果两方面进行完全举证。其次，对加害行为和损害后果之间的因果关系进行初步举证，这一“初步”举证应达到一定程度的盖然性，然后由法官推定因果关系成立。此时，被告须举证证明因果关系不存在。因果关系推定情形下，并不要求普通民事侵权情形中原告必须给予法官几乎确定无疑的心证。

☆ **优势证据说**

该学说源于英美法上的“占有优势证据”，其观点是在民事诉讼中，只要有一方当事人提出的证据比另一方提出的证据更为令人信服的话，即达到了法律上所要求的证明程度。该理论在英美国家审判实践中采用较多。如美国法院对于有害物质与损害之间因果关系的认定中，原告只需证明损害是由被告的有害物质引起的，且这种可能性大于50%即可。[1]

☆ **疫学因果说**

疫学指的是针对集体疾病发生的现象，探明其发生、分布于社会生活的因果关系，寻找对策，防止疾病发生的科学。[2] 推定某种污染物与损害结果之间具有因果关系，须证明：(1)污染因子在发病前发生过作用；(2)污染因子的作用与发病率成正比；(3)污染物足以引起发病，可以通过生物学给予合理解释。世界八大公害之一的日本富山骨病就采用了疫学因果说。

★★ **环境侵权诉讼因果关系举证责任**（2013年卷一第73题，2008年卷一第28题，2005年卷一第74题，2004年卷一第88题，2003年卷一第53题）

一般证据规则坚持“谁主张，谁举证”的证据规则。在环境侵权损害赔偿中，由主张损害赔偿请求权的原告就权利发生的要件事实举证，即对环境侵权行为的构成要件予以确定。在无过错责任归责原则下，因果关系的举证具有很重要的意义。在环境损害赔偿中，由于侵权行为人大多是企业，而受害人往往是普通公众，保留、收集证据的能力较弱，相对于侵权人来说处于弱势地位，因此，各国一般在法律上给予原告举证责任的照顾，采举证责任倒置原则属其中一种方法。

《民法典》第1230条规定，因污染环境、破坏生态发生纠纷，行为人应当就法律规定的不承担责任或者减轻责任的情形及其行为与损害之间不存在因果关系承担举证责任，在法律上确立了因果关系举证责任倒置原则。我国环境法学界通说认

---

〔1〕 乔世明：《环境损害与法律责任》，中国经济出版社1999年版，第291页。

〔2〕 金瑞林、汪劲：《20世纪环境法学研究评述》，北京大学出版社2003年版，第275页。

为,环境侵权损害责任中因果关系的证明,应采举证责任倒置原则。

法律与规范链接

▲ 必读法条

《民法典》第 1230 条;

《最高人民法院关于审理环境侵权责任纠纷案件适用法律若干问题的解释》第 6～7 条。

△ 延伸法条

德国 1991 年《环境责任法》第 6 条第 1 款;

德国《水利法》第 22 条第 2 款。

典型案例

原告 A 某诉被告 B 公司大气污染责任纠纷案[1]

案情概述

1995 年,原告 A 某(以下简称 A 某)承包一处集体土地种植樱桃。2001 年,被告 B 公司(以下简称 B 公司)迁至 A 某樱桃园附近从事铝产品生产加工。2009 年 4 月,A 某提起诉讼,请求 B 公司停止排放废气,赔偿其损失 501 万余元。A 某提交了 C 市公证处勘验笔录、C 市农产品质量检测中心出具的樱桃叶片氟含量检测报告等证据。后经双方共同协商,一审法院委托 D 省农业科学院中心实验室对樱桃叶片的氟化物含量予以检测,检测报告显示:距离 B 公司越近,樱桃叶片氟化物含量越高。B 公司提供了樱桃树叶氟含量检测报告、厂区大气氟化物含量检测报告、C 市气象局出具的 2008 年 2 月至 2009 年 5 月的气候情况等证据,拟证明其不存在排污行为,A 某樱桃园受到损害系气候原因所致。

C 市中级人民法院一审判令 B 公司停止排放氟化物,赔偿 A 某损失 204 万余

---

[1] 参见《山东富海实业股份有限公司、曲忠全与山东富海实业股份有限公司、曲忠全等环境污染责任纠纷再审复查与审判监督民事裁定书》,载中华人民共和国最高人民法院网站:http://www.court.gov.cn/wenshu/xiangqing－9045.html,最后访问日期:2016 年 9 月 5 日。

元。A某、B公司均不服提起上诉。D省高级人民法院二审判令B公司赔偿A某224万余元。B公司不服,向最高人民法院申请再审。

最高人民法院审查认为,A某提交的证据,与一审法院委托专业机构出具的检测报告等证据相互印证,足以证明A某的樱桃园受到损害,B公司排污,排污和损害之间具有关联性,已完成举证责任。B公司作为侵权人,其提交的樱桃树叶氟化物含量检测报告中距离厂区越近浓度越低的结论有悖常识;厂区大气氟化物含量检测报告系2010年5月7日作出,与本案待证事实不具有关联性;天气原因不能否定排污行为和损害之间的因果关系。考虑到确实存在天气恶劣等影响樱桃生产的原因,二审法院酌情判令B公司对A某的损失承担70%的赔偿责任,认定事实和适用法律均无不当。[1]

核心问题

该案的环境侵权责任能否成立?

简要评论

原告A某提交的检测报告等证据,足以证明A某的樱桃园受到损害、B公司排污、排污和损害之间具有关联性,已完成举证证明责任。被告未能充分证明其存在免责事由,以及原告的损失与被告不存在因果关系,应对原告的损失承担赔偿责任。

知识点

因环境污染引起的损害赔偿诉讼,由被告应就法律规定的免责事由及其行为与损害结果之间不存在因果关系承担举证责任。

延伸阅读

1. 杨素娟:“论环境侵权诉讼中的因果关系推定”,载《法学评论》2003年第4期;
2. 邹雄:“论环境侵权的因果关系”,载《中国法学》2004年第5期;
3. 陈泉生:“论环境诉讼的因果关系”,载《云南法学》1996年第2期。

---

[1] 参见《曲忠全诉山东富海实业股份有限公司大气污染责任纠纷案》,载中国法院网:http://www.chinacourt.org/article/detail/2015/12/id/1777825.shtml,最后访问日期:2016年8月23日。

6.5　环境侵权责任的免责和抗辩事由

环境侵权责任的免责和抗辩事由
- 第三人过错
- 不可抗力
- 受害人故意或重大过失

图 6－2　环境侵权责任的免责和抗辩事由

知识要点

★ 第三人过错(2008 年卷一第 75 题)

第三人过错指的是除了受害人、加害人之外的第三人,对环境损害的发生具有主观过错。现行立法已排除了第三人过错作为环境侵权责任的抗辩事由。《民法典》第 1175 条规定,损害是因第三人造成的,第三人应当承担侵权责任。《民法典》第 1233 条规定,因第三人的过错污染环境、破坏生态的,被侵权人可以向侵权人请求赔偿,也可以向第三人请求赔偿。侵权人赔偿后,有权向第三人追偿。该条规定赋予了被侵权人求偿选择权。《民法典》第 1233 条的规定应作为一般性规则,适用于所有环境污染、生态破坏侵权领域。

★ 不可抗力(2013 年卷一第 73 题,2008 年卷一第 75 题)

《民法典》第 180 条第 2 款规定,不可抗力是不能预见、不能避免并不能克服的客观情况。这种客观情况包括自然现象(如地震、洪水、台风等)和社会现象(如战争、罢工等)。关于不可抗力能否成为环境侵权损害赔偿的免责事由,学者的观点各有不同。

王利明教授认为在某些高度危险责任适用无过错责任情形下,“不可抗力”不能成为环境损害赔偿的免责事由。不可抗力虽然表明被告没有过错,但损害在事实上又确与被告的行为和物件有关,若完全免除被告的责任,将使受害人得不到补偿,不能达到无过失责任对损害进行合理分配的目的。[1] 但吕忠梅教授认为不可抗力可以成为环境侵权民事责任的免责事由,但需要不同情况区别对待,在侵害行为存在违反法律强制性规定的情形下,不得以不可抗力主张免责。[2]

---

〔1〕 王利明:《侵权行为法研究》(上卷),中国人民大学出版社 2004 年版,第 317 ~ 324 页。

〔2〕 王灿发编:《环境损害赔偿法的理论与实践》,中国政法大学出版社 2013 年版,第 93 页。

★ **受害人故意或重大过失**(2008 年卷一第 75 题)

受害人故意造成损害免责事由而言,《民法典》第 1174 条规定,损害是因受害人故意造成的,行为人不承担责任。根据全国人大法工委立法释义书所持的观点,对于适用无过错责任归责原则的环境侵权领域,也应适用该免责抗辩事由。[1] 在环境污染侵权领域,适用这类免责抗辩事由也有一些明确的立法规定予以重申。比如,《水污染防治法》第 96 条第 3 款规定,水污染损害是由受害人故意造成的,排污方不承担赔偿责任。水污染损害是由受害人重大过失造成的,可以减轻排污方的赔偿责任。《民法典》第 1239 条规定,占有或者使用易燃、易爆、剧毒、高放射性、强腐蚀性、高致病性等高度危险物造成他人损害的,占有人或者使用人应当承担侵权责任,但能够证明损害是因受害人故意或者不可抗力造成的,不承担责任。被侵权人对损害的发生有重大过失的,可以减轻占有人或者使用人的责任。

在受害人对损害的发生具有一定过失时,可以适当的减轻加害人的赔偿责任的规则,称为过失相抵。关于过失责任是否适用于以无过错责任为归责原则的环境侵权学者的观点不同。在环境侵权领域除法律的明文规定外,不得适用过失相抵规则。

法律与规范链接

▲ 必读法条

《民法典》第 180 条、第 1175 条、第 1233 条、第 1239 条。

△ 延伸法条

德国 1990 年《环境责任法》第 4 条;

美国《超级基金法》第 107 条第(b)款;

《最高人民法院关于审理环境侵权责任纠纷案件适用法律若干问题的解释》。

---

〔1〕 王胜明主编:《中华人民共和国侵权责任法释义》,法律出版社 2010 年版,第 141 页。

典型案例

原告A某与被告B公司环境污染损害赔偿案[1]

案情概述

2001年11月，原告A某与被告B公司达成装修协议，由B公司对A某住房进行装修，装修工程于2002年1月上旬完工。2002年1月中旬原告A某搬进新房居住后，于4月A某出现头晕、全身乏力等症状，后经诊断为血液病。原告A某认为被告B公司在装修过程中使用劣质材料，造成有毒气体的产生，导致其患上血液病，要求被告B公司承担环境侵权损害赔偿责任。

法院审理认为，原告提交的病历、医学资料等证据证明其自身受到损害的事实以及污染与损害结果之间存在因果关系的可能性且达到高度盖然性的程度，而被告未能就相关的免责事由进行举证，因此，被告B公司应当承担环境污染损害赔偿责任。同时认为原告在其居室装修刚刚结束后就搬入居住，对其自身损害结果发生具有一定影响，据此，应当适当减轻被告B公司的赔偿责任。

核心问题

本案是否适用过失相抵？

简要评论

环境侵权的过失相抵必须有法律明文规定。例如，《水污染防治法》第968条第3款规定，水污染损害是由受害人故意造成的，排污方不承担赔偿责任。水污染损害是由受害人重大过失造成的，可以减轻排污方的赔偿责任。除《水污染防治法》以外，我国现行大气污染防治法等相关法律并未规定大气环境侵权领域的过失相抵规则，所以不能适用过失相抵。

知识点

环境侵权领域除法律的明文规定外，不得适用过失相抵规则。

---

〔1〕 参见《从江苏首例家装污染案看环境侵权特殊规则的司法适用》，载http://www.xhfm.com/2011/0105/2590.html。

延伸阅读

1. 王素云:《我国环境侵权法定免责事由评析》,载《环境保护》2008 年第 14 期;
2. 严厚福:《不可抗力:环境污染侵害的免责事由》,载《中国地质大学学报》(社会科学版)2005 年第 5 期。

6.6　环境侵权责任的承担方式

知识要点

☆ 环境侵权责任的承担方式概述

《民法典》第 1229 条规定,因污染环境、破坏生态造成他人损害的,侵权人应当承担侵权责任。《民法典》第 179 条规定,承担民事责任的方式主要有:(1)停止侵害;(2)排除妨碍;(3)消除危险;(4)返还财产;(5)恢复原状;(6)修理、重作、更换;(7)继续履行;(8)赔偿损失;(9)支付违约金;(10)消除影响、恢复名誉;(11)赔礼道歉。法律规定惩罚性赔偿的,依照其规定。本条规定的承担民事责任的方式,可以单独适用,也可以合并适用。《民法典》第 1234 条规定,违反国家规定造成生态环境损害,生态环境能够修复的,国家规定的机关或者法律规定的组织有权请求侵权人在合理期限内承担修复责任。侵权人在期限内未修复的,国家规定的机关或者法律规定的组织可以自行或者委托他人进行修复,所需费用由侵权人负担。该条款明确了生态环境损害修复的本位责任和替代责任、责任主体和请求权主体。《民法典》第 1235 条则明确列举了生态环境损害的赔偿责任及范围。上述两条款使得指向救济生态环境损害的环境民事公益诉讼和生态环境损害赔偿获得了最起码的实体法依据。《最高人民法院关于审理环境侵权责任纠纷案件适用法律若干问题的解释》第 13 条规定,人民法院应当根据被侵权人的诉讼请求以及具体案情,合理判定侵权人承担停止侵害、排除妨碍、消除危险、修复生态环境、赔礼道歉、赔偿损失等民事责任。因此,环境侵权责任的承担方式包括停止侵害、排除妨碍、消除危险、恢复原状、赔偿损失、赔礼道歉等。

☆ 赔偿损失

赔偿损失是指污染环境或破坏生态所致的损害后果发生后,受害人基于损害赔偿请求权而向加害人提出的赔偿其所受损失的请求。赔偿损失在民事责任中的适用最为广泛，然而赔偿损失的方式是一种损害结果发生后的事后补救，对人身或者财产所造成的损害往往是用金钱难以弥补的，同排除危害相比更为消极、被动。

☆ **排除危害**

汪劲教授认为，排除危害指的是受害人基于人格权或者物权向加害人提出的消除危险、排除妨碍和停止侵害等要求的民事救济方式的统称。[1] 通说认为排除危害的民事责任应当具体包括了停止侵害、排除妨碍、消除危险这三种具体的责任形式：

（1）停止侵害的适用以侵害行为的正在进行为前提，对于尚未发生或侵害已经停止的侵权行为不能适用。停止侵害可以及时地阻止侵害行为，防止损害后果的扩大。

（2）排除妨碍针对实际存在的妨碍或者必然出现的妨碍。

（3）消除危险可以适用于损害尚未实际发生，但是又确实有可能造成损害后果的情形。

☆ **恢复原状**

恢复原状指的是恢复权利至被侵害前的状态。**环境法上的恢复原状其恢复的范围不仅仅是将环境、资源恢复到权利被侵害前的原有状态，而且还包括对环境资源损害所导致的生态系统服务价值与功能丧失的恢复。**[2]《最高人民法院关于审理环境侵权责任纠纷案件适用法律若干问题的解释》第14条第1款规定，被侵权人请求恢复生态环境的，人民法院可以依法裁判侵权人承担环境修复责任，并同时确定其不履行环境修复义务时应当承担的环境修复费用。在司法实践中，如果原地恢复原状不可能时，也可通过异地补植等方式恢复原状。与传统民法不同，有时生态或环境的破坏可能无法恢复，只能通过引入功能替代物来修复生态系统的某种功能，这时已非传统民法意义上的恢复原状。

☆ **赔礼道歉**

赔礼道歉指的是环境侵权行为人通过口头或书面方式向受害人公开认错，从而取得受害人的谅解。在环境侵权案件中，环境侵权行为不仅可以造成他人的人身损害、财产损害，往往还会对受害人造成精神损害。在环境公益诉讼案件中，污染环境、破坏生态的行为导致损害发生后到恢复原状前生态环境服务功能的损害，该

---

〔1〕 汪劲：《环境法学》（第三版），北京大学出版社2014年版，第311页。

〔2〕 同上注，第316页。

损害包含了社会公众享有美好生态环境精神利益的损害。[1] 因此,无论是环境侵权诉讼,抑或是环境公益诉讼都将赔礼道歉纳入侵权责任方式。

法律与规范链接

▲ 必读法条

《民法典》第179条、第1229条;

《最高人民法院关于审理环境侵权责任纠纷案件适用法律若干问题的解释》第13~14条。

△ 延伸法条

德国1990年《环境责任法》第16条(1);

意大利《民法典》(1987年7月8日第349号法律)第18条。

典型案例

A环保联合会诉B市某景区管理委员会生态(环境)侵权案[2]

案情概述

被告B市某景区管委会(以下简称被告)2009年10月至2010年7月间建设了B市动植物园、欢乐园。在该项目建设过程中,被告未经批准和办理相关手续,改变了部分林地用途。经查明,被告占用21154平方米林地用于建设动物场馆、道路、观光电梯等。原告A环保联合会系合法设立的民间环保组织,作为公益诉讼的原告向法院提起诉讼,要求被告对生态破坏的行为进行补偿、弥补生态环境损害并支付原告为该诉讼支出的全部费用。

B市滨湖区人民法院于2012年12月19日作出判决:被告在判决发生法律效力之日起6个月内完成2500平方米宕口地块的复绿固土工作;被告于本判决发生

---

〔1〕 沈德咏主编:《最高人民法院环境侵权责任纠纷司法解释理解与适用》,人民法院出版社2016年版,第167页。

〔2〕 参见《最高法院公布的九起环境资源审判典型案例之八:中华环保联合会诉无锡市蠡湖惠山景区管理委员会环境污染责任纠纷案——补偿性生态恢复在环境侵权裁判中的运用》,载北大法宝:http://www.pkulaw.cn/case/pfnl_119235929.html,最后访问日期:2016年9月4日。

法律效力之日起6个月内完成4500平方米的异地补植，并于判决发生法律效力之日起1个月内将异地补植费用79.44万元汇至指定账户，专款用于异地补植。

核心问题

恢复原状的实现方式有哪些？

简要评论

本案中，B市某景区管委会在开发建设B市动植物园、欢乐园项目时尚未取得改变林地用途的审批手续，构成了擅自占用林地21154平方米的事实。其改变林地用途对生态环境造成了一定程度的损害，应当承担相应的民事责任。本案中，法院运用异地补植的方式恢复生态环境具有创造性。环境侵权案件中，恢复原状不仅仅是指就地恢复原有的环境状况，更主要的是指恢复环境的生态容量，达到生态平衡，这更符合恢复原状的法理精神。[1] 如果就地恢复具有可行性，那么就应该就地恢复。如果就地恢复确有困难，可以异地恢复，以尽量达到或超过原有的生态容量水平。

知识点

恢复原状适用于环境侵权案件时，并非仅限于传统民法上的理解。

延伸阅读

1. 王灿发：《环境损害赔偿立法框架和内容的思考》，载《法学论坛》2005年第5期；
2. 汪劲：《环境法学》，北京大学出版社2014年版，第九章。

6.7　数人环境污染侵权责任分担规则

知识要点

★★ 数人环境污染侵权责任(2015年卷一第74题)

在环境侵权领域，根据责任主体数量的不同，可以将环境侵权责任形态分为环

---

〔1〕 参见《最高法院公布的九起环境资源审判典型案例之八：中华环保联合会诉无锡市蠡湖惠山景区管理委员会环境污染责任纠纷案——补偿性生态恢复在环境侵权裁判中的运用》，载北大法宝：http://www.pkulaw.cn/case/pfnl_119235929.html，最后访问日期：2016年9月4日。

境侵权单独责任和环境侵权共同责任。[1] **环境侵权单独责任是指环境侵权仅有一个加害人，由其承担环境损害责任。如果环境危害行为的主体在数量上是两个或两个以上，就涉及数人共同承担环境损害责任的问题，也就是所谓的环境侵权共同责任。**在环境侵权共同责任形态中，常常出现无法查明实际致害人的情形。案件中若数环境危害行为人间存在意思联络、共同过失或者故意与过失结合的，则将之定性为共同侵权行为，从而适用《民法典》中关于共同侵权责任的条款。若两个以上的行为人之间不存在意思联络，应用“无过错联系之数人环境侵权行为的划分理论”，根据其中“单个行为是否均能够造成环境侵权损害”和“最终所表现的同一不可分的环境侵权损害是否能够由导致损害的某单个行为独自造成”两个因素来判明致害人不明数人环境侵权案件具体属于环境聚合危害行为、环境加算危害行为、环境叠加危害行为或环境择一危害行为中之何种，进而考虑如何适用《民法典》。[2]

★★ 环境聚合危害行为(2012 年卷一第 73 题)

环境聚合危害行为，也可称为重叠危害行为，指两个或两个以上的环境危害行为主体同时造成一个不可分割的环境侵权损害事实，即使没有其他加害主体的加害行为，每一个加害主体的环境危害行为均足以造成同一环境侵权损害后果。[3] 环境聚合危害行为适用《民法典》第 1171 条多数人无过错联系但承担连带责任的分别侵权行为的规定。在环境聚合危害行为中，数个危害行为人之间主观上并无意思联络，且每个行为人的行为足以造成危害的发生，所以法律规定行为人之间承担连带责任是合理的。与此同时，应当适用《民法典》第 178 条分别规定的环境聚合危害行为人对外承担连带责任和对内承担按份责任。并可适用《最高人民法院关于审理环境侵权责任纠纷案件适用法律若干问题的解释》第 4 条，对污染者按份责任客观判断因素进行了细化。

★★ 环境加算危害行为

环境加算危害行为，指两个或两个以上加害主体的单个加害行为均不足以造成环境侵权损害的发生，只有当这些单个的危害行为结合在一起时，才能造成一个

---

〔1〕 竺效：《论无过错联系之数人环境侵权行为的类型——兼论致害人不明数人环境侵权责任承担的司法审理》，载《中国法学》2011 年第 5 期。

〔2〕 同上注。

〔3〕 同上注。

不可分割的环境侵权损害事实。[1] 环境加算危害行为应由各个危害行为人承担按份赔偿责任，又因为行为人均对损害有实际“贡献”，而区别于共同危险行为（并非全体行为主体均实际致害），也不能将之归为共同危险行为而追究其连带责任。环境加算危害行为适用《民法典》第 1172 条的多数人无过错联系分别侵权行为承担按份赔偿责任的规定，同时适用《侵权责任法》第 67 条以及《最高人民法院关于审理环境侵权责任纠纷案件适用法律若干问题的解释》第 4 条，确定危害行为人责任大小。

★★ 环境叠加危害行为

环境叠加危害行为，指两个或两个以上的加害主体分别实施的单个环境危害行为均可能导致一定程度的性质相同的环境侵权损害发生，但其中任一单独行为均无法导致最终的环境侵权损害结果，然而这些环境危害行为恰好同时发生，一起作用导致了一个完整不可分割的环境侵权损害结果，而这些行为之间的损害“贡献”比例无法确定。[2] 对这类行为的责任追究应适用《民法典》第 177 条的规定承担按份责任。

★★ 环境择一危害行为

环境择一危害行为，指两个或两个以上的加害主体的单个环境危害行为均有导致环境侵权损害的结果发生的可能，但并非全部单个的行为均实际造成了环境侵权损害，而究竟其中哪个或哪几个行为与环境侵权损害结果有因果关系无法确定。[3] 实践中，应将环境择一危害行为推定为共同危险行为，令数行为人承担连带责任。适用《民法典》第 1770 条的规定。

法律与规范链接

▲ 必读法条

《民法典》第 177 条、第 178 条、第 1170～1172 条、第 1231 条；

《最高人民法院关于审理环境侵权责任纠纷案件适用法律若干问题的解释》第 4 条。

---

〔1〕 竺效：《论无过错联系之数人环境侵权行为的类型——兼论致害人不明数人环境侵权责任承担的司法审理》，载《中国法学》2011 年第 5 期。

〔2〕 同上注。

〔3〕 同上注。

△ **延伸法条**

《欧洲侵权法原则》第 101 条、第 102 条。

典型案例

X 市 A 经贸有限公司诉 B 糖业有限公司环境污染损害赔偿纠纷案[1]

案情概述

2003 年,原告 A 经贸有限公司(以下简称原告)在 X 市经营餐饮,并且进行生态鱼养殖。2014 年 1 月 2 日,原告发现鱼塘内的鱼大量死亡,损失严重,原告认为是被告 B 糖业有限公司(以下简称被告)排放的污水流入了原告的鱼塘所致。2014 年 1 月 4 日、2 月 10 日,X 市环保局经过调查发现,被告榨甘蔗的废水排入第三人 C 村民小组的新塘坝内后,有部分废水泄漏或溢出向下流入了原告鱼塘。2014 年 5 月 13 日,原告诉至本院,在本案审理过程中被告提出因果关系鉴定申请,原告提出损失鉴定申请,鉴定意见为:被告的排污行为与原告诉称的损害结果之间存在一定的因果关系。另查明:被告糖厂北偏东约 1.5 公里处是 C 村新塘坝,新塘坝周边居民密集、有多家学校及企业,所产生的生产、生活污水均流入新塘坝。糖厂至新塘坝有 2 公里左右的沟渠连通,糖厂生产废水由该沟渠排入新塘坝。糖厂南偏东约 2 公里处是原告的鱼塘,地势较为低洼,其间均为农田,上游的水可经田间沟渠流向原告的鱼塘进水口处。

核心问题

被告及第三人是否应对原告的损失承担赔偿责任?

简要评论

《最高人民法院关于审理环境侵权责任纠纷案件适用法律若干问题的解释》第 1 条规定,因污染环境造成损害,不论污染者有无过错,污染者应当承担侵权责任。第 2 条规定,两个以上污染者共同实施污染行为造成损害的,被侵权人根据《侵权责任法》第 8 条规定请求污染者承担连带责任的,人民法院应以支持。第 5 条第 3

---

[1] 参见《文山市鄰尢经贸有限公司诉文山英茂克林糖业有限公司环境污染损害赔偿纠纷一案一审民事判决书》,载中国裁判文书网:http://wenshu.court.gov.cn/content/content? DocID = 6b88117c - d7ad - 480c - bcd5 - a0c115d11971&KeyWord = 多因一果,最后访问日期:2016 年 9 月 10 日。

款规定，污染者以第三人的过错污染环境造成损害为由主张不承担责任或减轻责任的，人民法院不予支持。本案中，虽然被告的污水不是造成原告鱼塘污染的唯一污染源，但根据司法鉴定的结果显示被告的行为属超标排放，其排污行为足以造成原告鱼塘的污染，同时原、被告双方当事人均未提供证据证明其他污染源的污染物种类、排放量、危害性等，故被告、第三人应承担连带责任。本案中，原告仅起诉被告，不要求第三人承担赔偿责任并无不当，被告应当承担损害赔偿责任。

知识点

两个以上污染者共同实施污染行为造成损害的，被侵权人可以请求污染者承担连带责任。

延伸阅读

1. 竺效：《论无过错联系之数人环境侵权行为的类型——兼论致害人不明数人环境侵权责任承担的司法审理》，载《中国法学》2011年第5期；
2. 程啸：《论无意思联络的数人侵权——以〈侵权责任法〉第11、12条为中心》，载《暨南学报》（哲学社会科学版）2011年第5期；
3. 曹险峰、张龙：《〈侵权责任法〉第67条的体系定位——关于数人环境污染侵权责任认定》，载《大连理工大学学报》2016年第1期。

6.8　环境侵权责任追究相关程序规则

知识要点

☆ **行政处理**

行政处理指的是依照当事人的请求，由环保行政主管部门或其他依法行使环境监督管理权的部门对赔偿责任和赔偿金额的纠纷作出调解处理。[1] 实践中对“处理”二字的性质存在“裁决说”和“调解说”之分。通说认为“处理”二字的立法

〔1〕 金瑞林主编：《环境法学》，北京大学出版社2013年版，第123页。

原意是行政调解。我国《水污染防治法》等单行污染防治法[1]都规定了对于污染引起的损害赔偿责任和赔偿金额的纠纷，可以根据当事人的请求，由环境保护主管部门或者其他具有环境监督管理权的部门调解处理；调解不成的，当事人可以向人民法院提起诉讼。当事人也可以直接向人民法院提起诉讼。环境行政调解不是解决环境纠纷的必经程序。

★ 环境民事诉讼概述

环境民事诉讼指的是环境侵权的受害人在自身的权益遭到侵害时，通过民事诉讼程序向法院提出的对侵权行为人的诉讼。环境民事诉讼同普通民事诉讼相比，在举证责任、因果关系、诉讼时效等方面存在不同。

★ 起诉资格问题

我国《民事诉讼法》第119条规定，起诉必须符合下列条件：（一）原告是与本案有直接利害关系的公民、法人和其他组织……通过"直接利害关系"对民事诉讼原告的主体资格进行限定。

法律实践中，我国将环境民事公益诉讼的主体资格分为法律规定的机关和有关组织两大类。我国《民事诉讼法》第55条规定，对污染环境、侵害众多消费者合法权益等损害社会公共利益的行为，法律规定的机关和有关组织可以向人民法院提起诉讼。如2017年修正的《海洋环境保护法》第89条第2款规定，对破坏海洋生态、海洋水产资源、海洋保护区，给国家造成重大损失的，由依照本法规定行使海洋环境监督管理权的部门代表国家对责任者提出损害赔偿要求。此处的行使海洋环境监督管理权的部门即为"法律规定的机关"。

针对有关组织提起环境民事公益诉讼的资格问题，我国《环境保护法》第58条规定，对污染环境、破坏生态，损害社会公共利益的行为，符合下列条件的社会组织可以向人民法院提起诉讼：（一）依法在设区的市级以上人民政府民政部门登记；（二）专门从事环境保护公益活动连续五年以上且无违法记录。符合前款规定的社会组织向人民法院提起诉讼，人民法院应当依法受理。提起诉讼的社会组织不得通过诉讼牟取经济利益。

---

[1] 如2017年修正的《中华人民共和国水污染防治法》第97条规定，因水污染引起的损害赔偿责任和赔偿金额的纠纷，可以根据当事人的请求，由环境保护主管部门或者海事管理机构、渔业主管部门按照职责分工调解处理；调解不成的，当事人可以向人民法院提起诉讼。当事人也可以直接向人民法院提起诉讼。

★ **特殊的诉讼时效**（2008 年卷一第 28 题，2005 年卷一第 74 题，2004 年卷一第 88 题，2003 年卷一第 53 题）

诉讼时效是民事权利受到侵害的权利人通过诉讼程序请求法院保护其权利的有效期限。若权利人在法律规定的诉讼时效期间未提出请求，则丧失胜诉权。

诉讼时效分为一般诉讼时效和特别诉讼时效。环境污染损害后果的出现具有潜伏期和隐蔽性，很多损害的发生往往在几年或数年之后才会被发现，容易出现损害后果尚未发生，时效已灭失的情形。如果规定环境损害赔偿的诉讼时效同普通民事侵权的诉讼时效一样的话，容易使受害人不能及时行使权利。因此，为了解决这个问题，很多国家都对环境侵权规定了较长的特别诉讼时效。我国《环境保护法》第 66 条规定，提起环境损害赔偿诉讼的时效期间为 3 年，从当事人知道或者应当知道其受到损害时起计算。《民法典》第 188 条第 2 款规定，诉讼时效期间自权利人知道或者应当知道权利受到损害以及义务人之日起计算。法律另有规定的，依照其规定。但是，自权利受到损害之日起超过二十年的，人民法院不予保护，有特殊情况的，人民法院可以根据权利人的申请决定延长。

法律与规范链接

▲ **必读法条**

《水污染防治法》第 97 条；

《民事诉讼法》第 55 条、第 119 条；

《海洋环境保护法》第 89 条第 2 款；

《环境保护法》第 58 条、第 66 条；

《民法典》第 188 条。

△ **延伸法条**

美国 1970 年《清洁空气法》第 304 条。

典型案例

原告A环境研究所、B环境友好中心诉被告C某等四人破坏林地民事公益诉讼案〔1〕

案情概述

2008年7月，C某等四人未经行政主管部门审批，擅自扩大采矿范围，从山顶剥山皮、开采矿石，并将剥山皮和开采矿石产生的弃石往山下倾倒，直至2010年年初停止开采，造成28.33亩林地原有植被严重毁坏。2015年1月，北京市朝阳区A环境研究所（以下简称A环境研究所）、福建省B环境友好中心（以下简称B环境友好中心）提起诉讼，请求判令C某等四被告承担在一定期限内恢复林地植被的责任，赔偿生态环境服务功能损失等。

一审法院认为，C某等四人为采矿占用林地，不仅严重破坏了28.33亩林地的原有植被，还造成了林地植被受损至恢复原状期间生态服务功能的损失，依法应共同承担恢复林地植被、赔偿生态功能损失的侵权责任。2015年10月，一审法院支持了原告的全部诉讼请求。二审法院维持了一审判决。

核心问题

A环境研究所、B环境友好中心是否具备环境民事公益诉讼的主体资格？

简要评论

本案是2014年新修订的《环境保护法》实施后全国首例环境民事公益诉讼案，涉及原告主体资格审查问题。原告资格是环境民事公益诉讼的核心问题。

我国《环境保护法》第58条规定，对污染环境、破坏生态，损害社会公共利益的行为，符合下列条件的社会组织可以向人民法院提起诉讼：(1)依法在设区的市级以上人民政府民政部门登记；(2)专门从事环境保护公益活动连续五年以上且无违法记录。2015年1月6日，《最高人民法院关于审理环境民事公益诉讼案件适用法律若干问题的解释》第2条规定，依照法律、法规的规定，在设区的市级以上人民政府民政部门登记的社会团体、民办非企业单位以及基金会等，可以认定为《环境保

〔1〕参见《北京市朝阳区自然之友环境研究所、福建省绿家园环境友好中心与谢知锦、倪明香等林业承包合同纠纷二审民事判决书》，载中国裁判文书网：http://wenshu.court.gov.cn/content/content?DocID=263d0415-cf8f-4839-ae8a-2493f4b7d4ec&KeyWord=自然之友，最后访问日期：2016年9月5日。

护法》第58条规定的社会组织。

经查明,2010年6月18日,原告A环境研究所在北京市朝阳区民政局登记成立,其在登记前已经依法从事环境保护公益活动,至提起本案诉讼前从事环境保护公益活动已满五年,且在本案诉讼过程中其登记设立已满五年,并无违法记录。因此,原告A环境研究所在本案中符合环境民事公益诉讼的主体资格要件。经查明,2006年11月7日,原告B环境友好中心在福建省民政厅登记,专门从事环境保护公益活动连续五年以上且无违法记录。故原告B环境友好中心可以作为环境民事公益诉讼的原告。

知识点

对污染环境等损害社会公共利益的行为,法律规定的机关和有关组织可以向人民法院提起诉讼。

延伸阅读

1. 李艳芳、李斌:《论我国环境民事公益诉讼制度的构建与创新》,载《法学家》2006年第5期;
2. 蔡先凤、凌炜:《环境民事诉讼制度研究》,载《宁波大学学报》(人文科学版)2005年第6期。

第7章　环境行政法律责任与政府环境责任

教学目标

理解和应用环境行政责任的构成要件；

理解和识记中国环境行政处罚的主要责任形式；

理解环境行政处分，并了解党政领导干部生态（环境）损害责任。

推荐参考资料

1. 周珂等主编：《环境法》（第四版），中国人民大学出版社2013年版，第五章第二节；
2. 吕忠梅主编：《环境法原理》，复旦大学出版社2007年版，第九章第二节。

本章知识结构

- 环境行政法律责任与政府环境责任
  - 环境行政法律责任概述
  - 环境行政法律责任的构成要件
    - 环境行政法律责任的必要条件
    - 环境行政法律责任的选择条件
  - 环境行政法律责任的形式
    - 环境行政处分
    - 环境行政处罚
    - 环境行政赔偿
  - 行政机关及负责人的环境责任
    - 地方政府对环境质量负责
    - 党政同责
    - 终身追责

7.1 环境行政法律责任概述

知识要点

☆ 环境行政法律责任的概念

环境行政法律责任简称环境行政责任,是指环境行政法律关系的主体违反环境行政法律规范或不履行环境行政法律义务所应承担的否定性的法律后果。它以当事人违法或不履行环境行政法律义务、主观上存在故意或过失为前提。[1]

★★★ 环境行政法律责任的必要条件

(1)行为违法性。行为违法指行为人实施了环境法律禁止的行为或违反了环境法律规定的义务。行为违法是构成环境行政法律责任的必要条件,没有违法行为,便不构成行政责任。在环境保护领域,行为的违法性具体表现为行为人违反了环境保护法律所规定的禁止性或限制性规范。[2]

(2)行为人的过错。行为人主观上具有故意或过失也是承担环境行政法律责任的必要条件。故意的心理状态是行为人明知自己的行为会造成对环境、公私财产或人体健康的危害,而"明知故犯";过失则表现为由于疏忽大意或过于自信而导致损害发生。实践中,对环境(自然资源、生态)的破坏,行为人主观上多表现为故意,而对环境的污染则多表现为过失的心理状态。[3]

★★ 环境行政法律责任的选择条件

(1)行为的危害后果。行为的危害后果是承担环境行政责任的选择条件之一。在某些情况下,法律规定没有造成危害后果的违法行为也要承担环境行政责任,如我国现行《环境保护法》第59~63条;而在另一些情况下,根据法律规定,环境违法行为必须产生了危害环境的后果才承担环境行政责任;此外,在某些场合,法律规定只有"危害后果"较严重时,才符合追究环境行政责任的条件,如《水污染防治法》第83条的规定。[4]

---

〔1〕 周珂等主编:《环境法》(第四版),中国人民大学出版社2013年版,第82页。

〔2〕 金瑞林主编:《环境法学》(第三版),北京大学出版社2013年版,第116页。

〔3〕 同上注。

〔4〕 周珂等主编:《环境法》(第四版),中国人民大学出版社2013年版,第83~84页。

(2)违法行为与危害后果之间具有因果关系。环境违法行为与危害后果之间的因果关系是构成环境行政责任的选择条件。环境违法行为是原因,行为的危害后果是结果。因此,在法律规定不以危害后果作为承担环境行政责任条件的情况下,则不存在确定因果关系的问题。反之,法律规定以行为造成了危害后果作为承担环境行政责任的条件的情况,必须确定危害后果与环境违法行为之间存在因果关系。[1]

法律与规范链接

▲ 必读法条

《环境保护法》第59~63条、第67~68条。

△ 延伸法条

《大气污染防治法》第98~124条、第126条;

《水污染防治法》第69~84条;

《海洋环境保护法》第73~93条;

《固体废物污染环境防治法》第67~82条;

《噪声污染防治法》第48~60条。

典型案例

B公司诉A环保局重复处罚同一环境违法行为案[2]

案情概述

2014年8月19日,被告A环保局对原告B公司进行现场检查发现,B公司位于沙湾水道二级水源保护区范围内,该单位综合办公楼及产品展示厅主要产生生活污水等污染物,烘烤炉燃料废气配套水喷淋处理设施、生产废水配套物化处理设施一套,生活污水配套生化处理设施一套,喷涂粉尘配套滤芯过滤器和水喷淋装置,其余污染物没有配套污染治理设施;现场检查时B公司配套的污染治理设施都有运行,但其生产车间厂房顶部的烘烤炉燃料废气排放口出现明显黑烟现象。A环保局制

---

〔1〕 周珂等主编:《环境法》(第四版),中国人民大学出版社2013年版,第84页。

〔2〕 参见广东省广州市番禺区人民法院(2015)穗番法行初字第11号行政判决书。

作了现场检查(勘察)笔录,并拍摄了现场照片。同日,A 环保局对原告的工作人员甲进行了询问,制作了调查询问笔录,B 公司承认未办理环保设施竣工验收手续。

2014 年 9 月 15 日,A 环保局向 B 公司送达行政处罚听证告知书。同日,B 公司向 A 环保局申请举行听证会。2014 年 9 月 25 日,A 环保局举行听证会,制作了听证笔录。B 公司提出,由于生产地点没有产权证,故相关环保手续没有获批,但该公司加入了城市管网工程,也按时缴纳排污费,环保相关手续都有运作,且废污物质都交由乙公司处理。

2014 年 11 月 12 日,A 环保局行政处罚决定书认为:2014 年 8 月 19 日环保执法人员检查发现,B 公司于 2005 年 1 月建成,从事金属家具生产加工生产,生产过程中产生烘烤燃柴烟气、烘烤工艺废气、喷涂粉尘、金属打磨粉尘、生产废水、噪声、固体废物(含酸、碱、磷化剂等物料包装物的危险废物)等污染物,需要配套建设的环境保护设施未经环保部门验收,便投入生产。B 公司的上述行为违反了《建设项目环境保护管理条例》第 23 条的有关规定。经听证核实,B 公司需要配套建设的环境保护设施未经环保部门验收即投入生产的违法事实清楚。根据《建设项目环境保护管理条例》第 28 条之规定,对 B 公司作出以下行政处罚:(1)责令 B 公司停止生产;(2)罚款 9 万元整。同日,A 环保局向 B 公司送达了上述行政处罚决定书。B 公司不服,向该地区人民政府申请行政复议,该人民政府于 2014 年 12 月 19 日作出行政复议决定书,维持了 A 环保局作出的行政处罚决定书。B 公司不服,诉至法院。

另外,A 环保局早在 2006 年 7 月 17 日对 B 公司作出行政处罚决定书,认为:经调查及听证核实,B 公司在未办理环境影响评价报批手续的情况下,于 1992 年 10 月建成家具生产项目,从事家具制品生产、加工,需要配套建设的环境保护设施未经环保部门验收,便投入生产至今。生产过程中产生废水、废气、噪声等污染物,造成环境污染。以上事实,有询问笔录、现场检查笔录、听证笔录等证据证实。B 公司的上述行为,违反了《环境保护法》第 26 条、《建设项目环境保护管理条例》第 20 条第 1 款的有关规定。根据《环境保护法》第 36 条、《建设项目环境保护管理条例》第 28 条之规定,对 B 公司作出如下行政处罚:(1)责令 B 公司停止生产;(2)罚款 5 万元。2006 年 8 月 2 日,A 环保局向 B 公司送达了该行政处罚决定书。2006 年 9 月 4 日,B 公司缴纳了 50000 元罚款。

法院认为:根据《环境保护法》第 10 条第 1 款与《环境行政处罚办法》第 14 条第 1 款规定,A 环保局负责本行政区域的环境保护工作,有权对环境保护违法行为作出行政处罚决定。

2006 年 7 月 17 日,A 环保局对 B 公司作出行政处罚决定书,2014 年 11 月 12

日,A 环保局又对 B 公司作出行政处罚决定书。B 公司需要配套建设的环境保护设施未办理竣工验收手续,违法事实清楚,但 A 环保局已对 B 公司 2006 年 7 月 17 日之前的违法行为进行处罚,现再对 2005 年 1 月至 2006 年 7 月 17 日的违法行为进行处罚,事实不清,违反上述规定。B 公司请求撤销 A 环境保护局于 2014 年 11 月 12 日作出的行政处罚决定书,本院予以支持。《环境行政处罚办法》第 11 条第 2 款规定:"责令改正期限届满,当事人未按要求改正,违法行为仍处于继续或者连续状态的,可以认定为新的环境违法行为。"2006 年 A 环保局作出行政处罚后,B 公司未按要求改正,违法行为仍处于继续或者连续状态,构成了新的环境违法行为。鉴于撤销 A 环保局作出的行政处罚决定,涉及环境保护问题,将会给公共利益造成重大影响,A 环保局应当根据本案具体情况对 B 公司 2006 年 7 月 17 日之后的环境违法行为重新作出处罚决定。故判决如下:(1)撤销被告 A 环保局于 2014 年 11 月 12 日作出的行政处罚决定书。(2)被告 A 环保局在本判决生效之日起 30 日内对原告 B 公司 2006 年 7 月 17 日之后的环境违法行为重新作出处罚决定。本案受理费 50 元,由被告负担。

核心问题

1. 本案中被告环境行政法律责任构成要件有哪些?

2. 本案中法院如何认定环境违法行为?

3. 本案中法院的判决是否合理?

简要评论

本案中,B 公司在未办理环境影响评价报批手续的情况下,于 1992 年 10 月建成家具生产项目,从事家具制品生产、加工,需要配套建设的环境保护设施未经环保部门验收,便投入生产至今。生产过程中产生废水、废气、噪声等污染物,造成环境污染。根据《建设项目环境保护管理条例》第 28 条的规定:"违反本条例规定,建设项目需要配套建设的环境保护设施未建成、未经验收或者经验收不合格,主体工程正式投入生产或者使用的,由审批该建设项目环境影响报告书、环境影响报告表或者环境影响登记表的环境保护行政主管部门责令停止生产或者使用,可以处 10 万元以下的罚款。"可见 B 公司未办理环境影响评价报批手续,配套建设的环境保护设施未经环保部门验收的行为的行政法律责任仅需满足行为违法性与行为人过错两个构成要件即需承担环境行政法律责任,即 10 万元以下的罚款。另外,对于 B 公司的行为,A 环保局于 2006 年 7 月 17 日、2014 年 11 月 12 日两次作出行政处罚决定书,根据行政法一事不二罚的原则,对 B 公司 2006 年 7 月 17 日之前的违法行为,不得再进行处罚。但 2006 年 A 环保局作出行政处罚后,B 公司未按要求改正,违法行为仍处于继续或者连续状态，构成了新的环境违法行为。鉴于撤销A环保局作出的行政处罚决定，涉及环境保护问题，将会给公共利益造成重大影响，故法院判决A环保局应当根据本案具体情况对B公司2006年7月17日之后的环境违法行为重新作出处罚决定。

知识点

行为的违法性与行为人的过错为认定环境行政违法行为的必要构成要件。且环境行政处罚也必须坚持行政法一事不二罚的原则。

延伸阅读

1. 古力、余军：《行政法律责任的规范分析——兼论行政法学研究方法》，载《中国法学》2004年第5期；
2. 张梓太：《环境法律责任研究》，商务印书馆2004年版，第六章。

7.2　环境行政法律责任的形式

- 环境行政法律责任的形式
  - 环境行政处分
    - 定义
    - 适用
    - 种类
    - 适用情形
    - 主要程序
  - 环境行政处罚
    - 警告
    - 罚款与按日连续处罚
    - 责令停产整顿与限制生产、停产整治
    - 责令停产、停业、关闭
    - 暂扣、吊销许可证或其他具有许可性质的证件
    - 没收违法所得、没收非法财物
    - 行政拘留
    - 法律、行政法规设定的其他行政处罚种类
    - 环境行政处罚的自由裁量
  - 环境行政赔偿
    - 概念
    - 特点
    - 义务机关
    - 赔偿标准
    - 基本程序

图7-1　环境行政法律责任的形式

知识要点

7.2.1　环境行政处分

★ 环境行政处分的定义

环境行政处分又称环境纪律处分，是指任免机关或者监察机关，根据行政隶属关系，依照有关法律、法规或内部规章的规定，对国家行政机关及其工作人员或者企业、事业单位中由国家行政机关任命的人员，有环境保护违法违纪行为时的一种行政制裁。

★ 环境行政处分的适用

国家行政机关有环境保护违法违纪行为的，应由任免机关或者监察机关按照管理权限，对其直接负责的主管人员和其他直接责任人员，以及有环境保护违法违纪行为的国家行政机关工作人员（以下统称直接责任人员），依法给予行政处分。

企业、事业单位有环境保护违法违纪行为的，应由任免机关或者监察机关按照管理权限，对其直接负责的主管人员和其他直接责任人员中由国家行政机关任命的人员，依法给予纪律处分。

★ 环境行政处分的种类

根据现行法律的规定，对环境行政处分包括警告、记过、记大过、降级、撤职、开除六种类型。

★ 环境行政处分的适用情形

《环境保护违法违纪行为处分暂行规定》详细列举了各种行政处分的具体适用情形。例如，国家行政机关及其工作人员在组织环境影响评价时弄虚作假或者有失职行为，造成环境影响评价严重失实，或者对未依法编写环境影响篇章、说明或者未依法附送环境影响报告书的规划草案予以批准的，对直接责任人员，给予警告、记过或者记大过处分；情节较重的，给予降级处分；情节严重的，给予撤职处分。

2014 年《环境保护法》第 68 条规定，地方各级人民政府、县级以上人民政府环境保护主管部门和其他负有环境保护监督管理职责的部门有下列行为之一的，对直接负责的主管人员和其他直接责任人员给予记过、记大过或者降级处分；造成严重后果的，给予撤职或者开除处分，其主要负责人应当引咎辞职：

（一）不符合行政许可条件准予行政许可的；

（二）对环境违法行为进行包庇的；

（三）依法应当作出责令停业、关闭的决定而未作出的；

（四）对超标排放污染物、采用逃避监管的方式排放污染物、造成环境事故以及不落实生态保护措施造成生态破坏等行为，发现或者接到举报未及时查处的；

（五）违反本法规定，查封、扣押企业事业单位和其他生产经营者的设施、设备的；

（六）篡改、伪造或者指使篡改、伪造监测数据的；

（七）应当依法公开环境信息而未公开的；

（八）将征收的排污费截留、挤占或者挪作他用的；

（九）法律法规规定的其他违法行为。

☆ 环境行政处分的主要程序

任免机关对涉嫌违法违纪的行政机关公务员的调查、处理，按照下列程序办理：

经任免机关负责人同意，由任免机关有关部门对需要调查处理的事项进行初步调查

↓

任免机关有关部门经初步调查认为该公务员涉嫌违法违纪，需要进一步查证的，报任免机关负责人批准后立案

↓

任免机关有关部门负责对该公务员违法违纪事实做进一步调查，包括收集、查证有关证据材料，听取被调查的公务员所在单位的领导成员、有关工作人员以及所在单位监察机构的意见，向其他有关单位和人员了解情况，并形成书面调查材料，向任免机关负责人报告

↓

任免机关有关部门将调查认定的事实及拟给予处分的依据告知被调查的公务员本人，听取其陈述和申辩，并对其所提出的事实、理由和证据进行复核，记录在案。被调查的公务员提出的事实、理由和证据成立的，应予采信

↓

经任免机关领导成员集体讨论，作出对该公务员给予处分、免予处分或者撤销案件的决定

↓

任免机关应当将处分决定以书面形式通知受处分的公务员本人,并在一定范围内宣布

↓

任免机关有关部门应当将处分决定归入受处分的公务员本人档案,同时汇集有关材料形成该处分案件的工作档案

监察机关对违法违纪的行政机关公务员的调查、处理,依照《中华人民共和国监察法》规定的程序办理。

受到处分的行政机关公务员对处分决定不服的,可以依照《公务员法》和《监察法》的有关规定,申请复核或者申诉。但复核、申诉期间不停止处分的执行。不过,行政机关公务员不应因提出复核、申诉而被加重处分。

7.2.2 环境行政处罚

★★ 环境行政处罚的形式

《环境行政处罚办法》第 10 条规定,根据法律、行政法规和部门规章,环境行政处罚的种类有:警告,罚款,责令停产整顿,责令停产、停业、关闭,暂扣、吊销许可证或者其他具有许可性质的证件,没收违法所得、没收非法财物,行政拘留,以及法律、行政法规设定的其他行政处罚种类。

另外,2021 年修订的《行政处罚法》对行政处罚种类的规定进行了扩展,提升了行政处罚的功能,为环境行政执法提供了新的抓手。在未来的立法中,环境行政处罚的形式或将以修订《环境行政处罚办法》第 10 条或者其他的立法形式进行修改或补充。

2021 年《行政处罚法》第 11 条与第 12 条,增加了依据法定程序以行政法规与地方性法规补充设定行政处罚的规定,但《环境行政处罚办法》作为部门规章依然无权设定行政处罚种类,仅可依据 2021 年《行政处罚法》第 13 条第 2 款对违反行政管理秩序的行为设定警告、通报批评或者一定数额罚款的行政处罚。现行《环境行政处罚办法》第 10 条的规定是对 2009 年《行政处罚法》第 8 条"行政处罚的种类:(一)警告;(二)罚款;(三)没收违法所得、没收非法财物;(四)责令停产停业;(五)暂扣或者吊销许可证、暂扣或者吊销执照;(六)行政拘留;(七)法律、行政法规规定的其他行政处罚。"的梳理总结基础上进行的规定。(2017 年修正的《行政处罚法》沿用了该条规定)

与此相对,2021 年修订的《行政处罚法》第 9 条规定,行政处罚的种类:“(一)警告、通报批评;(二)罚款、没收违法所得、没收非法财物;(三)暂扣许可证件、降低资质等级、吊销许可证件;(四)限制开展生产经营活动、责令停产停业、责令关闭、限制从业;(五)行政拘留;(六)法律、行政法规规定的其他行政处罚”。

未来环境行政处罚应当依据该条规定的修改加以对应,鉴于《环境行政处罚办法》作为生态环境部门领域的部门规章,依然是目前环境行政处罚的依据,且其暂没有得到修改。因此,除有特殊说明的情况外,本书依旧沿用《环境行政处罚办法》第 10 条的规定对环境行政处罚的形式加以说明。

★ 警告

警告是一种精神罚,是一种最轻微的环境行政处罚形式,只能对有轻微的环境行政违法行为的单位和个人适用。需要给予警告的环境行政违法行为,包括不履行法定义务的不作为和故意或过失违反法定义务的作为。

★ 罚款

罚款是一种财产罚,是一种责令环境违法者缴纳一定数额金钱的环境行政处罚形式,也是一种最常用的环境行政处罚形式。罚款只对单位和非履行环境保护公职的公民适用,对于渎职的公职人员主要是实施行政处分,一般不采用罚款。

★★ 按日连续处罚(2017 年卷一第 96 题)

按日连续处罚,又称按日计罚,是 2014 年修订的《环境保护法》新增加的环境执法措施。《环境保护法》第 59 条规定,企业事业单位和其他生产经营者违法排放污染物,受到罚款处罚,被责令改正,拒不改正的,依法作出处罚决定的行政机关可以自责令改正之日的次日起,按照原处罚数额按日连续处罚。前款规定的罚款处罚,依照有关法律法规按照防治污染设施的运行成本、违法行为造成的直接损失或者违法所得等因素确定的规定执行。地方性法规可以根据环境保护的实际需要,增加第 1 款规定的按日连续处罚的违法行为的种类。

《环境保护主管部门实施按日连续处罚办法》经 2014 年 12 月 15 日环境保护部部务会议审议通过,2014 年 12 月 19 日中华人民共和国环境保护部令第 28 号公布。该《办法》分总则、适用范围、实施程序、计罚方式、附则 5 章 22 条,由国务院环境保护主管部门负责解释,自 2015 年 1 月 1 日起施行。依据《环境保护主管部门实施按日连续处罚办法》按日连续处罚的适用与实施程序如图 7－2 所示:

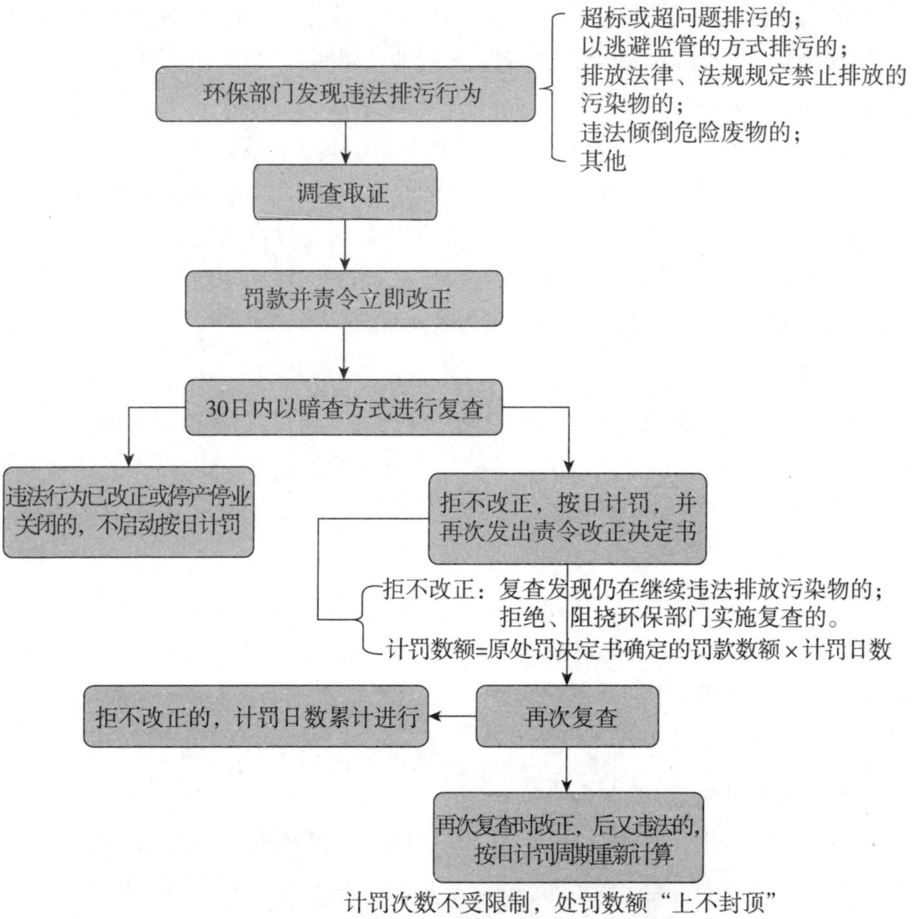

图 7－2　按日连续处罚的适用与实施程序

2017 年 5 月 18 日，环境保护部发布了关于《环境保护部关于修改〈环境保护主管部门实施按日连续处罚办法〉的决定（征求意见稿）》公开征求意见的通知。此征求意见稿中，调整了按日连续处罚措施的适用范围，增加一项“未依法取得排污许可证排放污染物的”。将“违法倾倒危险废物的”修改为“非法排放、倾倒、处置危险废物的”。

在实施按日连续处罚措施的程序规则上进行了调整，一是取消《办法》第 10 条关于复查期限 30 日的规定。修改后的第 10 条表述为：“环境保护主管部门应当在送达责令改正违法行为决定书之后，组织对排污者违法排放污染物行为的改正情况实施复查。”二是取消《办法》第 17 条、第 18 条关于再次复查的规定。复查期限三十日的规定影响按日连续处罚制度威力的发挥，也束缚执法人员的手脚，且没有上位法的依据。复查期限取消后，执法人员无论何时去复查均可，就没有必要规定“再次复查”了。取消复查期限和再次复查的规定，将对加大执法力度和简化执法产生重大影响。

☆ **责令停产整顿**

责令停止生产或者使用是一种临时性的环境行政处罚形式，不以造成环境污染危害为实施处罚的条件，可以并处罚款。被责令停止生产或者使用的建设项目，包括生产部门的建设项目和非生产部门的建设项目，对前者责令停止生产，对后者责令停止使用。实施这一环境行政处罚形式的条件是，建设项目的防治污染设施没有建成或者没有达到国家规定的要求便投入生产或者使用。这一处罚形式由批准该建设项目的环境影响报告书的环境保护行政主管部门实施，且只能对建设项目的所在单位实施。

☆ **责令停产、停业、关闭**（2013 年卷一第 31 题，2011 年卷一第 73 题，2008 年卷一第 77 题）

责令停产、停业、关闭是一种最严厉的环境行政处罚形式，由人民政府作出处罚决定。而且只能对经人民政府决定限期治理而逾期未完成治理任务的单位适用。这一处罚形式对逾期未完成限期治理任务的企业，责令其停业；对逾期未完成治理任务的事业单位，责令其关闭。而且，可以与罚款自由裁量并用。

★★ **限制生产、停产整治**

限制生产、停产整治是县级以上人民政府环境保护主管部门对超过污染物排放标准或者超过重点污染物排放总量控制指标排放污染物的排污者作出的限制其生产规模和进度，以达到相应排放标准的一种环境行政处罚形式。

《环境保护法》第 60 条规定，企业事业单位和其他生产经营者超过污染物排放标准或者超过重点污染物排放总量控制指标排放污染物的，县级以上人民政府环境保护主管部门可以责令其采取限制生产、停产整治等措施；情节严重的，报经有批准权的人民政府批准，责令停业、关闭。该法第 60 条规定了“限制生产、停产整治”的内容，而 2021 年修订的《行政处罚法》第 9 条将“限制开展生产经营活动”明确为一种行政处罚形式。

2015 年起实施的《环境保护主管部门实施限制生产、停产停业整治办法》在《环境保护法》的基础上进一步细化了限制生产、停产整治以及停业关闭措施适用的情形以及适用程序。依据《环境保护主管部门实施限制生产、停产整治办法》限制生产、停产整治措施的适用情形与实施程序如图 7 – 3 所示：

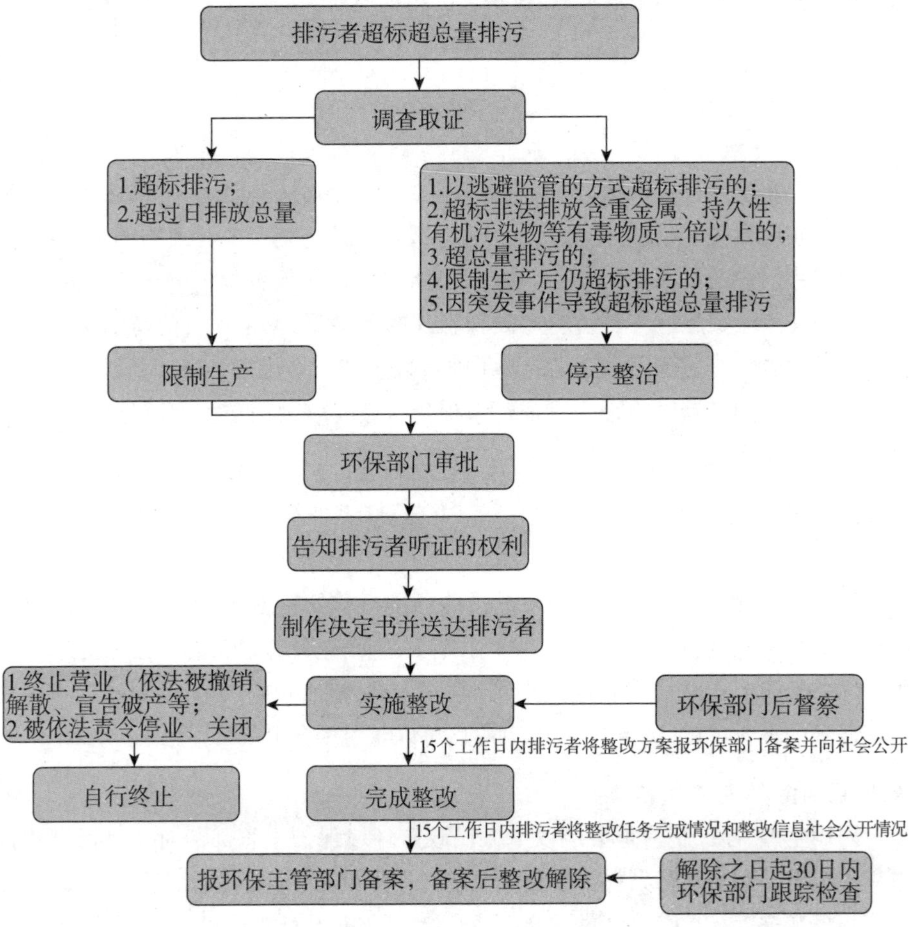

图 7 – 3　限制生产、停产整治措施的适用情形与实施程序

★ 暂扣、吊销许可证或其他具有许可性质的证件

暂扣、吊销许可证或者其他具有许可性质的证件是禁止从事某种活动或取消某种资格的处罚。它是指行政机关或被授权组织撤销或暂扣违法者已经获得的从事某种活动的许可证书，其目的在于取消被处罚人的一定资格和剥夺、限制某种特许的权利。

吊销与暂扣是有区别的。吊销是对违法者从事某种活动或享有某种资格的权利的取消；而暂扣则是对违法者从事某种活动或享有某种资格的权利的中止。因此，暂扣和吊销是两种相互独立的环境行政处罚种类。

★ 没收违法所得、没收非法财物

没收财物属于财产罚,具体包括没收违法所得和非法财物,是由行政机关实施的将违法行为人的部分或全部违法收入、物品收归国有的处罚方式。没收的对象包括:违法者的非法所得及非法占有的利益、违法工具和物品、违禁品等。具体执行过程中可以视情节轻重决定部分或全部没收上述物品。没收的物品,除应当销毁及存档备查的之外,均应当上缴国库或交由法定机关处理;合法收入和没有用来参加违法行为的物品不应当成为没收处罚的对象。因此,没收违法所得和非法财物也是两种相互独立的处罚种类。

★★ 行政拘留(2017年卷一第96题)

行政拘留,是指公安机关对违反治安管理规定的人,在短期内剥夺其人身自由的一种处罚形式,属于人身自由罚。行政拘留是一种严厉的处罚方式,它只适用于自然人而不能适用于法人或其他组织。2014年修订的《环境保护法》第63条将行政拘留纳入环境行政执法领域。

该法第63条规定,企业事业单位和其他生产经营者有下列行为之一,尚不构成犯罪的,除依照有关法律法规规定予以处罚外,由县级以上人民政府环境保护主管部门或者其他有关部门将案件移送公安机关,对其直接负责的主管人员和其他直接责任人员,处10日以上15日以下拘留;情节较轻的,处5日以上10日以下拘留:

(1)建设项目未依法进行环境影响评价,被责令停止建设,拒不执行的;

(2)违反法律规定,未取得排污许可证排放污染物,被责令停止排污,拒不执行的;

(3)通过暗管、渗井、渗坑、灌注或者篡改、伪造监测数据,或者不正常运行防治污染设施等逃避监管的方式违法排放污染物的;

(4)生产、使用国家明令禁止生产、使用的农药,被责令改正,拒不改正的。

为落实新《环境保护法》第63条规定的行政拘留措施,2014年12月24日环境保护部会同公安部、工业和信息化部、农业部、国家质量监督检验检疫总局制定并印发了《行政主管部门移送适用行政拘留环境违法案件暂行办法》(公治[2014]853号),并与新《环境保护法》同时实施。该《办法》明确了部门责任,要求加强协作配合,加强办案监督,严防以罚代拘,详细列明了适用《环境保护法》第63条的23种具体违法情形,规定了行政主管部门向公安机关移送适用行政拘留案件的具体程序,完善了行政执法与行政拘留的衔接规范,全面指导各级环保部门运用和实施新《环境保护法》规定的移送行政拘留措施,依法严厉打击环境违法行为。

★ 环境行政处罚的自由裁量

根据《环境行政处罚办法》第 6 条的规定，环境行政执法机构在对环境违法行为实施行政处罚时，行使行政处罚自由裁量权必须符合立法目的，并综合考虑以下情节：

(1)违法行为所造成的环境污染、生态破坏程度及社会影响；

(2)当事人的过错程度；

(3)违法行为的具体方式或者手段；

(4)违法行为危害的具体对象；

(5)当事人是初犯还是再犯；

(6)当事人改正违法行为的态度和所采取的改正措施及效果。

同类违法行为的情节相同或者相似、社会危害程度相当的，行政处罚种类和幅度应当相当。根据 2021 年修订的《行政处罚法》第 34 条的规定，环境行政机关可以依法制定行政处罚裁量基准，规范行使行政处罚裁量权。

7.2.3　环境行政赔偿

★ 环境行政赔偿的概念与特点

环境行政赔偿是环境行政机关因职务侵权而应承担的一种行政责任，它**是指环境行政机关及其工作人员违法行使职权侵犯环境行政相对人的合法权益造成损害的，由环境行政机关给予赔偿的法律制度**。它具有以下特点：

(1)环境行政侵权的实施主体是环境行政机关及其工作人员；

(2)环境监督管理行为违法，即职务违法；

(3)环境行政侵权行为人主观上有过错，没有过错不承担赔偿责任；

(4)造成的损害由环境行政机关给予赔偿。[1]

★ 环境行政赔偿义务机关

确定环境行政赔偿义务机关有如下几种情况：

(1)环境行政机关及其工作人员实施职务侵权行为的，该环境行政机关是赔偿义务机关。

(2)两个以上环境行政机关共同行使职务侵权行为的，共同侵权的环境行政机关是共同赔偿义务机关。

---

〔1〕 周珂等主编：《环境法》(第四版)，中国人民大学出版社 2013 年版，第 88 页。

(3)受环境行政机关委托的组织实施违法侵权行为的,委托的环境行政机关是赔偿义务机关。

(4)经复议机关复议的,最初造成侵权行为的环境行政机关是赔偿义务机关。但是,复议机关的复议决定加重损害的,复议机关对加重的部分履行赔偿义务。

(5)赔偿义务机关被撤销的,继续行使其职权的行政机关是赔偿义务机关。

(6)法律、法规授权的组织在行使授予的行政权力时实施违法侵权行为的,被授权的组织是赔偿义务机关。[1]

☆ **环境行政赔偿标准**

环境行政机关侵犯行政相对人的财产权造成损害的,应按下列标准予以赔偿或处理:

(1)违法实施罚款或者违反国家规定征收排污费的,应返还违法收取的罚款或排污费;

(2)吊销许可证或环境影响评价证书、责令停止生产或者使用、责令停业关闭的,赔偿停产停业期间必要的经常性费用开支;

(3)强制减少或停止排污、违法决定限期治理的,应给付与所造成的直接损失相应的赔偿金;

(4)不履行法定义务的,应给付与所造成的直接损失相应的赔偿金;

(5)对财产权造成其他损害的,按照直接损失给予赔偿。[2]

☆ **环境行政赔偿基本程序**

环境行政赔偿程序可分为申请、受理、审理和决定四个阶段。申请是受侵害相对人请求赔偿事务处理机关给予行政赔偿的意思表示。申请环境行政赔偿应注意,如果赔偿请求人提起诉讼,人民法院已经受理的,不得再申请赔偿事务处理机关赔偿;同样,赔偿请求人申请赔偿,赔偿事务处理机关已经受理的,不得再向人民法院起诉。赔偿事务处理机关在接到赔偿申请后,根据受理条件对赔偿申请进行审查,并应在收到赔偿申请之日起10日内必须作出是否受理的决定。审理的主要内容包括:被认为侵权的具体行政行为是否合法、适用;环境行政机关是否具备环境监管权,是否越权或滥用职权;作出的具体行政行为是否符合法定程序;赔偿请求人申请赔偿的理由以及要求赔偿的数额是否合理。赔偿事务处理机关对赔偿请

---

〔1〕 周珂等主编:《环境法》(第四版),中国人民大学出版社2013年版,第88页。

〔2〕 同上注,第89页。

求人的申请进行全面审理之后，就是否给予赔偿作出决定。[1]

法律与规范链接

▲ 必读法条

同7.1。

△ 延伸法条

环境行政处分责任方面：

《公务员法》；

《监察法》第35～49条；

《环境影响评价法》第29～31条、第33条；

《大气污染防治法》第126条；

《海洋环境保护法》第90条、第93条；

《水污染防治法》第80条、第92条；

《固体废物污染环境防治法》第67条；

《噪声污染防治法》第62条；

《放射性污染防治法》第48条；

《行政机关公务员处分条例》（国务院令第495号）；

《环境保护违法违纪行为处分暂行规定》（监察部令第10号）。

环境行政处罚责任方面：

《大气污染防治法》第98～112条、第114～123条；

《海洋环境保护法》第73～79条、第80～88条；

《水污染防治法》第81～95条；

《固体废物污染环境防治法》第68～82条；

《噪声污染防治法》第48～60条；

《放射性污染防治法》第49～58条；

《环境保护主管部门实施按日连续处罚办法》；

《环境保护主管部门实施限制生产、停产整治办法》；

《行政主管部门移送适用行政拘留环境违法案件暂行办法》；

---

[1] 周珂等主编：《环境法》（第四版），中国人民大学出版社2013年版，第88页。

《法律、行政法规和部门规章设定的环保部门行政处罚目录》；

《主要环境违法行为行政处罚自由裁量权细化参考指南》；

《关于规范行使环境监察执法自由裁量权的指导意见》。

环境行政赔偿责任方面：

《国家赔偿法》。

典型案例

A公司不正常运行环保设施拒不整改按日连续处罚、现场查封和行政拘留案[1]

案情概述

2015年1月14日，G省环境监察局联合Q州环境监察支队、L县环保局对A公司进行现场监察，发现该公司共建有7台矿热炉，2003年10月获得Q州环保局环评审批，2006年11月通过Q州环保局"三同时"验收，现场检查时其中2台(5#、8#)8000KVA的矿热炉处于生产状态(其余5台矿热炉长期处于停产状态)，但其配套烟气处理设施运行不正常，不能有效收集处理生产过程中产生的废气，大量烟气通过炉门和炉体直接排放，严重污染周边环境，执法人员现场对其下达《责令改正违法行为决定书》，责令其立即恢复环保设施正常运行、停止违法排污行为。Q州环保局对该公司进行立案处罚，于2015年1月17日对其作出罚款2万元的行政处罚决定。

2015年1月26日，G省环境监察局组织对该公司开展复查，发现该公司5#、8#矿热炉照常处于生产状态，但其配套烟气处理设施依旧没有恢复正常运行，大量烟气直接排向外环境，排污情况相比前次有过之而无不及。针对该公司拒不改正的行为，Q州环保局依据新《环境保护法》相关规定对该公司启动按日连续处罚程序，于2015年1月29日对其作出罚款24万元的按日连续处罚决定，并送达行政处罚听证告知书。

同日，为督促该公司改正违法行为，停止违法排污，经L县环保局负责人批准，

---

[1] 环境保护部环境监察局编：《〈中华人民共和国环境保护法〉四个配套办法典型案例解析》，中国环境出版社2015年版。

决定对该公司排污设备进行查封。2015 年 1 月 27 日，L 县环保局对该公司 5#、8#矿热炉实施了现场查封，查封期限一个月。同时 L 县环保局就该公司不正常运行防止污染设施一案，根据《行政主管部门移送适用行政拘留环境违法案件暂行办法》的规定，向 L 县公安局进行了移送，L 县公安局当场受理。L 县公安局拘留所于 2015 年 1 月 30 日依法对该公司总经理庄某某、生产负责人黄某某分别实施了 7 日行政拘留，现已执行完毕。

核心问题

不正常运行环保设施应承担何种环境行政法律责任？

简要评论

本案中 A 公司锅炉燃烧配套烟气处理设施运行不正常，不能有效收集处理生产过程中产生的废气，大量烟气通过炉门和炉体直接排放，严重污染周边环境的行为可认定为不正常运行环保设施的行为。该公司不正常运行环保设施的行为违反《环境保护法》第 42 条第 4 款的规定，应当承担法律责任。该公司不正常运行环保设施，使环保设施不能有效收集处理生产过程中产生的废气，造成严重环境污染的行为，可以适用《环境保护法》第 25 条查封、扣押造成污染物排放的设施、设备，第 59 条按日连续处罚，以及第 63 条对其直接负责的主管人员和其他直接责任人员移送公安机关处以行政拘留。

依据《环境保护主管部门实施按日连续处罚办法》第 5 条第 2 项的规定，不正常运行防治污染设施排放污染物的，是适用按日连续处罚的情形之一。本案中该公司不正常运行环保设施被责令改正并被处以罚款，在环保部门复查时仍未改正，则可依法启动按日连续处罚，以其罚款数 2 万元为每日计罚的基数，罚款日数为责令改正之日次日起至复查时发现违法行为之日，即 1 月 14 日至 1 月 26 日共 12 天，故以 24 万元按日连续处罚。

依据《环境保护主管部门实施查封、扣押办法》第 4 条第 4 项规定，不正常运行防治污染设施违反法律法规规定排放污染物的，属于环境保护主管部门依法实施查封、扣押的情形。结合《环境保护法》第 25 条规定“企业事业单位和其他生产经营者违反法律法规规定排放污染物，造成或者可能造成严重污染的”，本案中 G 省环境监察局组织对该公司开展复查，发现该公司 5#、8#矿热炉照常处于生产状态，但其配套烟气处理设施依旧没有恢复正常运行，大量烟气直接排向外环境，排污情况加重，造成了严重污染，故 L 县环保局有权对该公司 5#、8#矿热炉实施现场查封。

《环境保护法》第 63 条规定，环保部门有权依据《行政主管部门移送适用行政拘留环境违法案件暂行办法》的规定将该公司的直接负责人移送公安机关。

此外，根据《环境保护法》的规定，在符合按日连续处罚适用条件的环境违法行为中，有些违法行为可以同时使用责令排污者限制生产、停产整治或查封扣押等措施，例如本案中不正常运行环保设备等逃避监管的方式排放污染物的行为。对此，《环境保护主管部门实施按日连续处罚办法》专门对按日连续处罚制度与其他环保制度的并用关系进行了说明。该《办法》第 20 条规定："环境保护主管部门针对违法排放污染物行为实施按日连续处罚的，可以同时适用责令排污者限制生产、停产整治或者查封、扣押等措施；因采取上述措施使排污者停止违法排污行为的，不再实施按日连续处罚。"

因此，本案中 L 县环保局与 G 省环境监察局为督促 A 公司改正违法排污的行为，综合利用按日连续处罚、查封与行政拘留的环境保护手段，出重拳打击环境违法行为，让排污者对自己的环境行为负责。

知识点

不正常运行环保设施的环境违法行为同时触及不同的环境行政法律责任，可以依法分别适用不同的环境行政处罚措施。且按日连续处罚与行政拘留有严格的程序要求，行政执法时应当严格遵守行政处罚的构成要件。

延伸阅读

1. 熊樟林：《连续处罚行为的性质认定——以新〈环保法〉第 59 条为中心》，载《华东政法大学学报》2015 年第 5 期；
2. 竺效：《环保重罚措施对法律实施的影响》，载《中国高校社会科学》2016 年第 4 期。

7.3　行政机关及负责人的环境责任

知识要点

★★★ 地方政府对环境质量负责

《环境保护法》第 6 条第 2 款规定，地方各级人民政府应当对本行政区域的环境质量负责。

地方政府对环境质量负责并非单一制度，新环境保护法规定了若干配套制度，以期实现地方政府对环境质量负责：

(1)地方各级政府应当根据环境保护目标和治理任务，采取有效措施，改善环境质量。

(2)未达到国家环境质量标准的重点区域、流域的有关地方政府，应当制定限期达标规划，并采取措施按期达标。

(3)国家实行环境保护目标责任制和考核评价制度，县级以上政府应当将环境保护目标完成情况纳入本级政府负有环境保护监督管理职责的部门及其负责人和下级政府及其负责人的考核内容，作为对其考核评价的重要依据。考核结果应当向社会公开。

(4)县级以上政府应当每年向本级人民代表大会或者人民代表大会常务委员会报告环境状况和环境保护目标完成情况，对发生的重大环境事件应当及时向本级人民代表大会常务委员会报告，依法接受监督。[1]

☆ **党政同责**

党政同责是指地方党委与地方政府共同对地方环境质量负责。《党政领导干部生态环境损害责任追究办法(试行)》第3条规定，地方各级党委和政府对本地区生态环境和资源保护负总责，党委和政府主要领导成员承担主要责任，其他有关领导成员在职责范围内承担相应责任。中央和国家机关有关工作部门、地方各级党委和政府的有关工作部门及其有关机构领导人员按照职责分别承担相应责任。

☆ **终身追责**

终身追责是指党政领导干部生态环境损害责任追究坚持"终身追究"的原则，[2]实行生态环境损害责任终身追究制。对违背科学发展要求、造成生态环境和资源严重破坏的，责任人不论是否已调离、提拔或者退休，都必须严格追责。[3]

---

〔1〕 信春鹰主编：《中华人民共和国环境保护法释义》，法律出版社2014年版，第21~23页。

〔2〕 中共中央办公厅、国务院办公厅《党政领导干部生态环境损害责任追究办法(试行)》第4条规定，党政领导干部生态环境损害责任追究，坚持依法依规、客观公正、科学认定、权责一致、终身追究的原则。

〔3〕 中共中央办公厅、国务院办公厅《党政领导干部生态环境损害责任追究办法(试行)》第12条规定，实行生态环境损害责任终身追究制。对违背科学发展要求、造成生态环境和资源严重破坏的，责任人不论是否已调离、提拔或者退休，都必须严格追责。

法律与规范链接

▲ 必读法条

《环境保护法》第 6 条第 2 款、第 26 条、第 28 条；

《大气污染防治法》第 3 条、第 4 条。

△ 延伸法条

《水污染防治法》第 5 条；

《水土保持法》第 4 条；

《节约能源法》第 6 条；

《大气污染防治行动计划》；

《党政领导干部生态环境损害责任追究办法(试行)》。

典型事例

环境保护部与 31 省(区、市)签署大气污染防治责任书[1]

为贯彻落实《大气污染防治行动计划》，环境保护部与全国 31 个省(区、市)签署了《大气污染防治目标责任书》，明确了各地空气质量改善目标和重点工作任务，进一步落实了地方政府环境保护责任，为实现全国环境空气质量改善目标提供了坚实保障。

各省(区、市)空气质量改善目标是目标责任书的核心内容。京津冀及周边地区(北京、天津、河北、山西、内蒙古、山东)、长三角、珠三角区域内的 10 个省及重庆市重点考核 PM2.5 年均浓度下降情况，其中，北京、天津、河北确定了下降 25% 的目标，山西、山东、上海、江苏、浙江确定了下降 20% 的目标，广东、重庆确定了下降 15% 的目标，内蒙古确定了下降 10% 的目标。其他 20 个省(区、市)重点考核 PM10 年均浓度下降情况，并根据各地环境质量状况，将空气质量改善目标划分为五档：PM10 年均浓度远低于新空气质量二级标准的省份要求其持续改善，PM10 年均浓度接近二级标准或超标的省份，根据超标程度，要求其分别下降 5%、10%、12%、15%。

---

[1] 环境保护部：《环境保护部与 31 个省(区、市)签署〈大气污染防治目标责任书〉》，载 http://www.zhb.gov.cn/gkml/hbb/qt/201401/t20140107_266123.htm。

除空气质量改善目标外，目标责任书还包括《大气污染防治行动计划》中的主要任务措施。对于京津冀及周边地区6省（区、市），目标责任书明确了煤炭削减、落后产能淘汰、大气污染综合治理、锅炉综合整治、机动车污染治理、扬尘治理、能力建设等各项工作的量化目标，并将工作任务分解至年度；对于其他省（区、市），提出了任务措施的原则性要求。目标责任书要求各地制定实施细则和年度计划，分解落实任务，细化到年度。

为保障目标如期实现，国务院将颁布考核办法，每年对各省（区、市）环境空气质量改善和任务措施完成情况进行考核。对未通过考核的地区，环境保护部将会同组织部门、监察部门进行通报批评，并约谈有关负责人，提出限期整改意见。

目前，全国已有十几个省份陆续出台实施方案，明确具体防治措施，将任务逐一落实到市、县和有关部门，并与各设区市和省直管县（市）政府签订了目标责任书。

表7-1 各省（市、区）空气质量改善目标

空气质量改善目标		各省（市、区）
PM2.5年均浓度下降目标	-25%	北京、天津、河北
	-20%	山西、山东、上海、江苏、浙江
	-15%	广东、重庆
	-10%	内蒙古
PM10年均浓度下降目标	-15%	河南、陕西、青海、新疆
	-12%	甘肃、湖北
	-10%	四川、辽宁、吉林、湖南、安徽、宁夏
	-5%	广西、福建、江西、贵州、黑龙江
	持续改善	海南、西藏、云南

延伸阅读

1. 巩固：《政府环境责任理论基础探析》，载《中国地质大学学报》（社会科学版）2008年第2期；
2. 蔡守秋：《论政府环境责任的缺陷与健全》，载《河北法学》2008年第3期；
3. 钱水苗：《政府环境责任与〈环境保护法〉的修改》，载《中国地质大学学报》（社会科学版）2008年第2期；
4. 常纪文：《党政同责、一岗双责、失职追责：环境保护的重大体制、制度和机制创新——〈党政领导干部生态环境损害责任追究办法（试行）〉之解读》，载《环境保护》2015年第21期。

第 8 章　环境刑事法律责任

教学目标

了解中国环境刑事法律制度的发展历程；
识记环境刑事法律责任的概念；
理解中国环境犯罪的主要罪名及其犯罪构成；
理解和应用污染环境罪的犯罪构成；
理解环境刑事司法的程序规则。

推荐参考资料

1. 汪劲:《环境法学》(第四版),北京大学出版社 2018 年版,第十五章；
2. 胡云腾编:《最高人民法院、最高人民检察院环境污染刑事司法解释理解与适用》,人民法院出版社 2014 年版；
3. 蒋兰香:《环境刑法》,中国林业出版社 2004 年版,第一章至第六章。

本章知识结构

环境刑事法律责任
- 环境刑事法律责任概述
- 环境犯罪的主要罪名及其刑事责任
- 污染环境犯罪的犯罪构成
- 环境刑事责任追究的基本程序

8.1　环境刑事法律责任概述

知识要点

★ **环境刑事法律责任的概念**(2008 年卷一第 97 题)

环境刑事法律责任是指行为人故意或过失实施严重危害环境的行为,并造成了人身伤亡、公私财产的严重损失或者导致环境的严重污染,已经构成犯罪要承担刑事制裁的法律责任。随着环境污染和生态破坏的日益严重,尤其是严重的危害环境行为,往往给公共安全和环境造成难以衡量的重大危害,且危害持续时间长、波及范围广,甚至导致不可逆转的严重后果。因此,国家必须用刑罚这种最严厉的手段来惩罚危害环境的犯罪行为。

妨害社会主义管理秩序罪是刑法分则的一类罪名,指故意或者过失妨害国家对社会的管理活动,破坏社会秩序,情节严重的行为。[1] 中国现行刑法将破坏环境资源保护罪作为妨害社会主义管理秩序罪的一种,其表明刑法保护的客体是国家对环境管理的活动。因此,有学者指出:"我国现行刑法将环境犯罪的法律规范设置在第六章'妨害社会主义管理秩序罪'中明显是不合理的,实际上降低了国家制裁环境犯罪的价值和地位,给人的印象只能是:制裁犯罪仅仅是为了维护国家的一种管理秩序,而不是在为了整个国家和人民的生存来保护环境。"[2]

事实上,污染环境或破坏生态的行为对社会多数人的人身、财产权益造成危害,该类危害环境的行为已经对社会公共安全构成了威胁。如果我们将环境利益纳入刑法保护的法益(客体)范围,则也可以将破坏环境资源保护罪纳入危害公共安全罪中。危害公共安全罪也是刑法分则的一类罪名,指故意或过失地实施危害不特定多人的生命、健康和重大公私财产安全的行为。[3]

☆ **环境刑事法律制度的产生与发展**

1979 年的《刑法》没有专门规定环境犯罪,而是将破坏环境与资源的犯罪规定

---

〔1〕 高铭暄主编:《刑法学(新编本)》,北京大学出版社 1998 年版,第 459 页。

〔2〕 王灿发:《论我国现有的惩治环境立法的缺失及其完善》,载王曦主编:《国际环境法与比较环境法评论》(第 1 卷),法律出版社 2002 年版,第 393 页。

〔3〕 高铭暄主编:《刑法学(新编本)》,北京大学出版社 1998 年版,第 273 页。

在“危害公共安全罪”和“破坏社会主义经济秩序罪”有关条款中，即第105条和第106条规定的以危险方法破坏河流、水源、森林等危害环境的情形；第114条规定的重大责任事故罪中的严重危害环境的情形；第115条危险物品肇事罪中的重大环境污染的情形；第128条规定的盗伐、滥伐林木罪；第129条规定的非法捕捞水产品罪；第130条规定的非法狩猎罪。

1997年3月修订《刑法》时，特别在第六章“妨害社会主义管理秩序罪”中设“破坏环境资源保护罪”专节，对污染环境、破坏自然资源的各种犯罪行为规定了相应的刑事责任。包括重大环境污染事故罪，滥伐林木罪，非法收购盗伐、滥伐林木罪，盗伐林木罪，非法狩猎罪，非法采伐、毁坏珍贵树木罪，非法占用耕地罪，非法采矿罪以及破坏性采矿罪。另外，在其他章节中也规定了一些与环境有关的犯罪，如环境监管失职罪，走私珍稀植物、珍稀植物制品罪，走私废物罪等。

1997年《刑法》颁布至今，我国又四次以修正案的形式对环境有关的犯罪进行了修改。《刑法修正案（二）》对非法占用耕地罪进行了修改。“耕地”的范围扩大为“耕地、林地等农用地”。2002年3月15日“两高”司法解释将这一犯罪确定为“非法占用农用地罪”，替代了原来的“非法占用耕地罪”。

《刑法修正案（四）》对非法采伐、毁坏珍贵树木罪和非法收购、运输盗伐、滥伐林木罪进行了修改。1997年《刑法》所规定的“非法采伐、毁坏珍贵树木罪”只把犯罪对象限定为“珍贵树木”，这已经不能适应我国植物保护严峻形势的需要。《刑法修正案（四）》将犯罪对象由“珍贵树木”扩大至“珍贵树木、国家重点保护的其他植物及其制品”；行为方式上，除原来的“非法采伐、毁坏”外，增加了“非法收购、运输、加工、出售”行为。[1]

《刑法修正案（八）》对重大环境污染事故罪和非法采矿罪进行了修改。《刑法修正案（八）》对《刑法》第338条规定的重大环境污染事故罪作了修改，这次修改主要包括以下三个方面：第一，删除了“向土地、水体、大气”的表述；第二，用“其他有害物质”替代“其他危险废物”；第三，把“造成重大环境污染事故，致使公私财产遭受重大损失或者人身伤亡的严重后果”改为“严重污染环境”。《刑法修正案（八）》对《刑法》第343条第1款规定的非法采矿罪也作了修改。其修改要点有：第一，在行为模式上，删除了“未取得采矿许可证擅自采矿的”中的“的”字；删除了“擅自进入国家规划矿区、对国民经济具有重要价值的矿区和他人矿区范围采矿的”中的

---

〔1〕 参见牛忠志：《环境犯罪的立法完善》，西南政法大学2013年博士学位论文。

“的”字;在“擅自开采国家规定实行保护性开采的特定矿种”前加上了“或者”两字。第二,把入罪门槛由“经责令停止开采后拒不停止开采,造成矿产资源破坏”的结果要件改为“情节严重”。第三,把加重结果“造成矿产资源严重破坏”修改为“情节特别严重”。[1]

《刑法修正案(十一)》对与环境有关的犯罪进行了修改,包括污染环境罪、非法猎捕、收购、运输、出售野生动物罪、破坏国家公园、国家级自然保护区的犯罪以及非法引进、释放或者丢弃外来入侵物种的犯罪。

法律与规范链接

▲ 必读法条

《刑法》第338条、第339条、第341条、第342条、第344条、第408条。

△ 延伸法条

《最高人民法院、最高人民检察院关于办理环境污染刑事案件适用法律若干问题的解释》。

典型案例

A矿业集团股份有限公司A金铜矿重大环境污染事故案[2]

案情概述

自2006年10月以来,被告单位A矿业集团股份有限公司A金铜矿(以下简称A金铜矿)所属的铜矿湿法厂清污分流涵洞存在严重的渗漏问题,虽采取了相关措施,但随着生产规模的扩大,该涵洞渗漏问题日益严重。A金铜矿于2008年3月在未进行调研认证的情况下,违反规定擅自将6号观测井与排洪涵洞打通。在2009年9月福建省环保厅明确指出问题并要求彻底整改后,仍然没有引起足够重视,整

---

〔1〕 参见牛忠志:《环境犯罪的立法完善》,西南政法大学2013年博士学位论文。

〔2〕 中国法院网:《紫金矿业集团股份有限公司紫金山金铜矿重大环境污染事故案》,载中国法院网:http://www.chinacourt.org/article/detail/2013/06/id/1014570.shtml,最后访问日期:2016年8月22日。

改措施不到位、不彻底，隐患仍然存在。2010年6月中下旬，上杭县降水量达349.7毫米。2010年7月3日，A金铜矿所属铜矿湿法厂污水池HDPE防渗膜破裂造成含铜酸性废水渗漏并流入6号观测井，再经6号观测井通过人为擅自打通的与排洪涵洞相连的通道进入排洪涵洞，并溢出涵洞内挡水墙后流入汀江，泄漏含铜酸性废水9176m^3，造成下游水体污染和养殖鱼类大量死亡的重大环境污染事故，上杭县城区部分自来水厂停止供水1天。2010年7月16日，用于抢险的3号应急中转污水池又发生泄漏，泄漏含铜酸性废水500m^3，再次对汀江水质造成污染。致使汀江河局部水域受到铜、锌、铁、镉、铅、砷等的污染，造成养殖鱼类死亡达370.1万斤，经鉴定鱼类损失价值人民币2220.6万元；同时，为了网箱养殖鱼类的安全，当地政府部门采取破网措施，放生鱼类3084.44万斤。

福建省龙岩市新罗区人民法院一审判决、龙岩市中级人民法院二审裁定认为：被告单位A金铜矿违反国家规定，未采取有效措施解决存在的环保隐患，继而发生了危险废物泄漏至汀江，致使汀江河水域水质受到污染，后果特别严重。被告人B某（2006年9月至2009年12月任A金铜矿矿长）、C某（A金铜矿环保安全处处长）是应对该事故直接负责的主管人员，被告人D某（A铜矿湿法厂厂长）、E某（A铜矿湿法厂分管环保的副厂长）、F某（A铜矿湿法厂环保车间主任）是该事故的直接责任人员，对该事故均负有直接责任，其行为均已构成重大环境污染事故罪。据此，综合考虑被告单位自首、积极赔偿受害渔民损失等情节，以重大环境污染事故罪判处被告单位A金铜矿罚金人民币3000万元；被告人D某有期徒刑3年，并处罚金人民币30万元；被告人E某有期徒刑3年，并处罚金人民币30万元；被告人F某有期徒刑3年6个月，并处罚金人民币30万元。对被告人B某、C某宣告缓刑。

核心问题

环境污染犯罪应承担何种环境刑事法律责任？

简要评论

A金铜矿湿法厂清污分流涵洞存在严重的渗漏问题，但A金铜矿厂未积极采取措施，防止废水渗漏，并在环保厅明确指出问题并要求彻底整改后，仍然没有引起足够重视，整改措施不到位、不彻底，隐患仍然存在。此外，A金铜矿厂人为擅自打通的与排洪涵洞相连的通道进入排洪涵洞，并溢出涵洞内挡水墙后流入汀江，多次泄漏含铜酸性废水，造成下游水体污染和养殖鱼类大量死亡的重大环境污染事故，上杭县城区部分自来水厂停止供水1天，造成重大经济损失，后果特别严重，构成重大环境污染事故罪。A金铜矿应当承担造成环境污染的刑事责任，A金铜矿的直接责任人也应当承担刑事责任。故A金铜矿被处罚金人民币3000万元,其直接责任人被判处有期徒刑,并处罚金。

知识点

污染环境罪的刑罚种类包括:拘役、有期徒刑、罚金。

延伸阅读

1. 高铭暄、徐宏:《改革开放以来我国环境刑事立法的回顾与前瞻》,载《法学杂志》2009年第8期。
2. 王树义、冯汝:《我国环境刑事司法的困境及其对策》,载《法学评论》2014年第3期。

8.2　环境犯罪的主要罪名及其刑事责任

- 环境犯罪的主要罪名
  - 环境犯罪的概念
  - 污染环境罪
  - 非法处置进口的固体废物罪
  - 擅自进口固体废物罪
  - 与破坏野生动物保护有关的犯罪
  - 与破坏森林资源保护有关的犯罪
    - 非法采伐、毁坏国家重点保护植物罪
    - 盗伐、滥伐林木罪
    - 非法收购、运输盗伐、滥伐林木罪
  - 环境监管失职罪
  - 走私类犯罪
    - 走私珍贵动物罪、走私珍贵动物制品罪
    - 走私废物罪

图8-1　环境犯罪的主要罪名

知识要点

★ 环境犯罪的概念

环境犯罪是破坏环境和资源保护犯罪的总称,**指违反刑法和环境资源保护法律的规定,污染环境或破坏生态,构成犯罪的行为**。蒋兰香教授认为,环境犯罪的概念是形式概念而非实质概念，虽然没有描述犯罪的主体、主观方面、危害后果，并不影响对环境犯罪的判断。[1] 赵秉志教授认为，环境犯罪的概念应该描述危害后果，即造成人身伤亡的严重后果或公私财产遭受重大损失。[2]

★★ 污染环境罪

《刑法》第338条规定，**违反国家规定，排放、倾倒或者处置有放射性的废物、含传染病病原体的废物、有毒物质或者其他有害物质，严重污染环境的，处3年以下有期徒刑或者拘役，并处或者单处罚金；情节严重的，处3年以上7年以下有期徒刑，并处罚金；有下列情形之一的，处7年以上有期徒刑，并处罚金：（1）在饮用水水源保护区、自然保护地核心保护区等依法确定的重点保护区域排放、倾倒、处置有放射性的废物、含传染病病原体的废物、有毒物质，情节特别严重的；（2）向国家确定的重要江河、湖泊水域排放、倾倒、处置有放射性的废物、含传染病病原体的废物、有毒物质，情节特别严重的；（3）致使大量永久基本农田基本功能丧失或者遭受永久性破坏的；（4）致使多人重伤、严重疾病，或者致人严重残疾、死亡的。有前款行为，同时构成其他犯罪的，依照处罚较重的规定定罪处罚。**

我国污染环境罪的客体是国家环境污染防治管理制度；客观方面是行为人违反国家环境保护的法律、法规，实施了向环境排放、倾倒或者处置有放射性的废物、含传染病病原体的废物、有毒物质或者其他有害物质的行为，导致环境污染的严重后果；主体既包括自然人，也包括单位；主观方面既可以是故意，也可以是过失。

★★ 非法处置进口的固体废物罪

《刑法》第339条第1款规定，违反国家规定，将境外的固体废物进境倾倒、堆放、处置的，处5年以下有期徒刑或者拘役，并处罚金；造成重大环境污染事故，致使公私财产遭受重大损失或者严重危害人体健康的，处5年以上10年以下有期徒刑，并处罚金；后果特别严重的，处10年以上有期徒刑，并处罚金。

学界对非法处置固体废物罪的客体存在分歧，一部分学者认为其客体是国家对固体废物的管理制度，另一部分学者认为其客体是环境权益。蒋兰香教授认为，其客体是环境权，国家对固体废物进行管理，目的就是保护环境权。非法处置固体

---

〔1〕 蒋兰香：《环境犯罪基本理论研究》，知识产权出版社2008年版，第29页。

〔2〕 赵秉志主编：《环境犯罪及其立法完善研究——从比较法的角度》，北京师范大学出版社2011年版，第14页。

废物罪的客观方面为行为人违反国家规定,将境外的固体废物进境倾倒、堆放、处置的行为。非法处置固体废物罪的主体为一般主体,既包括自然人,也包括单位。非法处置固体废物罪的主观方面是故意。

★★ 擅自进口固体废物罪

《刑法》第339条第2款规定,未经国务院有关主管部门许可,擅自进口固体废物用作原料,造成重大环境污染事故,致使公私财产遭受重大损失或者严重危害人体健康的,处5年以下有期徒刑或者拘役,并处罚金;后果特别严重的,处5年以上10年以下有期徒刑,并处罚金。

学界对擅自进口固体废物罪的客体的认识分为两种观点,简单客体说认为其客体是国家对进口固体废物的管理秩序;复杂客体说认为其客体包括环境保护制度和境外固体废物污染防治制度。擅自进口固体废物罪的客观方面是行为人未经国务院有关主管部门许可,擅自进口固体废物用作原料,造成重大环境污染事故,致使公私财产遭受重大损失或者严重危害人体健康。在司法实践中,构成该罪的主体多为单位,但如果自然人假借单位的名义实施犯罪,也可构成擅自进口固体废物罪。擅自进口固体废物罪的主观方面为过失,立法者在设立本罪的构成要件时,采用"事故"一词,也表明本罪是过失犯罪。

★ 与破坏野生动物保护有关的犯罪

非法猎捕、杀害珍贵、濒危野生动物罪,或者非法收购、运输、出售珍贵、濒危野生动物、珍贵、濒危野生动物制品罪。《刑法》第341条第1款规定,非法猎捕、杀害国家重点保护的珍贵、濒危野生动物的,或者非法收购、运输、出售国家重点保护的珍贵、濒危野生动物及其制品的,处5年以下有期徒刑或者拘役,并处罚金;情节严重的,处5年以上10年以下有期徒刑,并处罚金;情节特别严重的,处10年以上有期徒刑,并处罚金或者没收财产。

非法狩猎罪。《刑法》第341条第2款规定,违反狩猎法规,在禁猎区、禁猎期或者使用禁用的工具、方法进行狩猎,破坏野生动物资源,情节严重的,处3年以下有期徒刑、拘役、管制或者罚金。

非法猎捕、收购、运输、出售陆生野生动物罪。《刑法》第341条第3款规定,违反野生动物保护管理法规,以食用为目的非法猎捕、收购、运输、出售第1款规定以外的在野外环境自然生长繁殖的陆生野生动物,情节严重的,依照前款的规定处罚。

★ **与破坏森林资源保护有关的犯罪**

非法采伐、毁坏国家重点保护植物罪。《刑法》第344条规定，违反国家规定，非法采伐、毁坏珍贵树木或者国家重点保护的其他植物的，或者非法收购、运输、加工、出售珍贵树木或者国家重点保护的其他植物及其制品的，处3年以下有期徒刑、拘役或者管制，并处罚金；情节严重的，处3年以上7年以下有期徒刑，并处罚金。

非法引进、释放或者丢弃外来入侵物种罪。《刑法》第344条规定，违反国家规定，非法引进、释放或者丢弃外来入侵物种，情节严重的，处3年以下有期徒刑或者拘役，并处或者单处罚金。

盗伐、滥伐林木罪。《刑法》第345条第1款规定，盗伐森林或者其他林木，数量较大的，处3年以下有期徒刑、拘役或者管制，并处或者单处罚金；数量巨大的，处3年以上7年以下有期徒刑，并处罚金；数量特别巨大的，处7年以上有期徒刑，并处罚金。《刑法》第345条第2款规定，违反森林法的规定，滥伐森林或者其他林木，数量较大的，处3年以下有期徒刑、拘役或者管制，并处或者单处罚金；数量巨大的，处3年以上7年以下有期徒刑，并处罚金。

非法收购、运输盗伐、滥伐林木罪。《刑法》第345条第3款规定，非法收购、运输明知是盗伐、滥伐的林木，情节严重的，处3年以下有期徒刑、拘役或者管制，并处或者单处罚金；情节特别严重的，处3年以上7年以下有期徒刑，并处罚金。盗伐、滥伐国家级自然保护区内的森林或者其他林木的，从重处罚。

★★ **环境监管失职罪**

《刑法》第408条规定，负有环境保护监督管理职责的国家机关工作人员严重不负责任，导致发生重大环境污染事故，致使公私财产遭受重大损失或者造成人身伤亡的严重后果的，处3年以下有期徒刑或者拘役。环境监管失职罪的客体是国家的环境保护制度；客观方面是行为人严重不负责任，不认真履行监督管理职责，导致发生重大环境污染事故，致使公私财产遭受重大损失或者造成人身伤亡的严重后果的行为；主体是对环境保护负有监督管理职责的国家机关工作人员；主观方面是过失。

★ **走私类犯罪**

走私珍贵动物罪，走私珍贵动物制品罪。《刑法》第151条第2款规定，走私国家禁止出口的文物、黄金、白银和其他贵重金属或者国家禁止进出口的珍贵动物及其制品的，处5年以上10年以下有期徒刑，并处罚金；情节特别严重的，处10年以上有期徒刑或者无期徒刑,并处没收财产;情节较轻的,处5年以下有期徒刑,并处罚金。

走私废物罪。《刑法》第152条第2款规定,逃避海关监管将境外固体废物、液态废物和气态废物运输进境,情节严重的,处5年以下有期徒刑,并处或者单处罚金;情节特别严重的,处5年以上有期徒刑,并处罚金。走私废物罪的客体是国家对废物进出口的管理和海关对进出境货物、物品的监管。客观方面表现为行为人逃避海关监管将境外固体废物、液态废物和气态废物运输进境,情节严重的行为。主体既可以是自然人也可以是单位。主观方面是故意,而且是直接故意。

法律与规范链接

▲ 必读法条

《最高人民法院关于审理环境污染刑事案件具体应用法律若干问题的解释》;

《关于森林和陆生野生动物刑事案件管辖及立案标准》。

△ 延伸法条

《濒危野生动植物种国际贸易公约》;

《最高人民法院关于审理破坏土地资源刑事案件具体应用法律若干问题的解释》;

《最高人民法院关于审理破坏森林资源刑事案件具体应用法律若干问题的解释》;

《最高人民法院关于审理破坏野生动物资源刑事案件具体应用法律若干问题的解释》;

《最高人民检察院关于渎职侵权犯罪案件立案标准的规定》。

典型案例

Y某某非法猎捕、杀害珍贵、濒危野生动物罪、非法收购、运输、出售珍贵、濒危野生动物、珍贵、濒危野生动物制品罪案

案情概述

2014年7月14日,被告人Y某某、W某某在辉县市高庄乡土楼村一树林内非法猎捕燕隼12只(国家二级保护动物),后逃跑一只,死亡一只。2014年7月18日,被告人Y某某、W某某卖到郑州市7只,以150元的价格卖给被告人A某燕隼1只。被告人Y某某独自卖到洛阳市2只。2014年7月27日,被告人Y某某、W某某在辉县市高庄乡土楼村一树林内非法猎捕燕隼2只及隼形目隼科动物2只,共计4只。2014年7月18日,被告人A某在辉县市百泉镇李时珍像处以150元的价格收购了被告人Y某某、W某某于2014年7月14日猎捕的燕隼1只;2014年7月30日,辉县市森林公安局在被告人A某家将该只燕隼扣押。2014年7月26日,被告人Y某某从河南省平顶山市Z某手中收购凤头鹰1只(国家二级保护动物)。2014年7月28日,辉县市森林公安局在被告人Y某某家中查扣同月27日被告人Y某某和W某某猎捕的隼4只和被告人Y某某同月26日收购Z某的凤头鹰1只。

法院经审理认为:被告人Y某某、W某某违反野生动物保护法规,明知是国家保护动物,而非法猎捕、出售国家重点保护的珍贵、濒危野生动物,其行为已构成非法猎捕珍贵、濒危野生动物罪。被告人A某、Y某某违反野生动物保护法规,非法收购国家重点保护的珍贵、濒危野生动物,其行为已构成非法收购珍贵、濒危野生动物罪。依照《中华人民共和国刑法》第341条第1款、第69条第1款、第64条、第67条第3款,《最高人民法院关于审理破坏野生动物资源刑事案件具体应用法律若干问题解释》第1条之规定,判决如下:被告人Y某某犯非法猎捕珍贵、濒危野生动物罪,判处有期徒刑10年,并处罚金人民币5000元;犯非法收购珍贵、濒危野生动物罪,判处有期徒刑1年,并处罚金人民币5000元;数罪并罚,合并刑期有期徒刑11年,决定执行有期徒刑10年6个月,罚金10000元。被告人W某某犯非法猎捕珍贵、濒危野生动物罪,判处有期徒刑10年,并处罚金人民币5000元。被告人A某犯非法收购珍贵、濒危野生动物罪,判处有期徒刑1年,并处罚金人民币5000元。被告人Y某某、W某某的违法所得150元予以追缴。

核心问题

破坏野生动物资源犯罪应当如何认定?

简要评论

1988年11月8日,全国人大常委会通过了《野生动物保护法》,以及《关于惩治捕杀国家重点保护的珍贵、濒危野生动物犯罪的补充规定》。后者以单行刑法的方式,将非法捕猎、杀害国家重点保护的珍贵、濒危野生动物的行为规定为独立的犯罪,最高法定刑为7年。同时规定,非法出售倒卖、走私的,按投机倒把罪、走私罪处刑,情节严重的,最高可处死刑。1997年刑法修改不仅将1979年刑法中的非法狩猎罪和1988年单行刑法中的非法捕猎、杀害珍贵、濒危野生动物罪纳入,又规定了非法收购、运输、出售珍贵、濒危野生动物罪,并将走私珍贵动物和珍贵动物制品罪区别于普通走私罪。由此,非法捕猎、非法收购、非法狩猎,三个涉及野生动物刑事保护的主要罪名确立,并沿用至今。

被告人Y某某、W某某违反野生动物保护法规,明知是国家保护动物,而非法猎捕、出售国家重点保护的珍贵、濒危野生动物,非法收购国家重点保护的珍贵、濒危野生动物。其行为已构成非法猎捕珍贵、濒危野生动物罪和非法收购珍贵、濒危野生动物罪。

知识点

非法狩猎罪的处罚相对较轻,最高刑期为3年。非法猎捕、杀害珍贵、濒危野生动物罪,或者非法收购、运输、出售珍贵、濒危野生动物、珍贵、濒危野生动物制品罪的处罚相对较重,刑期最高达10年以上。这样有助于惩治破坏野生动物资源犯罪。

延伸阅读

1. 蒋兰香:《环境刑法》,中国林业出版社2004年版,第七章至第十三章;
2. 吴献萍:《环境犯罪与环境刑法》,知识产权出版社2010年版,第七章至第十二章。

8.3　污染环境犯罪的犯罪构成

- 污染环境犯罪的犯罪构成
  - 犯罪主体
    - 自然人犯罪
    - 单位犯罪
  - 犯罪客体
  - 犯罪的客观方面
    - 行为犯
    - 结果犯
    - 严重污染环境的认定标准
    - 有毒物质的范围
    - 公私财产损失的范围
    - 生态(环境)损害
    - 结果加重犯的认定标准
  - 犯罪的主观方面
    - 污染环境罪的故意形态
    - 污染环境罪的过失形态
  - 污染环境罪的刑事责任追究
    - 应当从重处罚的情形
    - 应当从宽处罚的情形
    - 双罚制
    - 共同犯罪
    - 想象竞合犯的从一重处罚
    - 检验报告和环境监测
    - 虚假环境影响评价文件

图 8－2　污染环境犯罪的犯罪构成

8.3.1　犯罪主体

★ 自然人犯罪

环境犯罪的自然人主体是指达到刑事责任年龄、实施环境危害行为并且具有刑事责任能力的自然人。我国刑法规定的环境犯罪中的环境监管失职罪，非法批准征用、占用土地罪，违法发放林木采伐许可证罪，非法转让、倒卖土地使用权罪以及非法低价转让国有土地使用权罪的犯罪主体只能是自然人。其他环境犯罪的犯罪主体既可以是自然人，也可以是单位。

★ 单位犯罪

单位犯罪是指企业、公司、事业单位、机关、团体违反国家环境刑事法律法规，不履行环境保护法律义务，造成污染或破坏生态环境的行为。

8.3.2 犯罪客体

★★ 犯罪客体

破坏环境资源保护罪的犯罪客体，是指侵害各种环境要素或自然资源，进而侵犯财产所有权、人身权或环境权益。环境犯罪的客体具有复合客体的特征。

基于2011年《刑法修正案(八)》对《刑法》第338条的修改来分析，修正后的新法规定，只要犯罪主体违反国家规定，排放、倾倒或者处置有放射性的废物、含传染病病原体的废物、有毒物质或者其他有害物质，严重污染环境的，就应承担刑事法律责任，而不论其行为是否已经造成了“重大环境污染事故，致使公私财产遭受重大损失或者人身伤亡的严重后果的”(2011年修正前的要求)。可见，环境权益也是污染环境罪的客体。

8.3.3 犯罪的客观方面

★★ 行为犯

行为犯是指行为人只要实施了法律禁止的一定行为，不管是否造成了现实的环境危害后果，即构成犯罪的情形。2011年修正后的《刑法》第338条规定，违反国家规定，排放、倾倒或者处置有放射性的废物、含传染病病原体的废物、有毒物质或者其他有害物质，严重污染环境的，即构成重大环境污染罪。其中，“严重污染环境的”，已经隐含了实施严重污染环境的行为，即使未造成实际的损害结果，也应承担刑事责任。

★ 结果犯

结果犯，是指行为人实施了污染环境或破坏自然资源的行为，并实际上造成环境污染或生态破坏，进而造成他人的生命健康或财产受到重大损害的结果，才构成犯罪的情形。例如，《刑法》第339条第2款规定，未经国务院有关主管部门许可，擅自进口固体废物用作原料，造成重大环境污染事故，致使公私财产遭受重大损失或者严重危害人体健康的，即构成擅自进口固体废物罪。

★★★ 严重污染环境的认定标准

根据《最高人民法院、最高人民检察院关于办理环境污染刑事案件适用法律若干问题的解释》第1条的规定，实施《刑法》第338条规定的行为，具有下列情形之

一的,应当认定为“严重污染环境”:

(1)在饮用水水源一级保护区、自然保护区核心区排放、倾倒、处置有放射性的废物、含传染病病原体的废物、有毒物质的;

(2)非法排放、倾倒、处置危险废物 3 吨以上的;

(3)排放、倾倒、处置含铅、汞、镉、铬、砷、铊、锑的污染物,超过国家或者地方污染物排放标准 3 倍以上的;

(4)排放、倾倒、处置含镍、铜、锌、银、钒、锰、钴的污染物,超过国家或者地方污染物排放标准 10 倍以上的;

(5)通过暗管、渗井、渗坑、裂隙、溶洞、灌注等逃避监管的方式排放、倾倒、处置有放射性的废物、含传染病病原体的废物、有毒物质的;

(6)二年内曾因违反国家规定,排放、倾倒、处置有放射性的废物、含传染病病原体的废物、有毒物质受过两次以上行政处罚,又实施前列行为的;

(7)重点排污单位篡改、伪造自动监测数据、干扰自动监测设施,排放化学需氧量、氨氮、二氧化硫、氮氧化物等污染物的;

(8)违法减少防治污染设施运行支出 100 万元以上的;

(9)违法所得或者致使公私财产损失 30 万元以上的;

(10)造成生态环境严重损害的;

(11)致使乡镇以上集中式饮用水水源取水中断 12 小时以上的;

(12)致使基本农田、防护林地、特种用途林地 5 亩以上,其他农用地 10 亩以上,其他土地 20 亩以上基本功能丧失或者遭受永久性破坏的;

(13)致使森林或者其他林木死亡 50 立方米以上,或者幼树死亡 2500 株以上的;

(14)致使疏散、转移群众 5000 人以上的;

(15)致使 30 人以上中毒的;

(16)致使 3 人以上轻伤、轻度残疾或者器官组织损伤导致一般功能障碍的;

(17)致使 1 人以上重伤、中度残疾或者器官组织损伤导致严重功能障碍的;

(18)其他严重污染环境的情形。

★ 有毒物质的范围

根据《最高人民法院、最高人民检察院关于办理环境污染刑事案件适用法律若干问题的解释》第 15 条的规定,认定污染环境罪客观方面所涉的“有毒物质”包括:

(1)危险废物,是指列入国家危险废物名录或者根据国家规定的危险废物鉴别标准和鉴别方法认定的具有危险特性的废物；

(2)《关于持久性有机污染物的斯德哥尔摩公约》附件所列物质；

(3)含重金属的污染物；

(4)其他具有毒性，可能污染环境的物质。

★ 公私财产损失的范围

根据《最高人民法院、最高人民检察院关于办理环境污染刑事案件适用法律若干问题的解释》第17条的规定，公私财产损失包括刑法第338条、第339条规定的行为直接造成财产损毁、减少的实际价值，为防止污染扩大、消除污染而采取必要合理措施所产生的费用，以及处置突发环境事件的应急监测费用。

★★ 生态（环境）损害

《最高人民法院、最高人民检察院关于办理环境污染刑事案件适用法律若干问题的解释》第1条规定："实施刑法第三百三十八条规定的行为，具有下列情形之一的，应当认定为'严重污染环境'：……（十）造成生态环境严重损害的；"第3条规定："实施刑法第三百三十八条、第三百三十九条规定的行为，具有下列情形之一的，应当认定为'后果特别严重'：……（六）造成生态环境特别严重损害的；"对于其中所称的"生态环境损害"，该司法解释第17条规定，包括"生态环境修复费用，生态环境修复期间生态环境服务功能的损失和生态环境功能永久性损害造成的损失，以及其他必要合理费用"。

结合该解释第17条有关"公私财产损失"包括"为防止污染扩大、消除污染而采取必要合理措施所产生的费用"的有关规定，笔者认为，污染环境或破坏生态的危害行为，一旦造成生态或环境本身的损害，其作为一类区别于传统环境侵权损害的新型损害，其是一个完整统一的损害种类，可以在学理上称为"生态（环境）损害"。这类损害的损害事实在实践中表现为防范性措施费用、清除措施费用、修复性措施费用、过渡期损害、附带损失或象征性损害等类型。[1] 根据现行相关司法解释，其中，防范性措施费用和清除措施费用应列入"公私财产损失"的范围；而修复性措施费用、过渡期损害、附带损失或象征性损害则应计入"生态环境损害"的范围。但对于具体生态环境的严重损害和特别严重损害的具体入罪和结果加重犯的数量判别标准，该司法解释未作明确规定，寄希望于未来实践中法官结合案情综合

[1] 竺效：《生态损害事实及其可填补之类型研究》，载《北京林业大学学报》（社会科学版）2008年第2期。

把握，提出具体量化方案，以便未来能在总结相关典型案例实践经验的基础上进一步探索如何固化具体的数额标准，形成明文规定。

就修复性措施费用的理解，应参考《最高人民法院关于审理环境民事公益诉讼案件适用法律若干问题的解释》第20条的有关规定，即“生态环境修复费用包括制定、实施修复方案的费用和监测、监管等费用”，但应根据《最高人民法院、最高人民检察院关于办理环境污染刑事案件适用法律若干问题的解释》第17条的有关规定，将“处置突发环境事件的应急监测费用”剔除，并将之列入《最高人民法院、最高人民检察院关于办理环境污染刑事案件适用法律若干问题的解释》所称的“公私财产损失”的范围内。而“生态环境修复期间生态环境服务功能的损失”即为过渡期损害；“生态环境功能永久性损害造成的损失”即为被破坏生态无法修复或被污染环境无法恢复时根据污染者负担原则，参照相关案件评估确定的一种象征性损害；而对于司法解释所称的“其他必要合理费用”，可以包括学理上所称的“附带损失”，如因危害行为所致的政府行政管理性费用的额外支出、政府岁入的减少等。

★★ 结果加重犯的认定标准

根据《最高人民法院、最高人民检察院关于办理环境污染刑事案件适用法律若干问题的解释》第3条的规定，实施刑法第338条规定的行为，具有下列情形之一的，应当认定为“后果特别严重”：

(1)致使县级以上城区集中式饮用水水源取水中断12个小时以上的；

(2)非法排放、倾倒、处置危险废物100吨以上的；

(3)致使基本农田、防护林地、特种用途林地15亩以上，其他农用地30亩以上，其他土地60亩以上基本功能丧失或者遭受永久性破坏的；

(4)致使森林或者其他林木死亡150立方米以上，或者幼树死亡7500株以上的；

(5)致使公私财产损失100万元以上的；

(6)造成生态环境特别严重损害的；

(7)致使疏散、转移群众15000人以上的；

(8)致使100人以上中毒的；

(9)致使10人以上轻伤、轻度残疾或者器官组织损伤导致一般功能障碍的；

(10)致使3人以上重伤、中度残疾或者器官组织损伤导致严重功能障碍的；

(11)致使1人以上重伤、中度残疾或者器官组织损伤导致严重功能障碍，并致使5人以上轻伤、轻度残疾或者器官组织损伤导致一般功能障碍的；

(12)致使1人以上死亡或者重度残疾的；

（13）其他后果特别严重的情形。

8.3.4　犯罪的主观方面

★ 污染环境罪的故意形态

根据《刑法》第 14 条的规定，故意犯罪是指明知自己的行为会发生危害社会的结果，并且希望或者放任这种结果发生，因而构成犯罪。就污染环境罪而言，故意形态是指行为人明知自己的行为会造成环境污染或损害，并且希望或放任这种结果发生。

8.3.5　污染环境罪的刑事责任追究

★★ 应当从重处罚的情形

根据《最高人民法院、最高人民检察院关于办理环境污染刑事案件适用法律若干问题的解释》第 4 条的规定，实施《刑法》第 338 条规定的犯罪行为，具有下列情形之一的，应当从重处罚：

（1）阻挠环境监督检查或者突发环境事件调查，尚不构成妨害公务罪等犯罪的；

（2）在医院、学校、居民区等人口集中地区及其附近，违反国家规定排放、倾倒、处置有放射性的废物、含传染病病原体的废物、有毒物质或者其他有害物质的；

（3）在重污染天气预警期间、突发环境事件处置期间或者被责令限期整改期间，违反国家规定排放、倾倒、处置有放射性的废物、含传染病病原体的废物、有毒物质或者其他有害物质的；

（4）具有危险废物经营许可证的企业违反国家规定排放、倾倒、处置有放射性的废物、含传染病病原体的废物、有毒物质或者其他有害物质的。

★ 应当从宽处罚的情形

《最高人民法院、最高人民检察院关于办理环境污染刑事案件适用法律若干问题的解释》第 5 条规定，实施《刑法》第 338 条、第 339 条规定的行为，刚达到应当追究刑事责任的标准，但行为人及时采取措施，防止损失扩大、消除污染，全部赔偿损失，积极修复生态环境，且系初犯，确有悔罪表现的，可以认定为情节轻微，不起诉或者免予刑事处罚；确有必要判处刑罚的，应当从宽处罚。

★ 双罚制

《最高人民法院、最高人民检察院关于办理环境污染刑事案件适用法律若干问题的解释》第 11 条规定，单位犯《刑法》第 338 条规定之罪的，依照该解释规定的相应个人犯罪的定罪量刑标准，对直接负责的主管人员和其他直接责任人员定罪处罚，并对单位判处罚金。

★★ 共同犯罪

《最高人民法院、最高人民检察院关于办理环境污染刑事案件适用法律若干问题的解释》第 7 条规定，行为人明知他人无危险废物经营许可证，向其提供或者委托其收集、贮存、利用、处置危险废物，严重污染环境的，以共同犯罪论处。

★★ 想象竞合犯的从一重处罚

《最高人民法院、最高人民检察院关于办理环境污染刑事案件适用法律若干问题的解释》第 6 条规定，无危险废物经营许可证从事收集、贮存、利用、处置危险废物经营活动，严重污染环境的，按照污染环境罪定罪处罚；同时构成非法经营罪的，依照处罚较重的规定定罪处罚。实施前款规定的行为，不具有超标排放污染物、非法倾倒污染物或者其他违法造成环境污染的情形的，可以认定为非法经营情节显著轻微危害不大，不认为是犯罪；构成生产、销售伪劣产品等其他犯罪的，以其他犯罪论处。

第 8 条规定，违反国家规定，排放、倾倒、处置含有毒害性、放射性、传染病病原体等物质的污染物，同时构成污染环境罪、非法处置进口的固体废物罪、投放危险物质罪等犯罪的，依照处罚较重的犯罪定罪处罚。

第 10 条规定，违反国家规定，针对环境质量监测系统实施下列行为，或者强令、指使、授意他人实施下列行为，应当依照《刑法》第 286 条的规定，以破坏计算机信息系统罪论处：

(1)修改参数或者监测数据的；

(2)干扰采样，致使监测数据严重失真的；

(3)其他破坏环境质量监测系统的行为。

重点排污单位篡改、伪造自动监测数据，干扰自动监测设施，排放化学需氧量、氨氮、二氧化硫、氮氧化物等污染物，同时构成污染环境罪和破坏计算机信息系统罪的，依照处罚较重的规定定罪处罚。

从事环境监测设施维护、运营的人员实施或者参与实施篡改、伪造自动监测数据、干扰自动监测设施、破坏环境质量监测系统等行为的，应当从重处罚。

★★ 检验报告和环境监测

《最高人民法院、最高人民检察院关于办理环境污染刑事案件适用法律若干问题的解释》第 12 条规定，环境保护主管部门及其所属监测机构在行政执法过程中出具的监测数据，在刑事诉讼中可以作为证据使用。

公安机关单独或者会同环境保护主管部门，提取污染物样品进行检测获取的数据，在刑事诉讼中可以作为证据使用。

第14条规定，对案件所涉的环境污染专门性问题难以确定的，依据由司法鉴定机构出具鉴定意见，或者国务院环境保护主管部门、公安部门指定的机构出具的报告，结合其他证据作出认定。

★★ 虚假环境影响评价文件

《最高人民法院、最高人民检察院关于办理环境污染刑事案件适用法律若干问题的解释》第9条规定，环境影响评价机构或其人员，故意提供虚假环境影响评价文件，情节严重的，或者严重不负责任，出具的环境影响评价文件存在重大失实，造成严重后果的，应当依照《刑法》第229条、第231条的规定，以提供虚假证明文件罪或者出具证明文件重大失实罪定罪处罚。

法律与规范链接

▲ 必读法条

《刑法》第14条、第15条、第30条、第114条、第115条。

△ 延伸法条

《最高人民法院、最高人民检察院关于办理环境污染刑事案件适用法律若干问题的解释》。

典型案例

云南澄江J工贸有限责任公司重大环境污染事故案[1]

案情概述

2005年至2008年间，云南澄江J工贸有限责任公司（以下简称J公司）在生产经营过程中，长期将含砷生产废水通过明沟、暗管直接排放到厂区最低凹处没有经过防渗处理的天然水池内，并抽取该池内的含砷废水进行洗矿作业；将含砷

---

〔1〕《云南澄江锦业工贸有限责任公司重大环境污染事故案》，载中国法院网，http://www.chinacourt.org/article/detail/2013/06/id/1014573.shtml，最后访问日期：2016年8月22日。

固体废物磷石膏倾倒于厂区外未采取防渗漏、防流失措施的堆场露天堆放;雨季降水量大时直接将天然水池内的含砷废水抽排至厂外东北侧邻近阳宗海的磷石膏渣场放任自流。致使含砷废水通过地表径流和渗透随地下水进入阳宗海,造成阳宗海水体受砷污染,水质从Ⅱ类下降到劣Ⅴ类,饮用、水产品养殖等功能丧失,县级以上城镇水源地取水中断,公私财产遭受百万元以上损失的特别严重后果。

云南省澄江县人民法院一审判决、玉溪市中级人民法院二审裁定认为:被告单位J公司未建设完善配套环保设施,经多次行政处罚仍未整改,致使生产区内外环境中大量富含砷的生产废水通过地下渗透随地下水以及地表径流进入阳宗海,导致该重要湖泊被砷污染,构成重大环境污染事故罪,且应当认定为"后果特别严重"。被告人李A作为J公司的董事长,被告人李B作为J公司的总经理(负责公司的全面工作),二人未按规范要求采取防渗措施,最终导致阳宗海被砷污染的危害后果,应当作为单位犯罪的主管人员承担相应刑事责任。被告人金C作为J公司生产部部长,具体负责安全生产、环境保护和生产调度等工作,安排他人抽排含砷废水到厂区外,应作为单位犯罪的直接责任人承担相应刑事责任。案发后,J公司及被告人积极配合相关部门截污治污,可对其酌情从轻处罚。据此,以重大环境污染事故罪判处J公司罚金人民币1600万元;被告人李A有期徒刑4年,并处罚金人民币30万元;被告人李B有期徒刑3年,并处罚金人民币15万元;被告人金C有期徒刑3年,并处罚金人民币15万元。

核心问题

单位犯罪的构成要件及刑事责任?

简要评论

J公司在生产经营过程中,长期将含砷生产废水通过明沟、暗管直接排放到厂区最低凹处没有经过防渗处理的天然水池内,并抽取该池内的含砷废水进行洗矿作业;将含砷固体废物磷石膏倾倒于厂区外未采取防渗漏、防流失措施的堆场露天堆放致使含砷废水通过地表径流和渗透随地下水进入阳宗海,造成阳宗海水体受砷污染,饮用、水产品养殖等功能丧失,县级以上城镇水源地取水中断,公私财产遭受百万元以上损失的特别严重后果,符合单位犯罪的构成条件,即企业、公司、事业单位、机关、团体违反国家环境刑事法律法规,不履行环境保护法律义务,造成污染或破坏生态环境的行为,构成重大环境污染事故罪。故被告单位J公司被处罚金,单位犯罪的主管人员也比照自然人犯罪承担相应刑事责任。

知识点

单位犯罪既可对单位进行处罚,也可对单位犯罪的直接责任人进行处罚,即采用"双罚制"。对单位可处罚金,对单位犯罪的直接责任人可处有期徒刑,或并(单)处罚金。

延伸阅读

1. 蒋兰香:《环境刑法》,中国林业出版社2004年版,第四章;
2. 蒋兰香:《污染型环境犯罪因果关系证明研究》,中国政法大学出版社2014年版,第二章至第五章。
3. 竺效、肖鹏:《环境伦理学视角下的污染环境罪——兼论非人类中心主义刑事法律观的展开》,载《环境法评论》2018年第1期。

8.4　环境刑事责任追究的基本程序

知识要点

★ 环境行政执法与刑事司法的链接

根据环境保护部、公安部和最高人民检察院于2017年1月25日联合发布的《环境保护行政执法与刑事司法衔接工作办法》,各级环保部门、公安机关和人民检察院应当加强协作,统一法律适用,不断完善线索通报、案件移送、资源共享和信息发布等工作机制。人民检察院对环保部门移送涉嫌环境犯罪案件活动和公安机关对移送案件的立案活动,依法实施法律监督。

★ 环保部门移送案件的实体要件

向公安机关移送的涉嫌环境犯罪案件,应当符合下列条件:

(1)实施行政执法的主体与程序合法;

(2)有合法证据证明有涉嫌环境犯罪的事实发生。

★ 环保部门移送案件的程序

环保部门在查办环境违法案件过程中,发现涉嫌环境犯罪案件,应当核实情况并作出移送涉嫌环境犯罪案件的书面报告。本机关负责人应当自接到报告之日起

3 日内作出批准移送或者不批准移送的决定。

环保部门移送涉嫌环境犯罪案件,应当自作出移送决定后 24 小时内向同级公安机关移交案件材料,并将案件移送书抄送同级人民检察院。

对环保部门移送的涉嫌环境犯罪案件,公安机关应当依法接受,并立即出具接受案件回执或者在涉嫌环境犯罪案件移送书的回执上签字。

★ 公安机关对移送案件的审查

公安机关审查发现移送的涉嫌环境犯罪案件材料不全的,应当在接受案件的 24 小时内书面告知移送的环保部门在 3 日内补正。但不得以材料不全为由,不接受移送案件。

公安机关审查发现移送的涉嫌环境犯罪案件证据不充分的,可以就证明有犯罪事实的相关证据等提出补充调查意见,由移送案件的环保部门补充调查。环保部门应当按照要求补充调查,并及时将调查结果反馈公安机关。因客观条件所限,无法补正的,环保部门应当向公安机关作出书面说明。

公安机关对环保部门移送的涉嫌环境犯罪案件,应当自接受案件之日起 3 日内作出立案或者不予立案的决定;涉嫌环境犯罪线索需要查证的,应当自接受案件之日起 7 日内作出决定;重大疑难复杂案件,经县级以上公安机关负责人批准,可以自受案之日起 30 日内作出决定。

接受案件后对属于公安机关管辖但不属于本公安机关管辖的案件,应当在 24 小时内移送有管辖权的公安机关,并书面通知移送案件的环保部门,抄送同级人民检察院。对不属于公安机关管辖的,应当在 24 小时内退回移送案件的环保部门。公安机关作出立案、不予立案、撤销案件决定的,应当自作出决定之日起 3 日内书面通知环保部门,并抄送同级人民检察院。公安机关作出不予立案或者撤销案件决定的,应当书面说明理由,并将案卷材料退回环保部门。

★ 公安机关不予立案后的处理与人民检察院的立案监督

环保部门认为公安机关不予立案决定不当的,可以自接到不予立案通知书之日起 3 个工作日内向作出决定的公安机关申请复议,公安机关应当自收到复议申请之日起 3 个工作日内作出立案或者不予立案的复议决定,并书面通知环保部门。

环保部门对公安机关逾期未作出是否立案决定以及对不予立案决定、复议决定、立案后撤销案件决定有异议的,应当建议人民检察院进行立案监督。人民检察院应当受理并进行审查。

环保部门建议人民检察院进行立案监督的案件,应当提供立案监督建议书、相关案件材料，并附公安机关不予立案、立案后撤销案件决定及说明理由材料，复议维持不予立案决定材料或者公安机关逾期未作出是否立案决定的材料。

人民检察院发现环保部门不移送涉嫌环境犯罪案件的，可以派员查询、调阅有关案件材料，认为涉嫌环境犯罪应当移送的，应当提出建议移送的检察意见。环保部门应当自收到检察意见后 3 日内将案件移送公安机关，并将执行情况通知人民检察院。

人民检察院发现公安机关可能存在应当立案而不立案或者逾期未作出是否立案决定的，应当启动立案监督程序。

★ **证据的移交**

环保部门向公安机关移送涉嫌环境犯罪案件时，应当附下列材料：

(1)案件移送书，载明移送机关名称、涉嫌犯罪罪名及主要依据、案件主办人及联系方式等。案件移送书应当附移送材料清单，并加盖移送机关公章。

(2)案件调查报告，载明案件来源、查获情况、犯罪嫌疑人基本情况、涉嫌犯罪的事实、证据和法律依据、处理建议和法律依据等。

(3)现场检查(勘察)笔录、调查询问笔录、现场勘验图、采样记录单等。

(4)涉案物品清单，载明已查封、扣押等采取行政强制措施的涉案物品名称、数量、特征、存放地等事项，并附采取行政强制措施、现场笔录等表明涉案物品来源的相关材料。

(5)现场照片或者录音录像资料及清单，载明需证明的事实对象、拍摄人、拍摄时间、拍摄地点等。

(6)监测、检验报告、突发环境事件调查报告、认定意见。

(7)其他有关涉嫌犯罪的材料。对环境违法行为已经作出行政处罚决定的，还应当附行政处罚决定书。

另外，在环保部门应当自接到公安机关立案通知书后，应在接到公安机关立案通知书之日起 3 日内将涉案物品以及与案件有关的其他材料移交公安机关，并办理交接手续。涉及查封、扣押物品的，环保部门和公安机关应当密切配合，加强协作，防止涉案物品转移、隐匿、损毁、灭失等情况发生。对具有危险性或者环境危害性的涉案物品，环保部门应当组织临时处理处置，公安机关应当积极协助；对无明确责任人、责任人不具备履行责任能力或者超出部门处置能力的，应当呈报涉案物品所在地政府组织处置。上述处置费用清单随附处置合同、缴费凭证等作为犯罪获利的证据，及时补充移送公安机关。

★ 证据的收集与使用

环保部门在行政执法和查办案件过程中依法收集制作的物证、书证、视听资料、电子数据、监测报告、检验报告、认定意见、鉴定意见、勘验笔录、检查笔录等证据材料,在刑事诉讼中可以作为证据使用。

环保部门、公安机关、人民检察院收集的证据材料,经法庭查证属实,且收集程序符合有关法律、行政法规规定的,可以作为定案的根据。

★ 环境刑事诉讼的程序

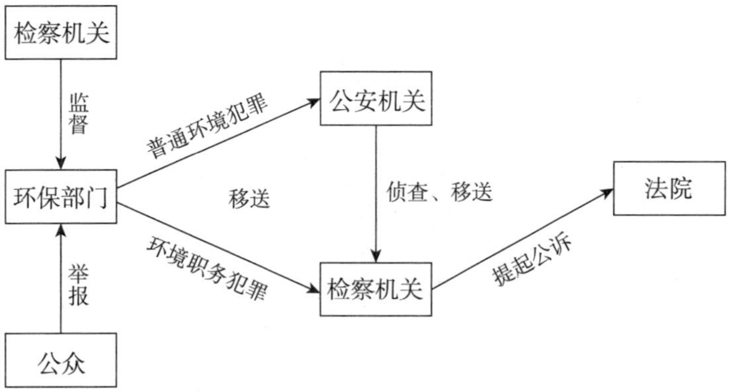

图 8－3　环境刑事诉讼的程序

★ 行政责任与刑事责任的衔接

(1)已作出行政处罚的案件处理

依据《行政执法机关移送涉嫌犯罪案件的规定》第 11 条第 2 款,以及《环境保护行政执法与刑事司法衔接工作办法》第 16 条,环保部门向公安机关移送涉嫌环境犯罪案件,已作出的警告、责令停产停业、暂扣或者吊销许可证的行政处罚决定,不停止执行。对于环保部门作出的罚款处罚,依据《行政执法机关移送涉嫌犯罪案件的规定》第 11 条第 3 款的规定,在人民法院判处罚金时,该罚款金额可以依法折抵相应罚金。《行政处罚法》第 28 条明确规定,“违法行为构成犯罪,人民法院判处拘役或者有期徒刑时,行政机关已经给予当事人行政拘留的,应当依法折抵相应刑期”。

(2)未作出行政处罚的案件处理

未作出行政处罚决定的,原则上应当在公安机关决定不予立案或者撤销案件、人民检察院作出不起诉决定、人民法院作出无罪判决或者免予刑事处罚后,再决定是否给予行政处罚。涉嫌犯罪案件的移送办理期间,不计入行政处罚期限。对尚未作出生效裁判的案件，环保部门依法应当给予或者提请人民政府给予暂扣或者吊销许可证、责令停产停业等行政处罚，需要配合的，公安机关、人民检察院应当给予配合。

公安机关对涉嫌环境犯罪案件，经审查没有犯罪事实，或者立案侦查后认为犯罪事实显著轻微、不需要追究刑事责任，但经审查依法应当予以行政处罚的，应当及时将案件移交环保部门，并抄送同级人民检察院。

人民检察院对符合逮捕、起诉条件的环境犯罪嫌疑人，应当及时批准逮捕、提起公诉。人民检察院对决定不起诉的案件，应当自作出决定之日起 3 日内，书面告知移送案件的环保部门，认为应当给予行政处罚的，可以提出予以行政处罚的检察意见。

☆ 环境保护与公安部门执法衔接配合工作的机制

(1)建立联动执法联席会议制度，解决重大联动事项；

(2)建立联动执法联络员制度，强化日常联动执法；

(3)建立完善案件移送机制，规范联动执法程序；

(4)建立重大案件会商和督办制度，加强案件风险研判；

(5)建立紧急案件联合调查机制，做到执法工作无缝衔接；

(6)建立案件信息共享机制，提高联动执法效率；

(7)建立奖惩机制，提高执法效率。

☆ 协作机制

《环境保护行政执法与刑事司法衔接工作办法》第四章专门规定了环保部门、公安机关、人民检察院为做好环境行政执法与刑事司法衔接工作的协作机制，主要包括：

(1)建立长效机制、定期召开联席会议、开展部门联合培训；

(2)建立双向案件咨询制度；

(3)环保部门的协助义务；

(4)公安机关的立案侦查义务；

(5)建立完善接处警的快速响应和联合调查机制；

(6)联合调查中的职责分工；

(7)联合督办。

☆ 信息共享

《环境保护行政执法与刑事司法衔接工作办法》第五章专门规定了信息共享，

明确规定各级环保部门、公安机关、人民检察院应当积极建设、规范使用行政执法与刑事司法衔接信息共享平台，逐步实现涉嫌环境犯罪案件的网上移送、网上受理和网上监督，为环境行政执法与刑事司法衔接工作提供良好地合作基础；明确规定各级环保部门、公安机关、人民检察院应当对信息共享平台录入的案件信息及时汇总、分析、综合研判，定期总结通报平台运行情况。

该办法进一步细化规定应当共享的信息，即已经接入信息共享平台的环保部门、公安机关、人民检察院，应当自作出相关决定之日起 7 日内分别录入下列信息：

（1）适用一般程序的环境违法事实、案件行政处罚、案件移送、提请复议和建议人民检察院进行立案监督的信息；

（2）移送涉嫌犯罪案件的立案、不予立案、立案后撤销案件、复议、人民检察院监督立案后的处理情况，以及提请批准逮捕、移送审查起诉的信息；

（3）监督移送、监督立案以及批准逮捕、提起公诉、裁判结果的信息。尚未建成信息共享平台的环保部门、公安机关、人民检察院，应当自作出相关决定后及时向其他部门通报前款规定的信息。

法律与规范链接

▲ 必读法条

《环境保护行政执法与刑事司法衔接工作办法》。

△ 延伸法条

《行政执法机关移送涉嫌犯罪案件的规定》；

《人民检察院办理行政执法机关移送涉嫌犯罪案件的规定》；

《国家林业局、公安部关于森林和陆生野生动物刑事案件管辖及立案标准》；

《环境保护部、公安部关于加强环境保护与公安部门执法衔接配合工作的意见》。

典型案例

台州 L 机床附件有限公司、陈 A 犯污染环境罪案

案情概述

2015 年 4 月，时任台州 L 机床附件有限公司法定代表人的被告人陈 A，未经环保部门审批在玉环县沙门镇泗边村泗边山后设立喷塑车间，并雇佣小工对钣金产品进行磷化除油以及冲洗，产生的废水未经处理直接经地面流至渗坑排放至外环境，直至 2015 年 6 月 10 日被查获。经检测，喷塑车间清洗台北侧 1.5 米渗坑渗漏处(1 号)废水水样中铅含量 0.65mg/L(排放标准 1.0mg/L，下同)，铁含量 130mg/L，镍含量 2.14mg/L(排放标准 1.0mg/L，下同)，锌含量 56.8mg/L(排放标准 2.0mg/L，下同)，总磷 9.05mg/L(排放标准 0.5mg/L，下同)；清洗台内废水(2 号)水样铅含量 0.875mg/L，铁含量 74.5mg/L，镍含量 40.2mg/L，锌含量 98.9mg/L，总磷 3.92mg/L。且该监测结果业经浙江省环境保护厅同意认可。

2015 年 6 月 11 日，被告人陈 A 主动到玉环县公安局沙门派出所投案。2015 年 8 月 18 日，被告人陈 A 接公安机关民警电话通知到玉环县公安局沙门派出所接受讯问，并如实供述上述犯罪事实。

上述事实，被告单位台州 L 机床附件有限公司、被告人陈 A 在开庭审理过程中亦无异议，并有经庭审质证的证人颜某某、郭某、叶某某、孔某某、肖某某、李某某、颜某某的证言、监测报告、浙江省环境保护厅认可意见、玉环县环保局现场检查(勘察)笔录、玉环县环境保护局现场监察记录、图、照片、光盘、营业执照、组织机构代码证、工商查询信息、玉环县环境保护局查办案件移送函、送达回证、污染源废水采样和交接记录、外送样品监测委托单、监测报告更正申请书、执法证件、关于送样过程的说明、任职文件、监测报告管理程序、调查报告、违法行为改正决定书、员工考勤记录表、迟焕华拘留证、情况说明、玉环监(2015)监字第 433G 号监测报告质量保证说明书、玉环县环境保护局关于要求认定《玉环监(2015)监字第 433G 号》监测数据的请示、自首证明、户籍证明及归案经过等证据证实，足以认定。

法院认为，被告单位台州 L 机床附件有限公司违反国家规定，排放有毒物质，严重污染环境，被告人陈 A 系直接负责的主管人员，其行为均已构成污染环境罪。公诉机关指控的罪名成立，应予惩处。

据此，依照《中华人民共和国刑法》第 338 条、第 346 条、第 30 条、第 31 条、第 67

条第1款之规定,判决如下:

(1)被告单位台州L机床附件有限公司犯污染环境罪,判处罚金人民币10万元(罚金限判决生效后1个月内缴纳)。

(2)被告人陈A犯污染环境罪,判处拘役3个月,并处罚金人民币5万元(刑期从判决执行之日起计算,判决执行以前先行羁押的,羁押1日折抵刑期1日,即自2016年7月19日起至2016年9月23日止。罚金已缴纳)。

核心问题

环境行政执法与刑事司法如何衔接,需要移交哪些材料?

简要评论

在开庭审理过程中应过质证的证据包括:监测报告、浙江省环境保护厅认可意见、玉环县环保局现场检查(勘察)笔录、玉环县环境保护局现场监察记录、图、照片、光盘、营业执照、组织机构代码证、工商查询信息、玉环县环境保护局查办案件移送函、送达回证、污染源废水采样和交接记录、外送样品监测委托单、监测报告更正申请书、执法证件、关于送样过程的说明、任职文件、监测报告管理程序、调查报告、违法行为改正决定书、玉环县环境保护局关于要求认定《玉环监(2015)监字第433G号》监测数据的请示。这些证据材料都是由环保机关提供,说明环保机关在进行行政处罚时发现L机床附件有限公司的行为构成犯罪,并及时向公安机关移送,由检察机关提起公诉,并向检察机关移交了相关材料。

知识点

县级以上环保部门在依法查处环境违法行为过程中,发现违法事实涉嫌构成犯罪,依法需要追究刑事责任的,应当依法向公安机关移送。环境保护行政主管部门在查处环境违法行为的过程中,应当收集并妥善保存下列有关证据资料:(1)环境违法行为调查报告;(2)调查记录或询问笔录;(3)环境监测报告或者鉴定结论;(4)现场检查时的音像资料;(5)其他可以保存的实物证据和其他证据资料;(6)对环境违法行为已经作出行政处罚决定的,应当同时移送行政处罚决定书和作出行政处罚决定的证据资料。

延伸阅读

1. 董邦俊:《论我国环境行政执法与刑事司法之衔接》,载《中国地质大学学报》(社会科学版)2013年第6期;
2. 李华:《环境刑事诉讼启动程序研究》,中国海洋大学2012年博士学位论文。

第9章　环境公益诉讼

教学目标

识记和理解环境公益诉讼的概念；
了解比较法上的环境公益诉讼的类型；
重点理解和应用我国环境民事公益诉讼和环境行政公益诉讼制度。

推荐参考资料

汪劲:《环境法学》(第四版),北京大学出版社 2018 年版,第十四章。

本章知识结构

环境公益诉讼
- 环境公益诉讼概述
- 环境民事公益诉讼
- 环境行政公益诉讼

9.1　环境公益诉讼概述

知识要点

9.1.1　环境公益诉讼基本问题

☆ 公益诉讼

公益诉讼起源于罗马法。现代法的上的公益诉讼一般是指"特定的国家机关、相关的社会组织或者个人,依据法律法规的授权,对违反法律侵犯国家利益、社会公共利益或者不特定多数人利益的行为，向法院提起诉讼，由法院依法追究其法律责任的活动。"[1] 依照我国《民事诉讼法》和《行政诉讼法》相关内容的规定，可以提起公益诉讼的领域有：破坏生态环境和资源保护、食品药品安全、侵害众多消费者合法权益、国有财产保护、国有土地使用权出让等。

☆ **比较法上的环境公益诉讼类型及特点**

（1）美国的公民诉讼（citizen suit），是指"为保障环境法律的实施，公民、团体依据法律的授权、代表社会公益对违反环境法律的行政机构或者私人、组织提起诉讼。"[2] 公民诉讼的实质是私人实施法律（private enforcement），即通过公民诉讼来填补政府实施法律的空隙。在美国，提起公民诉讼受到宪法、单行法和司法惯例三重制约。[3]

（2）在法国，"就环境行政诉讼而言，针对国家在行政上的过失、不法行为、不作为或者在环境污染监测、监督管理方面的严重疏忽、缺失行为以及违背法律法规的行政措施等，任何环保团体均得向行政法院提起要求确认、撤销或采取管制措施的行政诉讼。"[4]

（3）日本公益诉讼一般通过行政诉讼中的控告诉讼、民众诉讼和《地方自治法》上的居民诉讼实现。在日本行政诉讼中，按照诉讼目的可以分为"主观诉讼"与"客观诉讼"两种。主观诉讼以保护国民的权利为目的；而客观诉讼以维持行政活动的客观合法性为目的。前者属"法律上的争讼"，包含在司法权范畴之内；后者只有在法律特别规定的情形下才能提起。按照行政诉讼法中规定的诉讼类型，主观诉讼中又分为控告诉讼和当事人诉讼；客观诉讼分为民众诉讼和机关诉讼。涉及公益诉讼的诉讼包括控告诉讼和民众诉讼。控告诉讼，是指当事人对行政机关行使公权力的活动不服而提起的诉讼。民众诉讼，是指当事人就国家或公共权力机关违法行为提起的诉讼。而《地方自治法》上的居民诉讼是日本国民针对地方行政机关的财政违法行为提起的诉讼，是公民监督地方行政机关的一种公益诉讼。居民诉讼和民众诉讼一般与原告个人的法定权利联系不密切，更多的是为了保护公共利益。[5]

---

〔1〕 廖中洪主编：《民事诉讼改革热点问题研究综述 1991－2005》，中国检察出版社 2006 年版，第 205 页。

〔2〕 陈冬：《环境公益诉讼的限制性因素考察——以美国联邦环境法的公民诉讼为主线》，载《河北法学》2009 年第 8 期。

〔3〕 参见巩固：《美国环境公民诉讼之起诉限制及其启示》，载《法商研究》2017 年第 5 期。

〔4〕 严厚福：《环境公益诉讼原告资格之确立——扩大"合法权益"的范围还是确立自然物的原告资格》，载《北大法律评论》2007 年第 1 期。

〔5〕 参见胡云红：《比较法视野下的域外公益诉讼制度研究》，载《中国政法大学学报》2017 年第 4 期。

(4)印度继承了英国的普通法传统,其环境公益诉讼制度是通过判例发展起来的。印度的环境公益诉讼是指,“如果公民或某一特定阶层受到违法行为(尤指违宪行为)、越权行为的侵害,或被苛以非法负担,或存在上述危险,而该公民或阶层因贫穷或能力不足等处于经济或社会的弱势地位,不能进入法院寻求救济时,任何人都享有根据《宪法》第226条请求高等法院发布适当的令状或指示的权利;如果违法行为侵犯了该公民或阶层的基本权利,任何人都享有根据《宪法》第32条请求高等法院提供司法救济的权利。”[1]

☆ **环境公益诉讼的兴起缘由**

环境公益诉讼是近代公民权利运动的产物,体现了近代法律社会化、私法公法化的趋势。环境公益诉讼制度产生于20世纪70年代。该制度的产生与现代国家公权力的扩张和人民对政府为谋求经济利益而牺牲环境利益的不信任情绪密切相关。由于环境损害事后救济的滞后性,“导致事前采取措施遏制污染和破坏行为导致的公共环境侵害成为一个现实性的问题。于是,环境损害救济的实践开始表现为从个人主义法理向社会本位法理过渡,出现了环境权利社会化的趋向。这种趋向以公众享有实体和程序的环境权为理论,进而发展成为一种公众参与环境决策的权利以及针对公众环境权益危害而可以提起诉讼的权利”。[2]

★ **环境公益诉讼与环境公诉**

“环境公益诉讼(environmental public interest litigation),是一种允许与争议案件无直接利害关系的原告出于保护环境公益的目的、以行政机关或者环境利用行为人为被告向法院起诉的行政诉讼或者民事诉讼。”[3]“从客体上看,环境公益诉讼需要应对的是行为‘对环境的损害’”,[4]“对人的损害”属于私益诉讼的救济对象。我国的环境公益诉讼在实践中分为环境民事公益诉讼和环境行政公益诉讼。环境民事公益诉讼与环境行政公益诉讼的主要区别在于起诉主体的类型不同。依照相关法律的规定,环境民事公益诉讼的原告为有关组织和人民检察院;环境行政公益诉讼的原告为人民检察院。

环境公益诉讼不同于环境公诉。“环境公诉特指作为国家公诉人的检察机关,

---

[1] 徐祥民、胡中华、梅宏等:《环境公益诉讼研究——以制度建设为中心》,中国法制出版社2009年版,第198~199页。

[2] 汪劲:《环境法学》(第三版),北京大学出版社2014年版,第330页。

[3] 同上注,第329页。

[4] 吕忠梅:《环境公益诉讼辨析》,载《法商研究》2008年第6期。

为了保护公共环境利益,以原告身份,通过公诉的形式,以制止和制裁环境公益的侵害行为为目的,向法院提起的诉讼。"[1]

☆ 我国环境公益诉讼相关法规及文件[2]

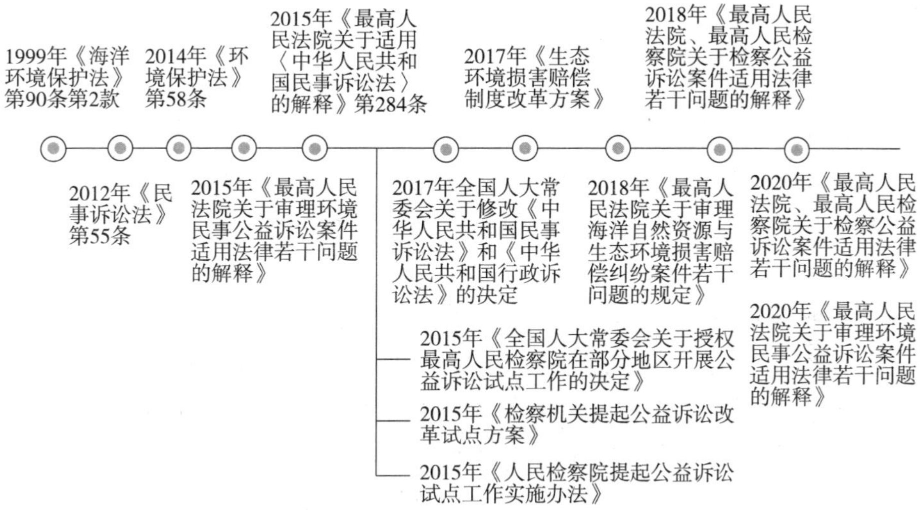

图9-1　环境公益诉讼法制发展历程

9.1.2　检察环境公益诉讼的一般问题[3]

★ 人民检察院的诉讼地位

依据《民事诉讼法》和《行政诉讼法》的规定,人民检察院可以作为原告提起检察环境公益诉讼。《民事诉讼法》规定,"法律规定的机关或有关组织"有权针对污染环境损害社会公共利益的行为提起诉讼。但是法律及相关司法解释中并未对人民检察院在公益诉讼中的主体地位作出明确规定。《最高人民法院、最高人民检察

[1] 别涛:《中国的环境公益诉讼及其立法设想》,载别涛主编:《环境公益诉讼》,法律出版社2007年版,第2~3页。

[2] 对于1999年《海洋环境保护法》第90条第2款的规定是否是环境公益诉讼条款,学界存在争议。为了让学生对本部分的知识有全面把握,此处列出该法及2018年1月15日开始实施的《最高人民法院关于审理海洋自然资源与生态环境损害赔偿纠纷案件若干问题的规定》(法释[2017]23号)。2017年中央办公厅、国务院办公厅印发《生态环境损害赔偿制度改革方案》,授权相关部门开展生态(环境)损害求偿。对于生态(环境)损害求偿的类型目前没有定性,为了让学生对本部分的知识有全面把握,此处也一并列出。

[3] 《最高人民法院、最高人民检察院关于检察公益诉讼案件适用法律若干问题的解释》,本部分内容依照该司法解释第一部分"一般规定"的相关内容总结(2018年3月发布,2020年修订)。

院关于检察公益诉讼案件适用法律若干问题的解释》(以下简称《检察公益诉讼司法解释》)第4条规定:“人民检察院以公益诉讼起诉人身份提起公益诉讼,依照民事诉讼法、行政诉讼法享有相应的诉讼权利,履行相应的诉讼义务,但法律、司法解释另有规定的除外。”

★ 人民检察院提起环境公益诉讼的法院管辖

《检察公益诉讼司法解释》第5条规定:“市(分、州)人民检察院提起的第一审民事公益诉讼案件,由侵权行为地或者被告住所地中级人民法院管辖。基层人民检察院提起的第一审行政公益诉讼案件,由被诉行政机关所在地基层人民法院管辖。”依据《检察公益诉讼司法解释》第1条和第26条的规定,本司法解释没有规定的内容,适用《民事诉讼法》《行政诉讼法》和相关司法解释的规定。从内容上看,《检察公益诉讼司法解释》的内容主要针对检察机关作为原告提起公益诉讼的特殊规则;《民事诉讼法》《行政诉讼法》中有关诉讼的一般规则,以及相关司法解释中不与《检察公益诉讼司法解释》相抵触的、针对公益诉讼的特殊规则均可使用。因此,检察机关提起环境民事公益诉讼应当遵守《环境民事公益诉讼司法解释》中集中管辖条款以及地方依此条款颁布的有关集中管辖的规定;以及相关行政诉讼法律规范中关于交叉管辖、集中管辖和提级管辖的规定。

★ 人民检察院提起环境公益诉讼的二审程序

《检察公益诉讼司法解释》第10条规定:“人民检察院不服人民法院第一审判决、裁定的,可以向上一级人民法院提起上诉。”第11条规定:“人民法院审理第二审案件,由提起公益诉讼的人民检察院派员出庭,上一级人民检察院也可以派员参加。”在司法解释公布之前,地方司法实践中法院和检察院关于人民检察院在公益诉讼中的地位和二审的启动方式存在分歧。这两条规定表明,虽然人民检察院基于其相关职权提起检察公益诉讼,但是其诉讼地位为普通原告,通过上诉的方式提起二审程序,并且由一审原告参加上诉审程序。

法律与规范链接

▲ 必读法条

《环境保护法》第58条;

《民事诉讼法》第55条;

《最高人民法院关于适用〈中华人民共和国民事诉讼法〉的解释》第284条;

《最高人民法院关于审理环境民事公益诉讼案件适用法律若干问题的解释》第 1 条；

《行政诉讼法》第 25 条；

《最高人民法院、最高人民检察院关于检察公益诉讼案件适用法律若干问题的解释》第 4 条、第 5 条、第 10 ~ 12 条。

△ **延伸法条**

《生态环境损害赔偿制度改革方案》；

《关于审理海洋自然资源与生态环境损害赔偿纠纷案件若干问题的规定》；

美国《清洁空气法》第 304 条；

美国《清洁水法》第 505 条；

美国《濒危物种法》第 11(g)条；

我国台湾地区“环境基本法”第 34 条。

典型事例

环境公益诉讼原告资格种类

事例 1：人民检察院登报寻找案件“原告”[1]

2016 年 10 月 14 日，南京市人民检察院在《江苏法制报》第 3 版刊登公告，寻找适格主体，拟对江苏安伟再生资源有限公司提起民事公益诉讼。据《南京日报》5 月 26 日报道称，当时有市民举报称，南京宁南汽配城的下水道内有被严重腐蚀的痕迹，而且还有刺鼻的气味散发出来，怀疑有人向下水道偷倒硫酸液。南京市雨花台区环保部门执法人员接到举报后，对江苏安伟再生资源有限公司仓库门口一块被腐蚀的下水井盖板打开后，发现里面有强酸性液体，怀疑是电瓶里倒出来的。后经环保部门调查发现，该公司的营业执照显示，经营范围是废旧物资回收，并无危废品的经营、回收或者处置资质，但该公司收购的危废电瓶，里面含有镉、铅等重金属物质，属于国家危险废物名录当中的废物。10 月 14 日，南京检方刊发公告称，因发现江苏安伟再生资源有限公司存在污染环境行为，可能损害社会公共利益，决定于

[1] 《南京检方拟对一公司提民事公益诉讼：登报征原告，两组织报名》，载澎湃新闻：http://www.thepaper.cn/newsDetail_forward_1548648，最后访问日期：2017 年 11 月 18 日。

2016年9月30日立案审查。根据相关规定,检查机关将案件立案情况进行公告。如有符合法律规定条件的机关和有关组织自愿对江苏安伟再生资源有限公司提起民事公益诉讼,可自公告之日起三十日内与南京市人民检察院联系。之后,南京市检察院收到中国生物多样性保护与绿色发展基金会和"自然之友"的报名申请。

事例2:湖北省十堰市郧阳区人民检察院诉郧阳区林业局行政公益诉讼案(检例第30号)[1]

2013年3月至4月,金兴国、吴刚、赵丰强在未经县级林业主管部门同意、未办理林地使用许可手续的情况下,在湖北省十堰市郧阳区杨溪铺镇财神庙村五组、卜家河村一组、杨溪铺村大沟处,相继占用国家和省级生态公益林地0.28公顷、0.22公顷、0.28公顷开采建筑石料。2013年4月22日、4月30日、5月2日,郧阳区林业局对金兴国、吴刚、赵丰强作出行政处罚决定,责令金兴国、吴刚、赵丰强停止违法行为,恢复所毁林地原状,分别处以56028元、22000元、28000元罚款,限期十五日内缴清。金兴国、吴刚、赵丰强在收到行政处罚决定书后,在法定期限内均未申请行政复议,也未提起行政诉讼,仅分别缴纳罚款20000元、15000元、20000元,未将被毁公益林地恢复原状。郧阳区林业局在法定期限内既未催告三名行政相对人履行行政处罚决定所确定的义务,也未向人民法院申请强制执行,致使其作出的行政处罚决定未得到全部执行,被毁公益林地未得到及时修复。2015年12月12日,郧阳区人民检察院向区林业局发出检察建议,建议区林业局规范执法,认真落实行政处罚决定,采取有效措施,恢复森林植被。区林业局收到检察建议后,在规定期限内既未按检察建议进行整改落实,也未书面回复。郧阳区人民检察院经调查核实,没有公民、法人和其他社会组织因公益林被毁而提起相关诉讼。2016年2月29日,郧阳区人民检察院以公益诉讼人身份向郧阳区人民法院提起行政公益诉讼,要求法院确认区林业局未依法履行职责违法,并判令其依法继续履行职责。

核心问题

我国环境民事公益诉讼与环境行政公益诉讼原告类型的区别。

简要评论

根据《环境保护法》第58条、《民事诉讼法》第55条、《最高人民法院关于审理环境民事公益诉讼案件适用法律若干问题的解释》第1条的规定,有关组织和人民

---

[1] 参见《2016年最高人民检察院环境行政公益诉讼指导案例》,载中国宪政网:http://www.calaw.cn/article/default.asp?id=12371,最后访问日期:2017年11月18日。

检察院具有提起环境民事公益诉讼的原告资格。依据《人民检察院提起公益诉讼试点工作实施办法》第13条和第14条的规定，人民检察院在提起环境民事公益之前需要履行诉前程序。“经过诉前程序，法律规定的机关和有关组织没有提起民事公益诉讼，或者没有适格主体提起诉讼，社会公共利益仍处于受侵害状态的，人民检察院可以提起民事公益诉讼。”因此，在案例一中，人民检察院通过“登报”的方式履行诉前程序。依据《行政诉讼法》第25条第4款的规定，人民检察院是提起环境行政公益诉讼的唯一原告。在符合法定条件的情况下，人民检察院应当提起环境行政公益诉讼。

知识点

环境民事公益诉讼与环境行政公益诉讼的主要区别在于起诉主体的类型不同。依照相关法律的规定，环境民事公益诉讼的原告是有关组织和人民检察院，两主体在起诉上有顺位要求；环境行政公益诉讼的原告为人民检察院。

延伸阅读

1. 巩固：《美国环境公民诉讼之起诉限制及其启示》，载《法商研究》2017年第5期；
2. 胡云红：《比较法视野下的域外公益诉讼制度研究》，载《中国政法大学学报》2017年第4期；
3. 陈冬：《美国公民诉讼研究》，中国人民大学出版社2014年版。

9.2　环境民事公益诉讼

知识要点

9.2.1　环境民事公益诉讼概述

★ 我国环境民事公益诉讼的概念及特点

我国环境民事公益诉讼，是指法律规定的机关和有关组织，针对损害社会公共利益或者具有损害社会公共利益重大风险的污染环境、破坏生态的行为依法提起的诉讼。

我国环境民事公益诉讼的特点：

(1)原告法定性。我国环境民事公益诉讼的原告是法律规定的机关和有关组织。

(2)诉讼兼具救济和预防功能。我国的环境民事公益诉讼原告可以针对已经造成社会公共利益损害的行为和具有可能造成社会公共利益损害的重大风险行为提起诉讼。

(3)诉讼救济的侵权原因行为多样。我国环境民事公益诉讼救济的侵权原因行为包括污染环境和破坏生态两种。

★★★ 环境民事公益诉讼的要素

环境民事公益诉讼的要素是指环境民事公益诉讼的主体、客体和对象。

(1)主体:环境民事公益诉讼的主体包括原告和被告双方。环境民事公益诉讼原告是指有权对污染环境、破坏生态的行为提起环境民事公益诉讼的主体。环境民事公益诉讼的被告是指污染环境、破坏生态的行为人。

(2)客体:环境民事公益诉讼客体是指环境民事公益诉讼救济的利益。环境民事公益诉讼所救济的主要实体性公益是,直接或潜在影响广大公众和未来世代子孙的环境公共利益之无主的或非私人所有(国家或公共机构所有)的环境要素、自然资源、生态系统的损害。[1]

(3)对象:环境民事公益诉讼救济的对象是行为人污染环境、破坏生态的行为。2009年《侵权责任法》"准历史解释"所谓的"污染生态环境"实质上指污染自然环境,对称于污染人工环境。基于污染环境和破坏生态的行为两分法,2014年修订的《环境保护法》第64条将《侵权责任法》扩大适用于因破坏生态造成损害的情形,以立法对我国环境侵权责任之原因行为的范围进行了拓展。[2] 因此,因污染环境和破坏生态导致的环境公共利益损害均属于环境民事公益诉讼的救济对象。

9.2.2　环境民事公益诉讼原告

★ 环境民事公益诉讼原告

环境民事公益诉讼原告是指有权对污染环境、破坏生态的行为提起环境民事公益诉讼的主体。依照相关的法律规定,目前学界通说认为环境民事公益诉讼的原告包括法律规定的机关和社会组织。《环境保护法》第58条和《最高人民法院关于审理环境民事公益诉讼案件适用法律若干问题的解释》(以下简称《环境民事公益诉讼司法解释》)相关规定明确规定了适格"社会组织"的条件。《民事诉讼法》

---

〔1〕 竺效:《论环境民事公益诉讼救济的实体公益》,载《中国人民大学学报》2016年第2期。

〔2〕 竺效:《论环境侵权原因行为的立法拓展》,载《中国法学》2015年第2期。

第55条第2款和《检察公益诉讼司法解释》第13条规定了人民检察院作为环境民事公益诉讼原告的主体资格。

《海洋环境保护法》第89条第2款规定："对破坏海洋生态、海洋水产资源、海洋保护区，给国家造成重大损失的，由依照本法规定行使海洋环境监督管理权的部门代表国家对责任者提出损害赔偿要求"。2018年《最高人民法院关于审理海洋自然资源与生态环境损害赔偿纠纷案件若干问题的规定》中也作出相同的制度安排。但是海洋自然资源损害赔偿之诉是否属于环境公益诉讼在学界存在争议，所以暂不把海洋行政主管部门作为可以提起环境民事公益诉讼的原告。2017年中共中央办公厅、国务院办公厅印发《生态环境损害赔偿制度改革方案》（以下简称《改革方案》）明确了赔偿权利人。"生态环境损害赔偿案件属于民事侵权领域的特殊案件。"[1]虽然在理论及立法尚未对该诉讼定性，但实践中已经产生案例将此类案件作为环境民事公益诉讼案件[2]，因此本处将生态（环境）损害索赔主体作为环境民事公益诉讼原告类型之一。

★★ 环境民事公益诉讼原告的起诉顺位

现有实践中，对两种主体的诉讼顺位作出了制度安排，即环境民事公益诉讼优先由社会组织起诉；社会组织不起诉的，人民检察院提起环境民事公益诉讼。人民检察院提起民事公益诉讼之前要履行诉前程序。《检察公益诉讼司法解释》规定人民检察院在拟提起公益诉讼之前，应当依法公告，"公告期满，法律规定的机关和有关组织不提起诉讼的，人民检察院可以向人民法院提起诉讼"。[3]

★★ 生态（环境）损害赔偿权利主体

2017年中共中央办公厅、国务院办公厅印发的《生态环境损害赔偿制度改革方案》规定，"国务院授权省级、市地级政府（包括直辖市所辖的区县级政府，下同）作为本行政区域内生态环境损害赔偿权利人。省域内跨市地的生态环境损害，由省

---

〔1〕《在检察环节落实好生态环境损害赔偿制度改革工作　最高检民行厅有关负责人解读〈生态环境损害赔偿制度改革方案〉》，载新华网：http://www.xinhuanet.com/legal/2018-01/24/c_129798083.htm。

〔2〕《山东省环境保护厅诉山东金诚重油化工、山东弘聚新能源非法倾倒危险废物致害环境民事公益诉讼案》，载 https://mp.weixin.qq.com/s?__biz=MzIzNjcxMTMxNA==&mid=2247485174&idx=1&sn=631361c036588878a5f04913da630e79&chksm=e8d2fa0bdfa5731d3185e292 35dae26454754ee8eab7792cf61a62c6e6805fc8d2ee15e9f940&mpshare=1&scene=1&srcid=12217f EbLtAn2kGFMk2FInWR#rd，最后访问日期：2018年3月11日。

〔3〕《检察公益诉讼司法解释》第13条。

级政府管辖;其他工作范围划分由省级政府根据本地区实际情况确定。省级、市地级政府可指定相关部门或机构负责生态环境损害赔偿具体工作。省级、市地级政府及其指定的部门或机构均有权提起诉讼。跨省域的生态环境损害,由生态环境损害地的相关省级政府协商开展生态环境损害赔偿工作。"生态(环境)损害索赔"专门针对没有特定受害人的生态环境损害情形,适用范围包括影响较大、后果较严重的环境污染和生态破坏事件"[1],因此由特定的行政机关作为索赔主体具有便利性和正当性。

9.2.3 环境民事公益诉讼特殊规则[2]

★★ 作为环境民事公益诉讼原告的社会组织之适格规则

《环境保护法》第58条和《环境民事公益诉讼司法解释》第2~5条规定,有资格提起环境民事公益诉讼的社会组织需要满足的条件可以分为两种:积极条件和消极条件。积极条件包括:

(1)社会组织登记机构的级别。《环境保护法》第58条第1项规定"依法在设区的市级以上人民政府民政部门登记"。《环境民事公益诉讼司法解释》第3条规定"设区的市,自治州、盟、地区,不设区的地级市,直辖市的区以上人民政府民政部门,可以认定为环境保护法第五十八条规定的'设区的市级以上人民政府民政部门'"。

(2)社会组织章程确定的宗旨和主要业务范围。《环境民事公益诉讼司法解释》第4条规定,"社会组织章程确定的宗旨和主要业务范围是维护社会公共利益,且从事环境保护公益活动的,可以认定为环境保护法第五十八条规定的专门从事环境保护公益活动"。"社会组织提起的诉讼所涉及的社会公共利益,应与其宗旨和业务范围具有关联性"。

消极条件指连续五年无违法犯罪记录。《环境民事公益诉讼司法解释》第5条规定,"社会组织在提起诉讼前五年内未因从事业务活动违反法律、法规的规定受过行政、刑事处罚的,可以认定为环境保护法第五十八条规定的'无违法记录'"。

---

[1] 《在检察环节落实好生态环境损害赔偿制度改革工作 最高检民行厅有关负责人解读〈生态环境损害赔偿制度改革方案〉》,载新华网:http://www.xinhuanet.com/legal/2018-01/24/c_129798083.htm。

[2] 本部分内容主要依据2020年《最高人民法院关于审理环境民事公益诉讼案件适用法律若干问题的解释》和2020年《最高人民法院、最高人民检察院关于检察公益诉讼案件适用法律若干问题的解释》归纳整理。其中涉及生态环境损害索赔的特殊规则依据《生态环境损害赔偿制度改革方案》整理。

★★ 管辖制度

由于环境民事公益诉讼的特殊性，在管辖制度的建构上除了遵守一般民事诉讼中共同管辖的规则要求外，《环境民事公益诉讼司法解释》第 7 条规定了集中管辖："经最高人民法院批准，高级人民法院可以根据本辖区环境和生态保护的实际情况，在辖区内确定部分中级人民法院受理第一审环境民事公益诉讼案件。""中级人民法院管辖环境民事公益诉讼案件的区域由高级人民法院确定。"《检察公益诉讼司法解释》第 5 条第 1 款"市（分、州）人民检察院提起的第一审民事公益诉讼案件，由侵权行为地或者被告住所地中级人民法院管辖"的规定，是关于人民检察院提起民事公益诉讼案件的管辖规则。但《检察公益诉讼司法解释》第 26 条同时也规定："本解释未规定的其他事项，适用民事诉讼法、行政诉讼法以及相关司法解释的规定。"因此，就《检察公益诉讼司法解释》未就检察机关提起民事公益诉讼的集中管辖另有规定的情况，《环境民事公益诉讼司法解释》的集中管辖规则也适用于检察机关提起民事公益诉讼的案件。即如遇案件所在地确定部分中级人民法院集中受理第一审环境民事公益诉讼案件的，市（分、州）人民检察院所提起的第一审民事公益诉讼案件应先受此集中管辖规则约束。

★★ 原告提交诉讼材料制度

环境民事公益诉讼原告提交的诉讼材料首先应当满足民事诉讼法规定的起诉状及其副本要求。此外，基于污染环境与破坏生态行为因果关系的复杂性及证明的困难程度，环境民事公益诉讼制度设计中降低了原告起诉时需要完成的证明责任，只需要提交能够证明损害或者损害风险的初步证明材料。司法解释对于不同主体应提交的起诉材料作出规定。

《环境民事公益诉讼司法解释》第 8 条规定，提起环境民事公益诉讼应当提交下列材料：

（一）符合民事诉讼法第一百二十一条规定的起诉状，并按照被告人数提出副本；

（二）被告的行为已经损害社会公共利益或者具有损害社会公共利益重大风险的初步证明材料；

（三）社会组织提起诉讼的，应当提交社会组织登记证书、章程、起诉前连续五年的年度工作报告书或者年检报告书，以及由其法定代表人或者负责人签字并加盖公章的无违法记录的声明。

《检察公益诉讼司法解释》第 14 条规定，人民检察院提起民事公益诉讼应当提交下列材料：

（一）民事公益诉讼起诉书，并按照被告人数提出副本；

（二）被告的行为已经损害社会公共利益的初步证明材料；

（三）检察机关已经履行公告程序的证明材料。

★★ 公益诉讼参加人制度

环境民事公益诉讼参加人制度包括两项内容：第一，符合条件的社会组织作为共同原告申请参加诉讼；第二，支持起诉。《环境民事公益诉讼司法解释》第 10 条第 2 款规定，“有权提起诉讼的其他机关和社会组织在公告之日起三十日内申请参加诉讼，经审查符合法定条件的，人民法院应当将其列为共同原告；逾期申请的，不予准许。”《环境民事公益诉讼司法解释》第 11 条规定，“检察机关、负有环境资源保护监督管理职责的部门及其他机关、社会组织、企业事业单位依据民事诉讼法第十五条的规定，可以通过提供法律咨询、提交书面意见、协助调查取证等方式支持社会组织依法提起环境民事公益诉讼。”

★ 证据收集制度

基于环境民事公益诉讼的特殊性，证据收集制度的特点体现在两项规则：

第一，对被告人的不利推定。被告拒不提供其应当持有或者持有的证据，并且原告的相关主张对被告不利的，法院可以推定该主张成立。

第二，人民法院依职权调查收集证据或者委托鉴定。《环境民事公益诉讼司法解释》第 13 条规定，“原告请求被告提供其排放的主要污染物名称、排放方式、排放浓度和总量、超标排放情况以及防治污染设施的建设和运行情况等环境信息，法律、法规、规章规定被告应当持有或者有证据证明被告持有而拒不提供，如果原告主张相关事实不利于被告的，人民法院可以推定该主张成立。”《环境民事公益诉讼司法解释》第 14 条规定，“对于审理环境民事公益诉讼案件需要的证据，人民法院认为必要的，应当调查收集。”“对于应当由原告承担举证责任且为维护社会公共利益所必要的专门性问题，人民法院可以委托具备资格的鉴定人进行鉴定。”

★★★ 专家辅助人制度的突破

由于环境侵权行为因果关系的复杂性以及相关问题的技术性，环境民事公益诉讼的专家辅助人制度构建中不仅明确了专家辅助人的作用，并且对于《民事诉讼法》第 79 条规定的专家辅助人进行了突破，规定经过质证的专家意见可以作为认定事实的根据。《环境民事公益诉讼司法解释》第 15 条规定：“当事人申请通知有专门知识的人出庭，就鉴定人作出的鉴定意见或者就因果关系、生态环境修复方式、生态环境修复费用以及生态环境受到损害至修复完成期间服务功能丧失导致的损失等专门性问题提出意见的，人民法院可以准许。前款规定的专家意见经质证，可以作为认定事实的根据。”

★★★ 诉权限制制度

传统的民事诉讼理论中原告被告可以自由处分自己享有诉权。但是基于环境民事公益诉讼的公益性质，环境民事公益诉讼制度建构中对原、被告双方的诉权进行了限制，包括：(1)对原告承认的限制；(2)对原告撤诉的限制，但是也规定了允许原告撤诉的例外情况；(3)对被告反诉的限制。

(1)对原告承认的限制：《环境民事公益诉讼司法解释》第16条规定：“原告在诉讼过程中承认的对己方不利的事实和认可的证据，人民法院认为损害社会公共利益的，应当不予确认。”

(2)对原告撤诉的限制：《环境民事公益诉讼司法解释》第26条、第27条规定：“负有环境资源保护监督管理职责的部门依法履行监管职责而使原告诉讼请求全部实现，原告申请撤诉的，人民法院应予准许”。“法庭辩论终结后，原告申请撤诉的，人民法院不予准许，但本解释第二十六条规定的情形除外。”《检察公益诉讼司法解释》第19条规定：“民事公益诉讼案件审理过程中，人民检察院诉讼请求全部实现而撤回起诉的，人民法院应予准许。”

(3)对被告反诉的限制：《环境民事公益诉讼司法解释》第17条规定：“环境民事公益诉讼案件审理过程中，被告以反诉方式提出诉讼请求的，人民法院不予受理。”《检察公益诉讼司法解释》第16条规定：“人民检察院提起的民事公益诉讼案件中，被告以反诉方式提出诉讼请求的，人民法院不予受理。”

★★★ 公益性维持制度

环境民事公益诉讼公益性维持制度包括两个方面：

(1)针对传统民事诉讼“一事不再理”原则作出的调整。依照《环境民事公益诉讼司法解释》第28条的规定，该制度是指在以下三种情况下，可以突破“一事不再理”原则，针对同一污染环境、破坏生态的行为另行起诉：

①前案原告的起诉被裁定驳回；

②除本解释第26规定的情形外，前案原告申请撤诉被裁定准许；

③前案裁判生效后，有证据证明存在前案审理时未发现的损害，有权提起诉讼的机关和社会组织另行起诉。

(2)对当事人调解的限制。《环境民事公益诉讼司法解释》第25条规定：“环境民事公益诉讼当事人达成调解协议或者自行达成和解协议后，人民法院应当将协议内容公告，公告期间不少于三十日。公告期满后，人民法院审查认为调解协议或者和解协议的内容不损害社会公共利益的，应当出具调解书。当事人以达成和解协议为由申请撤诉的，不予准许。调解书应当写明诉讼请求、案件的基本事实和协议内容，并应当公开。”

★★★ 司法救助制度

环境民事公益诉讼的赔偿金额往往巨大，如果依照一般的司法救助制度，原告承担在败诉之后的巨额诉讼费用风险，将极大的降低适格主体提起环境民事公益诉讼的积极性。同时，法院在审查减交或者免交诉讼费用申请中考虑原告的经济状况和案件的审理情况以防止因原告起诉成本过低导致的滥诉。《环境民事公益诉讼司法解释》第 33 条规定：“原告交纳诉讼费用确有困难，依法申请缓交的，人民法院应予准许。败诉或者部分败诉的原告申请减交或者免交诉讼费用的，人民法院应当依照《诉讼费用交纳办法》的规定，视原告的经济状况和案件的审理情况决定是否准许。”

★ 生效判决移送执行制度

除了特殊的民事诉讼类型之外，一般的民事诉讼案件生效裁判需要胜诉原告申请执行。由于环境民事公益诉讼的公益性，在制度设计中对其采用移送执行。《环境民事公益诉讼司法解释》第 32 条规定：“发生法律效力的环境民事公益诉讼案件的裁判，需要采取强制执行措施的，应当移送执行。”《检察公益诉讼司法解释》第 12 条规定：“人民检察院提起公益诉讼案件判决、裁定发生法律效力，被告不履行的，人民法院应当移送执行。”

★★ 与民事私益诉讼的衔接

由于环境民事公益诉讼与环境私益诉讼保护的法益不同，两种诉讼在发生上并不存在相互抵触的情况，即适格主体可以同时分别针对因污染者行为导致的环境公共利益损害或者人身、财产损害提起环境民事公益诉讼和环境私益诉讼。除此之外，《环境民事公益诉讼司法解释》在制度设计上还对公益诉讼生效裁判对私益诉讼的影响以及公益诉讼和私益诉讼受偿顺位问题作出了规定。

《环境民事公益诉讼司法解释》第 30 条规定：“已为环境民事公益诉讼生效裁判认定的事实，因同一污染环境、破坏生态行为依据民事诉讼法第一百一十九条规定提起诉讼的原告、被告均无需举证证明，但原告对该事实有异议并有相反证据足以推翻的除外。对于环境民事公益诉讼生效裁判就被告是否存在法律规定的不承担责任或者减轻责任的情形、行为与损害之间是否存在因果关系、被告承担责任的大小等所作的认定，因同一污染环境、破坏生态行为依据民事诉讼法第一百一十九条规定提起诉讼的原告主张适用的，人民法院应予支持，但被告有相反证据足以推翻的除外。被告主张直接适用对其有利的认定的，人民法院不予支持，被告仍应举证证明。”第31条规定：“被告因污染环境、破坏生态在环境民事公益诉讼和其他民事诉讼中均承担责任，其财产不足以履行全部义务的，应当先履行其他民事诉讼生效裁判所确定的义务，但法律另有规定的除外。”

☆ **生态（环境）损害索赔顺序**

依据《生态环境损害赔偿制度改革方案》的规定，“经调查发现生态环境损害需要修复或赔偿的，赔偿权利人根据生态环境损害鉴定评估报告，就损害事实和程度、修复启动时间和期限、赔偿的责任承担方式和期限等具体问题与赔偿义务人进行磋商，统筹考虑修复方案技术可行性、成本效益最优化、赔偿义务人赔偿能力、第三方治理可行性等情况，达成赔偿协议。对经磋商达成的赔偿协议，可以依照民事诉讼法向人民法院申请司法确认。经司法确认的赔偿协议，赔偿义务人不履行或不完全履行的，赔偿权利人及其指定的部门或机构可向人民法院申请强制执行。磋商未达成一致的，赔偿权利人及其指定的部门或机构应当及时提起生态环境损害赔偿民事诉讼。”因此，生态（环境）损害索赔遵循“先磋商，磋商不成进入环境民事诉讼程序”，即“开展赔偿磋商达成赔偿协议并申请法院司法确认，磋商未达成一致的，应当及时提起生态环境损害赔偿民事诉讼”[1]。

★ **法院对诉讼请求的释明**

基于公益诉讼保护法益的特殊性，在制度设计上增加了法院在诉讼过程中对诉讼请求的释明规定。《环境民事公益诉讼司法解释》第9条规定，“人民法院认为原告提出的诉讼请求不足以保护社会公共利益的，可以向其释明变更或者增加停止侵害、修复生态环境等诉讼请求”。《检察公益诉讼司法解释》第18条规定，“人民法院认为人民检察院提出的诉讼请求不足以保护社会公共利益的，可以向其释明变更或者增加停止侵害、恢复原状等诉讼请求”。

---

〔1〕《在检察环节落实好生态环境损害赔偿制度改革工作 最高检民行厅有关负责人解读〈生态环境损害赔偿制度改革方案〉》，载新华网：http://www.xinhuanet.com/legal/2018-01/24/c_129798083.htm。

★ **检察公益诉讼之刑事附带民事公益诉讼**

有些破坏生态和资源保护的违法行为会侵犯《刑法》及相关司法解释保护的刑法法益，这种情况下涉及对犯罪行为同时提起民事公益诉讼和刑事公诉。《检察公益诉讼司法解释》第20条规定："人民检察院对破坏生态环境和资源保护、食品药品安全领域侵害众多消费者合法权益，侵害英雄烈士等的姓名、肖像、名誉、荣誉等损害社会公共利益等损害社会公共利益的犯罪行为提起刑事公诉时，可以向人民法院一并提起附带民事公益诉讼，由人民法院同一审判组织审理。人民检察院提起的刑事附带民事公益诉讼案件由审理刑事案件的人民法院管辖。"

法律与规范链接

▲ **必读法条**

《最高人民法院关于审理环境民事公益诉讼案件适用法律若干问题的解释》第6条、第7条、第9条、第11条、第15条、第25条、第30条。

《最高人民法院、最高人民检察院关于检察公益诉讼案件适用法律若干问题的解释》第13～14条、第18～20条。

△ **延伸法条**

《环境保护法》第58条；

《民事诉讼法》第13条、第17条、第18条、第79条、第124条。

典型案例

政府与民间环保组织合力进行生态(环境)损害索赔[1]

案情概述

重庆Z公司自2014年9月起，将未经处理的含重金属废水直接外排，计14.56万余吨，其中一种重金属浓度超过国标289倍，造成江北区港城工业园区水环境污

[1] 参见《重庆二企业偷排废水被判赔千万元生态环境损害费》，载自然之友：http://www.fon.org.cn/index.php? option = com_k2&view = item&id = 12921:2018 - 1&Itemid = 178 ，最后访问日期：2018年2月3日。

染。重庆市政府委托该市环境科研院鉴定评估,违法排放电镀废水造成的生态(环境)损害费用共计1441万余元。

2017年年初,重庆市政府与民间环保组织、重庆两江志愿服务发展中心先后向法院提起诉讼。市一中法院依法将两案合并审理。该案是国内省(市)级政府与民间环保组织"合体"进行环境污染公益诉讼第一案。法院经审理查明,对Z公司和S环保公司实施的违法排污事实予以确认。判令两被告连带赔偿生态(环境)修复费用1441万余元,由重庆市政府及其指定部门用于开展替代修复。

核心问题

因生态(环境)损害提起的环境民事公益诉讼的原告主体范围。

简要评论

环境民事公益诉讼原告是指有权对污染环境、破坏生态的行为提起环境民事公益诉讼的主体。根据《环境保护法》第58条和《最高人民法院关于审理环境民事公益诉讼案件适用法律若干问题的解释》第2条、第3条、第4条和第5条的规定,符合条件的社会组织可以提起环境民事公益诉讼。2017年中共中央办公厅、国务院办公厅印发《生态环境损害赔偿制度改革方案》明确了赔偿权利人。"生态环境损害赔偿案件属于民事侵权领域的特殊案件"[1],因此由政府机关提起的生态(环境)损害求偿案件属于环境民事公益诉讼案件。符合法定条件的社会组织和政府均有权利基于生态(环境)损害提起环境民事公益诉讼。

知识点

生态(环境)损害诉讼主体资格。

延伸阅读

巩固:《2015年中国环境民事公益诉讼的实证分析》,载《法学》2016年第9期。

---

〔1〕《在检察环节落实好生态环境损害赔偿制度改革工作 最高检民行厅有关负责人解读〈生态环境损害赔偿制度改革方案〉》,载新华网:http://www.xinhuanet.com/legal/2018-01/24/c_129798083.htm。

9.3 环境行政公益诉讼

知识要点

9.3.1 环境行政公益诉讼概述

★ 我国环境行政公益诉讼的概念及特点

我国环境行政公益诉讼是指,人民检察院在履行职责中发现生态环境和资源保护领域负有监督管理职责的行政机关违法行使职权或者不作为,致使国家利益或者社会公共利益受到侵害,人民检察院向行政机关提出检察建议,督促其依法履行职责,行政机关不依法履行职责,人民检察院向人民法院提起的诉讼。

我国环境行政公益诉讼的特点:

(1)原告法定性。根据现行法规定,人民检察院是我国环境行政公益诉讼的唯一法定适格原告。这区别于一般行政诉讼中,有行政相对人作为行政诉讼原告提起行政诉讼的规定。

(2)保护的法益特殊。我国环境行政公益诉讼保护的法益是行政机关违法行使职权或者不作为侵害的国家利益或者社会公共利益。

(3)提起环境行政公益诉讼需要履行诉前程序。人民检察院向行政机关提出检察建议,督促其依法履行职责,行政机关不依法履行职责,人民检察院向人民法院提起诉讼。这一点表明,环境行政公益诉讼具有督促行政机关依法履行职责的功能。

★ 环境行政公益诉讼的主要法律及文件规定

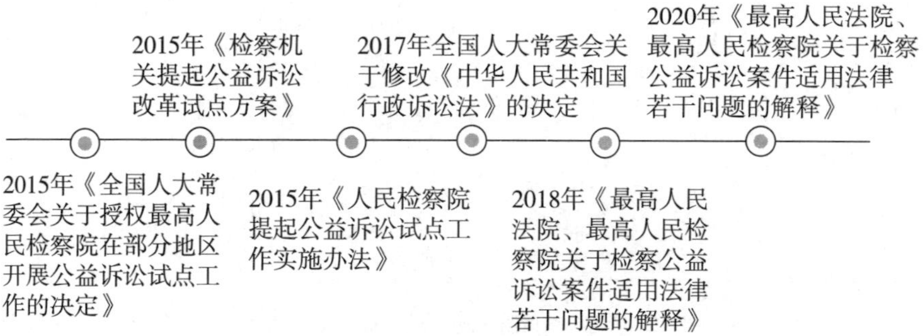

图 9-2 环境行政公益诉讼法制发展历程

9.3.2　环境行政公益诉讼主体

★ 环境行政公益诉讼原告

环境行政公益诉讼原告是指因生态环境和资源保护领域负有监督管理职责的行政机关违法行使职权或者不作为，致使国家利益或者社会公共利益受到侵害时，由检察机关向行政机关提出检察建议，督促其依法履行职责，行政机关依旧不依法履行职责的，依据检察机关法定监督权提起诉讼的人民检察院。

★ 环境行政公益诉讼被告

环境行政公益诉讼被告是指在生态环境和资源保护领域负有监督管理职责的，因违法行使职权或者不作为，致使国家利益或者社会公共利益受到侵害，经人民检察院向提出检察建议，督促其依法履行职责，仍不依法履行职责的行政机关。

9.3.3　环境行政公益诉讼特殊规则

★★ 环境行政公益诉讼诉前程序

由于行政公益诉讼的主要目的是督促行政机关正确履行职责，所以制度上设计了在人民检察院正式提起行政公益诉讼之前，发出检察建议督促行政机关正确履行职责。如果行政机关正确履行职责则阻却人民检察院提起行政公益诉讼。根据《检察公益诉讼司法解释》第 21 条第 2 款和第 3 款的规定，行政机关应当在收到检察建议书之日起两个月内依法履行职责，并书面回复人民检察院。出现国家利益或者社会公共利益损害继续扩大等紧急情形的，行政机关应当在十五日内书面回复。行政机关不依法履行职责的，人民检察院依法向人民法院提起诉讼。

★★ 原告提交的起诉材料

环境行政公益诉讼原告提交的诉讼材料首先应当满足行政诉讼法规定的起诉状及其副本要求。其次，因为人民检察院提起诉讼需要满足有损害发生的条件。因此，人民检察院需要提交被诉行政行为或者不作为已经损害国家利益、社会公共利益的初步证明材料。最后，由于行政公益诉讼的主要目的是督促行政机关正确履行职权。若经过诉前程序，行政机关依旧不正确才可行职权才能提起行政公益诉讼。因此，人民检察院提起公益诉讼还需要向行政机关提出检察建议，督促其依法履行职责，行政机关不依法履行职责的证明材料。以及其他证明材料。《检察公益诉讼司法解释》第 22 条规定，人民检察院提起行政公益诉讼应当提交下列材料：

（一）行政公益诉讼起诉书，并按照被告人数提出副本；

（二）被告违法行使职权或者不作为，致使国家利益或者社会公共利益受到侵

害的证明材料;

(三)检察机关已经履行诉前程序,行政机关仍不依法履行职责或者纠正违法行为的证明材料。

★★ 在诉讼过程中原告诉讼请求全部实现的处理

行政公益诉讼开始审理之后,法院判决之前可能会出现原告诉讼请求全部实现的情况。在诉讼过程中原告诉讼全部实现是指,在诉讼开始审理之后,法院判决之前,被告及时改正违法行为、对违法行为造成的后果进行积极补救等从而使原告的诉讼请求全部实现的情况。在诉讼过程中出现这种情况,一般有两种处理方式:第一种,原告因诉讼请求全部实现而申请撤诉;第二种,原告申请变更诉讼请求,请求法院确认原行政行为违法。《检察公益诉讼司法解释》第 24 条规定:“在行政公益诉讼案件审理过程中,被告纠正违法行为或者依法履行职责而使人民检察院的诉讼请求全部实现,人民检察院撤回起诉的,人民法院应当裁定准许;人民检察院变更诉讼请求,请求确认原行政行为违法的,人民法院应当判决确认违法。”

★★ 环境行政公益诉讼的裁判方式

《检察公益诉讼司法解释》第 25 条第 1 款规定了五种判决类型:

(1)被诉行政行为具有行政诉讼法第七十四条、第七十五条规定情形之一的,判决确认违法或者确认无效,并可以同时判决责令行政机关采取补救措施;

(2)被诉行政行为具有行政诉讼法第七十条规定情形之一的,判决撤销或者部分撤销,并可以判决被诉行政机关重新作出行政行为;

(3)被诉行政机关不履行法定职责的,判决在一定期限内履行;

(4)被诉行政机关作出的行政处罚明显不当,或者其他行政行为涉及对款额的确定、认定确有错误的,可以判决予以变更;

(5)被诉行政行为证据确凿,适用法律、法规正确,符合法定程序,未超越职权,未滥用职权,无明显不当,或者人民检察院诉请被诉行政机关履行法定职责理由不成立的,判决驳回诉讼请求。

法律与规范链接

▲ 必读法条

《最高人民法院、最高人民检察院关于检察公益诉讼案件适用法律若干问题的解释》第 21 条、第 24 条、第 25 条。

△ **延伸法条**

《行政诉讼法》第 25 条；

《检察机关提起公益诉讼改革试点方案》。

典型案例

L 县环保局不依法履行职责案[1]

案情概述

L 县人民检察院在履行职责中发现，L 县新圩镇上清涵村村民廖某某在未办理国土、环保、工商等手续的情况下，在本村租用土地 86.44 亩兴建选矿厂，从 2006 年年底至 2017 年 4 月持续非法选矿生产。该厂无任何污水处理设施，其中多个尾砂库无防渗措施，生产过程中排放的废水、废渣致使所占用土地产生了污染，发生了质变。L 县环境保护局作为环境保护主管部门，对其违法排污行为一直怠于履行监管职责，虽对该厂作出了行政处罚，但该厂始终未能完全履行生效行政处罚决定。直到中央环保督察组督察后，L 县环保局才于 2017 年 4 月 28 日联合 L 县新圩镇政府等部门，将该选矿厂强行关停并拆除生产设备及厂房。该厂虽被取缔，但厂内的废水未进行无害化处理，尾砂也未作进一步处置，存在持续对周边环境造成污染的状况和危险，社会公共利益仍然处于被侵害状态。

L 县人民检察院调查核实后，于 2017 年 10 月 19 日向县环保局发出检察建议，建议县环保局立即采取有效措施，对环境损害责任方廖某某选矿厂的废水、废渣进行处置，防止废水、废渣逸散，避免对环境造成进一步的污染；依法履行环境监管责任，责令相关人员尽快制定污水处理方案及土壤污染修复方案，并监督相关责任人员依方案实施。

县环保局收到检察建议后，积极督促廖某某对被污染环境进行治理，与永清环保股份有限公司签订了技术服务合同，委托制定了《L 县新圩镇上清涵非法选矿厂

---

〔1〕 参见《湖南省蓝山县环保局不依法履行职责案》，载北大法宝：http://www. pkulaw. cn/fulltext_form. aspx? Db = chl&Gid = 2b85b11e3b3c69bcbdfb&keyword = % E5% 85% AC% E7% 9B% 8A% E8% AF% 89% E8% AE% BC&EncodingName = &Search_Mode = accurate&Search_IsTitle = 0，最后访问日期：2018 年 3 月 10 日。

环境污染应急处置方案》,并监督廖某某按处置方案实施。截至2017年12月6日,已恢复可利用土地面积约4000m^2,完成总量约70%;污泥池用地恢复面积约2500m^2,完成总量的约25%;已沉淀处理污水约600m^3(未中和),现厂区剩余污水量约15000m^3。至此,该起案件已通过诉前检察建议取得了实质效果。

核心问题

人民检察院提起环境行政公益诉讼之前要履行诉前程序。

简要评论

环境行政公益诉讼的主要目的是督促行政机关正确履行环保职责,所以制度上设计了在人民检察院正式提起环境行政公益诉讼之前,发出检察建议督促行政机关正确履行职责。如果行政机关正确履行职责则阻却人民检察院提起环境行政公益诉讼。

知识点

行政公益诉讼诉前程序。

第 10 章　国际环境法

教学目标

了解国际环境法的基本理论；
掌握国际环境法的基本原则；
了解国际环境法的制定和执行过程；
了解国际环境法的主要领域及主要公约、条约、区域性条约。

推荐参考资料

1. [英]帕特莎·波尼、埃伦·波义尔:《国际法与环境》(第二版),那力、王彦志、王小钢译,高等教育出版社 2007 年版,第一章、第三章、第四章;
2. 王曦编著:《国际环境法》(第二版),法律出版社 2005 年版,第一章至第七章;
3. 万霞主编:《国际环境法案例评析》,中国政法大学出版社 2011 年版;
4. 徐祥民、孟庆磊:《国际环境法基本原则研究》,中国环境科学出版社 2008 年版,第一章至第八章。

本章知识结构

国际环境法
- 国际环境法概论
- 国际环境法的基本原则
- 国际环境法的主要领域

10.1　国际环境法概论

知识要点

☆ **国际环境问题**

国际环境问题是指人类活动的影响跨越国境，从而导致环境结构和状态发生了不利于人类生存和发展的变化。地球自然环境和生态系统是一个相互连接的整体，人类对于自然环境的国界划分只是一种政治上的划分。因此，随着人类活动影响范围的扩大，环境问题开始跨越国境，成为国家间、区域内乃至全球性的环境问题，成为需要在国际法层面上解决的环境问题。

国际环境问题包含几个层次的问题：

（1）跨边境环境问题，即跨越国家间边境的环境问题。如跨境的空气污染或水污染、水资源的分配、迁徙动物的保护等。这类环境问题涉及特定国家之间的赔偿或权利义务分配问题。

（2）区域性环境问题，即在特定区域内，涉及全部或不特定国家的环境问题。如波罗的海地区污染问题、欧洲地区空气污染问题。这类环境问题涉及该区域内国家在区域层面上的合作问题。

（3）全球性环境问题，即全球性的普遍的环境问题，这类环境问题影响所有国家，并且需要全球层面上的合作和协调。如臭氧层损耗问题、气候变化问题、生物多样性保护问题等。

★ **国际环境法的概念**

国际环境法是国际法主体，其中主要是国家，在利用、保护和改善环境的国际交往中形成的，体现它们之间由其社会经济结构决定的在利用、保护和改善环境方面的协调意志的，调整国际环境法律关系的法律规范的总体。[1] 国际环境法具有以下特点：

（1）国际环境法的主体既包括国家，也包括其他主体。其中，主要是国家主体，但是随着"二战"以后国际组织的兴起，非国家主体特别是国际组织（包括政府间组

[1] 王曦编著：《国际环境法》（第二版），法律出版社2005年版，第58页。

织和非政府组织）在国际环境法之中的作用越来越大。

（2）国际环境法所解决的环境问题既包括跨边境环境问题，也包括区域间环境问题，还包括全球性环境问题，国际环境法是随着国际环境问题的产生发展而发展起来的，所调整的是国际环境法律关系。

（3）国际环境法的规范范围广泛。主要的规范来源于条约和国际习惯，此外，一般法律原则、司法判例、国际法学说和国际组织的决议也是国际环境法的一部分。

★ 国际环境法的特征

国际环境法的特征包括以下几点：

（1）国际环境法具有广泛性。首先，在渊源上，国际环境法既包括条约和国际习惯法，也包括一般法律原则、司法判例、国际法学说和国际组织的决议等。其次，在范围上，国际环境法包含了涉及环境问题的所有国际法，涉及国际公法、国际私法和国际经济法。

（2）国际环境法具有动态性。随着国家间活动深度和广度的延伸，新型的国际环境问题层出不穷，为了调整这类新型的环境问题，国际社会通过国际造法活动不断制定新的国际环境法规范，并且不断发展相关理念、原则和制度，使得国际环境法具有鲜明的动态性特征。

（3）国际环境法具有复杂性。首先，以问题为驱动的国际环境法造法活动使得规范之间缺乏紧密的联系，使得规范呈现出碎片化的趋势。其次，由于国际环境法不同规范之间没有立法层级的差别，在规范的适用上，难以确保规范的有效适用，不同规范之间甚至会相互矛盾。最后，由于缺乏有效的责任追究机制，国际环境法的适用难以得到有力的保障。

☆ 国际环境法的历史发展

国际环境法目前仍然处于发展阶段，以国际上两次标志性会议作为分界点，国际环境法的历史发展可以分为若干阶段：

1972 年联合国人类环境会议之前是国际环境法的萌芽时期。在这一时期，国际环境法实践比较零散、分散，但已经在各方面取得了一定的发展。首先，联合国、世界自然保护联盟等国际组织相继成立，在国际环境法实践中开始发挥重要的作用，改变了传统的以国家为主体的局面。其次，国际社会已经达成了一些关于污染防治和自然资源保护的公约、条约，如《英法渔业公约》（1867 年）、《捕鲸管制公约》（1931 年）、《莱茵河沿岸国关于腐蚀性和有毒物质运输管理的公约》（1900 年）等。

最后,已经出现了一些重要的国际环境案件,包括1893年的太平洋海豹(Pacific Fur Seal)仲裁案、1938年和1941年的特雷尔冶炼厂(Trail Smelter)案、1949年科孚海峡(Corfu Channel Case)案以及1957年拉努湖(Lac Lanoux)仲裁案等。这些案件的仲裁和判决确立了现代国际环境法的一些重要的原则和规范。

从1972年联合国人类环境会议到1992年联合国环境与发展大会是国际环境法的快速发展阶段。在这一阶段,国际环境法得到了迅速的发展。首先,通过《人类环境宣言》等重要的纲领性文件,国际社会确立了可持续发展等重要思想,为国际环境法的发展奠定了思想基础。其次,在这一时期,国际社会制定了大量的国际环境公约、条约,为国际环境法律体系的发展奠定了基础,如1973年《国际防止船舶污染公约》、1982年《联合国海洋法公约》、1985年《保护臭氧层维也纳公约》、1989年《控制危险废物越境转移即处置巴塞尔公约》等。再次,在这一时期,国际组织决议、宣言等"软法"(Soft Law)文件成为一种重要的国际环境法现象。此外,这一阶段也出现了大量的国际环境案件,特别是在关贸总协定下的环境案件,对于国际环境法的发展有重要影响。最后,政府间以及非政府国际组织也进一步增多,在国际环境法立法和实施方面发挥越来越重要的作用。

1992年联合国环境与发展大会之后是国际环境法的进一步发展阶段。在这一阶段,国际环境法得到进一步发展深化。首先,在这一阶段,环境问题和发展的联系更加紧密,通过《里约环境与发展宣言》等文件,国际社会进一步确立了可持续发展的基础性地位,并明确了风险预防、污染者负担等新的国际环境法原则。其次,在这一阶段,出现了基于"人类共同关切事项"的全球性多边环境公约,应对气候变化、生物多样性等全球性环境问题成为国际社会的重要任务。此外,国际社会继续制定各种公约、条约,公约条约覆盖范围继续扩大。最后,又出现了一些新的国际环境案件,如1997年多瑙河水坝案等,在这些国际环境案件中,国际法院运用了新的理念和原则,推动了国际法的发展。除此之外,国际软法、国际组织等也得到了进一步发展,国际环境法进一步向纵深发展。

★★ 国际环境法的渊源

国际环境法属于国际法的组成部分,其渊源与国际法一样,包括:

(1)条约。1969年《维也纳条约法公约》第2条第1款第1项对条约的定义是"国家间所缔结而以国际法为准之国际书面协定,不论其载于一项单独文书或两项以上相互有关之文书内,亦不论其特定名称如何"。条约具有以下特征:两个或两个以上国际法主体;意思表示的一致;意图创设国际法上的义务。[1] 国际环境法条约包括有关环境问题的双边条约、多边条约、区域性条约和全球性条约,是国际环境法上最为重要的渊源。

(2)国际习惯。国际习惯是各国通过实践形成的具有法律约束力的规则。国际习惯成为国际法规范需要满足两个条件:一是国家的普遍的实践,需要实际上一致且具有广泛性;二是国家的法律确信,即对于规范和义务的承认。国际习惯的地位随着国际法编纂的发展逐渐下降,在国际环境法领域的作用也有限。但一些基本的规则特别是程序性的规则可以被当作国际习惯。

(3)一般法律原则。对于一般法律原则的内涵一直存在争议,普遍接受的观点认为一般法律原则是指国内法原则,特别是各国私法中的共有原则,如诚信原则、禁止滥用权利原则等。[2] 一般法律原则很少得到运用,但是在国际法院和国际仲裁机构的一些环境判例中,法院和仲裁庭会在意见中援引一般原则。

(4)司法判例。在国际法院确定渊源时,将司法判例作为确定法律原则之补充资料,但是随着实践的发展,司法判例在国际法之中的重要性越来越显著,特别是在国际环境法中,司法判例在形成国际环境法原则和规范等方面越来越重要。

(5)国际法学说和"公允及善良"原则。国际法学说和"公允及善良"原则都是潜在的国际法渊源,尚无依据这两个渊源做出的判决。

★ 国际环境法的体系

与国内法不同,国际环境法律规范之间并无法律层级上的划分,而是分散的、零散的、彼此缺乏紧密关联的规范,因此,不能将国际环境法体系理解为类似于国内环境法的体系。但是,按照解决的问题以及调整的范围的不同,国际环境法律规范可以区分为不同的类型,从而构成一个初步的体系。具体而言,包括:

(1)国际环境保护纲领性法律文件。这类文件规定了国际环境保护的指导思想、基本理念和原则以及行动计划,是国际环境保护的纲领性文件。例如,《人类环境宣言》、《里约环境与发展宣言》等。但是,这些文件并不是国际环境法的"宪法"性文件,仍然属于"软法"的范畴。

(2)具体的国际环境法律文件。在国际环境法领域,针对不同的领域和问题,国际社会通过条约、国际习惯以及司法判例等确定和协调缔约方的权利义务,这些

---

[1] 朱文奇、李强:《国际条约法》,中国人民大学出版社2008年版,第13~14页。

[2] 邵津主编:《国际法》(第五版),北京大学出版社、高等教育出版社2014年版,第12页。

法律文件构成了具体的针对各个具体问题和领域的子体系，涉及的主要问题和领域包括国际水道、海洋环境保护、危险废物、核能、大气层和外层空间、生物多样性、迁徙物种和生物遗传资源等。

法律与规范链接

▲ **必读法条**

《国际法院规约》第38条；

《维也纳条约法公约》第2条第1项。

典型事例

《联合国人类环境宣言》节选[1]

联合国人类环境会议于1972年6月5日至16日在斯德哥尔摩举行，考虑到需要取得共同的看法和制定共同的原则以鼓舞和指导世界各国人民保持和改善人类环境，兹宣布：

1.人类既是他的环境的创造物，又是他的环境的塑造者，环境给予人以维持生存的东西，并给他提供了在智力、道德、社会和精神等方面获得发展的机会。生存在地球上的人类，在漫长和曲折的进化过程中，已经达到这样一个阶段，即由于科学技术发展的迅速加快，人类获得了以无数方法和在空前的规模上改造其环境的能力。人类环境的两个方面，即天然和人为的两个方面，对于人类的幸福和对于享受基本人权，甚至生存权利本身，都是必不可缺少的。

2.保护和改善人类环境是关系到全世界各国人民的幸福和经济发展的重要问题，也是全世界各国人民的迫切希望和各国政府的责任。

3.人类总得不断地总结经验，有所发现，有所发明，有所创造，有所前进。在现代，人类改造其环境的能力，如果明智地加以使用的话，就可以给各国人民带来开发的利益和提高生活质量的机会。如果使用不当，或轻率地使用，这种能力就会给

---

[1] 《人类环境宣言》，载中国网，http://www. china. com. cn/chinese/huanjing/320178. htm，最后访问日期:2016年10月1日。

人类和人类环境造成无法估量的损害。在地球上许多地区,我们可以看到周围有越来越多的说明人为的损害的迹象;在水、空气、土壤以及生物中污染达到危险的程度;生物界的生态平衡受到严重和不适当的扰乱;一些无法取代的资源受到破坏或陷于枯竭;在人为的环境,特别是生活和工作环境里存在着有害于人类身体、精神和社会健康的严重缺陷。

4. 在发展中的国家中,环境问题大半是由于发展不足造成的。千百万人的生活仍然远远低于像样的生活所需要的最低水平。他们无法取得充足的食物和衣服、住房和教育、保健和卫生设备。因此,发展中的国家必须致力于发展工作,牢记他们优先任务和保护及改善环境的必要。为了同样目的,工业化国家应当努力缩小他们自己与发展中国家的差距。在工业化国家里,环境一般同工业化和技术发展有关。

5. 人口的自然增长继续不断地给保护环境带来一些问题,但是如果采取适当的政策和措施,这些问题是可以解决的。世间一切事物中,人是第一可宝贵的。人民推动着社会进步,创造着社会财富,发展着科学技术,并通过自己的辛勤劳动,不断地改造着人类环境。随着社会进步和生产、科学及技术的发展,人类改善环境的能力也与日俱增。

6. 现在已达到历史上这样一个时刻:我们在决定在世界各地的行动时,必须更加审慎地考虑它们对环境产生的后果。由于无知或不关心,我们可能给我们的生活和幸福所依靠的地球环境造成巨大的无法挽回的损害。反之,有了比较充分的知识和采取比较明智的行动,我们就可能使我们自己和我们的后代在一个比较符合人类需要和希望的环境中过着较好的生活。改善环境的质量和创造美好生活的前景是广阔的。我们需要的是热烈而镇定的情绪,紧张而有秩序的工作。为了在自然界里取得自由,人类必须利用知识在同自然合作的情况下建设一个较好的环境。为了这一代和将来的世世代代,保护和改善人类环境已经成为人类一个紧迫的目标,这个目标将同争取和平、全世界的经济与社会发展这两个既定的基本目标共同和协调地实现。

7. 为实现这一环境目标,将要求公民和团体以及企业和各级机关承担责任,大家平等地从事共同的努力。各界人士和许多领域中的组织,凭他们有价值的品质和全部行动,将确定未来的世界环境的格局。各地方政府和全国政府,将对在他们管辖范围内的大规模环境政策和行动,承担最大的责任。为筹措资金以支援发展中国家完成他们在这方面的责任,还需要进行国际合作。种类越来越多的环境问题，因为它们在范围上是地区性或全球性的，或者因为它们影响着共同的国际领域，将要求国与国之间广泛合作和国际组织采取行动以谋求共同的利益。会议呼吁各国政府和人民为着全体人民和他们的子孙后代的利益而作出共同的努力。

延伸阅读

1. 林灿铃:《论国际环境法的性质》,载《比较法研究》2005 年第 2 期;
2. 那力:《从国际环境法看国际法及国际法学的新发展》,载《法学评论》2009 年第 6 期。

10.2　国际环境法的基本原则

- 国际环境法的基本原则
  - 国家资源开发主权权利和不损害国外环境责任原则
    - 国家对其管辖范围内的自然资源享有永久主权
    - 国家开发利用其本国自然资源不应损害国外环境
  - 预防原则
  - 风险防范原则
  - 污染者负担原则
  - 共同但有区别的责任原则
    - 共同责任
    - 区别责任
  - 国际合作原则

图 10－1　国际环境法的基本原则

知识要点

10.2.1　国际环境法基本原则概述

★ 国际环境法基本原则的概念

严格而言，国际环境法是由独立的法律规范所组成的体系，但是随着规范的逐渐增多，为了能够体现规范中所反映的共通的理念、协调规范之间的冲突、弥补规范的空白，国际环境法之中也逐渐发展出了一些“基本原则”，这些基本原则在国际环境法律文件以及学者论述中逐渐得到了体现。

国际环境法基本原则是指获得世界各国广泛认同的、在国际法律文件之中得到反映、对国际环境法各领域具有普遍指导意义的一般规则。成为国际环境法基本原则需满足以下要求：

(1)不需要获得公认，只需要获得普遍的认可即可，特别是一些特殊的原则仍然存在争议；

(2)能够在国际法律文件之中得到反映，意味着国际环境法基本原则有其实体法基础；

(3)对国际环境法各领域具有普遍指导意义，意味着其是基本原则而不是具体领域的原则。

★ 国际环境法基本原则的内容

国际环境法基本原则的内容和范围是不确定的，不同的国际环境法律文件和学者对于国际环境法基本原则的归纳各不相同。

在国际环境法律文件中，《里约环境与发展宣言》中对国际环境法基本原则进行了全面的概括，共概括了 27 项原则，包括人类有权以与自然相和谐的方式生存原则、自然资源主权原则、发展权原则、实施环境保护原则、根除贫困原则、全球共同利益并考虑发展中国家特殊情况原则以及共同但有区别的责任原则等。但是其中很多原则并不属于法律原则的范畴，而属于理念、政策和行动准则的范畴。

此外，很多国内外国际法学者对国际环境法基本原则进行了归纳，但不同学者的观点各不相同。例如，亚历山大·基斯(Alexander Kiss)教授认为，国际环境法包括九项原则，包括国家主权与尊重国家管辖范围以外的环境原则、国际合作原则、保全和保护环境原则、防止环境损害原则、预防原则、污染者负担原则、环境紧急情况时进行通知和援助原则、跨界关系中的通报与协商原则以及在环境领域平等诉诸救济和非歧视原则。[1] 王曦教授认为，国际环境法基本原则包括国家资源开发主权权利和不损害国外环境责任原则、可持续发展原则、共同但有区别的责任原则、损害预防原则、风险预防原则和国际合作原则。[2]

本书认为，国际环境法基本原则应当是符合国际环境法基本原则概念中的标准、得到国内外学者普遍认可的原则，包括国家资源开发主权权利和不损害国外环境责任原则、可持续发展原则、预防原则、风险防范原则、污染者负担原则、共同但有

---

〔1〕 [法]亚历山大·基斯：《国际环境法》，张若思译，法律出版社 2000 年版，第 83 页。

〔2〕 王曦编著：《国际环境法》(第二版)，法律出版社 2005 年版，第 93～94 页。

区别的责任原则、国际合作原则。

10.2.2 国家资源开发主权权利和不损害国外环境责任原则

★ 国家资源开发主权权利和不损害国外环境责任原则的概念

按照《里约环境与发展宣言》原则 2 规定，国家资源开发主权权利和不损害国外环境责任原则是指，"根据（联合国宪章）和国际法原则，**各国拥有按照其本国的环境与发展政策开发本国自然资源的主权权利，并负有确保在其管辖范围内或在其控制下的活动不致损害其他国家或在各国管辖范围以外地区的环境的责任。**"

★★ 国家资源开发主权权利和不损害国外环境责任原则的内涵

国家资源开发主权权利和不损害国外环境责任原则同时包含了主权确认和主权限制两方面的要求：

（1）国家对其管辖范围内的自然资源享有永久主权，并有权按照其本国的环境与开发政策开发本国自然资源。这是尊重各国国家主权的客观要求，也是国际环境法得以存在和发展的根本前提，这得到了 1962 年《关于天然资源之永久主权宣言》、1971 年《国际重要湿地特别是水禽栖息地公约》（拉姆萨尔公约）以及 1992 年《气候变化框架公约》等国际法律文件的确认。

（2）国家开发利用其本国自然资源不应损害国外环境。为了实现保护环境的目的，国际社会对于各国资源开发主权施加了一定的限制，要求各国不得损害其他国家的或在各国管辖或控制范围以外地区的环境。这种对国家的义务要求已经得到了国际社会的普遍认可，在国际环境公约、条约以及国际私法判例、国际组织决议之中得到了普遍的反映。

★★★ 贯彻国家资源开发主权权利和不损害国外环境责任原则

国家资源开发主权权利包含以下具体内容：自然资源自由处置权；自由地勘探和开发自然资源的权利；为民族发展而利用自然资源的权利；按照本国环境政策管理自然资源的权利；恢复对自然资源的有效控制和损害赔偿的权利；跨境自然资源的平等分享权；外国投资管理权。[1]

不损害国外环境责任则要求：对跨国环境侵害的国家责任；对跨国环境损害的预防义务；改善本国环境的义务；环境合作的义务；环境影响评价义务；平等分享跨

---

〔1〕 徐祥民、孟庆垒等：《国际环境法基本原则研究》，中国环境科学出版社 2008 年版，第 116～119 页。

界自然资源的义务；可持续地利用自然资源的义务。[1]

10.2.3　可持续发展原则

★ 可持续发展原则概述

可持续发展（Sustainable Development）最早于1987年世界环境与发展委员会上发表的报告《我们共同的未来》中正式提出，**“可持续发展是既满足当代人的需要，又不对后代人满足其需要的能力构成危害的发展。”**[2]这一理念在1992年里约环境与发展会议上得到国际社会的广泛认可，而后写入多国环境基本法与环境法典，也逐渐成为国际环境法上的一项基本原则。一般认为，可持续发展原则包括代际公平、代内公平、可持续利用、环境与发展一体化四个基本要素。[3]

☆ 可持续发展原则的国际法地位

可持续发展自提出起就被视为深刻影响国际与国内环境立法的战略性理念与指导性原则。在某种程度上，可持续发展介于国际环境法的概念和原则之间，[4]但随着联合国《里约环境与发展宣言》《2030年可持续发展议程》等国际规范性文件的不断重申与推动，可持续发展得以适用于国际环境法的具体领域，在国际环境法的发展演变中具有目的性价值。可以认为，可持续发展是一项正在形成并不断发展的国际环境法基本原则。

10.2.4　预防原则

★ 预防原则概述

预防原则（Preventive Principle）是指国家应尽早地在环境损害发生之前采取措施以制止、限制或控制在其管辖范围内或控制下的可能引起环境损害的活动或行为。[5] 预防原则体现了环境保护的基本原理，是国际环境法和国内环境法公认的基本原则。

预防原则的特点包括：预防的对象是环境损害，表现为对具有环境危害性的活动或行为的避免；预防的目标既包括避免损害的发生，也包括避免损害的扩大；具

---

[1] 徐祥民、孟庆垒等：《国际环境法基本原则研究》，中国环境科学出版社2008年版，第119～122页。

[2] 世界环境与发展委员会：《我们共同的未来》，王之佳等译，夏堃堡校，吉林人民出版社1997年版，第52页。

[3] 王曦：《论国际环境法的可持续发展原则》，载《法学评论》1998年第3期。

[4] [法]亚历山大·基斯：《国际环境法》，张若思译，法律出版社2000年版，第109页。

[5] 王曦编著：《国际环境法》（第二版），法律出版社2005年版，第110页。

体措施是积极的、预期性的事前措施。[1]

☆ 预防原则的历史发展

预防原则最早可以追溯到特雷尔冶炼厂案,该案中要求国家采取预防措施。此后,20 世纪 50 年代以后,在海洋环境保护领域,预防原则开始得到普遍适用,1954 年《国际防治海上油污公约》、1969 年《国际干预公害油污事故公约》、1972 年《防止倾倒废物及其他物质污染海洋公约》以及 1973 年《国际防止船舶造成污染公约》的规定均体现了预防原则的要求。

20 世纪八九十年代,预防原则得到了更多的公约、条约的确认,如《联合国海洋法公约》、《保护臭氧层维也纳公约》、《生物多样性公约》以及《气候变化框架公约》等均要求各国采取预防措施。一些纲领性的国际环境法律文件也对预防的理念和要求进行了规定,如 1982 年《内罗毕宣言》等。

★ 贯彻预防原则的体现

贯彻预防原则,需要落实以下几方面的要求:

(1)落实环境影响评价制度。很多国际环境公约、条约都要求各国针对特定问题进行环境影响评价,如《生物多样性公约》等。此外,原欧共体成员国还在 1991 年和 1992 年签订了专门的《跨国界的环境影响评价公约》和《工业事故跨界影响公约》。

(2)落实环境监测制度。环境监测也是国际条约、公约的普遍要求,在海洋环境保护、气候变化等领域都有广泛的应用。

(3)落实环境信息交流制度。环境信息交流是确保各国协同配合的前提,在危险废弃物越境转移、长程越界环境污染、迁徙动物保护、全球变暖、海洋保护等领域有广泛的应用。

(4)落实环境应急制度。环境应急是防止损害扩大的重要制度措施,在国际油污损害、核能等领域,必须贯彻和落实环境应急制度。

10.2.5 风险防范原则

★ 风险防范原则概述

《里约环境与发展宣言》原则 15 对风险防范原则(Precautionary Principle)的内涵进行了解释。该条规定,"为了保护环境,各国应按照本国的能力,广泛适用预防

---

[1] 参见徐祥民、孟庆垒等:《国际环境法基本原则研究》,中国环境科学出版社 2008 年版,第 147 页。

措施。**遇有严重或不可逆转损害的威胁时，不得以缺乏科学充分确实证据为理由，延迟采取符合成本效益的措施防止环境恶化。**”该原则的理解主要包括三个核心要素：威胁的严重性或不可逆转性；科学上的不确定性；本国能力范围之内的、符合成本效益的合理措施。

★★ 风险防范原则和预防原则之间的区别

风险防范原则和预防原则都蕴含了预防的思想，但是两项原则之间存在较大区别：

(1)风险防范原则重在采取预防措施以避免环境恶化之可能性，而预防原则重在采取措施以制止或阻碍环境损害的发生；

(2)风险防范原则所针对的是严重或不可逆转的环境损害之威胁和风险，预防原则所针对的环境损害的范围更为广泛，既包括环境损害之风险，也包括实际发生或即将发生的环境损害；

(3)风险防范原则所针对的是在科学上尚未得到最终明确的证实但如等到科学证实时才采取防范措施则为时已晚的环境损害之威胁或风险，而预防原则并非专门针对这种情况。[1]

☆ 风险防范原则的国际法地位

风险防范原则在很多国际法律文件之中得到体现，不仅适用于越界环境问题，也适用于全球性环境问题，特别是在《保护臭氧层维也纳公约》及其《关于消耗臭氧层物质的蒙特利尔议定书》之中，风险防范原则得到了明确的贯彻。此外，欧盟的很多区域性公约条约也支持使用风险防范原则。

尽管如此，在国际环境法之中，风险防范原则的适用仍然存在一定的争议，一些国际环境条约使用风险预防方法(Precautionary Approach)而不是风险防范原则的表述，在一些国际环境法案例之中，对于是否适用风险防范原则，也存在争议。

10.2.6　污染者负担原则

★ 污染者负担原则的概念

污染者负担原则(Polluter Pays Principle)又称 PPP 原则，是指可能或者已经造成环境损害的污染者，应当承担治理污染并赔偿损害的责任。《里约环境与发展宣言》原则 16 规定，“考虑到污染者原则上应承担污染费用的观点，国家当局应该

---

〔1〕 参见王曦编著：《国际环境法》(第二版)，法律出版社 2005 年版，第 111 页。

努力促使内部负担环境费用,并且适当地照顾到公众利益,而不歪曲国际贸易和投资”。

为了解决污染成本外部化导致价格扭曲的问题,1972年经济合作与发展组织首次提出了“污染者负担原则”。此后,这一原则迅速发展,在国际环境法和国内环境法中得到了普遍的应用。

☆ **污染者负担原则在国际环境法律文件中的体现**

很多国际环境法律文件对污染者负担原则进行了规定,特别是涉及海洋和国际河流保护的公约条约。例如,1990年《国际油污防备、反应与合作公约》在前言部分指出,“污染者负担原则是国际环境法的一般原则”。又如,1992年《东北大西洋海洋环境保护公约》第2条2b款也规定,“各缔约方应适用污染者负担原则,根据这个原则,预防、控制和减少污染措施的成本将由污染者承担。”

10.2.7　共同但有区别的责任原则

★ **共同但有区别的责任原则概述**

共同但有区别的责任原则是处理发达国家和发展中国家在国际环境保护之中的责任分配的根本准则。按照《里约环境与发展宣言》原则7的表述,**共同但有区别的责任原则是指“鉴于导致全球环境退化的各种不同因素,各国负有共同的但是又有差别的责任。发达国家承认,鉴于他们的社会给全球环境带来的压力,以及他们所掌握的技术和财力资源,他们在追求可持续发展的国际努力中负有责任”**。

共同但有区别的责任原则包含两方面的内容:

(1)对所有的国家施加以共同责任,以保护国际社会的共同利益;

(2)根据历史责任、能力等因素,对不同国家的责任进行相互区分,以实现实质公平和分配正义。

☆ **共同但有区别的责任原则在国际环境法律文件之中的体现**

1985年《保护臭氧层维也纳公约》以及1987年《关于消耗臭氧层物质的蒙特利尔议定书》对不同类型的国家施加了不同的义务,允许发展中国家延迟10年履行控制消耗臭氧层物质的义务,清晰地体现了共同但有区别的责任原则的要求。随后不久,《里约宣言》原则7对这一原则进行了明确的规定。此后,越来越多的国际公约、条约开始适用共同但有区别的责任原则。例如,《联合国气候变化框架公约》、《生物多样性公约》等,很多国际软法文件也规定和反映了这一原则。

10.2.8　国际合作原则

☆ **国际合作原则的内涵**

国际合作是国际环境法乃至国际法的一项基本原则。《联合国宪章》、《关于各国依联合国宪章建立友好关系及合作之国际法原则宣言》等联合国文件都提出要促成国际合作。在国际环境法领域,1972 年《联合国斯德哥尔摩人类环境宣言》第 24 条就要求,“有关保护和改善环境的国际问题应当由所有的国家,不论其大小,在平等的基础上本着合作精神来加以处理,必须通过多边或双边的安排或其它合适途径的合作……”1982 年《内罗毕宣言》和《世界自然宪章》都重申了国际合作原则。1992 年《里约环境与发展宣言》特别强调了合作原则的重要性,并且在原则 7、原则 12、原则 13、原则 27 之中都对这一原则进行了规定和反映。此外,很多国际环境公约、条约的制度设计都反映了这一原则的要求,如《生物多样性公约》对情报交流的规定。

法律与规范链接

▲ **必读法条**

《里约环境与发展宣言》原则 2、原则 7、原则 15～18。

△ **延伸法条**

国家资源开发主权权利和不损害国外环境责任原则

《控制危险废物越境转移及其处置巴塞尔公约》序言;

《联合国气候变化框架公约》序言;

《联合国生物多样性公约》第 3 条;

《世界自然与文化遗产公约》第 6 条第 3 款。

可持续发展原则

《里约环境与发展宣言》原则 3、原则 4、原则 5、原则 8。

预防原则

《防止倾倒废物及其他物质污染海洋公约》第 1 条;

《国际防止船舶造成污染公约》第 1 条第 1 款;

《联合国气候变化框架公约》第 3 条 3;

《联合国生物多样性公约》序言。

风险防范原则

《联合国气候变化框架公约》第 3 条 3;

《联合国生物多样性公约》序言；

《卡塔赫纳生物安全议定书》第 1 条。

污染者负担原则

《东北大西洋海洋环境保护公约》第 2 条第 2b 款；

《保护和利用跨界河流和国际湖泊的赫尔辛基公约》第 2 条 5(2)；

《国际油污防备、反应和合作公约》序言。

共同但有区别的责任原则

《联合国气候变化框架公约》第 3 条 1；

《关于持久性有机污染物的斯德哥尔摩公约》序言。

国际合作原则

《人类环境宣言》第 7 条；

《联合国海洋法公约》第 197 条；

《联合国生物多样性公约》第 5 条。

典型事例

特雷尔冶炼厂仲裁案[1]

特雷尔冶炼厂仲裁案发生在美国和加拿大之间，由国际仲裁法庭于 1938 年、1941 年两次仲裁予以裁决。

特雷尔冶炼厂(The Trail Smelter)是英属加拿大哥伦比亚省的一家冶炼厂，当时是北美洲最大的私人冶炼厂。该厂从 1896 年开始冶炼锌和锡，由于提炼的矿物质中含有硫磺，烟雾喷入大气中形成二氧化硫。到 1930 年，每天由该冶炼厂排出的二氧化硫约 600～700 吨。这些气体随着上升的气流南下，越过特雷尔以南约 11 英里的加美边界，对美国华盛顿州造成了严重污染，该地的庄稼、森林、牧场、牲畜、建筑物受到了大面积的损害，成为有史以来最严重的一件跨界污染事件。

多年以来，美国华盛顿州方面的私人曾多次向加拿大索赔，但是一直没有得到圆满的解决。1935 年 4 月 15 日，美加签署特别协议，决定组织仲裁庭解决此项争端，并在协议中要求仲裁庭裁定以下四个问题：一是特雷尔冶炼厂对华盛顿州的损

---

[1] 参见万霞编著：《国际环境法案例评析》，中国政法大学出版社 2011 年版，第 1～2 页。

害自 1932 年 1 月 1 日以来是否还存在？如果存在，应如何赔偿？二是如对第一个问题作出了肯定回答，特雷尔冶炼厂今后是否应抑制对华盛顿州的损害？如果要抑制，应抑制到什么程度？三是根据上述两问，特雷尔冶炼厂具体应采取怎样的措施或建立怎样的防治污染的制度？四是根据对以上问题的裁决，加拿大应支付给美国怎样的赔偿或补偿？

根据特别协议，仲裁庭适用“美国在处理这类问题上所适用的法律和实践，以及国际法和惯例，并考虑缔约双方谋求公平解决的愿望。”1938 年 4 月 16 日，仲裁庭做出第一次裁决。裁决对第一个问题做出肯定答复，认为冶炼厂的污染仍然存在，且造成了损害，并裁定特雷尔冶炼厂应赔偿 78000 美元。对第二和第三个焦点问题，仲裁庭认为特雷尔冶炼厂应建立一种临时制度，以便取得必要的资料以建立一个有效的永久制度，在过渡期内应避免发生进一步的损害行为。1941 年 3 月 11 日，仲裁庭做出最后裁决，对第一次裁决后美国提出的问题进行了进一步认定，其中，对于加拿大和特雷尔冶炼厂是否有义务进一步抑制损害问题，仲裁庭认为，在国际法学界，国际常设法院法官伊格勒敦曾认为，“国家无论什么时候都有责任防止其管辖下的人的损害行为侵害别的国家。”大量的国内判例和国际法学说也都阐述了类似的观点。仲裁庭在考察了这些观点之后认为，“根据国际法以及美国法律的原则，任何国家都没有权利这样地利用或允许利用其领土，以致让其烟雾在他国领土或对他国领土上的财产或生命造成损害，如果已发生了严重后果并已为确凿证据证实的话。”根据本案情况，仲裁庭认为，加拿大自治领政府无论是现在还是将来都应对特雷尔冶炼厂的损害行为负责，并有义务制止损害。只要哥伦比亚河谷的现状不变，加拿大和特雷尔冶炼厂就有责任抑制其烟雾可能对华盛顿州造成的损害。

延伸阅读

1. 秦天宝：《国际环境法基本原则初探——兼与潘抱存先生商榷》，载《法学》2001 年第 10 期；
2. 高晓露：《浅析 WTO 框架内的风险预防原则——以〈动植物卫生检疫措施协定〉第 5.7 条为视角》，载《法学杂志》2011 年第 11 期；
3. 寇丽：《共同但有区别责任原则：演进、属性与功能》，载《法律科学》（西北政法大学学报）2013 年第 4 期。

10.3　国际环境法的主要领域

- 国际环境法主要领域的相关条约
  - 国际海洋环境保护——《联合国海洋法公约》
  - 国际废物管理——《控制危险废物越境转移及其处置巴塞尔公约》
  - 国际大气环境保护
    - 《长程越界空气污染公约》
    - 《保护臭氧层维也纳公约》
    - 《联合国气候变化框架公约》及其议定书
  - 国际淡水资源利用和保护——《国际水道非航行使用法公约》
  - 国际生物资源保护
    - 《生物多样性公约》
    - 《濒危野生动植物物种国际贸易公约》
  - 国家管辖范围外区域开发、利用和保护
    - 《月球条约》
    - 《南极条约》

图 10－2　国际环境法主要领域的相关条约

知识要点

10.3.1　国际海洋环境保护

☆ 国际海洋环境保护法概述

在20世纪60年代后期以前,除了有关捕猎海豹、捕鱼和捕鲸的多边公约和条约之外,国际社会并没有对海洋环境保护问题给予足够的关注。虽然1958年《公海公约》第24条和第25条要求各国防止船舶运输、管道运输、海床作业和放射性物质污染,但是并没有施加严格的义务。从20世纪60年代后期开始,随着人类社会对海洋环境污染问题认识的加深以及若干重大环境污染事故(如1967年托利峡谷号油轮泄漏事件)的出现,国际社会开始制定全球或区域性的公约、条约,以解决日益严重的海洋环境污染和资源破坏问题。目前,在海洋环境保护法领域,主要依靠于条约、公约的作用,此外,习惯法规则、相关判例以及软法文件也在发挥着重要的补充作用。

海洋环境保护的公约条约包括两个层级,即全球性的公约条约以及区域性的公约条约。

全球性公约条约包括:1972 年《防止倾倒废物及其他物质污染海洋公约》及其1996 年议定书、《1973 年国际防止船舶造成污染公约》及其 1998 年议定书、1982 年《联合国海洋法公约》、《1990 年国际油污防备、反应和合作公约》以及《1992 年国际油污损害民事责任公约》等。

除此之外,国际社会还制定了很多区域性的海洋环境保护公约、条约,如 1976 年《保护地中海免受污染公约》、1978 年《关于合作防治海洋环境污染的科威特区域公约》、1992 年《保护东北大西洋海洋环境公约》等。

★《海洋法公约》中涉及海洋环境保护的主要内容

在诸多公约、条约之中,《联合国海洋法公约》处于最为重要的地位。该公约对于海洋环境保护的作用在于:一是为各国利用和保护海洋环境的行为确立了必须遵守的国际法原则和义务;二是对各国保护国际海洋环境规定了基本的法律要求和制度。[1]

在原则和义务的一般性规定上,《联合国海洋法公约》具有以下进步:对国家资源开发主权权利和不损害国外环境原则作出了明确规定;贯彻了国际合作原则;规定各国有责任履行其关于保护和保全海洋环境的国际义务并应按照国际法承担责任。

在具体的制度设计上,《联合国海洋法公约》要求各国和有关国际组织制定法律、规章、国际规则和标准以控制各种污染,包括控制陆地来源的污染、国家管辖的海底活动造成的污染、来自区域内活动的污染、倾倒造成的污染、来自船舶的污染和来自大气层或通过大气层的污染。对上述各类污染,要求各国通过主管国际组织或一般外交会议制定国际规则和标准,并为标准的执行规定了一个多种执行主体执行相结合的执行体制,还规定了保障办法,包括关于调查和提起司法程序等的保障和限制条件。

10.3.2　国际淡水资源利用和保护

☆ 国际淡水资源利用和保护法概述

国际淡水资源是指陆地领土上处于两个或多个国家的领土之上或管辖权之下的淡水水体,包括界河、多国河流、国际河流、跨国湖泊和跨国的地下水体等。

一直以来,国际淡水资源的利用和保护主要依赖于国际习惯法。从 20 世纪 30

---

〔1〕 王曦编著:《国际环境法》(第二版),法律出版社 2005 年版,第 205 页。

年代开始,通过多起国际法院案件和国际仲裁案件以及相关条约,国际淡水资源利用和保护的国际法规范得到了较快的发展:

(1)在1929年河流秩序国际委员会地域管辖权案中,国际常设法院提出了共同利益和共同法律权利的观点,确立了沿岸国平等利用的原则;

(2)在1937年莫兹河分流案中,国际常设法院判决沿岸国对其管辖下的河流行使主权权利时不得妨碍其他沿岸国对于该河流行使主权权利;

(3)1957年拉努湖仲裁案,认为一国有权利做出最终决定,但是必须进行磋商并考虑到其他国家的利益;

(4)1966年国际法协会通过《国际河流利用规则》(赫尔辛基规则),对国际河流利用规则做了系统编纂;

(5)1997年联合国大会通过了《国际水道非航行使用法公约》,该公约是国际社会第一个国际淡水资源利用和保护的全球性公约。

☆ 国际淡水资源利用和保护法的法律渊源和主要内容

国际淡水资源利用和保护依赖于公约条约、判例以及国际习惯法。其中,最为重要的是全球性和区域性的公约条约。全球性的公约条约主要是《国际水道非航行使用法公约》,而区域性的公约条约数量较多,各大洲地区国家均有签署相关公约条约。例如,《美国和加拿大大湖水质协定》《银河流域条约》《亚马孙河合作条约》《保护莱茵河免受化学污染公约》。

国际淡水资源利用和保护的法律规范主要解决以下问题:

(1)水道污染和水道的可允许利用;

(2)污染和跨境环境损害的预防;

(3)水道生态系统的保护;

(4)水资源的可持续利用和保护;

(5)跨界环境合作。

★《国际水道非航行使用法公约》的主要内容

《国际水道非航行使用法公约》是一项框架性公约,其从多个方面和层次对国际淡水资源利用和保护作出了规定:

(1)规定了国际水道非航行使用的一般规则,如公平合理的利用和参与、不造成重大损害的义务等;

(2)规定了水道国需要遵守的针对计划采取的对国际水道状况可能产生影响的措施的通知、协商和谈判程序;

(3)规定了国际水道环境保护措施;

(4)规定了争端解决程序。

10.3.3　国际废物管理

☆ 国际废物管理法概述

按照《控制危险废物越境转移及其处置巴塞尔公约》的定义,废物是指处置的或打算予以处置的或按照国家法律规定必须加以处置的物质或物品。**国际废物管理法是指调整国际废物处置和越境转移等方面的法律规范,主要解决废物的预防、废物的处置以及废物的越境转移。**其中,废物的越境转移是国际废物管理法需要解决的重点问题。由于国际废物管理是一个新兴的领域,国际废物管理主要依赖于公约条约的规制。主要的国际法律文件包括《21 世纪议程》《控制危险废物越境转移及其处置巴塞尔公约》《禁止对非洲出口并控制和管理非洲内的危险废物跨界转移公约》等。

★《控制危险废物越境转移及其处置巴塞尔公约》的主要内容

1989 年《控制危险废物越境转移及其处置巴塞尔公约》为危险废物的越境转移规定了法律框架,是国际废物管理法领域最为重要的公约。该公约的主要内容包括:

(1)缔约国的一般义务;

(2)缔约国之间废物的越境转移;

(3)废物从缔约国通过非缔约国的越境转移;

(4)废物再进口的责任;

(5)废物非法运输;

(6)国际合作;

(7)责任问题的协商;

(8)递送资料;

(9)机构安排;

(10)核查;

(11)争端解决。

10.3.4　国际大气环境保护

☆ 国际大气环境保护概述

大气环境的国际保护是国际环境法的重要议题之一。国际大气环境问题主要集中在三大问题:长程越界空气污染、臭氧层损耗和气候变化。其中,前两个问题已经得到了比较好的抑制，而气候变化问题则一直是国际大气环境保护的难点问题。

★ 国际大气环境保护法的法律渊源

在早期小范围的国家间，边境的空气污染问题主要通过判例解决，如特雷尔冶炼厂案，但是随着大气环境问题范围的扩大，国际社会开始通过公约和条约来调整国家间的法律关系、或者协调国家间的行动。国际大气环境保护主要依赖于全球和区域两个层次上的公约、条约的作用。

在全球层次上，最为重要的公约条约包括：1979 年《长程越界空气污染公约》及其议定书、1985 年《保护臭氧层维也纳公约》及其 1987 年议定书以及 1992 年《联合国气候变化框架公约》及其诸多议定书。

☆《长程越界空气污染公约》及其议定书的主要内容

《长程越界空气污染公约》是一项区域性多边公约，缔约国包括西欧和东欧各国以及美国和加拿大。宗旨是控制空气污染，尤其是二氧化碳和酸雨问题。该公约属于框架性公约，规定基本原则和制度，由议定书来确定特定的污染物质的控制。具体内容包括：

(1)对"空气污染"和"长程越界空气污染"进行界定；

(2)规定了控制长程越界空气污染的基本原则；

(3)要求缔约国承诺制定空气质量管理制度和应用最佳策略和战略；

(4)要求缔约国在研究和开发方面进行合作；

(5)要求各国交换资料；

(6)监测和评价；

(7)设立执行机构。

《长程越界空气污染公约》的历次议定书主要解决公约框架内的具体问题，或针对具体污染物的削减和控制做出安排。例如，1984 年《关于长期资助长程越界空气污染监测和评价的议定书》、1991 年《关于挥发性有机物及其越界流动的议定书》等。

☆《保护臭氧层维也纳公约》及其议定书的主要内容

《保护臭氧层维也纳公约》及其议定书主要是为了解决消耗臭氧层物质导致臭氧层损耗的问题，该公约属于框架性公约。其内容包括：

(1)确定缔约方的一般义务；

(2)要求缔约方对臭氧层进行系统的观察和研究；

(3)要求缔约方在法律、科学和技术方面进行合作;

(4)要求缔约方递交执行情况的资料;

(5)设立专门机构。

公约并未对臭氧层物质的限制和停止使用规定具体的目标和时间表,而是留给后续议定书解决。1987 年《关于消耗臭氧层物质的蒙特利尔议定书》对消耗臭氧层物质的消费和生产做出限制,并通过后续历次调整和修正确保目标能够得到落实。

☆《联合国气候变化框架公约》及其议定书的主要内容

《联合国气候变化框架公约》是针对气候变化问题的框架性公约,公约对基础性的原则和制度进行规定,并将具体承诺留给后续议定书解决。公约的具体内容包括:

(1)规定了气候变化应对的目标;

(2)规定了五项基本原则;

(3)要求缔约国按照所属类型的不同做出一般性承诺和具体承诺;

(4)对公约的机构设置做出安排。

1998 年《京都议定书》是最为重要的议定书之一,对第一阶段减排责任的分配做出了安排并规定了时间表。2011 年德班缔约方大会重新对责任分配做出了安排,确立了“自下而上”的减排责任分配路径,标志着气候变化法律新秩序的展开。2015 年《巴黎协定》为 2020 年后全球应对气候变化行动作出安排,中国也于 2016 年 9 月批准加入。

10.3.5　国际生物资源保护

☆ 国际生物资源保护法概述

按照《生物多样性公约》第 2 条的界定,生物资源指的是对人类具有实际或潜在用途或价值的遗传资源、生物群体或生态系统中任何其他生物组成部分。近 30 年以来,国际社会开始重视对生物资源的保护,并签署了很多公约条约,使得国际生物资源保护法逐渐发展起来,成为一个内容庞杂的体系。

国际生物资源保护法的法律渊源主要是公约和条约,包括全球性和区域性的公约条约以及一些专门保护特定类型生物资源的公约条约和其他文件:

(1)全球性公约主要有两项,一是 1973 年《濒危野生动植物物种国际贸易公约》,二是《联合国生物多样性公约》。

(2)有关生物资源保护的区域性条约较多,非洲、美洲和加勒比海地区、南太平洋地区、欧洲以及亚洲都有一些区域性的条约。例如,1968 年《养护自然和自然资源非洲公约》、1990年《关于特别保护区和受特别保护的野生生物的议定书》、1986年《南太平洋地区自然资源和环境保护公约》、1979年《养护欧洲野生物和自然生境公约》等。

(3)专门的保护特定类型生物资源的公约条约主要保护植物、动物、野生动物迁徙物种、物种生境和海洋生物资源等。例如,2001年《国际植物遗传资源条约》、1950年《国际鸟类保护公约》、1979年《保护野生动物迁徙物种公约》。

☆《濒危野生动植物物种国际贸易公约》的主要内容

《濒危野生动植物物种国际贸易公约》的宗旨是保护某些野生动物和植物物种不至由于国际贸易而遭到过度开发利用。该公约的主要内容包括:

(1)根据物种濒危程度进行分级管制;

(2)通过出口许可证、进口许可证等证明书进行进出口管制;

(3)要求各国采取处罚措施执行公约规定。

☆《联合国生物多样性公约》的主要内容

《联合国生物多样性公约》的目标是保护生物多样性、持续利用生物多样性组成部分以及公平分享利用遗传资源产生的收益。公约的主要内容包括:

(1)确立了若干基本原则;

(2)规定了保护和持续利用生物资源及生物多样性的基本措施,如制定国家战略、就地保护、移地保护等;

(3)遗传资源的取得条件和程序;

(4)技术的取得和转让;

(5)生物技术惠益共享;

(6)资金和财务机制。

10.3.6　国家管辖范围外区域开发、利用和保护

☆ 国家管辖范围外区域的国际法律地位

海洋底土及其资源、月球及其资源以及南北极地区都不属于国家管辖范围外区域,这些区域的开发利用遵守特殊的规则。按照1982年《联合国海洋法公约》第1条和第136条的规定,国家管辖范围以外的海床和洋底及其底土及其资源是人类的共同继承财产(The Common Heritage of Mankind)。同样,按照1979年《月球条约》的规定,月球及其自然资源均为人类共同继承财产。1959年《南极条约》尽管没有使用"人类共同继承财产"这一概念,但是也规定"冻结"任何国家对南极地区的

领土主权权利。这类地区不能归属于任何一国排他管辖,而必须为全人类利益进行养护和开发。

★ 海洋底土及其资源开发利用法律的主要内容

海洋底土开发利用主要由《联合国海洋法公约》第十二部分“区域”进行调整。该部分中比较重要的内容包括:

(1)海洋底土及其资源的开发必须为全人类利益开发利用、必须和平利用。任何国家不应对海洋底土的任何部分或其资源主张或行使主权或主权权利,任何国家或自然人或法人,也不应将海洋底土或其资源的任何部分据为己有。

(2)设立海底管理局,“区域”内资源的勘探和开发活动应在国际海底管理局的组织和控制下进行,一方面,由管理局的开发机构企业部直接从事勘探和开发;另一方面,缔约国及其国有企业、或在缔约国担保之下的具有该国国籍的自然人或法人也可以与管理局协作的方式进行。

(3)开发活动需要保护环境,应按照公约对“区域”内活动采取必要措施,以确保切实保护海洋环境,不受活动可能产生的有害影响。

☆ 月球及其资源开发利用法律的主要内容

1979 年《月球协定》确立了月球及其资源开发利用的基本准则,主要内容包括:

(1)月球(包括绕月、飞向及飞绕月球的轨道)应只用于和平目的;

(2)月球探索和利用应为全人类谋福利,不问其经济或科学发展程度;

(3)各国都应平等地、不受歧视地按照国际法自由探索和利用月球;

(4)探索和利用月球时应采取措施,防止月球的现有平衡遭到破坏,防止地球因地外物质的进入受到不利的影响;

(5)月球及其自然资源均为人类共同继承财产,任何国家不得依据主权要求或通过利用、占领或其他任何方式据为己有;

(6)将建立国际制度,以便有序、合理地开发、利用和管理月球资源。

★ 南北极地区开发利用法律的主要内容

1959 年《南极条约》是保护南极最为重要的条约。该条约的主要内容包括:

(1)宣布南极只用于和平目的;

(2)冻结任何国家对南极地区的领土主权权利或领土的要求;

(3)促进在南极方面的国际合作;

(4)禁止在南极地区进行任何核爆炸和在该地区处置放射性尘埃。

法律与规范链接

▲ **必读法条**

《联合国海洋法公约》序言、第1条1(1)、第136条；

《国际水道非航行使用法公约》序言；

《控制危险废物越境转移及其处置巴塞尔公约》序言；

《联合国气候变化框架公约》第2条；

《联合国生物多样性公约》第1条。

△ **延伸法条**

《国际水道非航行使用法公约》第5条、第7条；

《控制危险废物越境转移及其处置巴塞尔公约》第4条；

《联合国海洋法公约》第137条。

典型事例

违法洋垃圾为何难绝[1]

据英国媒体近日的一篇报道，英国承认每年约有1200万吨的"绿色垃圾"从英国运送到非洲及印度、印度尼西亚、中国等发展中国家；而早在2005年的一家英国媒体就报道了类似事件，雅加达的海关发现一批从英国运来的500吨家庭垃圾被装在集装箱里。为何禁止向发展中国家输出有害废弃物的《巴塞尔公约》失效？专家认为绝大多数情况下是因为执法不严等原因使非法转移垃圾的问题继续存在。

不再新鲜的洋垃圾

洋垃圾已经不是一个新话题，近年来不断有英国媒体曝出，英国垃圾出现在非洲、亚洲、南美等地的发展中国家，有的以绿色垃圾的名义却并非"绿色"；同时垃圾被运到发展中国家并没有得到妥善处理，而对当地造成危害。

英国《每日邮报》近日报道了一起"垃圾回收利用大骗局"，称1200万吨在英国国内经过分类的生活垃圾被运往中国、印度和印度尼西亚等国家。根据法律规定，这些垃圾一旦运往国外必须回收利用，但英国方面承认在这些国家，许多垃圾只是

---

〔1〕 韩旭阳：《违法洋垃圾为何难绝》，载《新京报》2013年4月13日A20版。

埋掉了事。

同时英国环境、食品与农村事务部承认，每年运往国外的1200万吨“绿色”垃圾的命运是不受他们控制的，英国各地的政府依赖承包商来处理垃圾，将垃圾运往国外的产业规模甚至在过去10年中翻了一番。

据报道，除家庭垃圾外，倾倒到亚洲的其他垃圾还包括运往非洲的废弃电视和电脑与运到中国的旧轮胎等。事实上向发展中国家运送洋垃圾并不是新鲜事。

据2009年的英国政府数据显示，每年有约45万吨的电子垃圾达到了英国废旧电器和电子产品法的环境要求，被出售，而据不完全统计，英国当时每年所产生的电子垃圾约50万吨，回收行业的报告显示，被标记为危险垃圾的约1万吨的废旧电视和2.3万吨的废旧电脑被非法运送到了非洲地区。

为控制有害废弃物越境转移，1989年在联合国环境规划署主持下通过了《巴塞尔公约》，根据该公约，所有有害废弃物的越境转移都必须得到进口国及出口国的同意才能进行。为进一步控制有害废弃物的转移问题，1995年通过的“巴塞尔禁令”则禁止发达国家向发展中国家输出有害废弃物。

《巴塞尔公约》是有效控制有害物质毒害的重要国际公约，而且具国际法的效力，本应成为世界各国限制有害废弃物出境的最有力屏障，可是事实显示这一公约已然成为“一纸空文”。

利益链的顶端是回收公司

非法转移的垃圾为回收公司带来了“巨额的利润”。

“洋垃圾”对进口国家环境造成严重危害。据介绍，“洋垃圾”中的电子垃圾和废塑料垃圾等是不可降解的，尤其电子垃圾包含1000多种不同成分，会释放出大量有毒有害物质，存在潜在的长期性的影响。非法掩埋后的电子垃圾和塑料垃圾往往经过上百年都无法降解，而如果堆积的话，随着风吹雨淋会进一步渗透，甚至造成包括地下水污染、土壤污染和菌类繁生在内的各种问题，危害甚广。

在非法转移垃圾过程中，最大的受益者是回收公司。据英国《卫报》2012年报道，在大规模垃圾出口的背后，有巨大的经济利益。英国地方政府要向垃圾处理公司支付每吨35英镑的费用，而垃圾公司根本不对垃圾进行分类处理就装进集装箱，省下了大笔垃圾处理费用。

瞒报是“洋垃圾”入关法宝

通过填写报关单对“洋垃圾”进行瞒报、伪报是“洋垃圾”入关的常用的手段。

英国的洋垃圾运到发展中国家，只需要几步。第一步是取得证件。想要拿到证件十分容易，因为英国规定出口受污染垃圾为违法行为，但是出口“混合型”的“绿色垃圾”则是免费的，“没有特别的监管，所以很容易取得执照”。

第二步则是将垃圾装箱，利用回程空驶的巨轮将垃圾运出。由于中英的贸易逆差，很多巨轮返航亚洲的时候都是空驶，回收公司利用这一条件，将生活垃圾和电子垃圾申报成“干净的废纸”或“电脑”等“混合型”绿色垃圾装船出口。

出口后的货轮有时会沿途再装载欧洲其余地方的“洋垃圾”，若途经非洲，就会将部分垃圾卸在非洲，然后驶向东亚等国，将垃圾卸在中国、印度、印度尼西亚等发展中国家。

山东大学法学院张式军教授对本报记者表示，通过填写报关单对“洋垃圾”进行瞒报、伪报是“洋垃圾”入关的常用的手段。根据国际公约和我国的相关法律，明令禁止危险废弃物，包括我们俗称的“洋垃圾”的跨境转移。对中国而言，废弃物中，只有可以作为废物再利用的部分，即可回收垃圾经过合法审批程序之后才可能进口。如果不遵循审批程序就是非法转移，包括跨国垃圾填埋也是非法转移的一种。非法转移垃圾这种行为违反了《巴塞尔公约》，也违反了我国的有关废弃物防治的法律。法律层面不允许出现非法转移垃圾这种情况，出现问题，绝大多数情况下是因为执法不严。

张式军教授认为这种监管应该分成两大类：第一类是针对“洋垃圾”的运输者，包括整条运输线和填埋线，对这些以“洋垃圾”为经济来源的公司进行调查、切断利益链条；第二类则是监管部门自身应该审视是否有监管不力的情况，两类群体应分别承担相应的责任。

某知名环保组织的东亚办公室污染防治项目经理马天杰对本报记者表示，目前存在的较大问题是电子垃圾的回收渠道没有建立起来。比如在中国，国内产生的大量电子垃圾通过街头游商等不规范渠道流入地下拆解作坊，而正规的、有资质的拆解企业则存在“吃不饱”的现象。

政府应着力在建立回收渠道等方面做文章，对正规回收企业进行支持，对消费者给予激励措施，鼓励废弃电子产品向正规回收企业流动。与此同时，电子产品的生产企业应建立自己产品的回收体系，防止企业产品在寿命到期后造成环境污染。

延伸阅读

1. 杨泽伟：《〈联合国海洋法公约〉的主要缺陷及其完善》，载《法学评论》2012 年第 5 期；
2. 白明华：《国际水法理论的演进与国际合作》，载《外交评论》（外交学院学报）2013 年第

5 期；
3. 李金惠、王洁璁、郑莉霞:《在博弈中发展的国际废物管理——以〈巴塞尔公约〉为例》,载《中国人口·资源与环境》2016 年第 S1 期；
4. 张梓太、沈灏:《气候变化国际立法最新进展与中国立法展望》,载《南京大学学报》(哲学·人文科学·社会科学版)2014 年第 2 期；
5. 倪贵荣:《〈生物多样性公约〉的回顾与前瞻》,载《上海大学学报》(社会科学版)2012 年第 6 期。

附录1　近年司法考试环境法真题汇总

年份	题号	题目	官方标准答案	涉及法条提示	知识点链接
2017年	2017年卷一第95题	某市混凝土公司新建临时搅拌站,在试运行期间通过暗管将污水直接排放到周边,严重破坏当地环境。公司经理还指派员工潜入当地环境监测站内,用棉纱堵塞空气采集器,造成自动监测数据多次出现异常。有关部门对其处罚后,公司生产经营发生严重困难,拟裁员20人以上。请回答第95—96题。 95. 关于该临时搅拌站建设,下列说法正确的是: A. 如在该市规划区内进行建设的,应经市城管执法部门批准 B. 如该搅拌站影响该市近期建设规划的实施,有关部门不得批准 C. 如该搅拌站系未经批准进行临时建设的,由市政府责令限期拆除 D. 如该搅拌站超过批准时限不拆除的,由市城乡规划部门采取强制拆除措施	B	《环境影响评价法》第31条	2.4【建设单位的环境影响评价的违法责任】
2017年	2017年卷一第96题	96. 关于该公司的行为,下列说法正确的是: A. 如该公司应报批而未报批该搅拌站的环评文件,不得在缴纳罚款后再向审批部门补报 B. 该公司将防治污染的设施与该搅拌站同时正式投产使用前,可在搅拌站试运行期间停运治污设施 C. 该公司的行为受到罚款处罚时,可由市环保部门自该处罚之日的次日起,按照处罚数额按日连续处罚 D. 针对该公司逃避监管的违法行为,市环保部门可先行拘留责任人员,再将案件移送公安机关	A	2014年《环境保护法》第41条、第59条、第63条	2.4【"三同时"制度的基本管理流程】;7.2.2【按日连续处罚】、【行政拘留】

续表

年份	题号	题目	官方标准答案	涉及法条提示	知识点链接
2016年	2016年卷一第31题	31. 某采石场扩建项目的环境影响报告书获批后,采用的爆破技术发生重大变动,其所生粉尘将导致周边居民的农作物受损。关于此事,下列哪一说法是正确的? A. 建设单位应重新报批该采石场的环境影响报告书 B. 建设单位应组织环境影响的后评价,并报原审批部门批准 C. 该采石场的环境影响评价,应当与规划的环境影响评价完全相同 D. 居民将来主张该采石场承担停止侵害的侵权责任,受3年诉讼时效的限制	A	2016年《环境影响评价法》第24条	2.4【建设项目环境影响后评价、重新报批、重新审核】
2015年	2015年卷一第30题	30. 某省天洋市滨海区一石油企业位于海边的油库爆炸,泄漏的石油严重污染了近海生态环境。下列哪一主体有权提起公益诉讼(其中所列组织均专门从事环境保护公益活动连续5年以上且无违法记录)? A. 受损海产养殖户推选的代表赵某 B. 依法在滨海区民政局登记的"海蓝志愿者"组织 C. 依法在邻省的省民政厅登记的环境保护基金会 D. 在国外设立但未在我国民政部门登记的"海洋之友"团体	C	2014年《环境保护法》第58条	4.4【环境民事公益诉讼】
2015年	2015年卷一第31题	31. 关于我国生态保护制度,下列哪一表述是正确的? A. 国家只在重点生态功能区划定生态保护红线 B. 国家应积极引进外来物种以丰富我国生物的多样性 C. 国家应加大对生态保护地区的财政转移支付力度 D. 国家应指令受益地区对生态保护地区给予生态保护补偿	C	2014年《环境保护法》第29条第1款、第30条、第31条	4.2【生态保护红线制度】、【生态补偿】

续表

年份	题号	题目	官方标准答案	涉及法条提示	知识点链接
2015年	2015年卷一第73题	73. 某市政府接到省环境保护主管部门的通知:暂停审批该市新增重点污染物排放总量的建设项目环境影响评价文件。下列哪些情况可导致此次暂停审批? A. 未完成国家确定的环境质量目标 B. 超过国家重点污染物排放总量控制指标 C. 当地环境保护主管部门对重点污染物监管不力 D. 当地重点排污单位未按照国家有关规定和监测规范安装使用监测设备	AB	2014年《环境保护法》第44条	4.2【环境影响评价区域限批的一般法律机制】
2015年	2015年卷一第74题	74. 某化工厂排放的污水会影响鱼类生长,但其串通某环境影响评价机构获得虚假环评文件从而得以建设。该厂后来又串通某污水处理设施维护机构,使其污水处理设施虚假显示从而逃避监管。该厂长期排污致使周边水域的养殖鱼类大量死亡。面对养殖户的投诉,当地环境保护主管部门一直未采取任何查处措施。对于养殖户的赔偿请求,下列哪些单位应承担连带责任? A. 化工厂 B. 环境影响评价机构 C. 污水处理设施维护机构 D. 当地环境保护主管部门	ABC	2014年《环境保护法》第64条、第65条、第68条	2.4【第三方中介机构的环境影响评价的违法责任】; 6.7【数人环境污染侵权责任】
2014年	2014年卷一第31题	31. 某省A市和B市分别位于同一河流的上下游。A市欲建农药厂。在环境影响评价书报批时,B市环境保护行政主管部门认为该厂对本市影响很大,对该环境影响评价结论提出异议。在此情况下,该环境影响评价书应当由下列哪一部门审批? A. 省政府发改委 B. 省人大常委会 C. 省农药生产行政监管部门 D. 省环境保护行政主管部门	D	2002年《环境影响评价法》第23条第3款	2.4【建设项目环境影响评价中的文件的审查与批准】

续表

年份	题号	题目	官方标准答案	涉及法条提示	知识点链接
2014年	2014年卷一第73题	73. 关于环境质量标准和污染物排放标准，下列哪些说法是正确的？ A. 国家环境质量标准是制定国家污染物排放标准的根据之一 B. 国家污染物排放标准由国务院环境保护行政主管部门制定 C. 国家环境质量标准中未作规定的项目，省级政府可制定地方环境质量标准，并报国务院环境保护行政主管部门备案 D. 地方污染物排放标准由省级环境保护行政主管部门制定，报省级政府备案	ABC	2014年《环境保护法》第15条、第16条	2.2【国家环境标准的制定主体】、【国家环境质量标准的地位】、【地方环境标准的制定主体】、【地方环境质量标准的制定范围】
2013年	2013年卷一第31题	31. 某央企位于某省的一家工厂，因严重污染环境，被责令限期治理。该厂逾期仍未完成治理任务，被责令停业。关于对该厂污染治理的行政处理的权限，下列哪一说法是正确的？ A. 由所在市环保主管部门责令限期治理，省政府责令停业 B. 由省政府责令限期治理，国务院责令停业 C. 由省政府责令限期治理，省政府责令停业并报国务院批准 D. 由国家环保主管部门责令限期治理，国务院责令停业	C	1989年《环境保护法》第29条、第39条	7.2.2【责令停产、停业、关闭】

续表

年份	题号	题目	官方标准答案	涉及法条提示	知识点链接
2013年	2013年卷一第73题	73. 因连降大雨，某厂设计流量较小的排污渠之污水溢出，流入张某承包的鱼塘，致鱼大量死亡。张某诉至法院，要求该厂赔偿。该厂提出的下列哪些抗辩事由是依法不能成立的？ A. 本市环保主管部门证明，我厂排污从未超过国家及地方排污标准 B. 天降大雨属于不可抗力，依法应予免责 C. 经有关机构鉴定，死鱼是全市最近大规模爆发的水生动物疫病所致 D. 张某鱼塘地势低洼，未对污水流入采取防范措施，其损失是咎由自取	ABD	2009年《侵权责任法》第28条、第65条；2008年《水污染防治法》第85条第3款；1989年《环境保护法》第41条第3款	6.4【环境侵权诉讼因果关系举证责任】；6.5【不可抗力】
2012年	2012年卷一第31题	31. 某河流拟建的水电站涉及水土保持，并可能造成重大环境影响。根据《环境影响评价法》，下列哪一项是合法的？ A. 建设单位应编制环境影响报告表，对环境影响进行分析或专项评价 B. 其环境影响评价文件还须有经水行政主管部门审查同意的水土保持方案 C. 由于该河流的流域开发利用规划已进行了环境影响评价，水电站属于该规划所包含的具体建设项目，可不再进行环境影响评价 D. 建设单位可委托负责审批部门下属的环境技术研究所为水电站的环境影响评价提供技术服务	B	2002年《环境影响评价法》第16条第2款、第17条第2款、第18条第3款、第19条第3款	2.4【建设项目环境影响评价的适用范围】、【建设项目环境影响评价的编制主体】
2012年	2012年卷一第73题	73. 甲化工厂和乙造纸厂排放污水，造成某村农作物减产。当地环境主管部门检测认定，甲排污中的有机物超标3倍，是农作物减产的原因，乙排污未超标，但其中的悬浮物仍对农作物减产有一定影响。关于甲、乙厂应承担的法律责任，下列哪些选项是正确的？ A. 甲厂应对该村损失承担赔偿责任 B. 乙厂应对该村损失承担赔偿责任 C. 环境主管部门有权追究甲厂的行政责任 D. 环境主管部门有权追究乙厂的行政责任	ABC	1989年《环境保护法》第41条第1款、第39条；2009年《侵权责任法》第67条	6.7【环境聚合危害行为】

续表

年份	题号	题目	官方标准答案	涉及法条提示	知识点链接
2011年	2011年卷一第31题	31. 某化肥厂以其污水处理设施“效率低、费用高”为由，予以停运拆除。在下列哪一情况下，该厂构成违反《环境保护法》的行为？ A. 未在事前获得权威性技术论证 B. 未采用替代性的污水处理措施 C. 未征得当地环保局的同意 D. 未征得附近村民的同意	C	1989年《环境保护法》第26条第2款	2.4【“三同时”制度与环境影响评价的关系】
2011年	2011年卷一第73题	73. 中央直接管辖的某大型国有企业在某县境内设立的工厂发生剧毒物质大量泄漏事故，该县张县长提出的下列哪些意见符合《环境保护法》的规定？ A. 要求该企业立即采取措施控制泄漏，并及时通报污染地区的单位和居民 B. 县环保局应立即上报市政府，请市政府采取有效措施紧急疏散群众 C. 建议省政府对该企业作出限期治理的决定 D. 该企业如未在限期内完成治理任务，县政府将处以罚款，并报省政府批准责令该工厂关闭	ABC	1989年《环境保护法》第29条、第31条第1款、第32条、第39条第2款	7.2.2【责令停产、停业、关闭】；2.7【应急响应——企业初步处置与信息报告】
2010年	2010年卷一第28题	28. 根据《环境保护法》规定，关于污染物排放标准，下列哪一说法是错误的？ A. 省级地方政府对国家污染物排放标准中已作规定和未作规定的项目，都可以制定地方污染物排放标准 B. 对国家污染物排放标准中已作规定的项目，在制定地方污染物排放标准时，可以因地制宜，严于或宽于国家污染物排放标准 C. 地方污染物排放标准须报国务院环境保护行政主管部门备案 D. 凡是向已有地方污染物排放标准的区域排放污染物的，应当执行地方污染物排放标准	B	1989年《环境保护法》第10条	2.2【地方环境质量标准的制定范围】；2.2【地方环境标准的制定程序】

续表

年份	题号	题目	官方标准答案	涉及法条提示	知识点链接
2010年	2010年卷一第77题	77. 我国对建设项目的环境影响评价实行分类管理制度。根据《环境影响评价法》的规定，下列哪些说法是正确的？ A. 可能造成重大环境影响的建设项目，应当编制环境影响报告书，对产生的环境影响进行全面评价 B. 可能造成轻度环境影响的建设项目，应当编制环境影响报告表，对产生的环境影响进行分析或者专项评价 C. 环境影响很小的建设项目，不需要进行环境影响评价，无须填报环境影响评价文件 D. 环境影响报告书和环境影响报告表，应当由具有相应资质的机构编制	ABD	2002年《环境影响评价法》第16条、第20条第1款	2.4【建设项目环境影响评价的适用范围】；2.4【建设项目环境影响评价的编制主体】
2009年	2009年卷一第77题	77. 根据《环境保护法》规定，下列哪些选项属于农业环境保护的措施？ A. 防治土地沙化、盐渍化、贫瘠化、沼泽化 B. 防治植被破坏、水土流失、水源枯竭 C. 推广植物病虫害的综合防治 D. 合理使用化肥、农药及植物生长激素	ABCD	1989年《环境保护法》第20条	3.2.8.1【有利于水土保持的农业环境保护】
2008年	2008年卷一第28题	28. 由于某化工厂长期排污，该厂周边方圆一公里内的庄稼蔬菜生长不良、有害物质含量超标，河塘鱼类无法繁衍，该地域内三个村庄几年来多人患有罕见的严重疾病。根据《环境保护法》的规定，下列哪一选项是错误的？ A. 受害的三个村的村委会和受害村民有权对该厂提起民事诉讼 B. 因环境污染引起的民事诉讼的时效为3年 C. 环境污染民事责任的归责原则实行公平责任原则 D. 环境污染致害的因果关系证明，受害方不负举证责任	C	1989年《环境保护法》第41条、第42条；《最高人民法院关于民事诉讼证据的若干规定》第4条第3项	6.1【环境侵权民事责任】、【环境侵权民事责任的归责原则】；6.8【特殊的诉讼时效】；6.4【环境侵权诉讼因果关系举证责任】

续表

年份	题号	题目	官方标准答案	涉及法条提示	知识点链接
2008年	2008 年卷一第 75 题	75. 关于环境民事责任的免责,下列哪些选项是错误的? A. 凡不可抗拒的自然灾害造成环境污染的,均应免责 B. 第三者责任造成污染损失的,排污单位免责 C. 污染损失由受害者自身责任引起,排污单位也要承担责任 D. 排污单位积极采取减排措施,虽减少了污染损失,仍不可以免责	AC	2008 年《水污染防治法》第 85 条; 1989 年《环境保护法》第 41 条第 3 款	6. 5【第三人过错】、【不可抗力】、【受害人故意或重大过失】
2008年	2008 年卷一第 76 题	76. 某企业防治污染的设施年久老化,需拆除重建。根据《环境保护法》的规定,该企业应履行下列哪些程序? A. 旧设施拆除经企业上级主管部门批准后即可实施 B. 旧设施拆除须经所在地环保局同意后方可实施 C. 新设施建成后应当按规定报请验收 D. 新设施建设期间该企业必须停止生产	BC	1989 年《环境保护法》第 26 条	2. 4【"三同时"制度与环境影响评价的关系】、【"三同时"制度的基本管理流程】
2008年	2008 年卷一第 77 题	77. 某造纸厂已取得排污许可证,并缴纳了排污费。但环保局检测发现,造纸厂所排污水中多项污染物指标超出了省级水污染物排放标准。根据《环境保护法》的规定,下列哪些选项是正确的? A. 该厂拥有排污许可证并缴纳了排污费,所排污水虽然超出了省级水污染物排放标准,但未超过国家标准,故不违法 B. 该厂应缴纳超标排污费,并治理污染 C. 环保局有权对该厂进行罚款 D. 环保局有权责令该厂停业或关闭	BC	1989 年《环境保护法》第 10 条、第 28 条、第 38 条、第 39 条	7. 2. 2【责令停产、停业、关闭】

续表

年份	题号	题目	官方标准答案	涉及法条提示	知识点链接
2008年四川	2008年卷一第95题	95.杨某个人独资开办的造纸厂由于没有配置污水处理设备,将含有挥发酚等有毒物质的污水排入引黄干渠,曾受到当地环保部门处罚。某日,污水池决口,大量污水流入与引黄干渠一闸之隔的壕沟。杨某派工人将闸门提起,使壕沟里的污水经引黄干渠流入水库。引黄管理局发现后要求该厂立即清污,但未及时通知水库管委会和自来水公司。两个小时后,库中41万方饮用水被污染。被污染的库水进入城市供水系统,致城市供水中断三天。水库经济损失24.6万元,自来水公司清除污染费用4.34万元,营业损失10.96万元。请回答以下第95—97题: 95.环境保护行政主管部门有权对该厂采取的行政处罚是: A.收取超标排污费,并罚款 B.作出限期治理决定 C.责令安装使用污水处理设备 D.责令其停业或关闭	AC	1989年《环境保护法》第28条第1款、第39条	5.3.1【环境行政执法方式】
2008年四川	2008年卷一第96题	96.关于该厂对水库管委会和自来水公司的民事赔偿责任,下列表述正确的是: A.该厂承担水库管委会和自来水公司的所有损失 B.该厂承担水库管委会的24.6万元损失和自来水公司的清除污染费4.34万元,不承担自来水公司的营业损失 C.因属于引黄管理局的责任导致污水流入到水库并进入城市供水系统,故该厂不承担赔偿责任 D.因为引黄管理局负有共同责任,故该厂与引黄管理局共同承担连带赔偿责任	A	2008年《水污染防治法》第85条	6.1【环境侵权】

续表

年份	题号	题目	官方标准答案	涉及法条提示	知识点链接
2008年四川	2008年卷一第97题	97. 关于杨某的法律责任,下列意见正确的是: A. 杨某应当被追究刑事责任 B. 杨某应当承担民事责任 C. 杨某如果自愿承担民事责任,就不必追究其刑事责任 D. 杨某如果被追究刑事责任,就不必承担民事责任	AB	1989年《环境保护法》第43条	6.1【环境侵权】;8.1【环境刑事法律责任的概念】
2007年	2007年卷一第28题	28. 根据《环境保护法》的规定,下列哪一项是县级以上人民政府环境保护行政主管部门的职权? A. 对国家环境质量标准中未作规定的项目,制定地方环境质量标准 B. 对国家污染物排放标准中未作规定的项目,制定地方污染物排放标准;对国家污染物排放标准中已作规定的项目,制定严于国家污染物排放标准的地方污染物排放标准 C. 定期发布环境状况公报 D. 会同有关部门对管辖范围内的环境状况进行调查和评价,拟订环境保护规划	D	1989年《环境保护法》第9条、第10条、第11条第2款、第12条	2.2【地方环境标准的制定主体】、【地方环境质量标准的制定范围】;4.4【公共机构的环境信息发布职责】
2007年	2007年卷一第76题	76. 某化工厂将废水直接排入河道,流入秦某的鱼塘,造成鱼塘的鱼全部死亡。该厂承认其侵权,但对秦某提出的赔偿数额不接受。对此,下列哪些选项是正确的? A. 秦某可以请求环境保护行政主管部门处理 B. 秦某对环境保护行政主管部门的处理决定不服的,可以向法院起诉 C. 秦某可以不经过环境保护行政主管部门处理而直接向法院起诉 D. 秦某要求损害赔偿的诉讼时效为2年	ABC	1989年《环境保护法》第41条、第42条	环境纠纷的行政调处(《环境保护法》2014年修订已删除相应规定,故未列入本书知识点)

续表

年份	题号	题目	官方标准答案	涉及法条提示	知识点链接
2006年	2006年卷一第76题	76. 某节目演出组到某山区演出,该地属自然保护区范围。演出组在某一天然景点搭设了一座栈桥,为运送演出设备在区内修建了一条简易公路。区内环境和植被因此遭受一定程度的毁坏。演出计划得到了主管部门和当地政府批准,演出组并已付钱请当地人承担恢复原貌工作。关于该事件的下列哪些意见是错误的? A. 演出组在该自然保护区内景点修建的是临时建筑物,其影响环境的行为不受我国环境保护法的约束 B. 演出组为了演出需要而搭设栈桥,不属于工业性项目,也没有排放污染,环境保护管理部门无须过问 C. 演出组的行为即使对当地环境有影响,也不构成跨区环境问题,不属于国务院环境保护行政主管部门的监管范围 D. 对于该演出组的上述行为,我国法律目前没有可适用的处罚规定	ABCD	《建设项目环境保护管理条例》第7条、第24条;2002年《建设项目环境保护分类管理名录》第1条、第3条	2.4【建设项目环境影响评价的适用范围】、【建设项目环境影响评价中的筛选评价对象和决定评价范围】
2005年	2005年卷一第25题	25. 根据《中华人民共和国环境保护法》的规定,环境影响报告书应在建设项目的哪一阶段报批? A. 设计阶段 B. 可行性研究阶段 C. 竣工验收阶段 D. 投入使用阶段	B	1989年《环境保护法》第13条;1998年《建设项目环境保护管理条例》第9条	2.4【环境影响评价制度的产生与发展】

续表

年份	题号	题目	官方标准答案	涉及法条提示	知识点链接
2005年	2005年卷一第74题	74. 下列关于环境损害赔偿纠纷处理的说法，哪些是正确的？ A. 解决环境损害赔偿纠纷，必须先经过环境保护行政主管部门的调解处理，这是向人民法起诉之前的必经程序 B. 对环境保护行政主管部门的调解处理决定不服的，既可以提起行政诉讼，也可以提起民事诉讼 C. 因环境污染损害赔偿提起诉讼的时效期间为三年 D. 因环境污染引起的损害赔偿诉讼，对原告提出的侵权事实，被告否认的，由被告负举证责。	CD	1989年《环境保护法》第41条、第42条；2001年《最高人民法院关于民事诉讼证据的若干规定》第4条	6.8【特殊的诉讼时效】；6.4【环境侵权诉讼因果关系举证责任】
2004年	2004年卷一第27题	27. 下列有关环境质量标准的说法哪一个是正确的？ A. 环境质量标准包括国家环境标准和各级地方政府制定的地方环境标准 B. 对国家污染物排放标准已作规定的项目，不得制定地方标准 C. 凡是向已有地方污染物排放标准的区域排污的，应当执行该地方标准 D. 地方污染物排放标准必须报国务院环境保护行政主管部门批准	C	1989年《环境保护法》第9条	2.2【环境标准的体系】、【地方环境质量标准的制定范围】、【地方环境标准的制定程序】
2004年	2004年卷一第88题	88. 农民甲将化肥厂排放的污水引入自己的农田灌溉，造成农作物死亡，甲要求化肥厂承担赔偿责任。下列关于此案的说法何者为正确？ A. 造成环境污染危害的，其行为违法与否，不影响民事责任的确定 B. 农民甲无须承担任何举证责任 C. 化肥厂如否认自己侵权，必须负举证责任 D. 化肥厂如能证明自己排放的污水没有超标，可免于承担责任	AC	1986年《民法通则》第124条；2001年《最高人民法院关于民事诉讼证据的若干规定》第4条第3项	6.8【特殊的诉讼时效】；6.4【环境侵权诉讼因果关系举证责任】

续表

年份	题号	题目	官方标准答案	涉及法条提示	知识点链接
2003年	2003年卷一第17题	17. 关于环境污染赔偿责任和赔偿金额的纠纷解决,下列哪一项表述是符合法律规定的? A. 先请求环保部门进行处理,对处理不服才可以提起行政诉讼 B. 先请求环保部门进行处理,对处理不服才可以提起民事诉讼 C. 可以先请求环保部门进行调解,对调解不服的,可提起行政诉讼;也可以直接向人民法院起诉 D. 可以先请求环保部门进行处理,对处理决定不服的,可以向人民法院起诉;也可以直接向人民法院起诉	D	1989年《环境保护法》第41条第2款	环境纠纷的解决方式(《环境保护法》2014年修订已删除相应规定,故未列入本书知识点)
2003年	2003年卷一第53题	53. 2003年8月,由于天气干旱,农民甲的农作物缺水,甲便将某化肥厂排放的污水引入自己的农田灌溉,结果造成农作物死亡,甲要求化肥厂承担赔偿责任。下列关于此案的说法哪些是正确的? A. 根据无过错原则,化肥厂应承担赔偿责任 B. 甲可以直接以化肥厂为被告提起诉讼 C. 化肥厂须举证证明损害是由甲自己的行为造成的方可免责 D. 甲提起诉讼的最后期限为2006年8月	BCD	1989年《环境保护法》第41条、第42条;2001年《民事诉讼证据若干规定》第4条第3项	6.1【环境侵权民事责任的归责原则】;6.8【特殊的诉讼时效】;6.4【环境侵权诉讼因果关系举证责任】
2002年	2002年卷一第13题	13. 下列关于矿产资源的说法中,哪一项是正确的? A. 任何矿产资源一律属于国家所有 B. 关系国计民生的矿产资源归国家所有,一般矿产资源可以由集体所有 C. 除依法由集体所有的以外,矿产资源一律属于国家所有 D. 个人不能成为开采国有矿产资源的主体	A	《宪法》第9条;《矿产资源法》第3条第1款	3.2.6【矿产资源权属制度】

附录2　教学大纲参考

《环境法》2学分建议教学方案

周次	教学章节	教学内容
1	第一章　环境法概论	1. 讲授环境法概述、环境法的基本原则 2. 环境法的历史发展可以安排学生课后自学 3. 环境法律渊源体系和内容体系概述安排在第二章中一并讲授 4. 环境法基本制度概述
2	第二章　中国环境法的内容体系概述(上)	1. 讲授环境法律渊源体系和内容体系概述 2. 讲授环境基本法概述 3. 讲授污染防治法概述
3	第二章　中国环境法的内容体系概述(下)	1. 讲授自然保护法概述 2. 讲授自然资源法 3. 讲授生态保护法 4. 讲授物质能量循环和管理法概述
4	第三章　中国环境基本法解读(上)	1. 讲授中国环境基本法概述 2. 讲授政府的环境保护基本职责及管理创新
5	第三章　中国环境基本法解读(下)	1. 讲授企业的基本环境保护义务 2. 讲授公众参与环境保护的基本权利
6	第四章　环境行政执法	1. 环境行政执法主体概述 2. 环境行政执法概述 3. 相对人对环境行政执法的监督概述
7	第五章　环境侵权法律责任(上)	1. 环境民事法律责任概述 2. 环境侵权责任的原因行为 3. 环境侵权损害事实 4. 环境侵权因果关系举证
8	第五章　环境侵权法律责任(下)	1. 环境侵权责任的免责和抗辩事由 2. 环境侵权责任的承担方式 3. 环境侵权责任追究相关程序规则

续表

周次	教学章节	教学内容
9	期中考核	选择环境行政执法或环境侵权案例1个,进行课堂随堂练习、分组讨论、课堂汇报与点评、讨论
10	第六章　环境行政法律责任(上)	1. 环境行政法律责任概述 2. 环境行政法律责任形式概述
11	第六章　环境行政法律责任(下)	环境行政法律责任的追究的主要程序
12	第七章　环境刑事法律责任(上)	1. 环境刑事法律责任概述 2. 环境犯罪的主要罪名及其刑事责任概述
13	第七章　环境刑事法律责任(下)	1. 污染环境犯罪的犯罪构成和刑罚 2. 环境刑事责任追究的基本程序
14	第八章　环境公益诉讼	1. 环境刑事公益诉讼 2. 环境行政公益诉讼
15	第九章　国际环境法导论	国际环境法概论
16	课程总结与复习	
17	期末考试	

《环境法》3学分建议教学方案

周次	教学章节	教学内容
1	第一章　环境法概论	1. 讲授环境法概述、环境法的基本原则 2. 讲授环境法的历史发展概述 3. 环境法律渊源体系和内容体系概述 4. 环境法基本制度概述
2	第二章　中国环境法的内容体系概述(上)	1. 讲授环境基本法概述 2. 讲授污染防治法概述 2.1　大气污染防治法 2.2　水污染防治法 2.3　海洋环境保护法 2.4　固体废物污染防治法 2.5　其他污染防治法
3	第二章　中国环境法的内容体系概述(下)	1. 讲授自然保护法概述 2. 讲授自然资源法 3. 讲授生态保护法 4. 讲授物质能量循环和管理法概述

续表

周次	教学章节	教学内容
4	第三章　中国环境基本法解读(上)	1. 讲授中国环境基本法概述 2. 讲授政府的环境保护基本职责及管理创新
5	第三章　中国环境基本法解读(下)	1. 讲授企业的基本环境保护义务 2. 讲授公众参与环境保护的基本权利
6	第四章　环境行政执法	1. 环境行政执法主体 2. 环境行政执法 2.1 环境行政执法的概念、特征和原则 2.2 环境执法的行为和效力 2.3 环境行政执法方式 2.4 环境行政执法程序
7	第五章　环境侵权法律责任(上)	1. 环境民事法律责任概述 2. 环境侵权责任的原因行为 3. 环境侵权损害事实 4. 环境侵权因果关系举证 5. 环境侵权责任的免责和抗辩事由 6. 环境侵权责任的承担方式
8	第五章　环境侵权法律责任(下)	1. 环境侵权责任追究相关程序规则 2. 环境侵权司法解释解读及其典型案例分析 3. 环境民事公益诉讼司法解释解读及其典型案例分析
9	期中考核	选择环境行政执法或环境侵权案例1个,进行课堂随堂练习、分组讨论、课堂汇报与点评、讨论
10	第六章　环境行政法律责任(上)	1. 环境行政法律责任概述 2. 环境行政法律责任的形式 2.1　环境行政处分 2.2　环境行政处罚
11	第六章　环境行政法律责任(下)	环境行政法律责任的追究的主要程序
12	第七章　环境刑事法律责任(上)	1. 环境刑事法律责任概述 2. 环境犯罪的主要罪名及其刑事责任
13	第七章　环境刑事法律责任(下)	1. 污染环境犯罪的犯罪构成和刑罚 2. 环境刑事责任追究的基本程序 3. 环境污染犯罪司法解释解读及其典型案例分析
14	第八章　环境公益诉讼	1. 环境公益诉讼概述 2. 环境民事公益诉讼 3. 环境行政公益诉讼

续表

周次	教学章节	教学内容
15	第九章　国际环境法导论	1. 国际环境法概论 2. 国际环境法基本原则 3. 国际环境法的主要领域
16	课程总结与复习	
17	期末考试	

图书在版编目(CIP)数据

环境法入门笔记 / 竺效主编. -- 北京:
法律出版社,2016.12(2025.1 重印)
ISBN 978 -7 -5197 -0276 -2

Ⅰ.①环… Ⅱ.①竺… Ⅲ.①环境保护法-研究-中
国 Ⅳ.①D922.684

中国版本图书馆 CIP 数据核字(2016)第 274526 号

环境法入门笔记
HUANJINGFA RUMEN BIJI

主　编 竺　效
副主编 曹　炜　丁　霖　王盛航

策划编辑 谢清平
责任编辑 谢清平
装帧设计 李　瞻

出版发行 法律出版社
编辑统筹 法律应用出版分社
责任校对 邢艳萍
责任印制 吕亚莉　刘晓伟
经　　销 新华书店

开本 710 毫米×1000 毫米　1/16
印张 24.75　**字数** 380 千
版本 2017 年 1 月第 1 版
印次 2025 年 1 月第 6 次印刷
印刷 三河市龙大印装有限公司

地址:北京市丰台区莲花池西里 7 号(100073)
网址:www.lawpress.com.cn
投稿邮箱:info@lawpress.com.cn
举报盗版邮箱:jbwq@lawpress.com.cn

销售电话:010-83938349
客服电话:010-83938350
咨询电话:010-63939796

书号:ISBN 978 -7 -5197 -0276 -2
定价:46.00 元

凡购买本社图书,如有印装错误,我社负责退换。电话:010-83938349